2018
北京广播影视年鉴
Beijing guangboyingshinianjian

《北京广播影视年鉴》编辑委员会　编

中国广播影视出版社

图书在版编目（CIP）数据

2018北京广播影视年鉴 / 《北京广播影视年鉴》编辑委员会编. -- 北京 : 中国广播影视出版社，2019.4
ISBN 978-7-5043-8300-6

Ⅰ. ①2… Ⅱ. ①北… Ⅲ. ①广播事业－北京－2018－年鉴②电影事业－北京－2018－年鉴③电视事业－北京－2018－年鉴 Ⅳ. ①G229.271-54 ②J992-54

中国版本图书馆CIP数据核字(2019)第068311号

2018北京广播影视年鉴

(2005年创刊)

《北京广播影视年鉴》编辑委员会 编

责任编辑 王丽丹
装帧设计 一北工作室

出版发行 中国广播影视出版社
电　　话 010-86093580　010-86093583
社　　址 北京市西城区真武庙二条9号
邮　　编 100045
网　　址 www.crtp.com.cn
电子信箱 crtp8@sina.com

经　　销 全国各地新华书店
印　　刷 廊坊市精彩印刷有限公司

开　　本 787毫米×1092毫米　1/16
字　　数 666千字
印　　张 30.5
版　　次 2019年4月第1版　2019年4月第1次印刷

书　　号 ISBN 978-7-5043-8300-6
定　　价 128.00元

编 辑 说 明

一、《北京广播影视年鉴》是一部综合性资料工具书和史料文献的大型年刊，由北京市广播电视局主持编纂，北京广播电视台、北京人民广播电台、北京电视台、中国电影博物馆、各区文化委员会和广电中心等协助编纂。

二、本年鉴全面反映北京市广播影视的基本情况和发展变化，客观记录上一年全市广播影视业各方面的新情况、新变化。特殊事项在前后年份上有所延伸。

三、本年鉴以马克思列宁主义、毛泽东思想、邓小平理论、“三个代表”重要思想、科学发展观和习近平新时代中国特色社会主义思想为指导，牢固树立政治意识、大局意识、核心意识、看齐意识。坚持实事求是的编辑方针，贯彻“贴近实际，贴近生活，贴近群众”的宣传原则，为广播影视从业人员、教学科研人员、决策管理人员以及社会各界了解和研究北京市广播影视提供可靠信息。

四、本年鉴自 2005 年起，每年编印一卷。2018 年版为第十四卷，全书共有 18 个栏目：图片、专项纪事、概况、大事记、频率频道、节目栏目、产业发展、新媒体、技术、电影、电视剧、书报刊出版、受众调查、组织机构、获奖作品、典型经验、交流合作、统计。

五、本年鉴采用规范语体文，行文力求朴实、简洁、通畅，以记述文章体裁为主体。

六、本年鉴计量单位按照 1984 年 2 月 27 日公布的《中华人民共和国法定计量单位》执行。

七、本年鉴统计数字以统计部门公布的为准。统计部门缺遗的数字，以各单位的为准。

八、本年鉴稿件由各单位、各部门确定专人（特约编辑）撰写（特殊约稿除外），经各单位、各部门主要领导审核盖章后提交，最后由年鉴编委会总审。

本年鉴的编辑工作得到各撰稿单位、部门及各方面的热情关怀和大力支持，在此深表感谢。由于水平有限，对本书的疏漏之处与不足，恳请各界批评指正，以利于今后改进。

北京市广播电视局史志办

联系电话：010－65157478

2019 年 3 月

编 辑 委 员 会

许建海　北京紫禁城影业有限责任公司总经理兼书记
崔　岩　北京电视台北京国际电影节运行中心副主任（主持工作）
李　浩　北京广播电视报社社长
郭长征　北京广播电视台服务中心主任
陈　工　北京歌华文化集团副总经理
丁颖磊　北京歌华有线电视网络股份有限公司办公室副主任
张　平　北京电视艺术中心有限公司董事长兼总经理
颜丙利　北京音像公司总经理
何公明　北京北广传媒数字电视有限公司董事长、总经理兼北京瑞特影音贸易公司总经理
罗晓军　北京北广传媒移动电视有限公司董事长、总经理
刘国华　北京北广传媒影视有限公司总经理
罗艳红　北京北广传媒城市电视有限公司董事长兼总经理
周宇清　北京北广传媒地铁电视有限公司董事长
蔡恒平　鼎视传媒股份有限公司总经理
裴成虎　北京北广置业有限公司总经理
丁文辉　北京中广传播有限公司董事长、总经理
王伟东　北京市东城区文化委员会主任
孙劲松　北京市西城区文化委员会主任
高春利　北京市朝阳区文化委员会主任
陈　静　北京市海淀区文化委员会主任
史文彬　北京市丰台区文化委员会书记
王亚迅　北京市石景山区文化委员会主任
常　蓉　北京市门头沟区文化委员会主任
冀显江　北京市房山区文化委员会主任
王　健　北京市大兴区文化委员会书记、主任
王立生　北京市通州区文化委员会书记、主任
马朝龙　北京市顺义区文化委员会书记、主任
王文忠　北京市平谷区文化委员会书记、主任
夏占利　北京市怀柔区文化委员会主任
刘全新　北京市昌平区文化委员会书记、主任
郝加瑞　北京市密云区文化委员会书记、主任
叶　东　北京市延庆区文化委员会书记、主任
张小戎　北京经济技术开发区社会发展局副局长
潘　竞　北京市朝阳区广播电视新闻中心主任
王言敏　北京市海淀区融媒体中心书记、主任
乔晓鹏　北京市丰台区融媒体中心书记、主任
王国强　北京市石景山区融媒体中心主任、副书记
宋　奇　北京市门头沟区广播电视新闻中心书记、主任
路建华　北京市房山区融媒体中心书记、主任
巴洪栓　北京市大兴区融媒体中心书记、主任
王志刚　北京市通州区融媒体中心书记
宋　森　北京市顺义区融媒体中心书记、主任
龚士宏　北京市平谷区融媒体中心主任
刘晓梅　北京市昌平区传媒中心书记、主任
刘　剑　北京市怀柔区融媒体中心主任
孙明朝　北京市密云区融媒体中心主任、副书记
董喜延　北京市延庆区融媒体中心书记、主任
王长田　北京光线传媒股份有限公司法人代表
王忠军　华谊兄弟传媒股份有限公司法人、董事长
刘燕铭　北京海润影视制作有限公司董事长
尤小刚　北京京都世纪文化发展有限公司董事长
丁　芯　北京鑫宝源影视投资有限公司总经理
张晓武　北京东王文化发展有限公司董事长
白旭飞　北京东方飞云国际影视股份有限公司总经理
王　辉　大唐辉煌传媒有限公司董事长
庞新星　四达时代集团董事长兼总裁
张国立　北京国立常升影视文化传播有限公司董事长

主编　副主编

主　　编： 董　明　北京市广播电视局副巡视员

执行主编： 段燕燕　北京音像资料馆副馆长、研究中心副主任

副 主 编： 张常珊　北京广播电视台办公室主任

纪烈鸿　北京人民广播电台媒体资料和版权部主任

王　昕　北京电视台办公室副主任

王廷富　北京市广播电视局史志办高级编辑（特聘）

编辑部编辑与特约编辑

责任编辑：

王志坤　北京音像资料馆（研究中心）史志部主任

闫姝行　北京音像资料馆（研究中心）史志部编辑

姚泰和　北京市广播电视局史志办特约编辑

钟立红　北京市广播电视局史志办特约编辑

刘书峰　北京市广播电视局史志办特约编辑

特约编辑：

夏　超　北京市广播电视局办公室（安全监管办公室）干部

王东迎　时任北京市广播电视局政策法规处副处长

吴　彤　北京市广播电视局规划发展处副调研员

何　薇　时任北京市广播电视局宣传管理处干部

郭明泽　北京市广播电视局传媒机构管理处干部

孙本秀　时任北京市广播电视局网络视听节目管理处干部

申国政　北京市广播电视局科技处（三网融合协调处）副调研员

郎志伟　北京市广播电视局人事处干部

马玉梅　北京市广播电视局机关党委党务干部

张景峰　北京市广播电视局工会干部

陈　涛　北京市纪委市监委驻北京市广播电视局纪检监察组正处级纪检监察员

钱富奎　北京市广播电视局离退休人员管理中心主任

石立坤　北京市广播电视局后勤服务中心干部

田杰鹏　北京市广播电视局信息中心干部

马　丽　北京市广播电视监测中心综合科科长

檀鲁敏　北京音像资料馆、研究中心干部

姜　楠　北京市广播影视作品审查中心干部

张　莉　北京市广播影视协会干部

张　军　北京电影协会

唐　鸿　中国电影博物馆研究部干部

黄　静　北京广播电视台办公室干部

史博华　北京人民广播电台媒体资料与版权部台史资料科科长

周　静　媒体资料和版权部台史资料科　副研究馆员

胡　泊　北京电视台史志办编辑

魏向东　北京电视台史志办编辑

刘　敏　北京紫禁城影业公司办公室主任

姜　宣　北京电视台北京国际电影节运行中心综合科科长

苏　莹　北京新媒体集团干部

王莹莹　歌华传媒集团办公室干部

安宏伟　北京广播电视报社办公室干部

孙　云　北京广播电视台服务中心办公室干部

陈平沙　北京歌华文化集团研究宣传办公室干部

吕　妍　北京电视艺术中心有限公司办公室干部
郝振林　北京音像公司办公室干部
李　苗　北京瑞特影音贸易公司办公室干部
郑菁菁　北京北广传媒数字电视有限公司干部
王晓瑜　北京北广传媒移动电视有限公司办公室秘书
杨兴辰　北京北广传媒影视股份有限公司办公室副主任
王　雪　北京北广传媒城市电视有限公司办公室干部
杨　磊　北京北广传媒地铁电视公司办公室主任
吕晓丹　鼎视数字电视传媒有限公司办公室干部
彭穗新　北京北广置业有限公司办公室主任
佟东旭　北京中广传播有限公司综合部经理
刘晶伟　北京市东城区文化委员会干部
房　微　北京市西城区文化委员会干部
何　晶　北京市朝阳区文化委员会副科长
李广敏　北京市海淀区文化委员会干部
李建峰　北京市丰台区文化委员会干部
张桂霞　北京市石景山区文化委员会主任科员
张　晨　北京市门头沟区文化委员会干部
白　杨　北京市房山区文化委员会干部
冯丽娟　北京市大兴区文化委员会干部
邱　巍　北京市通州区文化委员会干部
刘岱松　北京市顺义区文化委员会政工科
陈玉玲　北京市平谷区文化委员会科员
郭帅言　北京市怀柔区文化委员会科员
谷瑞亮　北京市昌平区文化委员会办公室主任
高文满　北京市密云区文化委员会文化市场科科长
徐柏枝　北京市延庆区文化委员会市场科科长
王　娜　北京市经济技术开发区社会发展局干部
邱　阳　北京市朝阳区广播电视新闻中心总编室干部
刘丹丹　北京市海淀区融媒体中心办公室干部
郑　伟　北京市丰台区融媒体中心办公室干部
白莫菊　北京市石景山区融媒体中心干部
高艳蕊　北京市门头沟区融媒体中心办公室干部
贾　颖　北京市房山区融媒体中心总编室干部
柴　通　北京市大兴区融媒体中心干部
于亚辉　北京市通州区融媒体中心办公室主任
叶　平　北京市顺义区融媒体中心干部
贾晓静　北京市平谷区融媒体中心助理编辑
张　俊　北京市昌平区传媒中心总编室副主任
王少南　北京市怀柔区融媒体中心办公室干部
石晓访　北京市密云区融媒体中心总编室主任
胡　洋　北京市延庆区融媒体中心党建办公室主任
陈雪飞　北京光线传媒股份有限公司
李树峰　华谊兄弟传媒股份有限公司
王存林　北京海润影视制作有限公司行政部总监
杨　艳　北京京都世纪文化发展有限公司行政助理
齐　爽　北京鑫宝源影视投资有限公司
于　莉　北京东王文化发展有限公司办公室主任
安　然　北京东方飞云国际影视策划有限公司
张　弢　大唐辉煌传媒有限公司宣传总监
李　超　四达时代集团网站运维专员

2017北京市广播影视数字

机 构

市级广播电视台1座，市级数字付费电视、公交移动电视、城市电视、地铁电视、手机电视、网络广播电视等新媒体平台各1个，区级广播电视台10座，近郊电视站4个，全市持有广播影视节目制作经营许可证机构7479个，网络视听网站124家。

人 员

全市广播影视从业人员8.29万人。

覆 盖

广播综合人口覆盖率100%，电视综合人口覆盖率100%。

网 络

有线广播电视网络干线总长20.12万公里，其中光缆6.2万公里、电缆13.92万公里；网络传输模拟电视节目59套，数字电视节目187套（其中高清47套），数字广播节目18套。有线广播电视注册用户586.83万户，其中高清交互数字电视用户500.66万户。

资　产

全市广播电视总资产 3262.30 亿元。

创　收

广播影视创收 1029.73 亿元，其中广告收入 383.99 亿元，网络视听用户付费收入 107.06 亿元，电影票房收入 33.95 亿元。

节　目

全年制作广播节目 17.88 万小时，制作电视节目 18.05 万小时。

电视剧

全年制作电视剧 75 部，3210 集。

动画片

全年制作动画片 22 部，680 集，6321 分钟。

电　影

北京地区全年生产影片 350 部，放映电影 273.71 万场。

2017年4月16日，时任中宣部副部长，国家新闻出版广电总局党组书记、局长，国家版权局局长，第七届北京国际电影节组委会主席聂辰席在第七届北京国际电影节开幕式上致辞

2017年4月16日，时任北京市委副书记、市长、第七届北京国际电影节组委会主席蔡奇宣布第七届北京国际电影节开幕

领导关怀

↑2017 年 9 月 21 日上午，北京市委书记蔡奇（右二）到北京人民广播电台调研，了解媒体融合产品情况

↑2017 年 9 月 28 日下午，国家新闻出版广电总局副局长田进（前排右）出席 2017 年秋季北京电视节目交易会“春华秋实”2012—2017 北京优秀电视剧成果表彰活动并讲话

2017年3月10日，国家新闻出版广电总局党组成员、副局长童刚（右一）率调研组一行7人到北京市调研电影工作。图为到北京大悦城电影院视察

2017年7月14日，时任北京市委副书记景俊海（右二）到北京电视台实地查看新闻制作机房、新闻演播室、播出机房等，并召开座谈会，听取有关情况介绍

领导关怀

2017年9月28日下午，北京市委常委、宣传部部长杜飞进（前排中）出席2017年秋季北京电视节目交易会"春华秋实"2012—2017北京优秀电视剧成果表彰活动并讲话

2017年10月16日，北京市副市长王宁（右一）到北京市新闻出版广电局检查迎接党的十九大新闻出版广播影视服务保障工作情况。图为在北京市广播电视监测中心检查工作

综合

2017年8月31日，北京市新闻出版广电局与北京市慈善义工联合会共同举办互联网视听节目监督志愿服务行动启动仪式。北京市新闻出版广电局党组书记、局长杨烁出席活动并讲话

2017年7月31日，北京市新闻出版广电局副局长王野霏在北京影视剧非洲展播季启动仪式上致辞

2017年9月28日，在2017秋季北京电视节目交易会上举办2017年中国体育影视作品征集活动评优分享会，北京市新闻出版广电局副局长戴维出席并讲话

2017年4月23日至25日，北京市新闻出版广电局副局长杨培丽（右二）带领9家北京广播影视科技企业组团参加2017美国广播电视展（NAB）。图为在北京展台前与企业人员合影

2017年7月30日，北京市新闻出版广电局副局长胡东在电影《龙之战》首映礼上致辞

2017 年 12 月 29 日，北京市新闻出版广电局副局长张苏带队开展办公区安全隐患大排查行动，确保元旦期间安全

2017 年 11 月 27 日至 12 月 1 日，北京市新闻出版广电局举办学习宣传贯彻党的十九大精神轮训班。市纪委市监委驻局纪检监察组组长邹立华作警示教育专题辅导

2017 年 4 月 21 日，北京市新闻出版广电局副巡视员卞建国出席第七届北京国际电影节电影市场项目签约仪式并致辞

2017 年 6 月 13 日至 15 日，北京市新闻出版广电局副巡视员董明带队参加 2017 昂西国际动画电影节，并在北京日主题活动上致辞

2017 年 9 月 27 日至 29 日，2017 秋季北京电视节目交易会在北京会议中心举行。图为十九大献礼剧和北京电视剧五年成果展览区

2017 年 9 月 27 日，在 2017 秋季北京电视节目交易会上举行新剧本《风雨翠华楼》新闻发布会

↑2017 年 12 月 9 日，北京市新闻出版广电局与承德市人民政府签订框架协议，共建北京（承德）影视产业基地

↑2017 年 9 月 11 日，在第十二届中国北京国际文化创意产业博览会上，北京银行中关村分行与首都金融服务商会影视金融专业委员会签署战略合作协议，在未来 5 年内向会员企业提供 10 亿元的意向授信额度，支持企业发展

←2017 年 12 月 8 日，北京市新闻出版广电局党组书记、局长杨烁带领市新闻出版广电局 5 个处室负责人，到北京冬奥组委就冬奥会转播、出版、影像和宣传推广等工作进行对接

↑2017 年 2 月 15 日，北京市新闻出版广电局党组书记、局长杨烁带队赴通州区全面对接北京城市副中心有关工作

↑2017 年 11 月 24 日，首届北京纪实影像周首场高峰论坛举行。图为论坛嘉宾圆桌对话现场

↑2017年9月28日，在北京会议中心召开的2017秋季北京电视节目交易会上，电视剧《守望正义》版权合作签约仪式举行

↑2017年8月31日，北京市新闻出版广电局与北京市慈善义工联合会共同举办互联网视听节目监督志愿服务行动启动仪式

↑2017年3月6日，北京市新闻出版广电局召开北京市电影发行放映工作座谈会，围绕贯彻落实《电影产业促进法》进行座谈交流

↑2017年11月22日，北京影视出版创作基金召开第一届理事会第三次会议

↑2017年3月16日，市文化体制改革领导小组办公室组织召开北京市国有影视企业社会效益评价考核试点工作专题协调会，市委宣传部、市文资办、市人力资源社会保障局、市新闻出版广电局相关负责人参加会议

↑2017年3月31日至4月1日，北京市新闻出版广电局召开北京市公益广告评审会议，评审委员会专家和领导对申报的广播电视公益广告项目进行审议

↑2017年12月15日，北京市新闻出版广电局检查延庆广电中心降棚山转播站安全播出工作

↑2017年9月8日，北京市新闻出版广电局检查房山区广播电视中心安全生产

↑2017年9月14日，北京市新闻出版广电局检查北京人民广播电台行业安全生产

↑2017年5月8日，北京市新闻出版广电局检查“一带一路”高峰论坛媒体驻地有线和卫星电视服务保障情况。图为检查北辰五洲皇冠国际酒店情况

↑2017年7月20日至21日，北京市新闻出版广电局在北京会议中心举办2017年新闻出版广电行业安全生产工作培训班

↑2017年7月13日，北京市新闻出版广电局副巡视员董明（左）到局驻市政务服务中心窗口检查指导工作

↑2017年2月3日，北京市新闻出版广电局检查北京市广播电视监测中心春节安全播出监测工作

↑2017年9月12日，北京市新闻出版广电局召开迎党的十九大局属信息系统网络安全检查部署会

↑2017年6月28日，北京市新闻出版广电局组织召开《北京志·广播电视志》初审评议会

↑2017年7月25日，北京音像资料馆采访原北京市广播电视局局长赵东鸣，进行口述历史录制

↑2017年4月21日，“第三届全国电影放映员职业技能竞赛”北京赛区（复赛）前北京电影协会领导向选手做动员

↑2017年3月，北京市广播影视协会开展2016年度优秀广播电视节目评选工作

第七届北京国际电影节成功举办

由国家新闻出版广电总局、北京市人民政府主办，国家新闻出版广电总局电影局、中国国际广播电台、北京市新闻出版广电局、北京市怀柔区人民政府、北京电视台、中影电影数字制作基地有限公司承办的第七届北京国际电影节于2017年4月16日至23日举办。本届电影节共组织主竞赛单元“天坛奖”评奖、开幕式、北京展映、北京策划·主题论坛、电影市场、电影嘉年华、闭幕式暨颁奖典礼等七大主体活动，以及“注目未来”单元、纪录单元、“经典京剧电影”单元、网络电影单元、电影音乐会、电影沙龙及行业对话等相关活动，活动总数超过370场。展映单元精选近500部境内外影片，策划“致敬大师”“环球视野”“一带一路”及“科技奇观”等17个展映单元，在北京市31家影院和学术机构展映1000余场次，22万余人次观影；为期3天的招商展会共吸引3万余人次前来参观交流，促成56个签约重点项目，签约额达到174.58亿元人民币，同比提升6.9%；本届电影节共有来自50余个国家和地区、300余家中外电影机构的1.5万名中外嘉宾，100余万人次各界群众参加各项活动；445家境内外媒体、近1600名记者参与采访报道。

↑2017年4月16日，第七届北京国际电影节在国家中影数字制作基地开幕

↑第七届北京国际电影节“天坛奖”国际评委会（左起罗伯·明可夫、保罗·德尔·布洛科、张婉婷、比利·奥古斯特、蒋雯丽、让·雷诺、拉杜·裘德）

↑2017年4月23日，第七届北京国际电影节闭幕式暨颁奖典礼

↑第七届北京国际电影节主题论坛之中外电影合作论坛

电 影 节

↑第七届北京国际电影节电影市场招商展会

↑第七届北京国际电影节主题论坛之中国电影发行高峰论坛

↑第七届北京国际电影节电影嘉年华

↑第七届北京国际电影节主题论坛之电影科技国际论坛

↑第七届北京国际电影节主题论坛之探寻电影之美高峰论坛

↑第七届北京国际电影节北京展映——观众购票

BMN

北京广播电视台

2017 年 9 月 7 日，“天涯共此时——‘一带一路’大型新闻行动”总结表彰会召开。会上为获奖的编辑记者颁奖

2017 年 6 月，北京广播电视台党委书记、台长李春良在北京广播电视台召开的学习传达市第十二次党代会精神暨基层党建工作重点任务推进会上讲话

2017 年 1 月 3 日，北京广播电视台总编辑赵卫东（前排左）、副台长苏仁先（二排中）到北京广播电视报社指导工作

2017 年 8 月 2 日，北京广播电视台党委副书记王伟（横排左）到北京广播电视报社宣布报社领导班子调整及任命

2017 年 4 月 19 日，国家新闻出版广电总局总工程师王效杰（前排中）率总局安全大检查检查组到北京歌华有线电视网络股份有限公司检查党的十九大安全播出工作。北京歌华有线公司董事长郭章鹏（前右一）陪同

↑2017 年 8 月 10 日，北京市委宣传部和北京广播电视台等单位主办的“美丽乡村 · 筑梦有我”大型新闻公益行动 2017 年首场主题活动在房山区南窖乡水峪村举行

↑2017 年 6 月 21 日，京津冀交通广播联盟启动暨京津冀协同发展大型联合报道雄安采访团授旗仪式在河北雄安新区王家寨村主会场举行，并发布京津冀交通广播联盟合作项目。图为参加活动的领导共同按下活动启动按钮

↑2017 年 6 月 26 日，北京青年广播开播暨“北京电台高校广播联盟”启动仪式在北京广播大厦举办

↑2017 年 1 月，北京新媒体集团北京时间记者在北京市“两会”媒体大厅合影

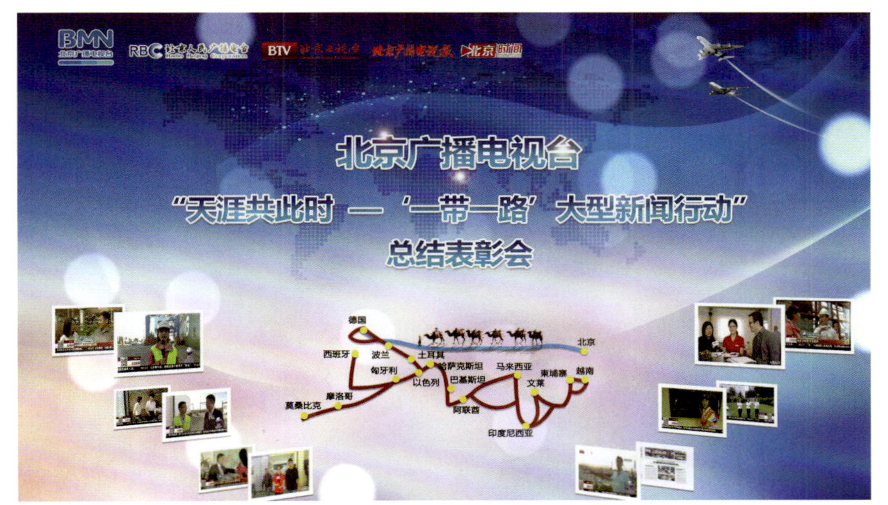

←2017 年 5 月，北京广播电视台所属电台、电视台、新媒体集团“北京时间”、北京广播电视报社推出“天涯共此时——‘一带一路’大型新闻行动”（第二季）。24 名记者前往“一带一路”沿线 16 个国家展开联合采访

2017 年 11 月 23 日，北京紫禁城影业公司出品影片《与雷锋有关的日子》开机新闻发布会在抚顺市友谊宾馆举行

2017 年 7 月，北京电视艺术中心有限公司创作总监、著名编剧李晓明（右一）与公司主创人员研讨电视剧《不说再见》剧本创作

2017 年 4 月 12 日，北京广播电视报社举办京港影视文化交流暨庆祝香港回归 20 周年系列活动启动仪式。图为参加启动仪式的社区代表合影

北京音像公司制作《拥抱祖国》CD 专辑，作为向党的十九大、纪念香港回归 20 周年献礼作品。该作品获 2017 北京市音像电子网络出版物奖励扶持专项资金项目奖励

北京新媒体集团
BEIJING NEW MEDIA GROUP

2016 年 4 月 12 日，北京新媒体集团及其所属北京新闻媒体有限公司、北京时间股份有限公司在北京电视台新媒体大厅举行揭牌仪式。“北京时间”网站及其移动客户端产品同步上线。同时，“北京时间”24 小时新闻直播上线。

2017 年发展情况：

截至 2017 年年底，北京时间门户网站日均访问用户数达 6000 万、日均页面浏览量达 4 亿，用户每天在北京时间停留的阅读时长达 48 分钟；北京时间 APP 下载用户数突破 500 万，日活跃峰值超过 100 万；北京时间直播场次达日均 150 场，场均直播时长 30 分钟，直播频道访问人数日均突破 480 万。北京时间已开通政务时间号 30 个。

↑2017 年 3 月 13 日下午，十三届全国人大一次会议北京代表团全体会议后，北京时间采访全国人大代表、北京市社会科学院法学所研究员马一德

↑2017 年 5 月 13 日，“一带一路”72 小时大直播——“跨越时空的对话”正式启动。图为北京新媒体集团总经理金鹏与“时间新闻室”直播频道工作人员合影

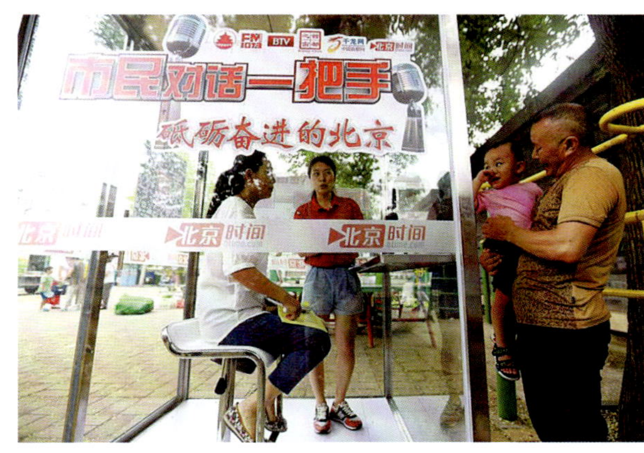

↑2017 年 7 月，北京时间与北京电视台、北京电台城市广播、千龙网等媒体联合推出“砥砺奋进的北京——市民对话一把手”栏目，观众、听众、网友走进北京时间搭建的“心语小亭”发表对首都建设的意见与建议

↑2017 年 11 月 22 日，北京时间记者在“挑战大工匠”系列赛——数控机床操作工挑战赛进行现场直播

RBC 北京人民广播电台

2017年北京电台共开办209档节目，其中新节目30档；播出新闻广播、城市广播、故事广播、体育广播、音乐广播、交通广播、文艺广播、外语广播、青年广播、动听调频等10套开路广播及15套有线调频广播、13套数字音频广播，2个数据服务频道，在北京有线电视网数字平台上播出16套有线广播节目和一个动感音乐电视频道，每天播音364小时，总发射功率212.5千瓦。节目还在美国、加拿大、澳大利亚、新西兰、新加坡、韩国、法国、俄罗斯、中国台湾等9个国家和地区的16个华语电台播出。拥有北京广播网、移动音频客户端“听听FM”，是以广播为主、多媒体联动的综合型传播机构。

↑2017年2月28日，北京人民广播电台召开2017年工作会

↑2017年9月22日，北京人民广播电台与今日俄罗斯国际通讯社旗下俄罗斯卫星通讯社合作签约仪式举行。台长赵卫东（右）与俄罗斯卫星通讯社国际项目中心主任瓦西里·普什科夫签署合作协议

↑2017年12月2日，由中国传媒大学、北京人民广播电台、阅文集团—懒人听书共同主办，由北京故事广播承办的首届全媒体有声读物互联网应用高峰论坛举行。图为北京电台总编辑王秋发言

↑2017年1月13日至20日，北京电台新闻广播在北京市第十四届人民代表大会第五次会议中完成12场会议、50多篇稿件的现场宣读、2场现场直播

↑2017 年 3 月 29 日，由北京人民广播电台和海淀区委宣传部共同主办的中关村故事启动仪式举行。图为北京新闻广播主持人李锐访谈创业黑马董事长牛文文

↑2017 年 4 月 19 日，北京电台召开音频资料数字化抢救项目专家论证会

↑2017 年 6 月 5 日至 20 日，北京电台新闻广播推出系列访谈《做好城市建设加减法——区委书记谈疏解发展的“舍”与“得”》。各区区委书记做客北京电台录音间畅谈首都疏解发展

↑2017 年 6 月 21 日，京津冀交通广播联盟启动暨京津冀协同发展大型联合报道雄安采访团授旗仪式在河北雄安新区王家寨村主会场举行，并发布京津冀交通广播联盟合作项目

↑2017 年 9 月 25 日至 29 日，北京电台外语广播推出“我看北京这五年——老社长的故事”系列访谈节目，讲述老社长眼中的北京这五年。图为主持人王异戈采访德国电视一台驻京分社社长马里奥·史密特

↑2017年2月8日，北京电台音乐广播赴美国转播第59届格莱美颁奖典礼，这是FM97.4作为国内首家转播格莱美的媒体，为听众带来的第19次现场直播

↑2017年2月22日，北京电台体育广播邀请北京男篮外籍球员马布里做客晚间访谈节目《体坛夜话》

↑2017年4月11日，北京电台开展“广播进校园”活动，主持人为广渠门中学带来多彩的世界选修课

↑2017年5月1日，北京电台新闻广播推出系列报道“北京城市副中心建设巡礼”春季篇。图为记者左天驰在副中心采访中建一局青年突击队队长荣艳东

↑2017年5月28日至30日端午节期间，北京电台文艺广播“乐行京津冀”活动现场直播第29届北京大兴西瓜节开幕式

↑2017年7月1日开始，北京电台新闻广播播出《纪念香港回归20周年特别报道——二十年、二十人》。图为采访中国香港体育协会暨奥林匹克委员会副会长、霍英东集团副总裁霍启刚

市级广电

2017年4月25日，位于通州区潞城的北京人民广播电台驻北京城市副中心记者站正式启用

2017年9月20日，北京电台故事广播主办的“爱不孤读”百部少儿睡前故事征集暨幕天捐书捐赠仪式在房山区蒲洼中心小学举行

2017年11月13日，北京电台城市广播“双一流”新征程——“双一流”高校校长网络直播访谈节目专访中国传媒大学校长

2017年11月18日，北京电台动听调频 Metro Radio FM94.5 主持人 Mr.Q 挑战“最长时间电台主持马拉松”吉尼斯世界纪录取得成功

2017年11月21日，来自南亚、东南亚12个国家的15位记者走进北京电台，就媒体融合创新等话题与北京的同行进行深入交流。在外语广播直播间，记者们对外语广播“知北京，听世界”的频率定位和“两微一端”融媒体发展纷纷点赞

2017年12月30日，地铁燕房线、磁悬浮S1线和现代有轨电车西郊线同时开通，北京电台交通广播进行特别直播。图为交通广播记者进行现场采访和连线报道

BTV
Beijing Television

北京电视台成立于1979年5月16日，英文缩写“BTV”。开办有北京卫视、新闻、文艺、科教、影视、财经、体育、生活、青年、卡酷少儿、纪实、外宣12个频道，播出17个频道，其中，北京卫视、新闻、文艺、影视、体育5个频道高标清同播，纪实频道高清播出。北京卫视、卡酷少儿、纪实、外宣是上星播出频道。每天播出时间383小时，全年播出14万小时。

2017年2月28日，北京电视台召开2017年工作会议

2017年7月24日，由市政府办公厅主办，北京城市广播、北京电视台等多家媒体联合制作的年度大型系列直播访谈特别节目“市民对话一把手·北京新表达”正式播出

2017年4月7日，北京电视台与北京十六区委宣传部工作会议召开

2017年10月12日，北京电视台台长李春良率队到冬奥组委就2022年北京冬季奥运会宣传报道工作进行交流

↑2017 年 5 月 10 日，北京电视台推出“一路一带”高峰论坛特别节目

↑2017 年 5 月 10 日，“一路一带”高峰论坛特别节目记者采访现场

↑2017 年 3 月 9 日，北京电视台记者在全国政协会议上采访政协委员

↑2017 年 10 月，北京电视台记者采访党的十九大代表

↑2017 年 10 月 20 日，北京电视台报道党的十九大盛会

↑2017 年 8 月 29 日，北京电视台记者采访第十三届全国运动会获奖运动员

↑2017 年 1 月 1 日，北京电视台开启以“花开新时代，天涯共此时”为主题的跨年楼宇灯光秀

↑2017 年 1 月 22 日，由北京市委宣传部、首都文明办、北京市妇联和北京电视台主办的 2017 寻找首都最美家庭暨新闻行动启动仪式在北京电视台举行

↑2017 年 11 月 7 日，由北京市委宣传部、北京电视台等单位联合出品的国内首档大型文化创意创投类电视综艺节目《创意中国》发布会举行

↑2017 年 12 月 8 日，第八届北京影响力颁奖晚会在北京电视台举行

↑2017 年 12 月 27 日，由北京市委宣传部、首都文明办主办，北京广播电视台、北京电台、北京电视台承办的“2017 北京榜样”颁奖典礼在北京电视台举行

↑2017 年北京电视台春节联欢晚会连续第四年蝉联省级卫视同时段收视、微博和微信互动三项核心数据冠军

↑北京电视台 2017 年春节晚会现场

↑2017 年，北京电视台推出的文化体验节目《非凡匠心》被国家新闻出版广电总局评选为“全国创新创优节目”

↑2017 年北京卫视推出原创《中国故事大会》等一批大型季播节目

↑在 2017 年中国媒体创新论坛暨“影响中国传媒”活动中，北京电视台《跨界歌王》荣获“创新栏目奖”

↑2017 年，北京北广传媒数字电视公司新开办栏目《超级卡车》在车迷频道播出

北京北广传媒数字电视有限公司

Beijing All Media and Culture Digital TV Co.,Ltd

北京北广传媒数字电视有限公司自 2003 年 7 月成立以来，已播出付费电视频道 11 套，数字音频广播 2 套，节目内容涉及教育、影视、娱乐、休闲、房产家居等领域。现已覆盖全国 1 亿收视人群。

2017 年发展情况：

2 月，考试在线频道更名为教育 · 就业频道。四海钓鱼频道新开办《野钓江湖》《黑坑遍中国》《大鱼争霸赛》栏目。在中国广播电视社会组织联合会数字付费频道工作委员会组织的优秀频道评选中，四海钓鱼频道被评选为“年度行业优异频道”；《黑坑遍中国》《鱼浪大鱼争霸赛》分别被评为全国播出频道一等和三等优秀栏目。

全年制作并播出《彩票大家玩》第二季 26 期、福彩资讯《彩讯及时通》100 期、《京彩 30 年》30 集、社区文化公益活动《福送万家》30 场等。

↑2017 年 4 月 18 日，北京北广传媒数字电视公司邀请北京市工商局海淀分局到公司给员工进行新《广告法》培训

↑2017 年 7 月 6 日，《福送万家》节目以“传播健康、分享快乐、构建和谐”为主题，走进怡海社区进行公益演出

↑2017 年 7 月 14 日，北京北广传媒数字电视公司党支部组织参观“双清别墅”党日活动

城市电视每天播出 15 小时

楼宇电视终端屏幕 6500 块

拥有 LED 大屏幕联播电视 8 处 8 块，其中在望京凯德 Mall 户外大屏为一处全新自建大屏，2017 年 5 月正式亮相播出。

2017 年，北京北广传媒城市电视有限公司在播主要栏目 17 个，其中，新增加 4 个栏目：《绿动北京》《罐头小厨》《视知视频》《城市一刻》。对《装个文化人儿》栏目进行全新改版，周播栏目，让受众着重了解某一主题内容及其关联性知识。

城市电视在第十四届户外传播大会中荣获中国十大市区 LED 大屏媒体企业、中国市区综合媒体公司 20 强，旗下世贸天阶大屏获"北京地标媒体"称号；在第二届户外场景营销案例评选中，城市电视举办的"超级月亮慢直播"活动荣获"十大经典案例"及"第二届户外场景营销案例评选全场大奖"。

2017 年 4 月 29 日至 5 月 7 日，2017 浪琴表国际马联（FEI）场地障碍世界杯——中国联赛第一站、第二站比赛在北京朝阳公园举行。北京北广传媒城市城现场直播，图为世贸天阶大屏的播出情况

2017 年 10 月 18 日上午 9 时，北京北广传媒城市电视拥有的 6500 余块楼宇电视和 8 块户外大屏幕对中国共产党第十九次代表大会开幕大会进行全程现场直播。图为王府井大街工美大厦大屏播出情况

2017 年 10 月 15 日，北京北广传媒城市电视新栏目《绿动北京》开播

2017 年 5 月，北京北广传媒城市电视在望京凯德 Mall 户外新建大屏正式播出

2017 年 5 月 12 日，北京北广传媒地铁电视有限公司召开第三届董事会第一次会议

地铁电视

地铁电视每天播出 18.5 小时

地铁电视终端屏幕 2.63 万块

2017 年主要播出栏目 23 个，新增《光影大世界》《医学微视频》《京城美食秀》3 档节目。在《新闻地铁报》栏目中设置专题板块，重点宣传党的十九大会议精神。2017 年全年共上载外来节目 819 期，总时长 3885 分钟；播出宣传片 22000 分钟；制作集成新闻 196 期。组织维护单位对 1、2 号线地铁电视系统进行全线设备清扫 4 次和所有电视终端进行牢固度检查；对 1、2、13 号线和八通线 4 条线路的车组 5313 列巡查，巡查屏幕数达 227028 块次，全年更换 117 组列车的车载电视系统设备。

2017 年，北京北广传媒地铁电视有限公司技术人员在地铁车厢检修地铁电视线路

2017 年，北京北广传媒地铁电视有限公司记者在拍摄现场

市级广电

2017 年 8 月，北京北广传媒移动电视网络直播项目《解读新交规·撞死碰瓷者咋办》一期参与量达到 60 万人次，创年内峰值

北京移动电视每天播出 17 小时，主要节目栏目 36 个。

公交车辆接收终端屏幕数量 2.1826 万块，日覆盖受众超过 1300 万人次。

2017 年发展情况：

北京移动电视除了在公交车辆播出外，设立独立的“网络直播”栏目组，全年共进行直播 81 次，总收看人数 2019 万人次，26 次参与量 30 万人次，2 次参与量突破 50 万人次。其中《解读新交规·撞死碰瓷者咋办》参与量达到 60 万人次。全年制作播出品牌与公益宣传片 61 条，制作二十四节气和节日应景图片并播出。截至 2017 年年底，北京北广传媒移动电视有限公司与委办局合作项目化运作，与 29 家合作方签署协议，安装 32 寸显示屏车辆约 4000 辆。全年实现公交频道、城市频道、地铁电视频道分别安全播出 6025 小时、5295 小时、6205 小时。

2017 年 5 月，北京北广传媒移动电视“公益心行动——小手牵大手”公益活动举办，为移动电视 13 周岁庆生。活动同时在网易新闻客户端全程直播，点播人次达 54.2 万

2017 年 10 月，北广传媒移动电视义行中国“十一天安门志愿服务”活动

2017 年 10 月，北京北广传媒移动电视公司领导检查党的十九大重要安全保障期安全传输及播出工作

北京歌华有线网络股份有限公司全面实施深化“一网两平台”战略规划，全力做优做强做大高清交互数字电视新媒体，积极拓展三网融合业务，加快推进公司“由传统媒介向新型媒体、由单一有线电视传输商向全业务综合服务提供商”的战略转型。2017 年，公司实现营业收入 26.98 亿元，同比增长 1.25%；实现净利润 7.61 亿元，同比增长 4.98%。报告期内，公司总资产 152.98 亿元，净资产 127.45 亿元。网内传输数字电视频道 187 套，其中标清数字电视频道 140 套、高清数字电视频道 47 套；回看频道 121 套，其中标清数字电视频道 83 套、高清数字电视频道 38 套。

↑北京歌华有线电视网络股份有限公司 2017 年度工作会上为年度卓越之星颁发荣誉证书

↑2017 年 10 月 18 日，北京歌华有线电视网络股份有限公司全力保障党的十九大开幕式安全播出。图为总前端保障现场

↑2017 年 5 月 5 日，北京歌华有线电视网络股份有限公司总经理卢东涛（前右）向市新闻出版广电局党组书记、局长杨烁（前左）汇报“一带一路”高峰论坛安全保障情况

↑2017 年 3 月 1 日，北京歌华有线电视网络股份有限公司召开有线电视与网络信息安全保障工作会

网络传输

2017年4月21日，北京歌华有线电视网络股份有限公司2016年度股东大会召开

2017年3月13日，中国广播电视网络有限公司董事长赵景春、副总经理于保安一行到北京歌华有线电视网络股份有限公司交流

2017年4月7日，北京首都开发控股（集团）有限公司董事长潘利群、总经理李岩和首开股份总经理杨文侃一行到访北京歌华有线电视网络股份有限公司

2017年4月20日，北京2022年冬奥会和冬残奥会组织委员会技术部筹备组副组长、总体策划部副部长喻红一行到访北京歌华有线电视网络股份有限公司

2017年8月18日，河北广电网络集团董事长闫继红等一行到访北京歌华有线电视网络股份有限公司，与公司党委书记、董事长郭章鹏，总经理卢东涛就2022年冬奥会项目合作等进行交流

2017年12月18日，北京歌华有线电视网络股份有限公司组织召开广电大数据联合工作组第二次会议暨广电大数据联合实验室筹备会

↑2017年，北京歌华有线电视网络股份有限公司开展社区文化站改造升级项目，提供一站式基层公共文化服务

↑2017年4月24日，北京歌华有线电视网络股份有限公司播控部员工日常值守

↑2017年4月15日，北京歌华有线电视网络股份有限公司员工进行光缆抢修

↑2017年8月1日，北京歌华有线电视网络股份有限公司通州分公司网格化维护服务指挥调度中心

↑2017年8月17日，北京歌华有线电视网络股份有限公司走进社区，现场为市民提供服务

↑2017年9月13日，北京歌华有线电视网络股份有限公司召开党的十九大安全播出保障动员会

↑2017年1月17日，北京歌华有线电视网络股份有限公司与密云区合作推出本市首个覆盖全区的电视云服务平台——“密云便民服务频道”

↑2017年3月29日，歌华有线承建的“北京美丽智慧乡村信息服务平台”在延庆区张山营镇下营村率先上线

↑2017年6月12日，北京歌华有线电视网络股份有限公司高清交互数字电视平台“增强电视”应用上线

北京歌华有线电视网络股份有限公司

荣膺第九届全国文化企业三十强

光明日报　经济日报

二〇一七年五月

↑2017年5月11日，中宣部在深圳召开深化文化体制改革座谈会，会上发布了第九届“全国文化企业30强”名单，北京歌华有线电视网络股份有限公司入选

←2017年11月23日，金融界“金智奖”上市公司价值评选颁奖典礼在京举行，北京歌华有线电视网络股份有限公司荣获“2017年度中国上市公司最具社会责任奖”

↑2017年11月24日，由每日经济新闻举办的“2017中国上市公司口碑榜”正式揭幕，北京歌华有线电视网络股份有限公司荣获“最具社会责任奖”

↑歌华有线研发推出的新型智能终端，包括4K多媒体智能网关机顶盒、4K智能机顶盒（DVB+IP）、4K智能网络机顶盒（纯IP）

2017年10月9日，北京市委常委、市委宣传部部长杜飞进（左二）到中国电影博物馆检查巡视整改工作，市委宣传部副部长韩昱（左三）、市纪委市监委驻市委宣传部纪检监察组组长王杰群（左一）、市委宣传部秘书长张爱军（右一）等一同参加

2017年全年放映影片137部，525场次，接待观众20386人次。主办第八届少年儿童电影配音大赛，70万少年儿童和家长关注，7万余人直接参与。举办伊朗电影周、芬兰电影周、德国电影周等9个国家的电影周，观影3929人次。举办“金丝带电影”主题影展，观影503人次，参与北京国际科技电影展映，观影1591人次。

2017年4月22日，第七届北京国际电影节主论坛之一“探寻电影之美高峰论坛——‘一带一路’电影发展与全球电影新格局”在中国电影博物馆举行，馆党委书记陈志强致辞

2017年9月17日，中国电影博物馆副馆长王健接受塞尔维亚国家电视台采访

2017年5月26日，中国电影博物馆探望老一辈电影工作者周苏菲导演

影 视 场 馆

↑ 2017 年 8 月 25 日，中国电影博物馆举办展览大纲修订专家聘任会

↑ 2017 年 10 月 28 日，中国电影博物馆举办“影博 · 影人专题展六：我是一个兵，王晓棠专题展”

↑ 2017 年 8 月 4 日，中国电影博物馆举办“影博 · 影人专题展七：邮票中的电影世界——吴凡电影艺术邮票藏品捐赠展”

↑ 2017 年 5 月至 8 月，中国电影家协会和中国电影博物馆共同主办第八届少年儿童电影配音大赛公益活动。图为颁奖嘉宾与小选手合影留念

↑ 2017 年 12 月 10 日，中国电影博物馆举办电影音乐欣赏暨电影大讲堂“浪漫与滋味——萨克斯风与电影音乐”活动。图为青年萨克斯演奏员周勇为观众表演

↑ 2017 年 11 月 12 日，中国电影博物馆举办 2017 年志愿者总结交流活动

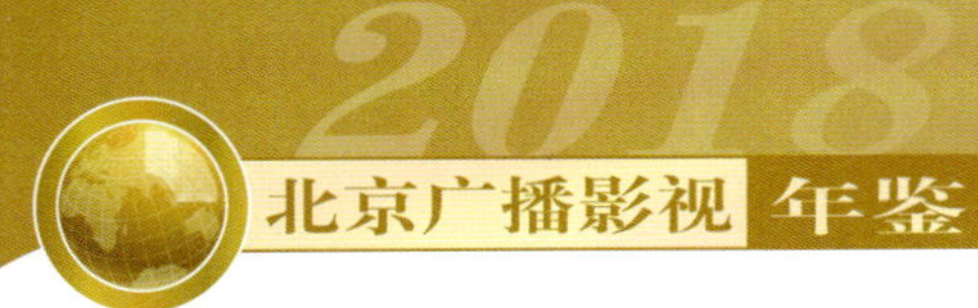

北京歌华文化发展集团

2017年，北京歌华文化发展集团以“调整资产结构、转变经营模式、促进产业升级”为指导思想，以提升企业经营收益为核心，完善经营管理制度，将思政工作融入企业经营，围绕建设三个平台中心任务，深入挖掘现有设施及项目资源潜力。

↑2017年10月12日至22日，由中华人民共和国文化部与北京市人民政府主办、北京歌华文化发展集团等单位共同承办的北京国际摄影周2017在京举行

↑2017年9月22日至10月7日，由中华人民共和国文化部和北京市政府共同主办、北京歌华文化发展集团和北京工业设计促进中心联合承办的2017北京国际设计周主体活动在京津冀三地举办

↑2017年2月22日，中意文化合作机制第一次会议在京举行。北京国际设计周、中华世纪坛艺术馆等37家单位为中意文化合作机制成员单位

↑2017年4月4日，“镌刻世纪——中华世纪坛纪念文化先贤2017清明文化活动”举办

2017 年 9 月 19 日，2017 北京国际设计周设计之旅开幕式在城外诚北京设计互联中心举行

2017 年 9 月 28 日，由中央人民广播电台、首都精神文明建设委员会办公室、中华世纪坛艺术馆主办的“诗意中国”第九届中华世纪坛中秋原创诗会在中华世纪坛上演

2017 年 7 月 13 日，由中华世纪坛艺术馆、西安曲江艺术博物馆等联合主办的“2017 国家文化艺术月—西班牙文化月”开幕。图为西班牙驻华大使马努埃尔 · 巴伦西亚参观展览

2017 年 1 月 10 日，由首都精神文明建设委员会办公室、北京市妇女联合会、北京歌华文化发展集团共同主办的“和合家风”文化主题展在中华世纪坛拉开帷幕

2017 年 8 月 8 日至 11 日，由教育部主办，中国（教育部）留学服务中心、清华大学、英特尔公司和北京歌华文化发展集团共同承办的中美青年创客大赛总决赛在中华世纪坛举行

2017 年 6 月 10 日至 9 月 23 日，北京国际设计周“二十四节气标识系统设计征集”活动在京举行

2017 年 8 月 11 日，由北京歌华文化发展集团主办，北京歌华设计有限公司、中华世纪坛艺术馆承办的 2017 北京创客盛会（Maker Faire Beijing 2017）在中华世纪坛开幕

2017 年 10 月 12 日，北京国际摄影周国际合作签约仪式在中华世纪坛举行

2017 年 11 月 9 日，由中华世纪坛艺术馆等单位主办的“巴比松画派原作展——臻品大师展”在京展出，是国内首次系统展示巴比松画派大师经典原作的展览

2017 年 11 月 15 日，由中国驻法使馆、法国驻华使馆主办，中华世纪坛世界艺术中心承办的“燕保罗和他的中国朋友”展览在中华世纪坛艺术馆开幕

2017 年 12 月 29 日，由北京歌华文化发展集团、中华世纪坛艺术馆、一带一路昆剧院共同主办的“寻梦——2018 新年演出活动”在中华世纪坛剧场举办

2017 年 9 月 23 日，北京国际设计周联合故宫博物院、同仁堂集团、中华世纪坛等发起成立了“二十四节气”品牌联盟

2017 年 12 月 16 日，由中华世纪坛艺术馆、蒙托邦安格尔博物馆等共同主办的“安格尔的巨匠之路——来自大师故乡蒙托邦博物馆的收藏展”开幕，是安格尔在中国第一次成系统的、全方位的展览展示

2017 年 9 月 22 日，2017 北京国际设计周北京设计论坛主论坛之一的“创意 2030 高峰论坛”在中华世纪坛开幕

自 2016 年 12 月至 2017 年 12 月，由中华世纪坛艺术馆等单位主办的中国艺术新视界——国家艺术基金青年艺术创作人才（美术、书法、摄影、工艺美术）滚动资助作品巡展，在全国 20 个省市巡展

↑2017 年 9 月 11 日，朝阳区广播电视新闻中心技术部硬盘播出系统培训

↑2017 年，朝阳区广播电视新闻中心记者街头采访

↑2017 年，朝阳区广播电视新闻中心电视记者采访

↑2017 年，朝阳区广播电视新闻中心电视栏目《朝阳新闻》录制现场

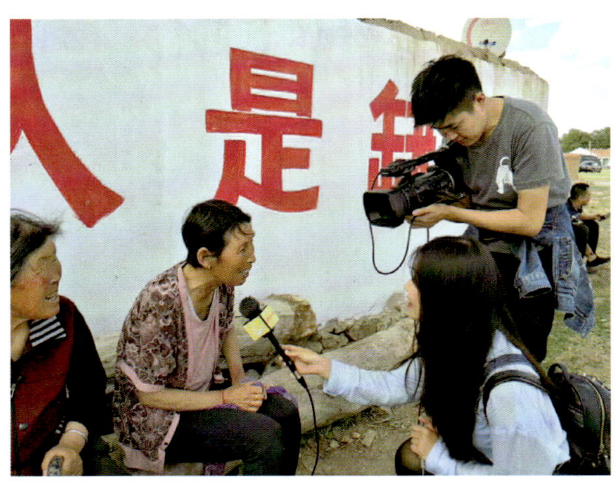

↑2017 年，朝阳区广播电视新闻中心记者采访

↑2017 年，朝阳区广播电视新闻中心安全检查现场

↑2017 年 7 月，海淀区新闻中心记者采访环卫工人

↑2017 年 7 月，海淀区新闻中心记者报道玉渊潭公园夏日赏荷好去处

↑2017 年 12 月，海淀区新闻中心记者报道颐和园东宫门外公交场站完成迁移工程

↑2017 年 4 月，海淀区新闻中心记者报道清河街道关于拆除违法建设

↑2017 年 1 月，海淀区新闻中心记者报道区第十六届人民代表大会第三次会议

↑2017年8月25日，丰台区广播电视中心《南城人物》栏目非物质文化遗产传承采访现场

↑2017年12月19日，丰台区广播电视中心记者拍摄工商分局进行食品安全检查

↑2017年7月18日，丰台区广播电视中心宛平城环境保护工作专题栏目记者采访群众

↑2017年8月10日，丰台区广播电视中心记者在白沟采访北京市场商户考察推介会情况

↑2017年11月22日，丰台区广播电视中心《真情零距离》环保节目外拍采访

↑2017年10月17日，丰台区广播电视中心聚焦重阳节文化主题活动融合报道

区 级 广 电

↑2017 年 3 月 31 日，石景山区广播电视中心录制第十届清明诗会

↑2017 年 5 月 8 日，石景山区广播电视中心录制红十字会晚会

↑2017 年 6 月 7 日，石景山区广播电视中心接待孟加拉国家电视台来台参观访问

↑2017 年 6 月 27 日，石景山区广播电视中心录制喜迎十九大文艺展演

↑2017 年 1 月 10 日，石景山区广播电视中心录制致敬城市建设者晚会

↑2017 年 3 月 2 日，石景山区广播电视中心录制三八节晚会

↑2017 年 12 月 19 日，门头沟区广播电视新闻中心记者现场采访

↑2017 年 10 月 24 日，录制《门头沟新闻》节目

↑2017 年 1 月 12 日，门头沟区广播电视新闻中心举办广电新闻记者培训

↑2017 年 12 月 4 日，《门头沟视点》栏目主持人出镜

↑2017 年区人大会议门头沟区广播电视新闻中心报道团队

←2017 年 6 月 28 日，利用新华社“现场云”平台直播门头沟区大型活动

↑2017年5月6日，2017北京国际长走大会在房山长沟鸣锣启动

↑2017年3月，房山电视台与区环保局合作推出《环保在行动》系列节目

↑2017年5月22日，《创意房山》栏目在房山电视台进行首播

↑2017年6月1日，房山区广播电视中心联合区教委举办“大手拉小手 我是小主播”六一儿童节主题实践活动

↑2017年9月，房山电视台《今日关注》栏目推出“绿水青山就是金山银山”喜迎十九大专题栏目

↑2017年1月20日，房山电视台新闻高清演播室正式投入使用

↑2017 年 5 月 25 日，大兴电视台开播《环保面对面》专题栏目

↑2017 年 5 月 26 日，大兴人民广播电台开播国内第一档少儿广播新闻节目《小记者大视界》

↑2017 年，党的十九大召开期间，大兴区广播电视中心编辑记者深入基层进行十九大专题采访报道

↑2017 年 11 月，大兴区广播电视中心成立十九大记者宣讲团，深入基层进行宣传活动

↑2017 年，大兴区广播电视中心主持人参加京、津、沪、渝四直辖市主持人大赛获得银奖

↑2017 年 7 月，通州区广播电视中心拍摄助学活动捐赠图书仪式

↑2017 年 4 月，通州区广播电视中心《小强听说》节目录制现场

↑2017 年 8 月 25 日，通州区广播电视中心拍摄“第五届七夕文化节”活动

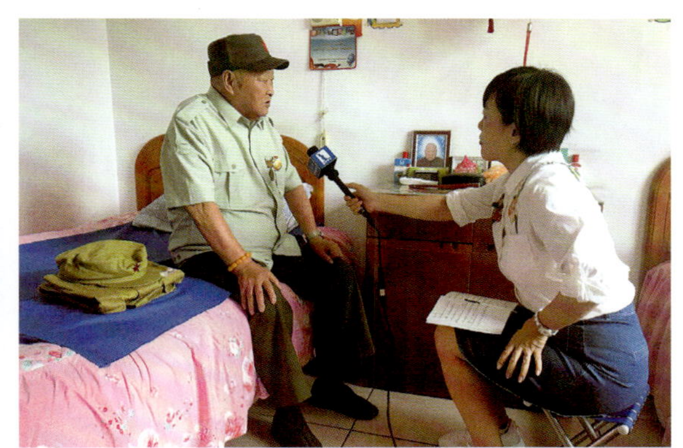

↑2017 年 8 月，通州区广播电视中心记者采访退伍老兵

↑2017 年 12 月，通州区广播电视中心进行业务培训

2017 年 12 月，顺义区广播电视中心记者在首钢冷轧拍摄光伏发电项目

2017 年 6 月，顺义区广播电视中心记者在拍摄复兴大桥主体浇筑现场

2017 年 6 月 16 日，顺义区广播电视中心记者拍摄北小营镇首届水稻节活动

2017 年 9 月 26 日，顺义电台第五届听众节在顺义工人文化宫开幕

2017 年 7 月，顺义区疏解整治促提升专项行动中，顺义区广播电视中心记者拍摄违法建设拆除现场

2017 年，顺义电台《朗读经典》栏目工作照

2017 年 5 月 11 日，平谷区广播电视中心《美丽平谷》栏目在红石门长城外采

2017 年 1 月 22 日，平谷区广播电视中心主持人主持《平谷区团拜会》

2017 年 5 月 2 日，平谷区广播电视中心记者在中国乐谷·华录音乐嘉年华采访

平谷区广播电视中心主持人主持《2017 平谷区“互联网 + 大桃”工程推进会》

2017 年 7 月 17 日，平谷电台对《嗨，平谷》栏目进行改版

←2017年5月25日，怀柔电台记者录制节目

↑2017年6月7日，怀柔区广播电视台与密云区广播电视台同仁举办业务交流会

↑2017年9月6日，怀柔区广播电视中心举办迎十九大消防安全知识培训

↑2017年10月26日，怀柔区广播电视中心举办廉政知识讲座

↑2017年11月16日，怀柔区广播电视中心召开内控系统建设启动会

↑ 昌平区广播电视中心拍摄“2017 昌平区迎新春慰问演出”

↑ 2017 年 10 月 17 日，昌平区委常委、宣传部部长刘绍坚到区传媒中心调研媒体机构改革工作进展情况

↑ 2017 年 2 月 8 日，昌平区广播电视中心记者报道区纪委全会

↑ 2017 年昌平区广播电视中心播出机房

↑ 2017 年 9 月 22 日，昌平区广播电视中心报道 2017 年世界大学生魔术交流大会开幕

↑ 2017 年 11 月 13 日，昌平区广播电视中心中央厨房总编辑部召开“总编会”

↑2017 年 11 月 11 日，密云区广播电视中心采访区水库保水大队

↑2017 年春节，密云电视台主持人向全区人民拜年的照片

↑2017 年《密云新闻》节目照

↑2017 年 10 月 1 日，密云区广播电视中心记者采访密云水库渔民开库打捞

↑2017 年 6 月 15 日，密云区广播电台 FM94.1《音乐随身听》栏目举办开播 4 周年公益进校园活动

区级广电

↑2017年4月，延庆区广播电视中心记者在延庆香营乡新庄堡村拍摄杏花进入观赏期

↑2017年6月5日，延庆区广播电视中心记者在延庆张山营稻田拍摄稻农劳作

↑2017年6月，延庆区广播电视中心记者在延庆井庄镇拍摄“延庆旱船”青少年传承基地建设项目启动仪式

↑2017年7月1日，延庆区广播电视中心《印象妫川》栏目组记者在延庆大庄科乡红色第一村采访“红色系列”活动

↑2017年11月，延庆区广播电视中心记者在延庆沈家营镇拍摄昔日脏乱地变身美丽公园

↑2017年，延庆区广播电视中心《聚焦时分》栏目片头

←北京登峰国际文化传播有限公司出品电影《战狼 2》

北京紫禁城影业有限责任公司、啊哈影业(北京)有限公司、北京京剧院、青年电影制片厂联合出品京剧电影《定军山》→

↑北京紫禁城影业有限责任公司、文漫媒体有限公司、北京正泓文化有限责任公司、中视体育娱乐有限公司联合出品电影《谁是球王》

←浙江东阳美拉、华谊兄弟、爱奇艺影业、北京耀莱影视、北京京西文化、八一电影制片、华夏电影发行、大地时代、北京英雄互娱、峨眉电影集团、上海阿里巴巴影业、东阳向上、北京大鱼互动、东海旭日影业及上海东方娱乐传媒联合出品电影《芳华》

↑北京光线影业有限公司、霍尔果斯青春光线影业有限公司联合出品发行电影《大闹天竺》

↑北京光线影业有限公司出品青春电影《秘果》

↑寰亚电影、光线影业联合出品电影《春娇救志明》

↑阿里巴巴影业（北京）有限公司、上海儒意影视制作有限公司、北京光线影业有限公司、万达影视传媒有限公司、霍尔果斯悦凯影视传媒有限公司、上海润金文化传播有限公司、华夏电影发行有限责任公司、珠江影业传媒股份有限公司、上海翎刻闪耀影视制作有限公司、上海淘票票影视文化有限公司、霍尔果斯青春光线影业有限公司等联合出品电影《三生三世十里桃花》

↑北京光线影业有限公司、天津市好传文化传播有限公司、霍尔果斯彩条屋影业有限公司联合出品动画电影《大护法》

←北京光线影业有限公司、深圳市中汇影视文化传播股份有限公司、北京梦工场投资管理有限公司、霍尔果斯青春光线影业有限公司、霍尔果斯一本影业有限责任公司联合出品电影《嫌疑人X的献身》

↑公安部金盾、春天融和、瑞格嘉尚、海宁纸兵、海宁文玖、霍尔果斯青春光线等出品电影《缉枪》

←四川重返狼群文化传媒有限公司、亦风飞扬文化传媒（成都）有限公司、霍尔果斯青春光线影业有限公司、天津猫眼文化传媒有限公司、霍尔果斯小森林影业有限公司联合出品电影《重返·狼群》

万达影视传媒有限公司、上海他城影业有限公司、北京光线影业有限公司、霍尔果斯喜天影业有限公司、上海儒意影视制作有限公司联合出品电影《父子雄兵》→

↑他城影业、儒意影业、霍尔果斯青春光线、万达影业、乐合影业联合出品电影《缝纫机乐队》

←华谊兄弟、Showbox Corporation、Megabox,Inc.、北京微影时代及北京百度网讯联合出品电影《美好的意外》

↖华谊兄弟、新圣堂、天津猫眼、新余星谊影视、上海淘票票、啊哈娱乐、北京无限自在、东阳向上及优酷联合出品电影《前任3：再见前任》

↑华谊兄弟、霍尔果斯太合数娱、北京风月影视、北京二十一世纪威克传媒、星世纪影业、森淼丰润投资、北京太合泽若文化、霍城星联文化、影都文化投资及北京太合娱乐文化联合出品电影《引爆者》

←光线传媒引进日本动画电影《烟花》

↑北京博纳风行文化传媒有限公司等出品网络大电影《霍家拳威震山河》

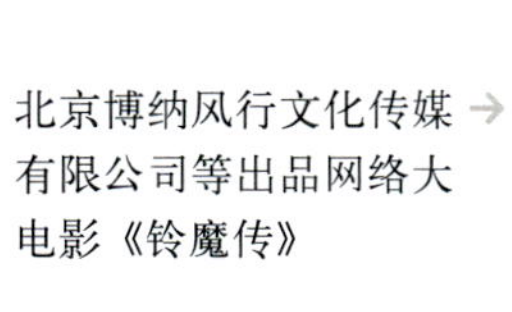
北京博纳风行文化传媒有限公司等出品网络大电影《铃魔传》→

←海润影视制作有限公司、北京主题传奇文化传媒、黑莓影视制作联合出品 43 集电视剧《明日彩虹之探戈》

↑海润影视制作有限公司、主题传奇、壹线影视、新海润文化出品 42 集电视剧《和平饭店》

↑海润影视制作有限公司、霍尔果斯中联传动、重庆萌梓影视、苏州传视影视联合出品 48 集电视剧《米露露求爱记》

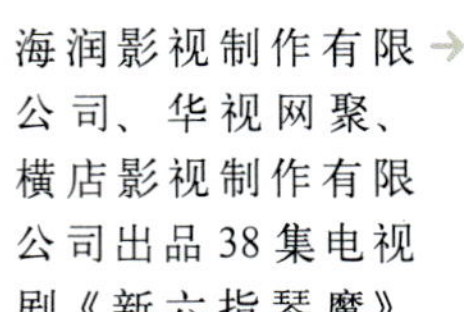
海润影视制作有限公司、华视网聚、横店影视制作有限公司出品 38 集电视剧《新六指琴魔》→

↑大唐辉煌（霍尔果斯）传媒有限公司、大唐辉煌传媒有限公司、北京九乾影视文化传媒有限公司联合出品 52 集电视剧《桔子街的断货男》

↑大唐辉煌（霍尔果斯）传媒有限公司、大唐辉煌传媒有限公司、珠海市公安局、公安部金盾影视文化中心联合出品 48 集电视剧《警犬来啦》

←北京金牌伙伴影视传媒有限公司、北京风雷动文化传媒有限公司、北京电视艺术中心有限公司等出品 42 集电视剧《小五当官》

北京国立常升影视文化传播有限公司、浙江常升影视制作有限公司、山东影视制作股份有限公司、北京安瑞影视文化传媒有限公司等联合出品 40 集电视剧《我的新爹和后爸》→

海润影视制作有限公司、亮眉侠文化传媒、橙子映像、萌梓影视联合出品 46 集电视剧《陪读妈妈》

艺照天下（北京）影视传媒有限公司、北京幸福影视有限公司、北京歌华传媒集团有限公司、北京北广传媒影视股份有限公司投资 46 集电视剧《情满四合院》

得闲影业（北京）有限公司出品的 44 集电视剧《外科风云》剧照

海润影视制作有限公司、华视网聚、横店影视制作有限公司出品的 38 集电视剧《新六指琴魔》开机仪式

海润影视制作有限公司、亮眉侠文化传媒、橙子映像、萌梓影视出品的 46 集电视剧《陪读妈妈》媒体见面会

↑北京电视台、北京其欣然影视文化制作有限公司出品58集电视动画片《快乐集结号》

↑2017年8月14日，26集动画片《猪迪克之古怪岛大冒险Ⅱ》在北京电视台播出

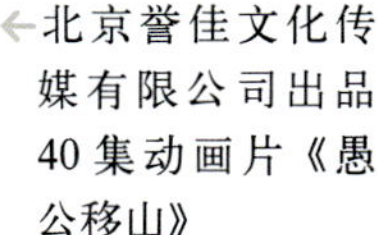

←北京誉佳文化传媒有限公司出品40集动画片《愚公移山》

北京璀璨星空文化发展有限公司、北京电视台出品52集动画片《京剧猫之信念的冒险》→

↑2017年12月18日至20日，北京市新闻出版广电局举行“北京市新闻出版广播影视行业领军人才培训班”，全市90余名行业领军人才参加培训

↑2017年6月30日，北京市新闻出版广电局开展纪念建党96周年主题党日活动

↑2017年7月12日，北京音像资料馆开展支部活动，组织党员参观李大钊故居

↑2017年6月30日，北京市广播电影电视局后勤服务中心党支部与宣管处党支部联合开展重温誓词不忘初心主题活动

↑2017年9月28日，北京市广播电视监测中心党支部开展活动

↑2017年7月17日，北京市新闻出版广电局传媒机构管理处和信息中心开展党日活动，参观白洋淀雁翎队纪念馆

↑2017 年 12 月 11 日，北京广播电视台开展领导干部学习贯彻党的十九大精神专题轮训

↑2017 年 9 月 6 日，北京歌华有线电视网络股份有限公司党委组织开展主题为“不忘初心、砥砺前行、永葆本色”的“两学一做”学习教育（第四期）宣讲活动

↑2017 年 1 月 9 日，北京歌华文化发展集团在中华世纪坛剧场召开党员大会

↑2017 年 8 月 23 日，北京北广传媒数字电视有限公司党员赴军事博物馆参观建军展览

↑2017 年 10 月，北京北广传媒移动电视有限公司全体党员观看十九大直播节目

↑2017 年 11 月 28 日，《北京广播电视报》报社党总支举行主题党日活动

2017年1月22日下午，北京电台人力资源部和网络媒体中心联合在广播大厦观云阁举办“微信公众号的运营与营销”培训

2017年6月27日，北京电台召开庆祝中国共产党成立96周年大会，表彰先进党支部

2017年8月3日，北京电台2017年新员工入职专项培训举行开班式

2017年10月27日，北京电视台举行党风廉政建设通报会

2017年10月18日，北京电视台组织党员干部职工收看第十九届党代会电视直播

队 伍 建 设

↑2017年1月20日，海淀区新闻中心开展党风廉政建设

↑2017年6月28日，石景山区广播电视中心党支部参观延庆平北抗日战争纪念馆

↑2017年6月28日，门头沟区广播电视中心组织职工参观白乙化烈士纪念馆

↑2017年11月14日，平谷区广播电视中心组织记者培训

↑2017年10月12日，怀柔区广播电视中心党支部组织全体党员参观怀柔区影视产业基地

↑2017年6月8日，密云区广播电视中心团委组织学习习近平总书记讲话精神，争做合格共青团员

←2017年4月26日，北京市新闻出版广电局工会组织“走进城市副中心，走进版权，走进春天”主题踏青健步活动

↑2017年11月3日，北京市新闻出版广电局工会在奥森公园组织第四届健步走比赛活动

↑2017年3月8日，北京市新闻出版广电局工会开展女职工插花活动

↑2017年7月11日，北京市新闻出版广电局信息中心党支部开展献爱心活动

↑2017年4月，北京电台工会组织健步走活动

文体活动

2017 年 4 月 27 日，北京歌华有线电视网络股份有限公司员工开展春季健步走活动 →

↑2017 年 3 月 8 日，北京歌华文化发展集团工会开展“歌华 20 年 · 女职工三八创意设计秀”沙龙活动

↑2017 年 3 月 7 日，北京广播电视台服务中心工会组织女职工三八健步走比赛

↑2017 年 5 月 23 日，北京北广传媒城市电视有限公司在北京奥林匹克森林公园举办健步走比赛

↑2017 年 11 月 23 日，北京北广传媒地铁电视有限公司职工开展保龄球比赛

↑2017 年 4 月 21 日，北京北广传媒数字电视有限公司组织职工开展足球比赛

↑2017 年 4 月 27 日，密云区广播电视中心举办职工羽毛球比赛

↑2017 年 6 月 20 日，石景山区广播电视中心工会组织职工参加羽毛球比赛

↑2017 年 7 月 20 日，平谷区广播电视中心参加全区体操比赛

↑2017 年 11 月 8 日，通州区广播电视中心举行记者节健步走活动

#《2018北京广播影视年鉴》

目 录

专项纪事

概 况

大事记

频率频道

节目栏目

产业发展

新媒体

技　术

电　影

电视剧

书报刊出版

受众调查

组织机构

获奖作品

典型经验

交流合作

统 计

索 引

专项纪事

2017 北京纪实影像周举办

11 月 24 日至 28 日，由北京市新闻出版广电局和朝阳区政府主办的 2017 北京纪实影像周成功举办。首次北京纪实影像周围绕“纪实+”专业的理念，设置“纪实·盛典”“纪实·论坛”“纪实·交易”“纪实·影像”“纪实·乐活”“纪实·京味”六大活动板块，组织了开幕式及开幕影片首映、3 场主题行业论坛、10 余场纪实影像和设备展、1 场签约发布活动、3 场纪实网络直播，37 部国内外优秀纪录片在 8 家院线、6 家城市文化艺术空间及高校展映 121 场次，12 家机构达成 9 个项目合作，签约额近 9000 万元。参加这次影像周主会场活动的有 80 余家纪录片机构近 3000 人，逾百家新闻媒体参与报道。

一、精心选取纪录影片。影像周开幕式影片选取了纪录片《落地生根》。该片记录的是深居怒江大峡谷山脊上的勤劳乡民，在党的“精准扶贫”政策帮扶下改变命运的故事，反映了共产党人在脱贫攻坚、决胜全面建成小康社会中恪守实事求是、人民利益至上的情怀。国家新闻出版广电总局、北京市委宣传部、朝阳区人民政府相关领导出席开幕式并致辞，纪录片主创人员在现场与观众交流了创作体会。

二、主题论坛探索新时代纪录片发展创新。活动期间，举办了“用心记录新时代——纪实影像的使命担当”“纪录片商业价值的探索”“坚定文化自信，纪录片砥砺前行——纪实影像对中华优秀传统文化元素的挖掘与弘扬”3 场主题论坛，纪录片理论专家、创作团队和业内人士各抒己见，围绕“纪实影像在新时代的使命担当与发展创新”“主旋律纪录片对国家形象的建构”“纪录片如何实现中华优秀传统文化的世界传播”“纪实产业运营中的社会价值与商业价值并重”等话题深入探讨，梳理近年来纪录片创作的丰硕成果，探讨未来发展前景。

三、展映展播多渠道展示纪实影像的艺术魅力。11 月 23 日至 28 日，《女猎鹰人》《蓬勃的生活》《持摄像机的人》等 9 部国际纪录电影在当代 MOMA 百老汇电影中心、保利国际影城等 8 家院线进行 62 场商业放映，近 2000 人次观影，周末售票率在 65% 以上，单场售票率达 95%。在城市文化艺术空间和高校影院，《二十二》《镜子》《本草中国》《我的物品》等 20 部“现象级”佳作在朝阳区规划艺术馆、798 国际艺术交流中心、北京师范大学等 6 家放映场馆组织 59 场公益放映，超过 6000 人次观影，上座率达到 90%，其中 26 个场次上座率接近 100%。北京电视台纪实频道黄金时段展播《辉煌中国》《我们这五年》《希望的田野：拉林河畔》等优秀国产纪录片，弘扬主旋律。同时，广大纪录片迷和网友还通过爱奇艺专区、DOCO 热纪录 APP 等参与到观影互动中，大众观影、评影热情高涨。

四、展览展示全产业链发展成果。在“纪实·乐活”展览展示区，来自国家林业局、新华社 CNC 网络电视、山西沁县、福建泉州等内容丰富的纪实影像图片展览，通过风物、照片、延时摄影等展现大美中国。20 余家首都纪录片发展协会会员单位搭台设展，提供精准优质行业服务，13 家影视设备机构的最新设备展览呈现纪实影像行业最前沿的拍摄手段和技术。

五、网络直播传承“老字号”京味文化。 影像周期间，在爱奇艺网进行2天近10个小时“最具京味”的在线直播。聚焦北京经典“老字号”品牌，走访内联升、瑞蚨祥、中国书店、都一处、便宜坊等，通过线下普通观众和美食爱好者的参与，让线上网民体验到“地道北京味儿”，带动受众对北京“老字号”的关注，将传统工艺、美术、美食等京味文化传播到全球。

六、签约发布强强联合。 9家机构发布《万物滋养》《中国茶叶通史》《本草中国(第二季)》《永不消逝的电波》《一触即发——中国物流奇迹》等11项纪实影像项目，北京三多堂传媒股份有限公司、北京澳亚恒生文化传播有限公司、良友（北京）文化传媒有限公司、杭州艺能博远影视传媒有限公司、义乌市人民政府、青海广播电视台等12家单位和机构达成9项互利合作，总签约额近9000万元。首都纪录片发展协会通过政、企、校联动方式推动人才培养，授予首批15家纪录片机构“纪实影像人才战略实习基地”牌匾。

（北京市新闻出版广电局宣传管理处）

2017北京电视节目交易会（春秋两季）举办

2017年3月19至22日、9月27至29日，2017北京电视节目交易会（春季和秋季）分别在北京会议中心举办。这两届交易会共吸引海内外电视节目制作机构及相关产业机构929家5000余人，电视节目播出机构320家近1000人，海外来宾49家86人参会。推介电视节目2000余部。推介内容包括前期筹备剧目、拍摄制作中剧目、成片首轮发行剧目、二轮多轮发行剧目、网络剧、电影、网络电影、纪录片、电视栏目、动画片、海外剧目、网络文学作品、影视产业园区等。

一、春季交易会主要活动

（一）开幕式和电视剧京榜发布

3月20日上午，“2017春季北京电视节目交易会开幕式暨2016电视剧京榜发布”举办。电视剧京榜盘点2016年在北京电视台播出的优秀剧目，对优秀作品和优秀制作公司给予表彰。同时，北京电视台还对2017年的重点剧目进行推介。

（二）主题和专题论坛聚焦行业热点

3月21日上午，由北京市新闻出版广电局与中国电视剧编剧委员会联合主办“确立工匠精神，讲好中国故事”主题论坛举办。论坛汇聚百余名电视剧编剧和著名导演、文艺评论家。著名编剧刘和平、赵冬苓、兰晓龙，著名导演刘江，专家学者尹鸿分别从不同角度解析工匠精神在电视剧创作中的必要性和重要性。3月21日下午，“鲜知灼见——碎片化媒体下的娱乐营销进化论”专项论坛举办。论坛聚焦影视行业营销趋势变化，就科学理解新模式下的影视剧营销推广方法和手段等行业热点话题进行探讨。

（三）开启影视版权建设法制化新纪元

3月20日下午，“北京影视著作权专家鉴定委员会”借力交易会平台正式揭牌启动，填补了影视著作权司法鉴定的一项空白。同时举行20场专场推介活动，内容涉及影视产业园区推介、电视剧制作相关产业及网络文学推介等。

（四）搭建平台促进网络文学与电视节目合作

网络文学作为北京电视节目交易会的“新成员”，继2016年成功亮相交易会后，这次，掌阅科技、晋江文学城和纵横中文网等11家北京重点网络文学企业，携《湘语》《南方有乔木》等109部优秀原创作品再次亮相“春交会”集中展示，吸引参展机构的广泛关注。

二、秋季交易会主要活动

为期三天的交易会，共有七类主体活动，即主题表彰活动、两个主题展、两场新剧发布、三场论坛、四场签约、七场专项推介和中国体育影视作品征集活动评优分享会。

（一）开幕式和北京市优秀电视剧制作机构表彰

9月28日下午，“春华秋实”2012—2017北京优秀电视剧五年成果表彰活动举办。授予十家单位为2012—2017年度北京市优秀电视剧制作机构，分别为：海润影视制作有限公司、北京鑫宝源影视投资有限公司、华视娱乐投资集团股份有限公司、大唐辉煌传媒有限公司、北京完美影视传媒有限责任公司、北京唐德国际文化传媒有限公司、北京小马奔腾壹影视文化发展有限公司、北京华录百纳影视股份有限公司、北京欢乐源泉影视传媒有限公司、北京天马映画影业有限公司。会上，北京市新闻出版广电局与中国电视剧编剧委员会签署《战略合作协议》。

（二）主题展和新剧发布

本届交易会恰逢党的十九大召开之际，特设“十九大献礼剧”及“北京电视剧五年成果展”，展出28部献礼剧及47部成果剧。尚在剧本阶段的新剧《风雨翠华楼》举行新闻发布会。该剧为北京题材，展现在风云动荡的大时代裹挟之下，一个小人物经历一生的大起大落，始终坚守心中的信念与大爱。电视剧《情满四合院》举办北京卫视全国首播新闻发布会，该剧讲述发生在从六十年代到九十年代30年跨度当中，北京四合院里的人们生活以及时代变迁，故事充满温情，也有悲欢离合，各种滋味。

（三）论坛和签约

9月27日下午举办分论坛，由影视著作权专家鉴定委员会承办，聚焦“论影视著作权纠纷问题的产生和解决”。论坛结合案例从宏观和微观两方面分析影视著作权纠纷问题的产生原因及法院解决这些纠纷的思路。北京市新闻出版广电局副局长戴维出席并致辞。

9月28日下午举办题为“中华优秀传统文化与影视创作的融合”的主论坛。论坛由中国电视剧和编剧委员会会长刘和平主持，北京大学李道新教授、知名编剧陈枰、兰晓龙、申捷、常江先后发表主题演讲，大家共同探讨传统文化如何赋能影视创作。

9月28日下午举办制片人专项论坛。业内资深人士就如何在重视原创、回归理性的“后IP时代”进行全产业链开发和网剧未来发展有何新态势两大热点行业话题进行深度讨论。

本届交易会首度举办签约专场，会上举办动画片《鹿精灵》版权签授仪式、《聚光灯下请微笑》版权签授仪式、《守望正义》版权合作签约仪式三场签约仪式。

（四）专项推介会

9月28日上午举行七场相关产业专项推介会，包括怀柔影视示范区和怀柔六家文化创意企业、东莞市水乡影视文化创意孵化基地、青岛中影律动影视产业园、中国（杭州）互联网影视产业园分别做影视产业园区专项推介。北京有沐行乐文化有限公司解读“电视剧花式音乐编辑实验”，北京小土科技有限公司就“科技为先，服务为本，助力影视生态”做专项推介，版全网就“视频版权营销新时代”讲解。9月28日下午，举行六场网络文学作品推介会。

（五）中国体育影视作品征集活动评优分享会

9月28日，在北京电视节目交易会（秋季）主会场上举行2017年中国体育影视作品征集活动评优分享会。本次评审分初评和复评两个阶段，最后共评选出30部入围优秀作品，并从入围作品中评选出10部“最佳提案奖”作品。

（北京市新闻出版广电局宣传管理处）

市属广电媒体党的十九大宣传亮点多

2017年10月18日，党的十九大开幕。按照中央及北京市委要求，市属广电媒体牢固树立四个意识，完成党的十九大宣传报道任务，导向正确，亮点频出。

在十九大会议期间，北京电视台各档新闻节目累计播发十九大新闻近300条次，包括开幕会直播、新闻、专题等累计播出时长超过40小时，采访党代表30多人次，采访各界党员干部群众超过200人次。北京人民广播电台共播出节目时长约62小时，派出记者230多人次，播发报道1100多篇次，其中同期声录音报道38条，各界人士热议十九大的报道近200条。北京时间网站发布相关专题稿件3000多篇，总点击量突破11.91亿。歌华传媒集团所属公交车24000个终端、地铁电视10000个终端、写字楼6500多个终端和户外7块大屏，分别通过直播转播、宣传片、集成节目、滚动字幕等多种形式展开多层次立体化的宣传，共集成播出相关新闻692条（次）、制作专题255期，播出1400余次，时长3660分钟。

一、直播任务圆满完成

10月18日和25日，北京广播电视台BTV卫视、BTV新闻、北京新闻广播按要求顺利完成十九大开幕会、新常委见面会两场直播，共有9个区广播电视中心的12个电视频道、3个广播频率同步转播，移动电视、地铁电视和城市电视的四个频道完成转播。同时，北京时间直播频道“十九大时光”，在会议期间不间断直播192小时，开幕会直播达到35万人同时在线收看，累计观看人次超过5000万。

二、专题专栏亮点纷呈

北京电视台多档新闻栏目推出《十九大特别节目》，开设《十九大时光》《全球热议十九大》《十九大报告解读》《聆听报告，畅谈心声》等专栏和系列报道，深入开展《砥砺奋进的五年》主题宣传，推出《喜庆十九大·北京新篇章》大型航拍系列报道。北京电台多个频率推出《代表快言》《十九大热词双语解》《十九大代表风》《十九大时光》《砥砺奋进的五年》《军旗正红》《海外关注十九大》《我看北京这五年——老社长的故事》等21个专栏和系列节目。北京时间推出《十九大时光频道》，8天24小时全天候播出，通过联结前方公共信号、连线北京时间、中国青年报等世界各地的记者，全面呈现各界党员群众聆听十九大、学习十九大的鲜活情景。移动电视、地铁电视和城市电视四个频道滚动播出《喜迎十九大》《砥砺奋进的五年》《十九大时光》等专题报道。

（北京市新闻出版广电局宣传管理处）

第七届北京国际电影节举办

2017 年 4 月 16 日至 23 日，第七届北京国际电影节在北京举办。本届电影节共组织主竞赛单元“天坛奖”评奖、开幕式、北京展映、北京策划·主题论坛、电影市场、电影嘉年华、闭幕式暨颁奖典礼等七大主体活动，以及“注目未来”单元、纪录单元、“经典京剧电影”单元、网络电影单元、电影音乐会、电影沙龙及行业对话等相关活动，活动总数超过 370 场；来自 50 余个国家和地区的 300 余家中外电影机构，1.5 万名中外嘉宾，100 余万人次各界群众参加各项活动；445 家境内外媒体、近 1600 名记者参与采访报道。

一、国际大腕云集，突出节展国际性。开、闭幕式典礼按照“小而美”的原则进行组织、实施，突出“国际化、中国派、北京韵”，注重仪式感和电影元素。除“天坛奖”评委会外，塞尔维亚导演库斯图里卡，印度导演、演员阿米尔·汗，中国台湾导演张艾嘉，中国导演张艺谋，日本导演是枝裕和，中国摄影师赵小丁等 400 余位电影人、国际电影节主席、国际行业协会代表出席电影节开、闭幕式。除此之外，组委会办公室还举办了国际电影节主席和电影行业代表沙龙，东京国际电影节、多伦多国际电影节、温哥华国际电影节、特隆赫姆电影节、中美电影节等国际电影节主席、国际行业协会代表出席。在“大师对话”活动中，著名导演冯小刚与“天坛奖”评委会主席比利·奥古斯特就“中外电影商业与艺术的融合”展开了对话。

二、评委阵容豪华，展现奖项权威性。第七届北京国际电影节“天坛奖”评奖国际评委会主席为丹麦国宝级导演比利·奥古斯特，评委会成员为中国香港女导演张婉婷、意大利制作人保罗·德尔·布洛科、中国女演员蒋雯丽、罗马尼亚导演拉杜·裘德、美国导演罗伯·明可夫以及法国演员让·雷诺。参评影片方面，共收到来自六大洲、59 个国家和地区的 424 部影片报名，其中境外影片 274 部、境内影片 150 部。15 部入围影片来自四大洲、19 个国家和地区。经过评委会集体观影、讨论，投票产生本届“天坛奖”10 大奖项。

三、组织高端论坛，引领行业发展方向。中外电影合作论坛邀请国内外著名导演、制片人，共同探索中外电影合作制片的最佳途径；中国电影发行高峰论坛聚焦当下中国电影发行市场中“互联网＋”力量的助力作用与发展方向，对电影发行市场中“互联网”的价值进行深度探讨，呼吁市场有序发展；首次设立“电影科技国际论坛”，围绕“科技创新驱动电影提质升级”主题，邀请国内外电影技术行业的专家学者，共同探讨科技创新对于电影提质升级的重要意义；“探寻电影之美”高峰论坛以“‘一带一路’电影发展与全球电影新格局”为主题，邀请沿线国家知名电影人士和投资人，与中国电影人共同擘画“一带一路”电影发展建设蓝图，深化彼此电影发展战略合作，推动更多合作项目落地。

四、展映精品佳作，体现文化多元性。展映单元精选近 500 部境内外影片，在北京市 31 家影院和学术机构展映 1000 余场次，22 万余人次观影。举办是枝裕和、张艾嘉、三谷幸喜、库斯图里卡与《牛奶配送员的奇幻人生》，阿米尔·汗与《摔跤吧，爸爸》，恩雅蒂与《肉与灵》，陈可辛、金城武、周冬雨与《喜欢你》，黄渤、徐静蕾与《记忆大师》，以及《不成问题的问题》《提着心，吊着胆》《盲·道》等电影主创见面会，为广大市民和专业观众提供接触多元电影文化的广阔平台。

五、培养新人新作，强化品牌创新性。电影市场共征集到712个项目，同比提高5.6%。其中，80、90后新锐工作室申报项目246个，占比34.6%；超过6成项目已获得市场认可，筹得必要资金用于项目开发及拍摄。何冀平、李杨、陶昆、何韵明、秦海燕等资深业内人士担任创投评委及培训师。最终，《森山之雾》获得“特别大奖”；《塔台惊魂》《不可杀戮》《红章鱼》分别获得“最具商业潜力奖”“最佳原创剧本奖”及“最具创意奖”；《红章鱼》《森山之雾》获得“境外推广奖”。

六、搭建交流平台，增强市场服务性。电影市场招商展会在投融资、制片、发行、放映、版权及法律支持等产业链各环节上均有体现。据统计，为期3天的招商展会共吸引3万余人次前来参观交流，促成56个签约项目，签约额达到174.58亿元人民币，同比提升6.9%。

七、普及文化惠民，提升活动大众性。4月15日至5月1日，电影嘉年华活动在国家中影数字制作基地及星美今晟影视城举办，以“电影梦·梦圆怀柔”为主题，设置六个板块，促进观众对电影文化的了解，取得良好的社会效果。组委会办公室还通过电影音乐会、“经典京剧电影”单元等活动，增强活动的粘连度，扩大电影文化覆盖面，提高电影节群众参与度。

（北京电视台北京国际电影节运行中心）

北京电视台完成“一带一路”国际合作高峰论坛报道

2017年5月14至15日，北京卫视和新闻频道并机播出《共建丝路 共赢发展》特别节目，通过现场直播、新闻报道、演播室访谈等多种形式全方位呈现“一带一路”高峰论坛盛况。截至5月15日23:00，共播出相关新闻报道539条次，时长超过21小时，自制直播时长累计12小时。

“一带一路”国际合作高峰论坛直播报道，开启北京电视台重大国际时政类题材新闻直播先河。多路记者全球连线，与新华社等中央媒体合作，与多家电视台直播联动。为在天津、浙江义乌、福建泉州、甘肃兰州、云南瑞丽等地直播连线和现场报道，北京电视台与甘肃电视台、广西钦州电视台、广西北海电视台、浙江义乌电视台、福建泉州电视台、天津电视台、新疆乌恰电视台等展开合作。

为更好地开展“一带一路”高峰论坛大型系列直播报道，新闻中心提前一个月开始组织相关编辑、记者、主持人进行培训和学习，邀请外交部、论坛智库专家来台进行培训，或参加中宣部等组织的集体专项培训学习，使编辑记者对这一政策理论性较强的事件概念清晰，把握准确。

此次直播快速及时准确，引用大量外媒声音。特别强调由外向内看论坛的视角，用海外媒体的声音以及外国人的视角来呈现论坛盛会的深远意义及未来愿景。直播团队早早就与人民日报、新华社等中央新闻媒体共同策划实施外媒看论坛的版块，在直播中利用实时虚拟的手段第一时间在电视媒体中呈现海外众多媒体对论坛的评价，传播效果很好。

此次直播广泛利用新技术，在国家会议中心搭建前方演播室，在雁栖湖设立单边注入点，发出北京电视台自己的声音，和台里350平方米主演播室配合联动，克服多项技术难点，增强新闻表现力。直播以“主演播室＋现场演播室＋媒体中心单边点＋外部连线”的形式展开。其中，主演播室把控全局，汇聚各方信息，主打对重要事件的背景分析和深度解读；现场演播室第一时间发布论坛现场消息，主打即时评论；新闻中心“天涯共此时”大型新闻行动外派记者、新华社和国际台驻外记者、国内重要丝路城市的记者连线，重点关注各方对论坛的积极评价和重点丝路项目的动态进展。此次直播加强评论力度，充分利用北京丰富的专家资源，及时传达中国媒体声音。北京电视台新闻中心还充分利用新媒体，制作多条可视化、接地气图文，实现千万级的移动端传播，达到全网超过1500万阅读、播放量。

（北京电视台）

北京电视台推出《从胜利走向胜利》大型直播报道

2017年7月30日，中国人民解放军建军90周年盛大阅兵式在内蒙古朱日和训练基地举行，北京电视台新闻节目中心推出大型直播报道《从胜利走向胜利》，北京卫视和BTV新闻频道从30日早上7点至11点55分全程同播，用近300分钟的直播节目全景展示本次阅兵活动。北京电视台成为全国唯一一家到阅兵现场进行直播报道的省级电视台。

一、积极策划，争得报道权

中国人民解放军建军90周年阅兵活动规格高，最初，中央军委只邀请中央10家媒体亲临阅兵现场参与报道。北京电视台新闻节目中心凭借在“9.3阅兵”中与军方形成的良好合作关系，通过不懈努力，成功地让主持人和摄像提前一周进驻到朱日和训练基地，并在阅兵现场进行直播报道。

《从胜利走向胜利》大型直播报道在策划和执行的各个阶段与中央军委保持密切联系，特别邀请到《解放军报》社评论部主任辛士红担任总撰稿，邀请到多位军事专家和时事评论员参与，从专业视角看阅兵、评装备，解读此次阅兵的重大意义和深远影响。高端的专家既保障报道的准确性，又体现权威性。

二、邀请“八一勋章”获得者参与直播

在阅兵前夕，习近平主席向10位立下卓越功勋的军中英雄授予“八一勋章”。节目组经过不断努力成功邀请到“八一勋章”获得者、空军著名试飞员李中华来到演播室，为大家讲述他不忘初心、矢志蓝天的故事。北京电视台成为唯一一家邀请到“八一勋章”获得者参与直播的新闻媒体。

观感。

三、多点联动，丰富报道内容

为了展现中国军队90年来“不忘初心、砥砺前进”的历程以及此次阅兵活动在各地引起的广泛反响，新闻节目中心充分调动各种资源，派出十路记者分别前往朱日和训练基地、江西南昌起义纪念馆等在军队建设和发展历史上有重要意义的地点进行现场直播连线，并特约维和部队记者从黎巴嫩、南苏丹、亚丁湾发回报道。

四、精心设计，创新布置演播现场

根据中央军委的统一部署，为了突出此次阅兵“战味儿”和“野味儿”的特点，大型直播报道大胆创新，对演播室进行实景式改造，使用野战伪装网对主播台进行艺术造型，将122毫米榴弹训练弹、野战帐篷等作为演播室的组成元素，将350新闻演播室变身为“战区联合作战指挥部”。此外，还将虚拟植入技术运用到直播中，对辽宁舰、歼20、运20、长剑10导弹、99A主战坦克等新型武器装备进行动态分析展示，将专家解读与虚拟展示相结合，专业的军事科技与普通观众科普相结合，用直观的视觉提升观众的观感。

五、记者克服重重困难发回丰富的报道

7月23日，新闻节目中心记者出发赴内蒙古朱日和训练基地展开采访报道，他们克服重重困难，携带拍摄设备，辗转各个受阅部队的驻训场，抓紧时间采访制作宝贵的阅兵新闻。在直播当天，更是在传输信号条件不良和时间紧张的情况下，想尽办法，克服各种困难，拍摄回传8条阅兵新闻并在直播中顺利播出，在重大政治活动现场报道的第一线发出北京电视台的声音。

六、与新媒体合作，直播报道实现全媒体呈现

建军90周年直播还借助新媒体平台实现与观众的实时互动。观众在收看节目的同时可以参与演播室互动，表达自己的观点，并将观点立即呈现在演播室直播中，实现全媒体平台的传播，让观众更有参与热情。7月30日上午，阅兵专题点击超110万，创流量新高。

（北京电视台）

“喜庆十九大·北京新篇章”大型系列航拍报道播出

2017年10月1至30日，北京电视台新闻节目中心推出的大型系列报道《喜庆十九大·北京新篇章》在北京电视台综合频道、新闻频道播出。此次系列报道从10月1日起开播，横跨国庆黄金周和中国共产党第十九次全国代表大会全程，历时30天，展示北京市自十八大以来五年中所取得的发展成就。系列报道采用无人机航拍技术和4k超高清影像技术相结合，以空中视角全方位、立体化展示首都发展的新成就、新风貌，让观众感受到“北京砥砺前行的铿锵步伐”。此次系列航拍从策划到播出前后历时半年，在报道规模、宣传推广方式、制作手法、创新思路上都有全新的突破。

截至10月30日，大型系列航拍报道——“喜庆十九大·北京新篇章”一共首播23集次、重播158集次、网络推送35次、累积点击量超过270万；在《北京您早》《特别关注》《北京新闻》《直播北京》《都市晚高峰》《晚间新闻报道》《手语新闻》等卫视和新闻频道新闻栏目中累积播出623分钟；“喜庆十九大·北京新篇章”航拍宣传片在北京卫视频道、新闻频道、文艺频道、科教频道、影视频道、财经频道、青少频道、纪实频道、卡酷少儿频道累积播出6520多次；系列报道拍摄航拍素材达到13000G，21000多分钟。

（北京电视台）

北京电视台推出获第十四届精神文明建设“五个一工程”奖作品专题系列节目

第十四届精神文明建设“五个一工程”奖评选是习近平总书记在文艺工作座谈会讲话后的第一次评选。2017年8月25日，北京电视台文艺节目中心接到制作获奖作品专题系列节目的任务，中宣部和北京市委宣传部领导对此非常重视，多次组织主创人员研讨，指导创作，明确提出要求把此次专题节目当作贯彻落实习近平总书记在文艺工作座谈会上的重要讲话精神的重要任务来完成。

创作团队只有10天的时间来完成前期的深入学习、搜集资料、采访嘉宾、联络67部作品的主创以及舞台设计搭建和完成策划文案，在时间紧，任务重，要求高的情况下，创作团队全力以赴，带着强烈的使命感投入工作。策划完成后，主创团队邀请近120位入选作品主创人员来到节目录制现场参加访谈，外拍采访60多名评委、主创和上百名热心观众。在节目录制的3天中，主持人任鲁豫和徐春妮每天要从上午10点几乎不间断地录制到凌晨4点，平均每天要采访近40位嘉宾。在节目的后期制作中，主创团队搜集近100GB的相关视频素材，所有导演扎根机房全力剪辑，平均每天只有3—4个小时睡眠时间，终于圆满完成6集节目的制作。

系列节目于2017年9月27日至9月29日每晚19:35在BTV文艺频道播出。系列节目共6集，分别以电视剧（片）、歌曲、图书、广播剧、戏剧、电影这六大文艺门类为主题梳理3年来文艺创作的全新思路。不同于以往的任何节目形态，本届“五个一工程”奖作品专题系列节目既不是专题片，也不是晚会和访谈，而是将以上三种节目形态有机结合，相互衬托，相互印证，相互支撑，形成一种全新的节目形式。节目整体气势磅礴，节奏流畅，舞台设计的空间感强，辉煌精致不奢华，展现出新时代的崭新艺术形象。节目通过创作者的心得分享、专家学者的精彩点评和广大观众的真实感受这三个角度充分挖掘本届“五个一工程”奖67部入选作品的精神内核。总体介绍直述精髓，主创访谈客观阐释，专家点评观点凝练，充分展现三年来中国文艺创作的丰硕成果和崭新成就，既是精神文明建设的成果荟萃，也是广大文艺工作者迎接党的十九大的文化献礼。节目播出后社会反应热烈、效果良好。

（北京电视台）

北京电台全面报道第十三届全运会

2017年8月，第十三届全国运动会在天津市举办。北京电台体育广播与北京广播网、技术中心等多部门组建20多人的报道团队进行全程报道。此次报道强化全媒体平台融合推广，重视多角度报道，加强与中央人民广播电台、中国广播联盟、天津人民广播电台等兄弟台的合作，提升影响力，取得比较显著的成果。这届全运会报道，记者采访制作相关报道、录音专题、评论等约100条，采访内容涉及竞技体育比赛、群众比赛项目、国家和地方相关体育管理者、赛事组织者、志愿者、天津当地体育文化界人士等，多角度全方位报道本届全运会。

在天津全运会广播电视中心（IBC），北京电台体育广播现场直播的《全景全运——第十三届全国运动会特别节目》伴随全运会13天的会期，每天1个小时的现场直播，是全国唯一一家全程在IBC直播特别节目的电台。《全景全运——第十三届全国运动会特别节目》综述当天全运会赛事信息，关注赛事热点话题，打造全运会期间权威性体育新闻综合节目。还推出“萌全运”小栏目，由女主播夏萌和思朦每天轮流制作，以女主播的视角看全运，关注全运会赛场内外的故事，用个性语言展现对全运会的观察和思考。

从全运会开幕前至闭幕，北京体育广播制作大型访谈直播节目《全・明星》访谈，邀请到10余位参加本届全运会的奥运冠军、世界冠军、体坛宿将，推出10期共约600分钟的访谈节目，通过多媒体平台传播，产生较大影响。这个节目在多方面做了探索创新：

首先，通过网络视频直播，取得“第一时间”的新闻效果。其中，丁宁、马龙的直播在线收看达到177.8万人次，创下北京电台视频直播的新纪录，其他每场直播在线观看数量都在25万人次以上。

其次，访谈内容重点突出，彰显新一代体育人的思想品质和使命责任意识。节目中每位嘉宾都被问到自己的使命是什么、如何看待自己承担的使命和责任，“拼搏”“传承”“成为最好”“为国争光”等成为当代体育人使命的关键词。

第三，《全・明星》访谈是对媒体生产“中央厨房”模式的一次成功实践。从策划阶段开始，以台长、副台长、部主任为主的指挥中心，确定主题，形成计划方案，向记者分发任务，同时形成由视频、新媒体制作人员负责实施的多媒体报道方案。在方案实施过程中，多种传播途径各取所需，包括视频直播、精彩视频片段和文字、图片通过新媒体（微信、微博、多平台）分发、传统音频节目的制作播出、体育明星录制的slogan在广播传播、明星ID在新媒体平台传播等等，都是根据各媒体传播需求进行定制和分发刊播，“一个菜做出多种样式”。特别是临时启动的紧急模式，全体人员共同参与，记者确定好采访嘉宾的时间地点，提供访谈提纲、图片、人物介绍等背景资料，现场协调统筹人员、访谈主持人、视频新媒体制作人员等迅速赶往访谈地点，建立视频拍摄的环境，连通视频传输信号，化妆、沟通、预告等环节一气呵成，形成多个岗位共同协作的成功模式。

第四，本届全运会上，北京电台聚焦京津冀协同发展，探讨体育在区域发展中的功能，联合天津、河北广播电台成功推出“京津冀三地体育局长直播访谈”。

（北京电台）

北京电台宣传报道“2017中国戏曲文化周”

2017中国戏曲文化周活动于9月20日至10月6日在北京举办。北京人民广播电台作为独家广播媒体支持单位，通过北京文艺广播承担活动的全方位报道工作。

一、直播访谈和知识问答预热宣传。《演艺群英会》《我们出发吧》两档节目邀请活动主办方做客直播间，进行3期直播访谈。《知道不知道》两期节目进行戏曲知识问答，与听众进行全面互动，反响良好。

二、直播首次实现三方主持人通话。开幕式当天文艺广播设置三处直播点，分别是电台直播间、前方卫星转播车和活动现场。电台直播间主持人邀请戏曲方面的知名专家以及活动主办方负责人，对活动现场进行同步解说。同时，派出转播车对活动开幕式及花车巡游进行直播。首次实现三方主持人的通话，三处直播点给听众带来的信息各有侧重，使电台直播节目呈现出更丰富的内容和细节。

三、《876资讯》栏目跟踪报道。从活动预热到开幕式以及活动期间的热点新闻，资讯组跟踪全程报道，使听众第一时间了解到中国戏曲文化周的新鲜人和新鲜事。

四、新媒体及音视频共做联动报道。北京文艺广播官方微博、微信对戏曲文化周进行全程跟踪报道，小视频、图片、文字同步展示活动精彩瞬间，与听众、观众实现全方位互动。同时《演艺群英会》栏目与“北京时间”网站音视频共做，多平台传播，进一步扩大宣传效果。

（北京电台）

北京电台交通广播加入全市应急体系

2017年8月18日，北京市应急委代表北京市人民政府向北京电台交通广播授予“应急广播”牌匾。北京交通广播以被授予“北京应急广播”工作为抓手和契机，进一步贴近民生、服务交通，提升核心竞争力。

一、加快建立应急信息沟通渠道

北京交通广播一方面围绕突发应急报道，采编播人员及相关各岗加强协同意识，快速及时做好突发事件报道；另一方面围绕“十一”黄金周和秋冬可能发生的空气污染应对等情况，与北京市环保局、北京市城市管理委等15家应急办所属成员单位开展座谈交流，初步建立起覆盖与应急工作相关的主要单位部门的信息沟通渠道。这些渠道在国庆期间重点景区旅游人群疏导、入冬空气重污染预警发布等工作中发挥积极作用，并在与北京应急志愿者服务总队找寻香山走失人员救援、与交管部门协助为晚高峰重症患者打通生命通道等工作中体现出其重要作用。

在救助香山走失人员的报道中，听众反馈“救援信息牵动人心，更为救援队的专业、辛苦点赞”；在引导重症患者赶往医院后，患者家属发来信息：“拥堵路段其实也没怎么堵，很多车都在让道，车基本上没停”……这些工作都在一步步体现、夯实“应急广播”的价值。

二、做好重大事件交通组织引导及突发应急报道

在“一带一路”国际合作高峰论坛期间，北京全天交通管理措施频繁。北京电台交通广播《一路畅通》节目安排到交通委的直播间，紧邻交通保障总指挥部，及时播报道路管控信息。期间还与周边地区交通广播沟通，通过广播信息、微信图文传播等多种方式大范围发布对非京籍车辆的临时管理措施，减轻北京交通压力。一周内发布相关交通管制类信息 250 条次。

在日常应急突发事件报道方面，记者都第一时间赶到现场进行采访。到 11 月初，交通广播报道上百起暴雨、大风等自然灾害和火灾、交通事故等突发事件的信息，发回文字、连线、录音报道 130 余篇。

8 月 15 日，河北张家口蔚县有人被毒蛇咬伤，情况危急。家人带患者到北京找血清抢救，由于救护车到京时间正赶上晚高峰期间，故家人向媒体求援，希望相关路段车辆为救护车让出一条绿色通道。交通广播中断正常播出节目，于 19:39、19:44、19:57、20:19、20:36 连续发布相关信息，为抢救赢得宝贵的时间。

凡突发应急事件影响到主要道路交通的，交通广播会启动应急预案，形成路况信息密集发布、记者现场连线发回最新消息、主持人时时提醒、官方微信微博及时跟进以扩大宣传告知的传播模式，尽可能实现大范围传播。

应急广播挂牌之后，积极完善细化内部流程机制。从发现线索、核实真伪、分析研判、调派记者、调整节目、现场采访、连线报道及新媒体同步推进，到调整路况编辑值班时间、规范值机主持人夜间岗位要求等，逐渐规范相关部门岗位的权利、义务，明确行为准则等等。

三、努力提升交通广播信息采集和服务能力

2017 年，北京电台交通广播继续积极与北京市交通委等部门紧密配合，每周三《一路畅通》的“治堵大家谈”节目成为北京交通新举措发布的一个窗口，次日，《北京日报》《北京晚报》《法制晚报》等传统媒体，以及《通州发布》《通州小兵》等有影响力的自媒体平台均会刊发来自北京交通广播“治堵大家谈”节目中发布的市民关切的重要交通信息。

（北京电台）

北京电台文艺广播推出“乐行京津冀”活动

2015 年 10 月北京电台文艺广播启动“乐行京津冀”活动，在受众中形成良好的口碑，影响力稳步提升。

“乐行京津冀”活动一直坚持“两条腿

走路”的方针，“自主举办”和“参与协作”相结合，“自主宣传”与“借力宣传”相结合，在用好自身媒体资源的基础上，充分开发与引入其他可用社会资源，形式灵活多样，不拘一格，力求活动宣传效果最大化。

一、形式灵活多样

2017 年“乐行京津冀”活动设计并策划配合四季季节的主题活动。在春季推出的是“我和春天有个约会”主题，对接北京电台文艺广播 23 周年生日季活动，主打“定制服务”概念，取得良好的效果。进入夏季，“乐行京津冀”活动推出“夏天多美好”为主题的活动，主打“京津冀地区 2017 年夏季旅游新线路推荐”。进入秋季，“乐行京津冀”推出“赏秋正当时”活动。2017 年，活动共举办 9 次 11 场。

二、丰富节目内容

以活动为抓手，重点打造线下活动、线上节目与新媒体的融合模式，是 2017 年上半年“乐行京津冀”活动取得的一大成效。4 月 27 日推出的乐行京津冀“五一”特别节目堪称模式“标板”，两档节目《我们出发吧》《吃喝玩乐大搜索》一早一晚，全面配合活动的宣传。《吃喝玩乐大搜索》节目组派出由记者、主持人组成的“吃喝小分队”，到张家口与天津作实地探访，直播连线中有新鲜的旅游信息及一手体验信息；《我们出发吧》节目与张家口旅游委及天津、河北当地的广播主持人连线互动，并聘请“旅游达人”做客直播间与听众在微信平台互动，权威信息发布与实用服务指南相结合，微信微博等新媒体也同步推出相关宣传，通过几方面合力，“乐行京津冀”特别节目取得很好的宣传效果。

三、培养融媒体队伍

6 月，北京文艺广播新媒体小组成立，旨在贯彻“融媒体”理念，线上宣传、线下活动形成有效联动，形成宣传矩阵。具体到“乐行京津冀”活动，新媒体小组以《我们出发吧》节目作为线上宣传主平台，通过直播访谈形式宣传各地区的旅游线路，同时，官方微信、微博平台同步推出活动相关信息，进一步以文字、图片、音视频等形式推广旅游信息，及链接活动报名入口。活动结束后，再通过节目、微信、微博发布活动精彩回顾。夏季活动以来，微信公众号阅读量近 5 万次，宣传效果显著。官方微信宣传还上线“小蚁运动摄像机技术”，可以支持视频呈现，让宣传手段更加丰富、直观。

（北京电台）

北京市组团参加法国昂西动画电影节

2017 年 6 月 13 至 15 日，北京市新闻出版广电局主办，北京电视台卡酷少儿频道和卡酷传媒有限公司共同承办，组团参展 2017 法国昂西国际动画电影节。来自北京动画创意产业的管理机构、播出机构和行业代表组成的参展团亮相法国昂西国际动画电影节。这是北京局第二次组团参展昂西国际动画电影节。与 2016 年不同的是，2017 年中国作为主宾国参展，得到的关注度更高，主题活动更丰富，展区规模和设计更优化。北京数家优秀影视动画企业携优秀作品集体亮相，向业界同行和各国观众展示北京动画的独有魅力和整体实力，也借此机会与各国展商进行深入交流与学习。

当地时间6月15日举行“经典·京韵”主题沙龙，吸引世界各国的动画参展商和业界同仁与中国原创动漫企业进行对话沟通，交流当今最先进的动漫创作理念和国际动漫精品IP创作孵化管理经验。北京原创动画《冰雪冬奥村》《京剧猫》《我的朋友猪迪克》等40余部优秀作品，引起加拿大、西班牙等国际动画公司的浓厚兴趣，达成合作意向。

北京市新闻出版广电局副巡视员董明在北京日主题活动上致辞，提出参加昂西国际动画电影节是中国动画走出去的一个非常好的出口，“我们愿意以不同的方式、热情的服务和优越的环境，加强与国外公司在资本、技术、人才、市场等多方面的合作，实现共赢”。国际动画电影交易会执行总监Marin表示了对中国动画的高度赞扬，肯定中国动画对于世界动画的意义，对于北京展台连续两年的参展给予肯定和欣赏，希望以后能多多在国际舞台上看到北京动画的身影。此次北京市新闻出版广电局组织参加昂西国际动画节，是将品牌推广、动画发行、渠道宣传、洽谈合作、实力展现作为首要目标，向世界展示中国原创动画的魅力。

由卡酷少儿频道原创出品电视定格偶动画《冰雪冬奥村》，以2022年北京冬奥会为主题，用可爱萌趣的偶形象讲述奥运精神。该片吸引了西班牙动画公司制作人Pamela Mora的兴趣，她表示“把偶动画和冬季奥运会结合在一起，实在太棒了！没有什么比这个作品，更加能为北京冬奥做宣传了！”功夫加京剧题材电视动画片《京剧猫》的“最炫中国风”感染了加拿大和墨西哥的动画人，墨西哥的Kora动画公司对于功夫京剧这个题材感觉很新鲜，认为这只可爱的功夫小猫，一定会在国际舞台上大放光彩。此外低幼启智动画片《我的朋友猪迪克》、动画电影《阿唐传奇》等原创作品也得到来自国际业界的赞誉。

法国昂西国际动画电影节是世界四大国际动画电影节之一，也是历史最为悠久的动画节，代表国际动画界最高水平和荣誉，被誉为“动画奥斯卡”。此次共有来自68个国家的530多家参展商带来全球最优秀的动画作品，规模更胜。2017年恰逢中国主宾国之年，北京动画“出征”昂西，身体力行为京味儿动画开辟国际市场。

（北京电视台）

北京电台主持人连续直播刷新吉尼斯世界纪录

北京电台动听调频（Metro Radio FM94.5）推出Radio Pride Day（电台荣耀日）——天生无畏挑战200小时不间断直播特别节目，在五棵松华熙LIVE hi-up广场搭建直播间和互动区域，由主持人Mr.Q（张志强）挑战吉尼斯世界纪录，进行最长时间的电台主持马拉松直播。挑战活动从2017年11月10日早晨7点正式开始，11月18日下午3点达成连续直播200小时目标，获得连续直播最新吉尼斯世界纪录称号。活动意义如下：

一、国际视野、书写历史，创造世界广播史新纪录。动听调频主持人Mr.Q200小时不间断直播打破此前由荷兰电台主持人保持的198小时的吉尼斯纪录，使得中国广播界拥有一项新的吉尼斯世界纪录，为北京电台、为中国广播人争光。

二、勇于挑战、宣传出新，挑战活动带动收听和关注高潮。动听调频主持人挑战吉尼斯世界纪录，体现北京电台开门办广播、敢为人先的精神，连续200小时直播吸引大量听众收听广播、现场参与活动，官方微博“电台荣耀日”等几个主题的总阅读量突破3000万，让更多人特别是年轻人更加关注广播电台。

三、内容时尚、全新拓展，线上线下活动结合社会效益与经济效益。挑战活动推出关爱都市人身心健康、“以领养代替购买”公益主题的北京宠物日等活动，并与广告赞助商深度合作，达到电台宣传与创收、社会与经济效益双赢。

（北京电台）

中国电影博物馆修订展览大纲

2017，按照市委宣传部和国家新闻出版广电总局电影局批准的《中国电影博物馆展览大纲修订工作方案》和《中国电影博物馆展览大纲修订框架（2006—2015）》，中国电影博物馆组织开展了展览大纲（2017）修订工作。

1月下旬，启动项目公开招标程序。3月中旬，与项目中标方北京新传智库科技有限公司签订项目协议书并联合组成项目部，包括项目办公室和执行团队两部分。项目办公室设统筹组、实施组和外联组；执行团队包括电影历史、电影交流、电影机构、影人影片、电影动画、儿童电影、科教电影、译制电影、纪录电影、台湾电影、港澳电影、电影拍摄、数字电影、电影录音、电影洗印、电影美术、电影剪辑、电影收藏等18个团队，共计93人。项目办公室制定了《项目实施工作方案》《项目内容要求》《中国电影博物馆展览大纲修订项目实施规则》《中国电影博物馆展览大纲修订项目经费使用规则》，印发了《中国电影博物馆关于聘请展览大纲修订工作专家的决定》，聘任展览大纲修订工作专家75位，聘期至2020年12月。

项目部采取多项措施组织和推进研究工作。一是建立项目部月度例会和项目办公室周例会机制，沟通信息、解决问题、提出要求、推动项目进展。共召开月度例会6次、周例会21次，印发《展览大纲修订项目简报》20期、《研究信息》18篇。二是确定团队联系人，共与执行团队联系1130人次，交互处理各类函件、计划230份，文字处理量总计317.6万字。三是加强调研学习，组织各组负责人前往上海电影博物馆和长影旧址博物馆调研学习，指导修纲工作。四是加强培训，统一思路。5月18日，以“共谋展览新篇章”为题，对18个团队进行全员培训，围绕“做什么”“怎么做”和“做成什么”进行专题培训。五是发函征集大纲素材。向全国各省级电影管理部门，各大电影集团、电影节组委会、电影协会、影视基地、电影制片机构等发送商请函、邀请函90余份，收到各类物品645件。六是建立馆官网修订大纲专题页，为团队外出工作和各方给予协助提供方便和服务。

项目部组织“新十年亮点推荐”活动，召开3次专家研讨会，邀请电影界、学界20余位专家推荐“新十年亮点”，共在五个方面提出亮点意见45条，对研究成果进行补充和完善。召开4次专家研讨会，征询对新十年成就展内容的意见建议，把握方向，防止重大遗漏，共征询意见85条。向业界机构广泛征询建议、征集资料，共有40家业内机构提供资料44份、物品645件、建议8条。

7月，组织项目成果中期评价和评价交流，以专家评价和项目办评价相结合的方式，对18个团队的项目进展和成果情况进行评估，形成评价表204份，评价意见79条，向各执行团队进行反馈和交流。针对中期评价中暴露出的问题和困难，项目办采取加大督促和跟进力度、个别约谈的方式，有针对性地进行指导和督促，加快进度和调整工作。拟定《项目成果验收模板》，于8月例会上向各执行团队印发并进行培训。

9至10月，项目部邀请专家共组织18次成果验收评价会，对18个团队成果进行评价性验收，形成验收意见119条6000余字。项目部及时将验收意见反馈给各团队并督促修改。修改后的项目成果稿送交专家和项目办公室进行成果审核，共有43位专家参与56项次成果审核，审核处理文字量共计247万字。

12月底，展览大纲修订（2017）研究完成撰写工作，执行团队工作结束，成果报送国家新闻出版广电总局电影局和市委宣传部审定。

（中国电影博物馆）

中国电影博物馆举办第八届少年儿童电影配音大赛

2017年5月至8月，中国电影博物馆和中国电影家协会共同主办了第八届少年儿童电影配音大赛，历时近3个月，直接参与7万余人，吸引70万少年儿童和家长的关注。

活动以落实习近平总书记寄语“全国各族少年儿童从小学习做人、从小学习立志、从小学习创造，培育和践行社会主义核心价值观，弘扬中华民族传统文化”为核心，以“关注少儿成长，启迪少儿心智，丰富少儿生活，繁荣少儿电影”为宗旨，以电影配音为载体，在全国14个省市自治区特别是在港澳台地区和少数民族地区的少年儿童群体中发挥好弘扬中华文化传统，以文化传播力、渗透力增进少年儿童对民族、文化和国家的认同，促进港澳台及边疆少数民族等各地少年儿童的友好交流。

活动在北京、天津、河北、河南、内蒙古、贵州、甘肃、广西、广东、新疆、西藏、香港、澳门和台湾地区设立14个分赛区以及四川分赛点，未设定分赛区的省、市、自治区的小朋友，可通过网络赛区和APP客户端报名。经过各分赛区的选拔，最终有100名优秀小选手齐聚北京，参加电影文化夏令营活动。

8月6日，少年儿童电影才艺展示暨第八届少年儿童电影配音大赛颁奖仪式在中国电影博物馆举行，中国关心下一代工作委员会常务副主任闵振环、中共北京市委宣传部副部长韩昱，中国电影家协会分党组成员、副秘书长李景富，中国电影博物馆党委书记陈志强、北京市妇联副主席马红萍，八一电影制片厂、北京市教育委员会体卫艺处、北京市人民政府台湾事务办公室宣传部、北京市人民政府港澳事务办公室、中央电台中国交通广播、北京市关心下一代工作委员会办公室、北京电视台、北京电台文艺广播、中华爱子影视促进会，中国儿童少年电影学会等多家单位的领导和嘉宾，以及大赛评委、配音艺术家等出席颁奖仪式，并为40名获得“第八届少年儿童电影配音大赛”小金星、小银星、小铜星和小亮星的小朋友们和17家优秀组织单位颁奖。

除配音比赛，小选手们还在电影文化夏令营中开启奇妙有趣的电影文化之旅。“光与影”系列大讲堂开设的“动画电影之旅”“博物馆奇妙夜”“配音与表演”等体验课，传播传统光影艺术魅力；参观配音工作室聆听电影配音专家的亲身示范，让小朋友们零距离接触电影幕后的魅力；观看电影、话剧，参加集体联谊会等丰富多彩的电影文化活动。

（中国电影博物馆）

中国电影国际巡展
——中国电影走进塞尔维亚活动举办

由中国电影博物馆、中国驻塞尔维亚大使馆、中国电影家协会、北京市新闻出版广电局、北京市人民对外友好协会和南斯拉夫电影资料馆联合主办，塞尔维亚文化信息部赞助支持的“中国电影国际巡展——中国电影走进塞尔维亚”于9月在塞尔维亚首都贝尔格莱德开幕，累计参观人数2000余人，活动包括：中国电影展映、巡展开幕式、“中国电影112年”大型图片及实物展览和电影大讲堂等。此活动也是北京市政府在塞尔维亚举办的“北京日”的主要活动之一。

9月17日，“中国电影展映”活动启动仪式在塞尔维亚贝尔格莱德南斯拉夫电影资料馆举行，正式拉开“中国电影国际巡展——中国电影走进塞尔维亚”活动的帷幕。北京市新闻出版广电局副局长胡东、中国电影博物馆党委书记陈志强、北京市文化投资发展集团董事长周茂等领导，塞尔维亚文化和媒体部国际合作与欧盟一体化部门高级顾问伊万娜·泽切维奇、南斯拉夫电影资料馆馆长尤佳斯拉夫、塞尔维亚电影中心主任波本·耶夫蒂齐以及塞尔维亚的艺术家、民众、中国留学生等近200人出席启动仪式。中国电影展映活动是由中国驻塞尔维亚大使馆、中国电影家协会、北京新闻出版广电局、北京市人民对外友好协会、中国电影博物馆和南斯拉夫电影资料馆联合主办，塞尔维亚文化信息部赞助支持。活动陆续展映《功夫瑜伽》《从你的全世界路过》《北京爱情故事》《康定情歌》《大闹天宫》等热门中国影片。

9月25日，在塞尔维亚贝尔格莱德南斯拉夫电影资料馆举办“中国电影国际巡展——中国电影走进塞尔维亚”活动开幕式，中国驻塞尔维亚大使馆政务参赞田一澍、塞尔维亚文化信息部副部长德洋·马斯里科维奇、中国电影博物馆副馆长王健、南斯拉夫电影资料馆馆长尤佳斯拉夫等出席开幕式并致辞。中国驻塞尔维亚大使馆文化参赞徐鸿和高旭合，塞尔维亚的艺术家、学院教授、媒体以及中国留学生等也出席开幕式。王健副馆长介绍中国电影博物馆以及此次“中国电影国际巡展——中国电影走进塞尔维亚”活动，并就大家关心的中国电影有关问题回答提问。开幕式后的“中国电影112年”展览以及电影大讲堂等活动，为中塞电影人以及增进两国人民的相互认知和理解，为传承和发展中塞友谊做出积极贡献。

活动期间，塞尔维亚各大媒体给予高度关注和报道，塞尔维亚文化信息部还专门组织媒体采访，塞尔维亚国家电视台、城市广播电台、《周末画报》以及当地最大的报纸《新闻报》分别对活动进行采访及充分的报道。中国国际广播电台、人民网、搜狐网等近20多家中国媒体也对活动进行报道。活动期间中国电影博物馆与塞尔维亚南斯拉夫电影资料馆签署合作备忘录。

本次巡展活动是积极响应习近平总书记提出的“一带一路”的战略构想，加强中塞两国电影人的相互了解和交流，继续推动两国在电影方面的深入合作，为塞尔维亚观众提供认识中国电影和了解中国文化的平台。

（中国电影博物馆）

歌华有线公司积极参与智慧城市建设 全力推进集团客户业务发展

北京歌华有线电视网络股份有限公司在经营传统有线电视主业的同时，还建成互联网、数据传送、数据中心（IDC）等服务平台，具备为政府、企事业单位等各类用户提供三网融合解决方案，智慧城市建设方案，以及数据、视频和新技术综合信息服务的能力。公司利用网络、技术、资源和本地化优势，深入参与“智慧北京”建设，服务涵盖市、区、街道、社区等多个层次，覆盖教育、金融、医疗、环保、交通、商业、安监等领域。截至2017年底，全市在网络的政府机构、事业单位用户达4400家，大型企业40余。

一、政务信息平台项目。与市应急办合作，根据全市统一部署，通过全频道滚动字幕发布“空气重污染预警”等提示。与东城区合作建设“美丽东城”项目，与门头沟区合作建设“湖光山色门头沟”项目。与密云区合作推出全市首个覆盖全区的电视云服务平台——“密云便民服务频道”，汇集民政局、卫计委、气象局等14个委办局为民服务个性化需求，提供密云新闻、教育导航、就业社保、健康医疗、为老服务等9大服务功能，通过电视平台为辖区居民提供便捷的民生服务；实现遥控器“0”键一键进入主页。

二、无线北京项目。公司承接市经信委的无线城市项目建设，截至2017年底，MyBeijing项目市、区两级接入服务场所共计1000余个，完成8873个无线接入点的开通调测及验收工作。

三、视频监控项目。2017年，公司积极参与雪亮工程、平安工程系列视频监控项目建设，中标金额合计超过2.2亿元。（其中，1.38亿元中标通州区公共安全视频监控建设项目，5792万元中标大兴区黄村镇数字化精细管理体系项目，2435万元中标平谷区雪亮工程[一期]建设项目）

四、智慧社区项目。公司结合北京市各街道、社区正积极推进的智慧社区建设工作，积极推广“歌华生活圈”智慧社区服务，让社区居民通过家中的机顶盒，即可享受社区提供的便利服务。已在昌平、通州等区上线17个项目。

五、歌华视联网项目。公司与视联动力公司在北京地区联合打造“歌华视联网”品牌服务，歌华视联网已接入市综治办和朝阳、石景山、昌平、大兴、平谷、顺义、怀柔、房山等区综治办。同时，积极开发“歌华视联网”在市卫计委、市教委、市公安局、市交通委等领域的业务应用，不断扩大“歌华视联网”品牌的社会影响力。

六、政企云平台建设。与华为公司合作搭建“政企云平台”，已为市环保局、市抗战馆、市文化发展中心、前线杂志社等多家单位提供业务服务。

（北京歌华有线电视网络股份有限公司）

昌平区传媒中心“中央厨房”总编辑部试运行

2017年7月31日，北京市昌平区传媒中心成立。昌平区传媒中心根据媒体融合要求，以“中央厨房”总编辑部为建设龙头，坚持“全媒体大融合”的融媒体平台建设理念，完成“中央厨房”指挥调度中心部分软硬件配备。9月15日 “中央厨房”指挥调度中心大厅投入使用，9月25日昌平区传媒中心“中央厨房”总编辑部试运行。

从2017年3月份开始，在无成功经验可以借鉴的情况下，组织相关人员先后到人民日报“中央厨房”、央视网、北京广播电视台等参观学习调研；参加中国国际广播电视信息网络展览会（CCBN），听取国家新闻出版广电总局及行业权威关于媒体融合的形势分析、政策解读、经验分享；多次围绕采编发流程、组织架构等方面的内容进行深入研讨。最终制定《昌平“中央厨房”总编辑部项目方案》，同时围绕“一次采集、多次生成、多元传播”路径强化流程再造，理顺业务链条，完成《昌平传媒中心中央厨房采编发总流程》和相关子流程的设计，并依据流程图完成相关业务流程管理规定的编写和修订。

在全新业务流程的指导下，“中央厨房”每天上午9:00、下午16:00召开总编会，统一部署、运行相关业务，并在试运行过程中，不断进行优化，全媒体移动采编系统上线。10月9日，“中央厨房”内容线上处理平台：“昌平传媒移动采编系统”开始试运行。

（北京市昌平区传媒中心）

概 况

北京市新闻出版广电局概况

北京市新闻出版广电局成立于2014年1月，在原北京市新闻出版局和原北京市广播电影电视局合并的基础上组建，是北京市人民政府直属机构，加挂北京市版权局牌子，负责北京市新闻出版、广播电影电视和著作权管理工作。

2017年主要工作：

一、宣传监管

加强舆论引导。充分利用传统媒体和新媒体，深入宣传习近平总书记系列重要讲话和对北京工作重要指示精神，推出“喜迎十九大”“十九大时光”“砥砺奋进的五年”等一批专题、专栏、专版，多层次、立体式、全媒体融合传播效果显著。完成“一带一路”国际合作高峰论坛、庆祝香港回归20周年、纪念全民族抗战爆发80周年、庆祝建军90周年等重大活动、重要节点的集中宣传和舆论引导任务。全方位开展“中国梦”、社会主义核心价值观等重大主题宣传报道。充分发挥网络视听新媒体传播优势，在爱奇艺、优酷、搜狐、乐视等多家视听网站推送“迎接党的十九大”专区展示，精选一批正面向上的电影、电视剧、网络剧、网络电影、纪录片等进行展映，形成强大的宣传声势。精心组织十九大文件及学习辅导读物的出版发行工作，探索全媒体出版、多渠道发行，迅速掀起学习宣传贯彻十九大精神的热潮。

建立全市安全保障管理体系。严格采编流程管理和“三审三校”制度，强化市属报刊日常审读和非市属报刊重点监测。加强媒体舆情监测，将重点报刊“两微一端”51家、新媒体新闻移动客户端10家等纳入监测范围。升级改版“收听收看数据平台”，融入大数据建设理念，实现动态监管。以首善标准排查网上内容信息、网站基础设施等存在的风险隐患，保障网络安全。加强原创网络视听节目和网上境外影视剧监管，坚持全天候监听监看，采取系统筛查和人工审读相结合的监管方式，有效减少违规内容传播。加强安全播出管理，完成“一带一路”国际合作高峰论坛及党的十九大等重大任务广播电视服务保障工作。

坚决查处违规行为。开展“出版3.15质检活动”，图书市场抽检合格率97.18%，绿色印刷品合格率100%。取消不宜出版图书选题57种，下架不合格图书14种。注销违规印刷企业81家、发行企业50家、内部资料47种，完成“问题地图”自查和清理工作。在“清源”行动中，清理政治有害视听节目36178条，关闭上传违规视听节目用户421个。在“净网”行动中，开展云盘传播色情信息、网络直播和社交平台等专项整治行动，查处淫秽色情和低俗信息15.6万条。此外还开展“护苗”“秋风”等专项非法出版物集中整治工作，检查出版物销售场所和批发、零售单位，及时封堵境外各类有害网站，删除、屏蔽网上销售、传播相关信息。查处非法安装地面接收设施、违规占用广播电视频率等行为，收缴非法广播设备30套、非法卫星地面接收设施236套，拆除“小耳朵”卫星接收设备1000套。实现市区两级广播电视广告监管全覆盖，查处违法广告3350条，妥善处理广告投诉近100起。查处米瑞酷影院票房造假问题。

二、精品生产

完善产业扶持引导政策。建立健全内容生产和把关制度，保护鼓励原创，规范北京影视出版创作基金的运作，开展作品征集评优推荐工作。63个选题获得出版扶持奖励资金资助，25个选题获得2017年度北京市优秀长篇小说创作出版扶持，29个选题入选“十三五”国家重点出版物出版规划项目；107个影视项目获得北京影视出版创作基金扶持；13个项目入选2017年度国家出版基金资助项目，2个项目入选2017年度国家古籍整理出版资助；31个项目获得2017年度北京市文化产业发展专项资金扶持；118个项目获得2017年度广播电视公益广告专项资金扶持，其中国家级12个；94种出版物获得北京市音像电子网络出版物奖励扶持。推动内容创作生产持续繁荣。《面包男孩》获中共中央宣传部“儿童文学出版工程”一等奖，《风铃》《一棵爸爸树》获2016年冰心儿童图书奖；《列王的纷争（Clash of Kings）》等42种音像制品、电子出版物和网络出版物获第六届中华优秀出版物奖，占获奖总数的40%。2017年，国产电影票房前10名中北京占4部，其中《战狼2》以新视角、新表现、新制作弘扬新时代的爱国主义和英雄主义，是思想性、艺术性和观赏性高度统一的典范。票房超过56亿元，打破国产影片票房纪录，成功进入全球电影票房百强。荣获中宣部“五个一工程”优秀奖。

《非凡匠心》《音乐大师课》分获2017年第一、第二季度全国广播电视创新创优奖；《最可爱的人》获全国优秀动画片一等奖；《北京最北——延庆人的冬奥》获第23届中国纪录片长片好作品奖；《湄公河行动》等8部作品获第十四届精神文明建设“五个一工程”奖。

三、产业升级

修订《北京市多厅影院建设补贴管理办法》，推动特色影院建设，扶持新建、改扩建影院，重点扶持五环路以外城区影院、高技术影厅、远郊区乡镇影院和北京城市副中心影院建设，助推影院均衡发展。跟踪中国（怀柔）影视产业示范区发展，研究制定支持首都影视繁荣发展指导意见。与北京银行签署《支持北京市新闻出版广播影视产业发展全面战略合作协议》，授信额度500亿元。支持国内首家获得对外专项出版权的混合所有制企业北京华语联合出版有限责任公司运营发展。掌阅科技股份有限公司成功登陆上交所。持续实施北京市绿色印刷工程优秀青少年读物示范项目。开展音像电子网络出版物奖励扶持专项资金资助项目验收工作，促进音像电子网络出版行业健康发展。完成媒体融合发展重点实验室申报、评审工作。开展8K超高清转播试点工作。中国北京出版创意产业园区图书出版工作有序推进，稳居全国图书零售市场占有率前列；北京国家数字出版基地先导区建设完成，六大运营服务平台建设稳步推进。

截至年底，北京广播电视总资产为3262.3亿元（不含电影部分），比上年增长52.41%。广播影视全年创收收入1029.73亿元，同比增长42.7%。其中，广告收入384亿元，同比增长50.6%；电影票房收入33.95亿元，同比增长12.1%；有线电视网络经营收入27.92亿元，同比增长3 %；广播电视节目销售收入88.68亿元，同比下降13.1%；其他产业收入495.18亿元，同比增长61.1%。

四、公共服务

广播电视覆盖工程扎实推进。推进北京市六个台站的中央广播电视节目无线数字化覆盖工程。开展无线数字化覆盖工程勘察设计，推动北京地面数字电视建设。开展广播电视无线覆盖管理体系设计，规范北京广播电视台站运维管理。落实2017年北京农村电影市场化实施方案，开设样板影院12个、智能点播影院设备试点5套。组织13批次国家电影数字节目中心流动放映平台系统、北京农村公益放映监控平台系统培训，480人次参训。全年农村电影公益放映17.14万场，观影人数731.71万余人次。高清交互数字电视稳步发展，提供广播电视直播服务187套，回看服务121套。IPTV用户达170.5万，高清交互数字电视用户500.66万，有线电视网络个人宽带用户56.9万。统筹做好北京城市副中心新闻出版广播影视规划。完成副中心媒体融合传播中心和“北京塔”建设规划，以及城市副中心新闻出版广电公共服务建设标准研究报告。编制“绿心”内重大项目规划设计方案。2017书香中国·北京阅读季活动贯穿全年、覆盖城乡，搭建“六位一体”综合服务平台。“2017北京书市”设立线上线下三大展场五大展区六百展位，展销精品图书40万种，参观人数60万人次。起草《北京市关于支持实体书店发展的实施意见》；评审确定71家实体书店，拟奖励奖金1800万元。

五、版权保护

版权普法宣传。围绕世界知识产权日主题“创新改变生活”，开展系列版权普法宣传工作。深入开展市属国有三级以上企业软件正版化工作，启动软件正版化考核评议工作。研制开发软件正版化自（检）查专业工具，推进软件正版化信息化进程。跟踪监测作品传播和转载情况，下线侵权链接138777条。抓好“剑网2017”专项行动，发现新闻作品侵权平台562个，移除侵权链接15897条。协助司法机关办理侵犯著作权刑事案件，查办快看影视和717电影网。全年作品自愿登记809586项，版权引进9596项，计算机软件著作权登记125015项。

六、走出去工程

推动中国（北京）影视剧译制基地建设，实现首都影视译制完整产业链。探索建立北京版权输出基地，扩大优秀出版物版权输出。参加2017美国广播电视（NAB）展，直接签约额630万元，签约意向额1.2亿元。2017北京影视剧海外展播季，17部电影、400集电视剧在四达时代公司非洲电视平台展播，30余部作品在英、法、俄展播。法国戛纳电视节，推介作品30部1000余集。参加加拿大HOTDOCS国际纪录片节，举办“与中国合作”主题联合制作论坛、“北京日”活动，达成多项合作意向。参加法国昂西国际动画电影节，《冰雪冬奥村》等40余部优秀国产动画作品亮相。建立中外官方电影交流协调机制，与塞尔维亚电影中心、惠灵顿市分别签署《电影合作谅解备忘录》。

七、行政审批

“放管服”改革成效明显。全局行政职权事项共91项。编制市区两级公共服务事项清单71项。完成市局机关及各区文委92卷行政许可卷宗评查工作。全局63个公共服务事项全部实现由北京市政务服务中心政务窗口统一受理。开展涉企收费检查自查工作。开展国产游戏属地管理试点工作。

年度内，音像选题4369种，电子出版物选题4952种，核发书号10106个；电影剧本（梗概）备案公示1289部，影片审查通过350部；电视剧备案公示359部15078集、审查通过电视剧75部3210集（含总局终审2部71集），电视动画片备案37部1773集30913分钟、审查通过22部680集6321分钟；网络剧备案357部、网络电影备案5810部、网络综艺及其他专业类视听节目5553档；审查通过网上境外影视剧186部730集。

登记在册的报刊总量3375种、出版社238家、印刷复制企业1446家、发行持证单位7598家、互联网出版服务单位350家、音像出版单位160家、电子出版单位144家，广播电视节目制作经营持证机构7479家，信息网络传播视听节目持证机构124家，电影院线25条、电影院209家、银幕1420块，座位数20.4万个，累计放映电影273.71万场，观影7637万人次。

八、队伍建设

开展行业先进评比和行业优秀人才引进跟踪问效工作。举办第五届北京地区新闻出版广播影视行业人才招聘会。组织出版物发行员职业资格鉴定、广播电视编辑记者和播音主持人等行业资格考试、3500名数字编辑专业初中级职称、4600余名出版专业中级考试人员报名、现场审核和考试等工作。

（北京市新闻出版广电局办公室）

北京市新闻出版广电局直属机关工会概况

北京市新闻出版广电局直属机关工会成立于2015年7月，在原北京市新闻出版局和原北京市广播电影电视局合并后的基础上组建。

主要职责：代表和反映全局职工的意愿和要求；对局属37个工会小组实行宏观指导和分类指导；参与涉及全局职工切身利益的有关政策、法规的制定；为基层工会提供理论政策、法规咨询和信息服务，维护职工和工会组织的合法权益。

2017年主要工作：

一、服务保障

为全体干部职工办理意外伤害，及女工特种疾病投保，共计支出13322元，已有4人按标准获得市直系统重大疾病理赔金4万余元；办理200多人次累计2万余元的看病二次报销。全年办理21名新入职会员京卡互助服务卡，办卡率达到100%。9月，组织第二期35名干部职工参加2017年度职工体质测试。全年，向市总工会和市直机关工会为全局3名职工申请专项补助金近4万元。按照《北京市新闻出版广电局直属机关工会关于做好困难职工慰问补助的暂行规定》，支出5万余元福利经费和工会经费，按照2000元、1500元、1000元三个档次标准，给予年度符合条件的30余名困难职工一次性资金补助。慰问帮扶局内21名亲属病故、33名本人住院和10名退休干部职工，累计支出4.75万元。年初，为全体会员办理市属公园年票，助力提升身体素质。按照市直机关工会要求，投资近4万元在朝内办公区二期412房间设立“职工心灵驿站”和“母婴关爱室”，均通过市总工会考核验收并颁发铭牌标识。

二、培训活动

5月19日，局工会承办第5期健康大讲堂示范讲座活动，邀请东城区中医院王庆国教授作《健康有道，幸福有方》主题讲座，市直机关系统部分单位及局系统共100余名干部职工参加讲座，有效增强全局干部职工自我保健意识。联系北京武术院申报学习24式太极拳，历时4个月16课时，共组织130人次参加学习培训，并通过市直机关工会考核，颁发结业证书。

三、文体活动

2月，组织20余名干部职工参加市直机关工会组织的第三届北京市民快乐冰雪季“助力冬奥”冰雪公益室内冰滑体验活动。“三八”妇女节期间，开展“插花·才艺展示·最美诗词”主题活动，精选相关图片在局板报栏进行展示。4月，在通州区大运河森林公园，组织以“走进城市副中心，走进版权，走进春天”主题的踏青健步活动，锻炼身体、融洽关系、推动工作。另组织近百名会员观看“2017年北京世界女子冰球世锦赛决赛”。6月，组队参加国家新闻出版广电总局第四届“CCBN杯”足球邀请赛，荣获亚军。8月，参加市直机关工会组织的第12届“和谐杯”乒乓球比赛和“职工心向党、喜迎十九大”优秀硬笔书法，取得优异成绩。9月，参加市总工会组织的第十届首都职工文化艺术节“劳动者之歌”总决赛，荣获优秀奖。举办局第四届奥森公园健步走比赛活动、局第二届摄影、羽毛球和乒乓球比赛、“茗茶品鉴”、瑜伽健身等活动。全年共投入专项活动经费30余万元。

（北京市新闻出版广电局直属机关工会）

北京市广播电影电视局离退休人员管理服务中心概况

北京市广播电影电视局离退休人员管理服务中心成立于2000年11月，前身为北京市广播电视局老干部活动站。2009年3月31日，由北京市广播电视局离退休人员管理服务中心更名为北京市广播电影电视局离退休人员管理服务中心。

主要职责：负责离退休人员的日常管理、服务工作；负责离退休人员政治学习和思想教育工作；负责离退休人员政治待遇和生活待遇的协调和落实；组织离退休人员开展各种文化、体育活动；开展其他有关工作。

2017年主要工作：

一、政治理论学习

分三个阶段组织老干部的政治理论学习：第一阶段是以学习习近平总书记系列讲话和对北京工作重要指示为重点，把“两学一做”教育引向深入。董明同志亲自给老同志作动员，并通报首都新闻出版广电事业一年来的情况，要求老同志发挥作用，为党的事业增添正能量。第二阶段是以“喜迎十九大，畅谈新变化”为重点，大力营造迎接十九大召开的浓厚氛围。深入发动老同志就十八大以来政治、经济、文化、社会等各领域取得的成就谈感受、说想法、提建议。第三阶段是全面深入学习贯彻十九大精神，掀起学习热潮。早计划、快动手，杨局长亲自给老同志做动员辅导，向老同志通报首都新闻出版广电事业发展的现状、趋势和展望，使老同志们开阔视野、丰富知识、增强信心。

二、党组织建设

离退休党支部要求支委们深入党员中间，在学习中带好头，率先做到三个一，即：精读一篇理论文章，写一篇深刻的学习体会，书面向党支部作一次思想汇报。开展主题党日活动。先后组织两个支部开展“不忘初心，继续前行”为主题的党日活动。参观雁栖湖会展中心、延庆平北抗日战争纪念馆、大兴亦庄红色印刷博物馆、香山植物园等。离休干部、老党员周顺理“回望初心，砥砺奋进”的主题演讲在机关全体党员中产生强烈反响。在十九大服务保障工作中，有十多名老党员参与当地社区的活动，融入朝阳群众和西城大妈队伍，贡献自己的一份力量。经常性创新工作，如：采取转账、微信支付、亲属代转等方式，方便行动不便离退休干部党员交纳党费。

三、管理服务工作

中心不失时机地就老同志出京、出境，微信微博，保密工作，交通出行、防火意识等提出具体要求，对老同志的因私护照全部纳入集中管理，配合驻局纪检组和人事处核查社团兼职情况。为离退休人员活动站订30多种报纸杂志，购置球类棋类麻将文房四宝，促进老同志文化娱乐活动。依托活动站，成立摄影、书画、戏剧三个小组，深受老同志喜爱。与音像资料馆合作，开展离退休老同志口述史整理。全年，有50多名同志先后患病住院，中心都能第一时间探望。在春节期间，组织慰问100多名离退休老同志，中心人员分成四路，一家一户登门慰问，把局党组的温暖送到老同志手中。协调公安部门追回一名离休干部因购买保健品被骗3万多元钱。

（北京市广播电影电视局离退休人员管理中心）

北京市广播电影电视局后勤服务中心概况

北京市广播电影电视局后勤服务中心成立于2006年8月，是正处级全额拨款事业单位，前身为北京市广播电视局机关后勤服务部。

主要职责：负责落实市委市政府及安全部门下达的各项工作，指导全局各单位安全、保卫、消防工作的开展，组织消防系统的检查，建立安全消防工作制度；负责全局的房管房改工作，指导全局落实房管房改工作政策；负责局机关医疗、绿化等日常服务工作；负责局机关的政府采购和固定资产管理工作；负责局机关日常印刷品的印刷工作；负责全局交通安全管理工作；负责局机关车辆的管理、调配、使用、维护、保养以及车辆年检等相关工作；对朝内、建外两个办公区的物业管理单位落实监管职责；对朝内办公区食堂承包方监管职责。

2017年完成的主要工作：

一、安全保卫工作

机关内部安保方面，建立访客登记制度，每日不定时安全巡查和每月安全自查；消防安全方面，坚决落实“预防为主、防消结合”，确定仓库、中控室、机房等重点防火部门，组织消防安全大检查，消除火灾隐患；加强全局职工安全教育，6月，进行“安全生产月”主题培训，11月，组织“119全国消防日”应急灭火演练，提高单位全体员工的消防处置能力。

二、公务用车管理

做好公务用车调派工作，保障机关应急事务处理和局领导公务出行。全年完成派车任务700余件，行车里程超过10万公里。协调朝内、建外办公区的停车场管理和临时车辆进出管理。做好节假日期间公务用车封存工作，做好公务用车维修、年检、续保等工作。

三、房管房改

完成房屋土地权证办理情况汇总表，移交局办公用房权属资料。完成全局办公用房清查统计、汇总、上报工作。配合北京城市副中心搬迁工作，整理统计特设业务用房需求，并及时上报。审核支付局办公区及宿舍区2017年度物业管理协议和费用。监管办公区物业管理单位，做好日常物业保障工作。每月计算局机关及统发事业单位每月职工物业补贴、采暖补贴数据表。审核并公示新调入局的军转干部和新入职人员无房职工住房补贴，上报市房改办。审核发放局机关及统发事业单位无房老职工2017年住房补贴等。4月组织40余名干部职工赴延庆市局绿化基地义务植树150余株。

四、固定资产管理

开展全局5个单位账户13745件资产的清查盘点，并全部张贴统一编码标签。配合市审计局进行全局固定资产实物抽查盘点。完成打印机、传真机等办公设备采购并拟定分配方案。完成上年度局本级报废1154件资产实物回收和账务处置核销和本年度178件资产的处置申报手续（含7辆汽车）。

五、医疗保障服务

为在职干部职工160余人和离退休70余人办理变更医院、增员、减员、补缴、在职转退休、医药费的手工报销、产前检查、生育津贴费用报销等工作。组织安排全局在职和离退休干部职工400余人年度体检工作。为全局离退休和在职局级领导更改定点医院45人次。

六、食堂管理

落实朝内办公区职工食堂委托服务管理工作，加强职工食堂安全培训和菜品质量、卫生环境监管。全年早餐用餐3万余人次，午餐4万余人次。更新升级就餐卡管理系统，更换就餐卡近500张，实现余额转移零差错、就餐刷卡无影响。全年办理就餐卡充值约1200人次，充值金额约30万元。

七、综合服务工作

开展局机关和部分事业单位办公用品和耗材管理、办公设施设备维修、外聘人员工资管理、集体户口管理、朝内办公区会议室音响设备管理、建外办公区会议室、审查室（厅）日常会议服务保障、报刊年度征订、机要文件销毁等众多基础性服务保障工作。

（北京市广播电影电视局后勤服务中心）

北京市广播电影电视局信息中心概况

北京市广播电影电视局信息中心成立于2006年7月3日。主要职责：承担本市有线电视、共用天线以及地面接收境外卫星电视节目新建工程的检验检测工作，负责本系统信息化建设工作，承担机关电子政务、网络运行的技术保障工作。

2017年主要工作：

一、安全保障

全力做好十九大期间的网络信息安全保障。依照《关于开展2017年北京市电子政务网络安全检查工作的通知》（京经信委发〔2017〕20号），委托专业机构对局网络安全开展4轮全面的专项检查。顺利通过总局和市经信委的网络安全专项检查2次。执行十九大、国庆、一带一路等重点时期7×24小时领导带班值守，局政府网站24小时读网，数据机房24小时专人值守等安全保障措施，对局属单位自建信息系统的主责部门提出风险防控、信息系统值守报备和应急响应等具体要求，全方位保障全局所有信息系统的安全运行。全年组织内部演练2次，组织相关业务处室和事业单位开展实际环境应急演练9次，指导和参与相关单位应急演练3次。结合市应急办《北京市网络与信息安全事件应急预案》（2012年修订）和市经信委《政务信息安全事件应急预案编制指南》的要求，完善和修订《局网络安全事件应急预案》和《局信息系统应急处理流程》，提高预案客观性、操作性。5月13日，全球计算机爆发勒索病毒期间，立即启动应急预案，第一时间采取关闭端口和深度扫描等应急措施，利用周末时间调配专人实行24小时机房安全值守，及时向全局人员发送安全预警信息和解决措施，并辅助各部门完成计算机补丁升级以及后续维护工作。全局所有计算机终端、服务器和其他网络设备均没有受到勒索病毒影响。

二、网站建设

9月22日，北京市新闻出版广电局新版网站上线运行。新版网站整合原市广电局、原市新闻出版局（市版权局）网站的功能和应用，实现全局“一个信息公开渠道，一个便民服务窗口，一个公共互动平台”的政府网站新格局。新网站完善信息内容，增设“品牌活动”“海外交流”“视频展播”“精品关注”“园区·基地”等特色栏目；加强“北京国际电影节”“北京阅读季”等大型活动的宣传力度；加强视频新闻、公益广告等视频展播。10月，印发《北京市新闻出版广电局政府网站管理办法》，建立信息发布审核、监督考核和应急保障机制，确保稳定的网站信息来源。委托专业机构对网站系统进行整体的信息安全测评，满足国家关于信息系统安全等级保护的基本要求。截至12月31日，局网站设立一级栏目5个，共计发布信息2529条。

三、内网运维

每天对朝内和建外办公区数据机房进行巡检从不间断，全年，巡查和维护共计496次，网络安全设备专项检查6次。全年通过局综合平台共办理各类公文3513件（收文2373件，发文1055件，呈批件85件），局内新闻共发布各类信息1530条，会议室预定次数1255次，网络传真386条，局短信通道共发送信息41224条，财务支出申请271件，报销申请1606件。通过审批系统受理的广电业务事项为6408件，新闻出版（版权）业务事项共1142460件。

四、相关管理工作

加强全局信息化项目的统筹力度，与局财务处组织召开一次信息化项目部署会，二轮专家论证会，进行多次项目技术评审。围绕全局“一个规划、一个数据库、一张网、一张图”的信息化总体目标，编制上报局年度信息化实施计划，保持与市经信委的积极沟通，推进项目评审进度。起草并正式印发《局域网网络信息安全管理办法》和《局信息化项目管理办法》。组织局相关人员参观360互联网安全中心，增强干部职工网络信息安全防范意识和能力。

（北京市广播电影电视局信息中心）

北京市广播电视监测中心概况

北京市广播电视监测中心成立于2006年，前身是北京广播电视技术监测台。加挂北京市广播电影电视局信息网络视听节目监管中心和北京市广播电视安全播出调度中心的牌子。

2017年主要工作：

一、监测工作

落实总局《广播电视安全播出管理规定》，完成元旦、春节、两会、“五一”“十一”以及日常等安全播出监测任务。在“一带一路”

高峰论坛及党的十九大安全播出重要保障期，加强所有监测系统设备巡检维护；安排科以上领导干部带班，双人双岗值班；每日上报北京市新闻出版广电系统的安全播出及网络安全运行情况；严格执行事故事件处置、报告流程制度，确保监测工作正常有序开展。未发生一起漏监漏报事故，出色完成安全播出保障任务。

二、监测系统运行维护

年初，落实市新闻出版广电局安全大检查通知精神开展自查和整改。4月18日，国家新闻出版广电总局领导带队到监测中心安全检查，提出整改意见。监测中心制定和印发《安全播出检查整改方案》，明确四个方面的整改内容：制定《代维工作管理规定》，加强代维修人员管理，消除安全隐患；重新制作广播电视监测系统拓扑图，挂在19层设备机房墙；重新梳理、修订《安全播出重要保障期应急预案》《广播电视监测工作流程》《监测中心机房火灾应急预案》《防范与处置非法广播电视信号插播应急预案》等；经与局财务处沟通，调剂出资金，分别在中心监测大厅、中心网管科及局科技处安装IPTV用户端，实现对北京市IPTV节目监听监看，并每月出监测报告。此外，配合市新闻出版广电局开展安全播出大检查，派出检查人员60余人次，对北京电台、电视台、歌华有线及区广电中心等播出、传输机构进行安全检查。10月16日，副市长王宁在局长杨烁和副局长杨培丽陪同下，到中心监测机房进行迎接党的十九大安全检查，充分肯定中心不断提高监测系统的准确性，修改完善监测系统维护工作制度，定期进行系统巡检，发现问题及时处置，每月提交系统运行维护报告等保障广播电视安全播出监测工作。

三、监管工作

每日测试各宾馆饭店视频点播监管系统运行情况，及时排除监测系统设备故障百余次。配合局网管处组织验收2个宾馆饭店新申请开通的视频点播业务，确保有效开展监管。开展有线电视网络工程验收工作。严格审查有线电视网络工程验收申报材料，截至年底，受理验收新建商品住宅小区有线电视网络工程项目105个，现场测试终端数量5090个。监测中心配合局科技处、传媒处和市无线电管理局、市文化市场行政执法总队，开展查处非法调频广播工作，连续打掉三处黑广播发射点，并对非法调频广播的收测、取证由原来的每月三次改为每天三次。

4月底，监测中心会同局科技处组织区文委和各广电中心在平谷区进行防非法无线广播电视信号插播演练。9月26日，组织东城、西城、朝阳文委和14个区广电中心技术人员在通州区举行防范无线广播信号干扰突发事件应急处置和800兆集群电话调度通信演练。通过专项演练，提高各单位迅速判断、查找无线广播电视干扰信号的能力，熟练掌握场强仪、800M集群电话等专业设备操作使用技能，提高广播电视安全播出突发事件的应急处置能力。

四、监管项目建设

在多元化新媒体技术高速发展的形势下，探索包括新闻出版和广播电影电视行业的“五位一体”监管体系建设思路、手段和方案。与局网管处、总局广科院研究制定网络视听新媒体综合监管平台项目建设方案。制定北京市交互式网络电视监管基础平台建设方案，并获得市经信委的批准。配合广电总局完成北京市安全播出指挥调度系统升级改造工作。“高清及鼎视平台电视监测系统扩容项目”建设初见成效，市区播出和传输的数字广播电视节目已实现监测。

（北京市广播电视监测中心）

北京音像资料馆
（北京广播电影电视研究中心）概况

北京音像资料馆成立于1986年，主要从事音像资料译制、收藏、观摩、制作等工作。2008年9月加挂“北京广播电视研究中心”的牌子。主要职责是承担本市广播电视方面的政策研究和重点课题的研究工作，承担有关音像资料的收集、整理、研究以及挖掘和补救工作。2009年9月“北京广播电视研究中心”更名为“北京广播电影电视研究中心”。编印有研究月刊、年度研究成果汇编等刊物。

2017年主要工作：

一、研究工作

刊物编印工作。完成10期《北京广播影视决策参考》月刊编发工作，刊登文章约300篇，刊发各种行业动态信息200多条，年底制成合订本印发；完成《北京广播影视发展研究文集（2016）》一书的编辑出版发放工作，优选编辑来自局、集团、两台一馆和区广电中心的优秀研究成果及重大课题，共收录文章45篇，20万字，分为管理篇、广播篇、影视篇、新媒体网络篇等。

二、资料工作

每月完成30—40盘、2500余分钟的老旧音像资料内容整理、移交登记、磁带修复、归档登记、库房存储工作；全年共计650余盘，约39000余分钟。

“口述历史”项目，从2016年开始，先后采访13名老同志（周顺理、林汝为、高树林、李克威、薛宝书、李曼宜、谢宇、孙瑛、赵东鸣、李廷芝、林青、于知峰、董琦），拍摄时长约3000分钟，查找调阅电台、电视台、馆藏资料（素材）500多分钟，其中2017年采访7名，拍摄时长约1500分钟，年底全部完成成片。“口述历史”所有影像资料将全部储存于媒资系统，同时以高清DVD形式保存入光盘塔。

三、史志年鉴工作

全力推进二轮《北京志·广播电视志》编修工作，初稿82万字于3月底提交市地方志办初审评阅。6月底，召开《北京志·广播电视志》初稿评审会。根据会议反馈评议意见，进一步修改初审稿。12月底基本完成初审稿修改稿，并上报市地方志办。高质量完成《2017北京广播影视年鉴》编纂工作，共19个栏目约65.8万字的内容，在全国史志工作年会上为北京市新闻出版广电局赢得年鉴先进单位称号。

（北京音像资料馆／北京广播电影电视研究中心）

北京市广播影视作品审查中心概况

北京市广播影视作品审查中心成立于2006年，由原北京市电视节目供片中心改建而成。主要职责：承担组织北京地区新出品及引进广播影视节目内容的审查、复审相关工作；收集、加工、整理广播影视作品各类信息以及有关公益性宣传资料片；建立和维护影视作品数据档案库；承担北京市广播影视协会秘书处日常工作。

2017 年主要工作：

一、作品审查统计

全年组织初审北京地区出品的影片 350 部，同比增长 11.1%，其中国产数字电影 322 部，中外合拍片 28 部；重审影片 147 部次，其中全片重审 25 部次。初审电影剧本 1145 部次，同比增长 12%，其中重审剧本 218 部次。审查展映影片 134 部，同比增长 11.5%，涉及法国、美国、英国、德国、西班牙、伊朗、阿根廷、芬兰、意大利、匈牙利及中国香港等 11 个国家和地区。

组织初审国产电视剧 75 部 3339 集，同比部数减少 5%，集数增长 3%；复审 137 部次，同比增长 10%，其中协助总局上星复审 21 部次。审查动画片 23 部 727 集 7284 分钟，同比部数减少 21%，分钟数减少 19%。审读电视剧备案公示 585 部，同比增加 16%。审读电视剧剧本 5 部 209 集，同比部数增长 400%，集数增加 104%。审查引进电视剧 1 部 8 集，引进动画片 1 部 27 集 594 分钟。

在所审的 75 部国产电视剧中，当代题材占 49%，现代题材占 4%，近代题材占 33%，古代题材占 14%。推荐优秀电视剧 3 部，当代都市题材《外科风云》《平凡岁月》，当代军旅题材《深海利剑》。另外，按照国家新闻出版广电总局关于对近年发证的抗战题材电视剧自查自纠要求，共组织筛查 53 部，完成片复审 23 部 844 集。

组织初审网上引进境外电视剧 53 部 703 集，同比减少 84 部 1759 集，减少率为 61.3%；复审 24 部次，复审率为 45.3%；不予通过 3 部，通过率为 94.3%。初审网上引进境外电影 183 部，同比增加 40 部，增长率为 28%；复审 27 部次，复审率为 14.8%；不予通过 16 部，通过率为 91.3%。

二、送审作品特点

国产电影：故事电影为主，占审查影片总数的 93.8%，动画电影占审查影片总数的 1.7%，纪录电影占审查影片总数的 3.5%，特种及科教电影占审查影片总数的 3.1%；国产影片审查数量同比增长 13%，剧本审读数量同比增长 11.1%，展映影片审查量同比增长 54%；5 分制艺术评分中，4 分及以上（优秀）占总数的 3.5%，3—4 分（良好）占 19.4%，3 分以下（较差）占 77.1%，不予通过的占 2.8%。

国产电视剧：审查数量略有下降，质量有所提升，电视剧艺术评分良好以上作品 26 部，占总量的 49%；动画片题材多样，整体制作水平逐步提高；现实题材作品依然占主流；弘扬传统文化的当代青少年题材作品出现；近代题材作品中多侧面新视角表现抗战的作品增多；军旅题材作品数量、质量齐升；医疗行业剧呈亮点；新问题不断出现，把关难度增加。复审量接近初审量的一倍，其中全剧复审部次占初审量的 43%；长篇剧目较多，45 集以上作品 23 部，占送审总量的 43%。

网上境外影视剧：境外电影片源引自美国、英国、日本、泰国、西班牙、日本、韩国、伊朗、沙特、中国台湾、中国香港等 14 个国家和地区。10 分制艺术评分中，8 分以上有 32 部，占总数 21.5%，6 分以下有 9 部，占总数 6%（其中 0 分电影 1 部）。境外电视剧片源引自美国、英国、日本、澳大利亚、中国香港等 5 个国家和地区，同比减少 2 个国家和地区，如韩国。10 分制艺术评分中，艺术评分 8 分以上有 26 部，占总数 52.3%，6 分以下没有。经过审查修改，送审作品在政治导向、价值导向和审美导向上出现的错误和瑕疵得到改正。

三、审查工作措施

广开渠道聘请专家，初步建立特殊题材专家库和小语种专家库；通过集中培训、以老带新、以审代训和专题研讨等形式提高审委的业务素质；通过签订含有工作要求、保密要求和安全要求等内容的承诺书来增强审委的责任心。管理人员按照公平原则和效率原则科学排审，根据不同题材优化审委结构，跟片审查。组织829次专题讨论，收集处理8000多份审查意见，做好审查资料的交接、保管和审查劳务费的统计、发放工作。做好与局宣传管理处、电影处、网络视听节目管理处三个业务主管部门的工作衔接、协调和协作，配合业务处室检查落实总局对上星剧的审查意见，进一步与总局统一审查把关尺度。鼓励作品创新创优，拓宽题材，挖掘和丰富艺术表现，及时发现并推荐优秀作品。

（北京市广播影视作品审查中心）

北京市广播影视协会概况

北京市广播影视协会前身为北京市广播电视学会，成立于1987年7月15日，是北京市地方广播电视学术团体、社团组织，主管单位是北京市新闻出版广电局。2013年6月25日协会召开第六届会员大会，正式更名为北京市广播影视协会，现任会长为杨淑琴。

2017年完成主要工作：

一、评选优秀节目

完善2016年度优秀广播电视节目评选办法。推选工作历时两个月，严格按照评奖程序和办法开展。经组织专家审听审看、讨论评议、投票表决和分级公示等程序，经报北京市新闻出版广电局批准，从各会员单位推荐的217件作品中，评选出优秀节目151件。其中，北京广播电视台18件、北京人民广播电台40件、北京电视台45件、区广播电视中心48件。

二、各类奖项推选

经过认真审议，民主讨论，反复挑选，向第二十七届中国新闻奖推荐参评作品7件，向2015—2016年度中国广播影视大奖广播电视节目奖推荐参评作品22件，向第二十六届北京新闻奖推荐参评作品55件，向第十届全国广播影视学术著作评选推荐参评著作1部。

三、组织参加获奖作品宣介会

3月27至28日，中广联合会在国家新闻出版广电总局音乐厅举行广播电视创优创新获奖作品宣介活动。北京市广播影视协会组织北京广播电视台所属北京电台、北京电视台和各区广电中心近300人次参加，并组织各单位撰写约40篇心得体会文章，择优刊发在《北京广播影视》学刊上，受到中广联合会领导的表扬和基层单位的好评。

四、评优推奖管理

参照中国新闻奖、中国广播影视大奖以及北京新闻奖有关规定，北京市广播影视协会组织的一系列的评优推奖工作，要求所有参评单位层层把关，填写《诚信参评承诺书》，并且逐级公示。通过评优推奖工作鼓励创新创优，切实提高党的新闻舆论的传播力、引导力、影响力、公信力。

五、换届大会筹备工作

根据市民政局有关社会团体管理以及协会章程的相关规定，北京市广播影视协会第六届理事会进行换届准备工作。按照新的规定要求修改协会章程，起草理事会和监事会工作报告稿，拟定新一届会员代表及理事会、监事会候选人范围等。

六、学刊编辑出版

全年《北京广播影视》（月刊）刊登各类文章300多篇，充分发挥行业指导、经验交流和学术探讨的作用。其中，刊登北京国际电影节报道8篇文章。北京春、秋季电视节目交易会相关文章30多篇。《媒介管理》《业者探究》栏目刊登相关文章60多篇。《声屏华彩》栏目刊登文章15篇。每期至少刊登1篇区属广电媒体的探索与实践稿件。党的十九大的召开，是中国人民政治生活中的一件大事，《北京广播影视》开辟专栏进行重点报道。

（北京市广播影视协会）

北京电影协会概况

北京电影协会成立于2011年12月13日，在原北京市电影发行放映协会的基础上进行组建。截至2017年12月31日，有团体会员181家、个人会员327名。协会下设制片、影院、编导、电影技术、化妆、电影收藏、投融资、VR电影、网络电影、北京电影放映联盟10个专业委员会。

2017年主要工作：

成立VR电影、网络电影、北京电影放映联盟3个专业委员会。VR电影专业委员会主要是搭建一个虚拟电影创作、生产、市场运作的平台；网络电影专业委员会主要是为会员提供网络电影项目运作的信息和交流平台；北京电影放映联盟，主要为电影院线及影院提供服务。

组织北京电影放映员参加全国新闻出版影视行业第三届电影放映员职业技能竞赛，北京队派出2名选手，分别获得第16名和25名。

协会在原有的4个手机微信群的基础上增建2个微信群，向会员单位及个人及时发布、传达相关电影行业政策、业务知识和市场动态；推动北京电影产业综合服务平台的建设工作。协会针对电影行业内不同类型的问题同会员进行深入探讨。

筹备完成北京电影协会领导班子换届选举工作，完成换届审计工作；完成协会年度审计工作、完成在北京市民政局社团办年检。

（北京电影协会）

中国电影博物馆概况

中国电影博物馆是经国务院批准，国家广播电影电视总局和北京市人民政府共同建设的大型公共文化设施，是纪念中国电影诞生100周年的标志性建筑，是展示中国电影百年发展历程、博览电影科技、传播电影文化和进行学术研究交流的艺术殿堂，是爱国主义教育基地和科普教育基地。中国电影博物馆占地面积 52 亩，建筑面积近 3.8 万平方米，是目前世界上最大的国家级电影专业博物馆。2005 年 12 月 29 日落成，2007 年 2 月 10 日正式对公众开放。

2017 年主要工作：

一、业务活动

2017 年，中国电影博物馆服务观众总数 255，614 人次，其中：馆内接待观众 194，157 人次，馆外接待观众 61，457 人次。

品牌活动突出特色，对外交流扩大影响。举办第七届北京国际电影节“探寻电影之美高峰论坛——一带一路电影发展与全球新格局”“我是一个兵，王晓棠专题展”“邮票中的电影世界——吴凡电影艺术邮票藏品捐赠展”、第八届少年儿童电影配音大赛等活动。参加北京市政府在塞尔维亚举办的“北京日”活动。举办“中国电影国内巡展”3 场，参与人数 7930 人次。完成第十一届中国（北京）国际文化创意产业博览会参展活动等。全年举办各类专场活动和基地教育交流活动 103 次，参加活动总人数 95407 人次，参与服务志愿者 1051 人。举办面向大学生等青年观众群体的“电影大讲堂”讲座 20 期，1185 人次参加活动。举办以“光影知识乐园”为主体的中小学生社教专场活动 23 期，2495 人次参加。举办“电影音乐展示”活动 7 场，参与观众 665 人次。开展“公益电影大家看，影博电影社区行”活动 25 场，参与观众 9620 人次。“中国电影国际巡展”3 场，参与人数 2300 人次。举办“影博之夜”民族音乐会，参与人数 350 人次。开展志愿者交流、“两基地”交流活动 10 期，参与人数 442 人次。志愿服务 1051 人次，累计提供服务 8408 小时。全年共完成讲解 939 场，总服务人数 12793 人次。其中，常规定时讲解 805 场，讲解服务观众 7894 人次；专场收费讲解 25 场，讲解服务观众 1333 人次；专场免费讲解 44 场，讲解服务观众 1087 人次；廉洁教育专线讲解 65 场，讲解服务观众 2479 人次。参与互动项目 5697 人次。

突出电影特色，开展中外影片展映活动。举办“庆祝中国人民解放军建军 90 周年电影展映”“不忘初心——红色电影庆祝十九大”主题展映活动、廉政建设主题影展等。分别举办葛优、成龙、刘德华、李连杰、章子怡、王晓棠等系列个人作品展映活动。全年举办主题展映活动 8 个，放映影片 113 部，611 场次，接待观众 16542 人次。举办伊朗、芬兰、德国等 9 个国家的电影周，观影 3929 人次。举办“金丝带电影”主题影展，观影 503 人次，参与北京国际科技电影展映，观影 1591 人次。

制定印发中国电影博物馆“十三五”发展思路。继续实施修纲工程，组织开展展览大纲修订 2017 项目研究。完成国家级博物馆评级规范、制度、机构的基础研究。开展《中国电影博物馆年鉴（2017）》编撰印刷工作。向《北京广播影视年鉴》《北京年鉴》《中国科普场馆年鉴》提供年鉴资料，包括图片 24 张、文字 2.57 万字。组织完成 2017 年 10 项课题研究。完成《探寻电影之美——2016 学术成果集》《探寻电影之美——2017 学术成果集》的编辑出版。编辑发行馆刊 6 期 12000 册。充分利用中国电影博物馆外网、官方新浪微博和官方认证微信平台，加大对外宣传。网站发布各类活动新闻、活动报名、影片信息、公告等 186 条，发布 LED 屏影讯和信息 389 条。制作发布 4 期专题页。网站点击率 7，635，906 次，原创微博 280 篇，评论 29 条，微信发布 266 条，微信粉丝数 23，719 个。

二、安全运行保障

坚持逐级签订安全责任书，开展重大节日前的安全检查工作。圆满完成党的十九大期间安全任务。落实安全网格化管理措施，举办消防、反恐、防暴培训及实操演练。加强设备设施保障能力，全年共完成40余项维修任务，应急维修9次，维修率100%。集中巡视48次，发现解决400余件问题；服务保障各类会议97次、活动74次。

重视网络安全，保障网络设备设施运行平稳。加强网络安全巡视，预防网络攻击。全年设备及系统运行零事故，故障排除解决率达到100%。

三、队伍建设

加强党的建设和作风建设。全年开展中心组学习讨论37次，“每周一课时”学习25次，重点学习党的十九大精神、习近平总书记视察北京重要讲话精神、市第十二次党代会及二次、三次、四次全会精神等。扎实推进“两学一做”学习教育常态化制度化。召开专题组织生活会和民主评议党员。邀请中共北京市委党史研究室领导、北京交通大学人文社会科学学院教授讲党课，馆党委书记陈志强为全馆讲《扎实推进“两学一做”学习教育，以实际行动迎接党的十九大召开》的党课。按照市委宣传部的统一部署，制定《中国电影博物馆党支部规范化建设试点工作实施方案》，落实《党支部工作规范》和《党支部工作手册》的规范使用，保证试点工作效果。制定《中国电影博物馆党委落实“三会一课”制度实施办法》。全年组织开展警示教育7次，制定《中国电影博物馆党委意识形态工作责任制实施方案》，严格执行“公共信息发布流程”，及时更新党内信息管理系统数据，建立工作台账。规范发展党员工作程序，提高发展党员质量。2017年发展党员1人。根据巡视组反馈问题，将3大类9个方面33条整改意见进行细化分解，一一对应，提出68条整改措施，明确整改任务清单、推进进度和完成期限，全力推进整改任务完成。

（中国电影博物馆）

北京广播电视台概况

北京广播电视台成立于2010年5月31日，是在原北京北广传媒集团、北京人民广播电台、北京电视台的基础上组建而成的大型传媒机构，是市委、市政府直属事业单位。2015年11月29日，北京广播电视台启动新一轮改革，现所属单位包括：北京人民广播电台、北京电视台、北京广播电视报社、北京广播电视台服务中心和北京新媒体（集团）有限公司。

2017年主要工作：

一、宣传报道

始终牢牢把握正确舆论导向，强化宣传报道机制，制定实施《北京广播电视台关于建立和运行重大主题宣传会商联动工作机制的意见（试行）》，统筹资源，统筹策划，统筹布局，形成合力，巩固舆论宣传主阵地。坚持团结稳定鼓劲、正面宣传为主，创新形式载体和表达方式，全力做好党的十九大重大主题宣传报道，推出《砥砺奋进的五年》《人民之托——代表访代表》《北京城市副中心建设巡礼》《还看今朝·北京篇》《十九大时光》等一批特色栏（节）目，全面展现首都五年发展成就；《喜庆十九大·北京新篇章》大型航拍报道，全景展现首都五年来日新月异的城市面貌；《我的新北京》《喜庆十九大，大美看北京》等宣传片着力体现国家发展战略，激发民族自豪感和自信心，形成新闻报道与大型系列报道、专题片、纪录片、影视剧展播和谐共振的舆论引导格局。做好“两贯彻一落实”和“疏解整治促提升”专项行动的宣传报道，推出《春天的交响——纪念总书记视察北京三周年》《做好城市建设加减法——区委书记谈疏解发展的“舍”与“得”》等特色鲜明的系列节目和《扬帆——习近平总书记2·26视察北京三周年》等专题片，展现首都干部群众贯彻落实习近平总书记视察北京重要讲话精神的生动实践和显著成效。围绕国家战略布局调整、重大纪念日和全市重大活动，打响全国和北京市“两会”、市十二次党代会、“一带一路”国际高峰论坛、庆祝香港回归祖国20周年、庆祝内蒙古自治区成立70周年、庆祝建军90周年及纪念全民族抗战爆发80周年等宣传战役。重点推出《你从井冈山走来》《草原新丝路》等纪录片、《军旗正红》等大型直播节目以及《乐享四季音乐会》，以独辟蹊径的内容与形式创新，全面、准确、严谨、生动阐释和呈现历史进程。大力弘扬社会主义核心价值观，持续巩固发展《中国梦365个故事》微纪录片、“北京榜样”大型主题活动、“美丽乡村，筑梦有我”大型走转改公益活动、“V蓝北京”等宣传品牌；深入挖掘北京市“一核一城三带两区”文化内涵，推出《大运河，流动的城市记忆》《运河上的旋律》等特别节目、系列宣传片，展现“一城三带”的大美北京。

二、精品生产

北京广播电视台全面实施创新驱动的内容生产战略，不断完善内容创新机制，完善节目研发平台体系，健全节目创意常态征集、节目末位淘汰等机制，激活内容生产活力；坚持开放合作，引入第三方力量参与，加大多媒体、多终端平台产品研发力度；加大节目创新投入，设立节目研发孵化创新专项资金，优化节目研发扶持机制，开展2017年度北京广播电视台节（栏）目创新奖等各类奖项的评选组织工作，营造有利于打造内容精品和品牌的环境。坚持精品思路，调集全台频道频率资源集中发力，制作播出《新运河人家》《我的新北京》等一批有深度、有温度、有品质的广播剧、评书、纪录片和专题片作品。成功举办“BTV跨年歌会”“BTV环球跨年冰雪盛典”“第七届北京国际电影节”“北京喜剧幽默大赛”“‘我的冬奥梦’全国青少年英语大赛”等重大项目。“2017BTV春节联欢晚会”是第四年收视、微博、微信三项数据均位列省级卫视首位。不断创新品牌栏目，北京电视台《跨界歌王》《跨界喜剧王》《音乐大师课》等节目实现节目形态、内容架构、运营模式全面升级，成为收视和口碑双丰收的品牌节目。北京广播电视报社立足自身定位，进一步加强选题策划，凸显特色、深耕细作、创新驱动，打造出多个百姓喜闻乐见的特色版面和特色栏目。3件作品荣获中国新闻奖、3件作品荣获第十四届精神文明建设“五个一工程”奖；原创大型文化季播节目《传承者之中国意象》《非凡匠心》获国家新闻出版广电总局评选的“全国创新创优节目”。

三、融合发展

为应对融媒体时代传统媒体发展困境，北京电台、电视台分别出台媒体融合改革方案及实施办法，为媒体融合改革发展工作提供基本遵循，北京广播电视台媒体融合改革整体推进。加快构建多渠道采集、多方式呈现、多平台发布的“中央厨房”运行机制，北京电台节目制播云平台“讯听云采编”系统于4月18日正式上线，实现流程再造、资源整合、效率提升、成本降低。不断完善项目融合实施方案，北京电台、北京电视台与北京新媒体集团精准对接，在“一带一路”国际高峰论坛、党的十九大等重大主题宣传报道中，充分发挥电视、广播、PC端及APP端联动的渠道资源优势，以多角度呈现、多形态融合的全景直播方式，将传统媒体的内容生产优势与新兴媒体灵活高效的传播方式深度融合，扩大宣传覆盖面，取得良好的传播效果。依托内容优势，搭建起由官方网站、微信、微博公众号、APP及其他媒介组成的台、网、微、端信息立体发布网，形成传播合力。北京广播电视报社新媒体平台升级建设稳步推进，APP端建设开发初步成形。继续推进三网融合，北京新媒体集团与爱上电视传媒、中国电信北京公司签署市三网融合IPTV合作协议，不断提升用户体验，实现用户数、收入、利润的快速增长。扎实推进媒体平台建设，北京电台、北京电视台深化技术系统改造，北京电台完成青年广播试验可视化播出系统的搭建和直播机房技术系统改造。

四、安全保障

为及时、准确、权威地完成好党的十九大新闻宣传工作，北京广播电视台高度重视，多次召开策划会、协调会，统筹部署各项工作，研究部署重点难点任务。重点开展方案编制、工作计划、应急预案等基础性工作，结合具体任务，方案有统有分，注重总体方案的指导性和专项方案的可操作性，制定出台《北京广播电视台确保十九大期间安全播出和信息网络安全保障工作方案》。同时会同相关部门，加强沟通组织协调，做好服务保障工作，为各项工作梳理推进奠定坚实基础。进一步加强对北京新媒体集团旗下的“北京时间”平台安全管理，完善《“北京时间”自媒体平台安全管理规定》《“北京时间”重保期内容安全应急预案》等相关管理规定，规范自媒体平台的内容管控措施，确保信息发布健康有序。在党的十九大召开期间，北京电台、北京电视台共播发报道2000余条、近9000分钟节目，圆满完成党的十九大开幕会、新一届中共中央政治局常委同中外记者见面会等转播工作。北京电台、北京电视台、北京新媒体集团等安全播出责任主体单位共同参与，各单位安全播出和网络安全的运行、维护和管理人员以及内容审查和上传操作人员全员行动，组织完成既定设备设施的维修改造工程项目，开展安全播出和信息网络安全保障工作方案、应急预案的制定和修订工作，组织安全播出和网络安全的全流程全员培训，组织综合性、全流程的突发事件应急处置演练，开展信息网络安全的排查整改工作，落实广播电视安全的环境保障工作，逐项逐条落实国家广电总局安全播出检查组提出的整改建议，执行内容的三级审查制度和上传入库的操作流程，完成党的十九大、全国“两会”、市十二次党代会等重要保障期的播出安全和网络安全任务。

五、经营创收

面对严峻的经营创收形势，北京广播电视台不断开拓事业产业创收新思路，调整经营策略，抢抓事业产业发展新机遇。加强与阿里巴巴集团等大广告客户在品牌与内容上的深度合作，北京卫视联合浙江卫视、深圳卫视与阿里巴巴集团共同招商、制作、播出天猫双十一晚会，实现两个平台之间用户的双向导流，为经营创收开辟新路径。强化专业服务，与优质客户进行有效对接，丰富服务内容及形式，提升客户满意度，使通用汽车、人寿保险等优质客户在北京广播电视台的广告投放额超额完成预期目标，签约总额逆势上扬；扎实推进节目生产与广告经营的深度融合，加强内容营销、开展精准整合营销，不断提升广告增量，努力确保收支平稳。产业方面，北京电视台频道独立经营改革稳步推进，制定节目与经营一体化运营考核办法，充分激发经营活力，北京电台生活频道开展经营改革试点工作，打造融媒体平台，逐步实现生产与经营的一体化、传统媒体与新媒体的一体化、广告模式与产业模式一体化、频道与公司的一体化。牢牢抓住广播购物、特色旅游、版权运营等有发展潜力的企业，加大扶持力度，优化资源配置，依托文化产业投资基金，发掘和扶持文化创意产业优质项目，北京新媒体集团成立北京新融媒文化发展有限公司和北京新媒体投资管理有限公司，发起设立北京融媒文化发展投资基金，通过国有资本投入杠杆聚集社会资本支持媒体融合发展、做强文创产业。提高投资风险的管控机制，出台《北京广播电视台关于加强对外投资风险防控的意见》。

截至12月底，全台资产总额195.48亿元、同比增长13.70%，实现营业总收入69.24亿元，同比增长14.42%，利润总额－1296万元、同比增长69.18%。

（北京广播电视台）

北京人民广播电台概况

北京人民广播电台（英文缩写“RBC”）成立于1949年2月2日，最初称北平新华广播电台；历经几次更名变迁，1951年3月11日改称北京人民广播电台。

截至2017年年底，播出新闻广播、城市广播、故事广播、体育广播、音乐广播、交通广播、文艺广播、外语广播、青年广播、动听调频等10套开路广播及15套有线调频广播、13套数字音频广播，2个数据服务频道，在北京有线电视网数字平台上播出16套有线广播节目和一个动感音乐电视频道，每天播音364小时，总发射功率212.5千瓦。节目还在美国、加拿大、澳大利亚、新西兰、新加坡、韩国、法国、俄罗斯、中国台湾等9个国家和地区的16个华语电台播出。拥有北京广播网、移动音频客户端“听听FM”，是以广播为主、多媒体联动的综合型传播机构。

2017年北京电台共开办209档节目，其中新节目30档；全台十个专业频率播出时长74573小时，其中现场直播138场次，合计21620分钟。

2017年主要工作：

一、宣传报道

开展重大宣传报道58次，开设专栏100多个。围绕十九大宣传、结合两贯彻一落实、疏解非首都功能、北京城市副中心建设、京津冀协同发展等，开设专栏和专题报道：包括《喜迎十九大》《十九大时光》《学习宣传贯彻十九大》《新时代·新气象·新作为》《砥砺奋进的五年》《北京城市副中心建设进行时》《大道之行》《“一带一路”大使系列访谈》，以及18集特别报道《春天的交响——习总书记视察北京三周年专题》、大型系列访谈《人民之托》、大型人物访谈《中关村故事》、系列访谈《外籍老社长的故事》；近百集大型报道“国企故事”同时在16家海外电台播出；在建军90周年、香港回归20周年、全民族抗战爆发80周年等重大节点，还推出《光辉的旗帜》《你是这样的人》《军旗正红》《二十年、二十人》等大型专题报道，发稿2450多篇，形成“新闻节目聚焦主题主线，专题节目配合成就宣传，精品文艺彰显热血主调”的宣传报道矩阵。多个专栏和作品得到中宣部、国家新闻出版广电总局，及市委宣传部、市新闻出版广电局的高度肯定，获得表扬55次。

紧贴时代脉搏，打造精品佳作。原创广播剧《板车女孩》、广播访谈《一棵稻草的力量——专访“陈满案”平反推动者程世蓉》等一批优秀作品，引发社会广泛关注。1件广播剧作品和2件歌曲作品荣获“五个一工程”奖，3件作品荣获中国新闻奖，1件作品荣获中广联合会广播电视文艺节目一等奖，17件作品荣获北京新闻奖。此外，体育广播荣获国家体育总局颁发的“2013—2016年度全国群众体育先进单位”称号，在市属媒体中开创先河。

二、品牌建设

广播资源服务社会。市教委授予北京电台“中小学生社会大课堂资源单位”；市政府授予交通广播“北京应急广播”称号，纳入全市应急体系。新闻广播追踪报道“五环内最大违建群”等问题，市领导高度关注并6次批示。城市广播推出《医改路上》《北京教育新地图》《V蓝北京——我的环保日记》等系列访谈，解读社会热点。交通广播推出《足迹——京津冀交通一体化探寻》系列报道；6月，京津冀交通广播联盟成立，实现三地交通广播跨区域资源整合；城市广播“创建幸福家庭 共享健康生活”实现三地同步视频直播；体育广播“京津冀三地体育局长直播访谈”聚焦三地合作空间；《老年之友》栏目举办第四届“银发达人”评选活动实现京津冀联动。

全年举办4项全台性大型品牌活动和9项专业频率品牌活动。“不止于声——北京电台2017声音推广季”加大主持人形象的宣传力度，多维度展现电台的声音魅力；电台官方微信、北京广播网等页面10天点赞超过123万人次，微博微话题“电台好声音”10天阅读量超过141万人次，网络视频浏览量1000多万人次。“广播进校园”活动，主持人走进中学课堂普及广播知识。新闻广播继续承办“北京榜样”大型评选活动，以人物榜单的形式扩大覆盖范围。“重返多伦”环保公益活动，市民参与。同时，外语广播“看北京”系列活动，组织“一带一路”沿线国家和驻京外国记者160人次深入北京采访，讲好北京故事。全国青少年英语大赛结合“我的冬奥梦”主题，覆盖北京200多所中小学校，得到国际奥委会认可。故事广播承办“全媒体有声读物互联网应用高峰论坛”，为学界和业界搭建交流合作平台。动听调频主持人Mr.Q成功挑战“200小时单人不间断直播”，获得连续直播最新吉尼斯世界纪录。

全年与社会各界开展合作20余项。新闻广播与海淀区委合作推出“中关村故事会客厅”大型访谈；城市广播受市中医管理局委托发起成立“中医药文化立体传播联盟”、与市教委共同策划举办“梦想杯”北京校园足球公开赛；交通广播携手市政府服务热线推出新栏目《12345，我们在行动》，与市交通委合作在《一路畅通》节目推出“治堵大家谈”专栏；音乐广播与市文化局、北京演艺集团等单位合作，推出“乐享四季·北京广播音乐会”系列演出；体育广播与市体育局合作，获得北京马拉松等5项大型赛事的媒体合作权；青年广播与各高校合作，成立高校广播联盟。节目制作中心与市科协合作举办首都科学讲堂活动。12月底，电台与团市委签署新一轮战略合作协议（2018—2020），启动“以北京青年广播为重心、团市委与北京电台十台一网全面战略合作”，引领青年新风尚。

北京电台与俄罗斯卫星通讯社和欧洲华语广播电台签署合作协议，将海外合作电台拓展到16家；北京非物质文化遗产的英文专题《非遗时光》实现海外落地播出。

三、媒体融合

全台有七档节目入驻“北京时间”网站

24小时直播流，实现广播可视化和原创内容音视频直播，开启“互联网+广播”新模式。文艺广播以“北京阅读季”为契机推出融媒体“诵读小站”，开播半年分享精彩音频800多段，营造出市民阅读的文化氛围。城市广播《健康加油站》《教育面对面》实现广播音频、网络视频、微信传播同步，并在今日头条、一点资讯、网易、腾讯网站开通自媒体号，搭建起线上线下服务体系。6月开播的青年广播打造国内首个可视化播出平台，实现全新的播出模式。2017年北京电台制播云平台“讯听云”采编正式上线，新闻广播、体育广播、交通广播及外语广播的采编平台同步切换到“讯听云”采编，实现全网全终端全媒体移动采编审、资源云存储、内容生产管理功能；同时，电台搭建完成微信公众号矩阵第三方运营平台；开发微信小程序“建外14号”，实现16路广播的音频直播功能和精品节目的点播功能，信息化建设登上新台阶。

四、技术和设施保障

2017年，青年、外语、故事三个小调频广播正式开播，全台十套节目全部实现调频覆盖。皂君庙调频发射机房改造工程完工，新闻、城市、体育广播的覆盖效果大幅提升。新闻广播调频100.6MHz在通州补点覆盖系统建设完成。青年广播可视化播出系统的搭建和直播机房技术改造，通过声音识别镜头自动切换及远程编辑等手段，实现广播真人秀播出模式。动听调频采用视频直播推流技术推出国内首档明星驾车音乐栏目，将车内互动实时推送至视频平台。文艺广播在中国戏曲文化周开幕式现场直播首次实现北京电台直播间、前方卫星转播车和活动现场的人员三方通话。体育广播通过视频平台直播赛事，利用自制视频信号回传转播车互动，有效提升传播效果。全年全台节目安全播出，实现播出“零事故”。

五、产业发展

加强与大客户深度合作，推出小微企业广告创新专题的营销模式；专业广播专题创收同比均有增长，城市广播较为显著，实收款增长209%。通用汽车、阿里集团等优质客户广告投放均超额完成预期目标。节目团队数量增加到8个，涉及汽车、体育、健康、餐饮娱乐、教育培训等领域。两支投资基金运作良好。2家公司完成业务转型，3家公司暂停营业。申请“2017年北京电台音频版权采购项目”，举办“首届图书音频版权采购招标会”，购置上百部作品的音频改编权或广播播出权，储备优质资源。加快推进“北京电台音频资料数字化抢救及编目项目”，数字化抢救20万小时历史内容。通过购买与抢救，加速音频版权产业布局；建立专题素材库，助力完成百期精品节目的制作。

2017年，北京电台市场份额继续占据北京广播市场第一的位置，广告创收和产业收入都超额完成预算。截至年底，全台总资产达到28亿元，其中北京广播公司总资产达7.2亿元。

（北京人民广播电台）

北京电视台概况

北京电视台成立于1979年5月16日，英文缩写“BTV”。开办有北京卫视、新闻、文艺、科教、影视、财经、体育、生活、青年、卡酷少儿、纪实、外宣12个频道，播出

17 个频道，其中，北京卫视、新闻、文艺、影视、体育 5 个频道高标清同播，纪实频道高清播出。北京卫视、卡酷少儿、纪实、外宣是上星播出频道。每天播出时间 383 小时，全年播出 14 万小时。

2017 年主要工作：

一、宣传报道

十九大宣传报道浓墨重彩。在《北京新闻》《特别关注》《北京您早》等名牌新闻栏目开设多个专栏，推出《喜迎十九大》《砥砺奋进的五年》《疏解整治促提升，我家门前靓起来》等六大系列新闻报道，形成以新闻报道为龙头，以纪录片、专题片、公益宣传片和影视剧、综艺节目为两翼的内容矩阵。先后播发十九大相关新闻超过 358 条，累计时长超过 43 小时；采访党代表 30 多人次，采访各界党员干部群众超过 200 人次；播发十九大主题公益广告和宣传片近 2000 次；依托“BTV 新闻”新媒体平台推送相关文章、视频超过 110 条，点击量过百万。

重大主题宣传报道特色鲜明。围绕习近平总书记两次视察北京，精心策划重大报道。在 2 月 23 日、24 日习近平总书记视察北京前后，推出 6 集专题片《扬帆——习近平总书记 2·26 视察北京三周年》。以市两会、全国两会、市第十二次党代会、内蒙古自治区成立 70 周年、建党 96 周年、香港回归 20 周年、全民族抗战爆发 80 周年、建军 90 周年、新中国成立 68 周年以及全国文化中心建设、大运河文化带建设等为宣传重点，制作播发“天涯共此时——‘一带一路’”大型新闻行动、“纪念建军 90 周年”大型直播等多个有影响力的项目。

“两贯彻一落实”报道扎实推进。持续推出《加强城市治理，建设和谐宜居城市》《坚定决心 · 提振信心 · 深化改革促发展》《清洁空气，北京在行动》《人勤春来早，撸起袖子加油干》《京津冀协同发展调研行》等多个系列报道。策划两季“市民对话一把手”节目，并首次邀请市委办局一把手走进新闻演播室直接和市民对话。以 365 集为单元、集中表现中国人梦想故事的大型系列微纪录片《中国梦 365 个故事》第一季完成播出，取得收视口碑双丰收，并被写入 2017 年市政府工作报告和市第十二次党代会报告。

二、品牌创新

各频道节目共获得国家和省级政府奖及其他社会评优约 160 项。北京卫视品牌节目《传承者》《非凡匠心》被国家新闻出版广电总局评选为“全国创新创优节目”；《传承者之中国意象》荣获北京大学电视研究中心推选的“2016 中国电视年度掌声”；2017 年中国媒体创新论坛暨“影响中国传媒”活动中，北京卫视入围“影响中国传媒十大媒体”，《养生堂》荣获“影响力栏目奖”，《跨界歌王》荣获“创新栏目奖”。北京卫视推出原创《但愿人长久》《我是演说家》《音乐大师课》《中国故事大会》《生活相对论》等一批大型季播节目；《生命缘：生命的礼物》以明星公益纪实的方式扩大“生命缘”品牌影响力；《暖暖的新家》不断巩固在家装节目中的权威地位；《念念不忘》以解读家书的方式传递中华传统美德；黄金档播出 15 部优秀电视剧，其中《情满四合院》《生逢灿烂的日子》《风筝》等电视剧多次夺收视冠军，成为年度“现象级”大戏。文艺频道《北京喜剧幽默大赛》成为全国优质喜剧类节目，并以自身 IP 形成商演品牌。科教频道《第三调解室》进行内容升级。财经频道夯实第二届《“诚信北京”315 特别节目》、第八届“北京影响力”评选活动和第八届“中国统计开放日”三大品牌活动。影视剧中心坚持“大戏看北京”精品战略，选购一批收视和口碑双赢的影视剧作品。生活频道启动黄金时段三小时融媒型开放性大直播，推出人文纪录片《拾说什刹海》第二季、系列主题报道《主播单车看北京》《家门口的事放心上》等。体育频道打造《欢乐二打一》，收视屡创新高，平均收视达到2.63，比2016年提高8%。青年频道扩版《军情解码》，并在其后播出《档案》，形成“军事板块”。卡酷少儿频道打造“京味儿动画阵”，推出动画《京剧猫》《我的朋友猪迪克》《疯了桂宝》。纪实频道《纪实天下》《影事》《时尚印象》《昨天的故事》《奇妙之旅》五档自制栏目成为塑造首都文化形象的重要窗口。

大型活动彰显北京电视台影响力。《2017年北京电视台春节联欢晚会》连续第四年蝉联省级卫视同时段收视、微博和微信互动三项核心数据冠军。成功举办第七届北京国际电影节，精心组织370余场活动，签约额达174.58亿元，创历史新高。《跨界冰雪王》节目被国家体育总局和北京奥组委列为2017年至2022年重点扶持项目。与河北广播电视台和黑龙江广播电视台三台联合录制播出《2018环球跨年冰雪盛典》。开启以“花开新时代，天涯共此时”为主题的跨年楼宇灯光秀，全面升级舞美视效，与跨年冰雪盛典完美配合。主办第二届《“诚信北京”315特别节目》，首次加入全媒体同播、全平台直播。

北京电视台组全天市场份额33.61%，晚间市场份额38.28%。北京卫视全天全国35城省级卫视排名稳居全国省级卫视第四名，市场份额跻身前三，晚间全国35城省级卫视排名第三，有41天排名全国收视第一，11月、12月连续两个月夺得月冠军，再创北京卫视收视新纪录；卡酷少儿频道全国35城省级卫视排名第十位。

三、产业经营

广告经营创收成绩出色。2017年，全台广告创收超过近几年水平，创历史新高。其中，北京卫视广告创收总额同比增长超过1.7倍，在排名前五的省级卫视中增长幅度最高。绝大多数频道完成全年经营创收任务，部分频道实现可观利润。建立大客户沟通机制，协调经营主体的客户谈判工作，开发4个“亿元客户”，分别是欧珀手机（OPPO）、天猫、景田、江中，接近亿元的客户有云三七、华彬集团等。首次与电商巨头阿里巴巴集团签订战略合作协议，北京卫视、浙江卫视、深圳卫视与阿里巴巴集团共同招商、制作、播出天猫“双十一”晚会，为资源推广、品牌建设及提升融媒体影响力提供帮助。整合品牌节目资源，开发衍生品，借势“BTV春晚”，开发“春碗”品牌衍生品，发售“BTV手工花丝金质春碗”和“BTV手工花丝银质春碗”两款工艺品。打造动漫衍生品多屏互动综艺秀《大玩家》，将节目与动漫产业制作、衍生品开发各环节紧密结合。针对中老年“大健康”市场开发健康手机和可穿戴智能医疗设备业务，针对青少年“大教育”市场开展培训业务。深挖行业协会、政府部门资源，展开战略合作，争取资金支持。在生活频道开展一体化改革试点，创建“三委一联席”一体化管理架构机制；初步布局城市生活服务领域九大产业，成立六大产业联盟，打造新型融媒体平台，为地面频道突围发展探索有效路径。台属企业与节目中心密切配合，发挥最佳组合效应，京视卫星传媒有限责任公司与北京卫视经营创收成绩突出，北京卫视黄金剧场和《养生堂》冠名费大幅提高；京视体育发展有限责任公司与体育频道开拓创收渠道，着重加强与体育联盟、行业协会、政府相关部门的紧密合作；新纪实（北京）传媒投资有限公司自筹资金运作大型项目，制作中外合拍4K纪录电影《最后的沙漠守望者》，提高纪实频道影响力。

台属企业经营能力提升。京视传媒有限

责任公司参与投资《跨界喜剧王》《但愿人长久》等多个大型季播节目或晚会，建立运营“BTV观众俱乐部”。卡酷传媒有限公司多维打造品牌活动，推出“卡酷嘉年华·萝卜快跑”项目。电视产业发展集团对后勤保障资源及其他闲置资产资源进行市场化开发。紫禁城影业公司开展影视创作，推出电影《谁是球王》《我是马布里》《定军山》。

四、技术保障

2017年，17个频道总计播出时间约14万小时，直播约14544小时，停播率2.56秒/百小时，低于国家新闻出版广电总局要求的5秒/百小时。确保十九大等重要时期播出安全零事故，完成台外直播任务、节目录制任务共574场。统筹落实第五批中国梦31首歌曲的编排播出工作，及时准确飞播重大宣传和气象预警字幕信息1万余条次。开展“融合新闻业务系统建设”技术工程项目，推动“综合数据中心”“超高清4K”等重点项目；提升播出质量总体水平，在关闭原有D27模拟地面频道的基础上，开播地面数字频道以及D14频道的纪实高清和新闻高清数字频道；统一将高清节目在标清频道播出时调整为16:9方式，提升同播节目标清播出的质量；进行声音水印技术测试，推动广播电视台融合媒体互动技术的应用。

（北京电视台）

北京广播电视报社概况

北京广播电视报社成立于1988年9月，原隶属于北京市广播电视局，性质为差额补贴事业单位，2001年5月起隶属北京广播影视集团，2010年5月起隶属于北京广播电视台。

《北京广播电视报》的前身，是北京人民广播电台1953年4月12日创办的《广播周报》，后更名为《北京人民广播电台节目报》。1976年1月9日停刊。1979年9月14日复刊。试行企业化管理。1989年更名为《北京广播电视报》。1989年1月，实行自办发行。当年发行量从邮局时最高的每期40万份，很快跃升到50万份、60万份和70万份。1990年至1993年每期分别递增到80万份、85万份和90万份。最高单期曾创115万份记录。1991年，报社被国家新闻出版署、中国报纸行业经营管理协会授予“全国报业经营管理先进集体”称号。2005年，取得数字电视《置业频道》的经营权并正式开播。同年还创建了北广报刊网。

1995年，《北京电视》由报社独家承办，1998年，由月刊改为周刊。2002年9月，《北京广播电视报·人物周刊》创办，广受读者的赞誉。2016年上半年，《北京电视》更名为《北广人物》周刊，原《北京电视》版面内容平移至《北广人物》周刊，于4月7日正式出版。2017年办有《北京广播电视报》《北广人物》周刊、读屏网。

2017年主要工作：

一、报刊出版

《北京广播电视报》加大对北京电台的报道，专门成立北京电台报道小组，推出多期热点报道，刊登多篇对北京电台节目的评论文章，采访多位电台主持人，从多方面对北京电台各频道进行报道，使得《北京广播电视报》广播部分名副其实；贯彻北京广播电视台媒体融合战略，为两届“天涯共此时‘一带一路’”行动撰写综述文章；对生活版区进行改版，新推出“民生·一周解读”“生活·话题”“生活·情感”等版面，与以前健康怀旧美食版面结合，组成丰富活泼的版区；北广报专门开辟读者版面，设立读者联络员岗位，专门负责主动与读者进行沟通，成立读者摄影爱好者俱乐部，这些热心读者以及摄影俱乐部的成员不但为报刊踊跃供稿，还参加报社组织的各项活动，成为一支比较重要的报社外围力量。

2017年《北广人物》周刊加强选题策划，推出一批既有较强策划感，又有较强新闻性，写作水平也较高的封面文章，进一步夯实刊物的厚重感、权威感和品牌感。在创新管理方面也迈出新步伐，推出“摘编选题会商制度”，大大减少选题重复率，增强采编人员的责任意识和导向意识。在创刊一周年前后，推出“视觉”版，同时对“七日”“目录页”进行大刀阔斧的改造。

二、新媒体传播

2017年，进行对外官网设计和内部工作网架构设计。官网、APP的栏目设置已经成形，共准备资料视频200段，音频50组，文字资料1000篇。内容涵盖养生、健身、评书、相声、音乐、戏曲等。报社三个微信账号共推送内容450组左右，累计增加粉丝1500人次。在内容上，对报刊内容进行扩展阅读、“北京味儿”内容的深度挖掘；在形式上，使用大量的视频、音频、动态图片等多媒体形态。

三、经营创收

坚持以活动促经营的营销理念，打破原发行、广告、广告管理传统组织结构成立运营中心。在强化全员经营大平台理念，维护好广告存量基础上，更加努力地挖掘媒体公共服务平台的内在价值。以读者生活会馆为依托，通过落地服务，增强报刊对读者的黏性，努力挖掘各项社会公益活动的市场价值。截至2017年底，读者生活会馆增加到22家实体店，全年累计赠送《北京广播电视报》123万份，其中有一部分读者接受赠报后交费续订一年的《北京广播电视报》，成为邮局订阅主渠道的补充途径，开辟传统发行渠道之外新的发行模式。虽然《京华时报》不再发行纸质报纸，夹带《北京广播电视报》的合作终止，但是北广报总发行量却逆势增长，与上年同期相比增长20%，报社经多方努力，虽然发行收入较2016年略有增长，但广告收入下滑幅度较大。报社全年营业收入总计2692万元，支出总计2616万元，经营利润76万元，比去年略有增长。

四、社会活动

上半年，京港影视文化项目正式启动。组织开展“紫荆花开京港情”世纪坛香港回归20周年文化展，“紫荆花开京港情”系列书画活动，联合合作公司举办紫荆花开京港情文化晚会，近千人参加。相继推出社区趣味运动会、“紫荆杯”书画系列活动、摄影大赛、征文比赛、有奖问答、文化体验、给地球增一抹绿色公益活动，深受社区居民喜爱。这些活动加强报社与各个社区的联系，极大地提高报社的社会影响力。

以读者生活会馆为依托，全年共组织120余场社区活动，涉及社区260余个，现场参与活动人员数万人，线上点击量450万次。其中，携手北京市公安局政治部开展的“我的安全我做主”10多场系列活动以及与合作公司共同开展的“北广分享新知手机应用大讲堂”、北广文化沙龙和社区摄影展等系列活动，得到社区居民和报社老读者的响应，深受欢迎。

（北京广播电视报社）

北京广播电视台服务中心概况

北京广播电视台服务中心成立于1990年10月，原称北京广播电视服务中心、北京广播影视物业管理中心，2011年变更为现名称。主要负责原北京市广播电影电视局、北京广播电视台产权房屋管理及职工住房房改；建外、安乐林、皂君庙办公区、歌华有线丰台总部基地办公区及职工宿舍区域的服务管理；集体户口管理；酒仙桥、铁匠营、礼士路宿舍区物业管理；经营建外、安乐林、皂君庙办公区、歌华有线顺义办公区、歌华有线志新桥办公区餐厅。以上后勤服务管理区域共10处，中心所管的房屋面积约25万平方米，员工260余人。

2017年主要工作：

一、后勤服务

全年收取管理费和水、电、暖等各项费用共计2400多万元；与北京电台、瑞特公司、市新闻出版广电局签订物业管理合同；与皂君庙办公区北京电视台、北京电台、歌华网络、数字电视、鼎视电视、新新传媒公司续签房屋使用合同；与安乐林办公区局审片中心、资料馆签订物业和费用收取协议；修补建外办公楼外墙100多平方米，电台主楼、技术楼打防水胶260多平方米；维修皂君庙办公区、安乐林办公区和真武庙、酒仙桥、麻花宿舍区防水180多平方米；进行安乐林办公区和4个宿舍区的卫生保洁工作；传达室值班人员严格遵守验证制度，办理出入证登记6000多人次，全年接待工作安全无差错。

开展大学生户口日常管理服务。更换二代身份证36户，办理迁入、借调等各项手续68户，迁出24户出具各类证明材料41户。配合建外各办公区完成保洁开荒、临时性清洁整理办公室，清洗地毯及楼道地面结晶工作；建外办公区室内外玻璃清洗22000平方米；多次配合电台顺利完成大型交流活动、“一带一路”高峰论坛外宾参观、十九大召开前领导检查等工作任务；组织北京广播电视台及下属单位赴延庆绿化基地春季植树300多棵，秋季剪枝间伐和一树一库的管护、备坑等工作；开展皂君庙办公区保洁、传达室、收发和车场的服务管理工作；完成歌华有线丰台总部基地电气空调维修、供暖以及日常保洁服务。

二、安全保障

加强对供电、消防、通信等重点设备设施值班值守和巡查巡视，对发现的问题及时予以维修和改造，确保各服务区域的供电、消防、通信、空调等系统正常运行，圆满地完成日常及重要保障期的安全生产工作。在确保安全生产的基础上，组织消防疏散与灭火器实操演练，提高职工火灾防控能力和突发事件的应变能力。

完成6项大型施工改造工作以及以下常规工作：更换局主楼所有消防水带100条，清洗烟感探头108个，维修卷帘门5个，更换消防应急灯11个、消防安全指示牌89个；为建外办公区3台发电机进行带荷或空载实验，并定期配合维保人员对UPS电源和发电机进行检修、维护；完成对建外办公区避雷设备的维护、改造与安全检测；对建外景观照明设备进行必要的维护检修；对建外办公区9部客货电梯进行年检；完成建外办公区、皂君庙办公区、酒仙桥宿舍区冬季供暖工作；

完成建外和皂君庙办公区的冷水机组、循环水泵、冷却塔、风机盘管维护管理工作。

三、就餐服务

健康膳食、科学配餐做好职工就餐服务。不断调剂花样品种，调整膳食结构，提高厨师技术水平，想方设法满足职工就餐需求。通过征求意见等形式，虚心听取就餐人员意见和建议，改进工作中的不足。增加饭菜花色品种，同时，加大安全巡视力度，严把食品质量关，坚持食品留验制度，确保职工的用餐安全。

四、经营接待

2017 年，在酒店服务业整体下滑的形势下，北京声屏苑培训中心转变经营思路，以“安全稳定，灵活经营”的指导思想，开发潜在市场，增加与第三方的合作力度，提升硬件水平和经营接待能力。全年接待 8000 余人。

（北京广播电视台服务中心）

北京新媒体（集团）有限公司概况

北京新媒体（集团）有限公司（以下简称北京新媒体集团）成立于 2016 年 4 月，是北京市委宣传部领导，北京广播电视台所属，剥离北京电视台新媒体业务板块，与北京文投集团共同出资组建的新媒体平台。作为北京电视台新媒体业务唯一出口、全市媒体资源统一平台，北京新媒体集团下设北京新闻媒体有限公司（以下简称“新闻公司”）、北京时间股份有限公司（以下简称“时间公司”）两家子公司。“新闻公司”是北京新媒体集团旗下全资子公司，承担北京新媒体集团、“时间公司”所有新媒体平台和产品的内容生产。“时间公司”是北京新媒体集团与奇虎 360 公司共同出资成立，负责运营“北京时间”网站和新闻客户端。

2017 年发展情况：

一、节目情况

4 月 12 日，24 小时直播频道重装上阵，以独立 IP 形式打造 24 小时精品栏目《时间新闻室》，创造性地将新闻编辑室、演播室和直播信号导播间融为一体，每天不间断地随时切换播出云端 1000 场直播信号和全世界正在发生的新闻，每时每刻使用大数据梳理正在发生的热点新闻，并逐条线性地呈现给全网用户。包括每天 16 个整点新闻播报、多档常态固定资讯节目以及各类重要新闻事件和大型活动的特别节目，总计超过 1335 小时，平均每天 5.2 小时。伴随北京人民广播电台 5 个频率 7 档节目的入驻，自制节目时长超过 10 个小时。

北京新媒体矩阵逐渐形成。与北京电视台《跨界歌王》《跨年晚会》《春节晚会》等重要节目深度合作、多屏联动、整合营销；北京电台五个频率七档经典栏目，在北京时间同步视频直播。北京广播电视台所有频道频率均在北京时间建立专区，150 余档经典栏目综合呈现，每天碎片超过 350 条，充分满足用户需求，使得传统广电内容在互联网上的影响越来越大。此外，北京时间与中国青年报深度合作，组成联合编辑部，对多项重大新闻事件共同报道；与国家大剧院等国家重要文化平台形成战略合作关系，共同建设北京时间的专属发布空间。

北京市两会报道。北京时间两会专题内专设“市民对话一把手”板块，网友可以在北京时间网站、手机客户端观看直播，并在直播窗下发表意见建议，实时对话市相关委办局一把手。截至1月17日，参与互动人数累计约89.21万人次，在线观看直播及回看达336.338万人次。北京时间网站《跟着小曹跑两会》节目，充分发挥《小曹跑两会》这一北京电视台多年形成的品牌栏目的传播价值，让北京时间记者跟随小曹一起，与代表委员一起探访会场内外，每期视频点击量都在5万人次以上，多期点击量超过20万人次，提升北京电视台和北京时间的品牌辐射力。

全国两会报道。北京时间联手中国青年报，形成主流媒体之间的深度联合报道，联动包括光明网、央视网等全国媒体，对全国两会进行全覆盖式的新闻直播报道。截至3月12日晚，北京时间两会直播500多场，两会期间24小时频道全天大直播加各类现场直播总时长300多小时，其中多条独家专访直播被各大网站转载。图文稿件210篇，短视频近100条，微信公众号、微博发稿近25条，阅读量过百万。

“一带一路”高峰论坛报道。推出中欧班列100小时慢直播，以其独特的视角、丰富的信息量、饱满的历史感激发众多网友的穿越热情；推出用大历史观构建的《跨越时空的对话》72小时大直播；将重点时段报道与前期预热报道无缝对接，突破报道延续周期，全方位策划报道内容，形成跨度达一个月之久的多层次、多形态、多地点的全景报道。截至2017年5月15日晚，北京时间共发起包括独家直击、独家访谈、北京印象各版块直播场次超过220场，直播时长超过240小时。独家报道60篇，高端访谈20多位专家和外国大使。多条独家报道、独家直播与高端访谈的视频内容被各大网站转载。相关报道内容，日均点击量达800万。北京时间主时间号周播放量超过1.5亿次，其内容经常被人民网、新华网等主流媒体网站以及腾讯、搜狐、今日头条等商业门户及平台转载，产生了巨大的媒体影响力，同时，每天均有至少一条短视频在微博、微信等其他平台分发时获得累计百万播放量。

二、运营情况

4月，集团成立一周年时，北京时间门户网站日均访问用户数达6000万、日均页面浏览量达4亿、用户每天在北京时间停留的阅读时达48分钟；北京时间移动端人工运营16大版块与机器算法相结合，实现“头部共性内容人工推荐、长尾个性内容机器推荐”的人机结合模式，发稿时效跻身互联网第一梯队，北京时间APP要闻推送多次时效排在全网前五名。下载用户数突破800万，月活跃峰值超过200万；北京时间直播场次达日均150场，场均直播时长30分钟，直播频道访问人数日均突破480万；政府部门纷纷入驻北京时间、开通时间号，发布官方声音。截至2017年年底，已开通政务时间号30个，包括北京市组织部以及北京十六区组织部、国家大剧院、市网信办网评处、平安北京、安贞医院等政府和市属机构入驻北京时间。

（北京新媒体[集团]有限公司）

北京歌华传媒集团有限责任公司概况

北京歌华传媒集团有限责任公司成立于2015年12月，由北京北广传媒集团有限公司和北京文创国际集团有限公司合并重组而成。截至2017年年底，歌华传媒集团拥有核心企业15家，职工近5000人。集团及所属企业的业务主要分为有线网络及数字电视媒体、内容生产、文化产业、投融资等业务板块，主要从事有线电视网络及技术服务，文化活动组织实施，移动电视、城市电视、地铁电视等户外媒体运营，电视内容生产、集成、销售，影视剧制作发行等方面的业务。

2017年主要工作：

2017年，北京歌华传媒集团有限责任公司（以下简称“歌华传媒集团”）以改革重组为契机，以转型升级和调整结构为主线，筹划调整集团产业布局，大力推动业务生态体系和投资控股体系优化，统筹推进有线及数字电视媒体、内容产业、文化产业、投融资等四大业务板块创新发展，实现社会效益和经济效益同步提升。截至2017年年底，歌华传媒集团资产总额为217.46亿元，所有者权益为160.39亿元；营业总收入为36.14亿元，利润总额为7.87亿元，上缴税金为1.03亿元。具体工作如下：

一、坚持正确舆论导向，做好安全播出和重要活动保障

1. 充分发挥舆论宣传平台作用，宣传党和政府的路线、方针、政策，弘扬社会主义核心价值观。制作播出《城市播报》《点赞中国》《砥砺奋进的五年》等栏目。配合市委宣传部等单位，制作推出“两学一做”和《我是党代表》等系列专题片，并播出各类宣传教育资料片。十九大召开期间，《新闻地铁报》中设置专题板块重点宣传党的十九大会议精神，《党建进行时》栏目制作播出《十九大代表风采》等专题节目。

2. 推进系统维护和技术升级改造。公交和地铁户外媒体单位加强对车站、车载电视系统维护维修，行政村发射站累计行驶里程63000余公里，巡检次数达1169次，巡视列车屏幕总数达22万余块。加大楼宇平台维护力度，全网设备故障率呈明显递减趋势。制作单位完成后期编辑机房网络化改造、媒资系统搭建和虚拟演播室建设，实现采编制作便捷化。歌华有线累计完成53个机房DOCSIS3.0系统升级，覆盖500万用户。新建备份清流传输系统，实现与加扰数字节目一键切换。中国有线信源正式接入总前端信源接收系统，与卫星信源互为备份。搭建基于PTN（包传输网络）的综合接入平台实验网；完成10个远郊区县核心路由器40E的安装工作。在城区和远郊中心城镇全面推进电缆分配网优化工作。

3. 做好重要保障期的安全播出。集团所属有关单位提前动员周密部署，开展隐患排查整改，根据应急预案做好应急处置，层层落实责任，加强值班值守，圆满完成党的十九大、春节、全国“两会”、“一带一路”国际合作高峰论坛等重要保障期的有线电视、数字电视频道、移动电视、城市电视、地铁电视等安全播出、安全传输、信息网络安全和安全保卫任务。截至2017年年底，移动电视达到22400个、地铁电视达到9000个、楼宇电视达到6500个、户外大屏达到8个。

二、加快内容生产创新

1. 推动内容生产和发行工作。2017年涉

及影视剧作品25部。其中，10部处于启动和剧本创作阶段，包括改革开放40年重点剧目《一年又一年》等；5部处于筹拍和制作阶段，预计在2018年开机的《铁道卫士》被列为市委宣传部精品工程、《我爱北京天安门》进入宣传部优秀剧本项目；10部进入发行和播出阶段，《情满四合院》在北京电视台卫视频道播出，取得较好的社会反响和较高的收视率。

2. 推进节目创新。公交媒体尝试把“网络直播”作为特色栏目独立运作发展，全年共进行直播65次，总收看人数1620万人次，其中《解读新交规，撞死碰瓷者咋办》一期参与量达到60万人次；地铁媒体挖掘内容资源，增加《光影大世界》《医学微视频》《京城美食秀》等乘客喜闻乐见的节目；楼宇媒体开辟经营性栏目合作，成功与互联网公司开展经营性栏目合作，调整《装个文化人》《星期吧》两档优质栏目，增强趣味性和可看性。

3. 打造高清交互平台优质内容资源。2017年新增中央电视台财经频道等10套高清频道入网播出，目前高清交互数字电视传输188套数字电视节目，回看120个频道。在线视频点播类节目数量突破13万小时，其中高清节目近7万小时。歌华导视频道平均每日首播节目6小时，累计制作14档栏目共计超过1500小时节目内容。开展教育、健康、文化、民生服务，完成“首都教育”教育政策权威发布平台改版升级；围绕K12全科课程，绘制全学科知识图谱，完成6000余节微课程上线工作；启动正高级教师电视节目、初中精品课程录制项目。推出北京医改、基层诊疗、信息化医疗服务等39个宣传专题。完成“电视图书馆”2.0改版上线，进一步丰富栏目内容，累计在线图书超过100万册，并实现了多终端共享和付费下载功能。社区文化站改造升级有序进行，已在东城区、通州区、顺义区建成7个试点。在全网发布“空气重污染预警”提示。“美丽东城”“湖光山色门头沟”等项目持续服务。完成“北京市美丽智慧乡村信息服务平台”建设，在延庆和顺义落地部署，覆盖超过1.6万用户。

三、推进新媒体融合发展

1. 歌华有线挖掘新媒体资源价值，开展新型业态。完善广电大数据合资公司组建方案，与河北、天津联合制作《京津冀有线电视收视数据报告》。完成与百视通等5家播控方的合作，试运营工作累计覆盖1万户。手机电视项目2017年已与近20家影视传媒机构签订版权内容合作协议，与近60家营销渠道签订合作协议。歌华手机电视内容服务接入中国移动5大业务基地，签订长期合作框架协议。完成中国联通NET手机电视、沃视频、流量包、联通自有业务的接入工作，进一步扩大业务覆盖范围。2017年歌华游戏累计在线运营240款，总注册用户数超过350万人次。“增强电视”功能上线，实现导视频道与电视院线的内容联动。启动购物专区，完成广场舞项目上线，研发“咪呀电视云出版亲子阅读”平台。

2. 依托广泛覆盖的综合信息化服务网络，在城市信息化服务和智慧城市建设方面取得突破。无线北京（MyBeijing）项目初具规模，完成全市1015个公共场所，共8873个AP的开通调测及验收，与无线海淀、无线亦庄等区域平台互通，进一步加大覆盖范围。歌华视联网项目取得较大进展，与大兴、平谷、顺义、怀柔、朝阳等区签订合作协议，接入市公安局、市交通委等8家系统单位，与首都综治办完成协议续签。智慧城市项目取得重大突破，积极参与雪亮工程项目建设，通州、大兴、平谷等分公司中标雪亮工程项目。智慧社区建设取得新进展，“歌华生活圈”落地8个项目，新上线通州区“北苑生活圈”、昌平区“智慧崔村——美丽八家村”等，用户访问次数累计超过249万。“密云便民服务频道”于年初正式上线，对接整合了14个委办局为民服务个性化需求。

四、加快文化会展产业转型

1. 成立保税区转让工作小组，完成保税区一、二、三期的整体资产转让工作。按照“调整、转型、升级”方案，将设计服务产业打造成为歌华文化集团发展主业，以传统文化项目的策划与实施和大型活动的操作与管理两个业务板块为支撑，形成集团“一核两翼”的发展格局。

2. 推进重点品牌项目，取得较好的社会效益和经济效益。北京国际设计周举办近千项设计活动，吸引现场观众超过800万人次，另有国内外5000多万人次通过网络展览、在线直播等形式参与关注，带动文化旅游和各类设计消费超过30亿元，活动规模已接近全球最大规模设计活动米兰设计周。北京国际摄影周开展五大板块共230余项活动，吸引超过30万人流量，在线浏览量近200万人次，互联网总曝光量超过3亿次。“共创未来——中美青年创客大赛”总决赛及系列活动、“砥砺奋进的五年”大型成就展、中华世纪坛艺术节、西班牙文化月等国际文化项目、“六一儿童周”等体验文化品牌项目以及“漂流的文明”多媒体大展等当代文化项目等，社会反响积极，取得较好的经济效益。

五、加强投融资平台和体系建设

集团投融资板块在2017年创新发展，依托和筹建专业的资本运作团队为集团发展的转型升级创造有利的资本环境，促进集团改革发展过程中社会效益和经济效益的同步提升。北京元和云鼎投资基金正式成立运行，歌华有线发起设立北京歌华丝路并购基金，增强对产业链上下游和资金把控能力。

六、获奖情况

2017年，《从严治党和广大群众有啥关系》等8个节目获得北京广播影视奖，《深山里的别样青春》等4个节目分获《2017年北京市党员教育电视片评选》一二三等奖，并入围中组部《党员教育电视片观摩交流活动》评选。北广传媒影视股份有限公司刘国华和郭涛分别获得中国传媒行业协会及中华广播影视交流协会颁发的“影响中国传媒领军人物”奖及“金牌制作人”奖。

（北京歌华传媒集团有限责任公司）

北京歌华文化发展集团概况

北京歌华文化发展集团成立于1997年12月，是北京市大型国有文化运营机构。集团以文化服务为主营业务，已形成以设计服务为核心，以传统文化和大型活动为支撑的“一核两翼”业务体系，培育了北京国际设计周、北京国际摄影周、中华世纪坛艺术季等专业市场品牌，以优质的资源、优秀的团队、优良的设施提供创意设计、文化会展、大型活动的全流程服务。

2017年主要工作：

一、创新中心

创新中心以北京国际设计周为主操作平台，延展相关业务范围、产业链及投资线，挖掘设计服务产业的深度和广度，建设和运营设计周主题园区，发起和管理设计产业基金，推动设计周资源产业化、市场化转化及落地发展。搭建创新服务平台，覆盖展示交易、金融创投、城市更新模式探索、大数据统计分析、跨界精英人才培养等设计全产业链环节，集聚全球顶级的设计理念与设计成果，成为引领世界设计潮流的地标与风向标。

二、文化中心

文化中心以中华世纪坛艺术季为主操作平台，整合社会资源，策划运作具有品牌效应和社会影响力的文化项目和文化活动，成为集展览、展映、演出和文化活动等综合功能于一体的大型公共文化平台。以世界艺术、当代艺术和数字艺术为内容方向，以品牌项目和实验室相结合的模式推动中外高端文化艺术内容在中国落地，促进中外文化交流，打造“世界艺术中心”。

三、大型活动中心

大型活动中心以国家和北京市大型文化活动为主操作平台，以大型活动运营管理为核心发展定位，通过文化经纪服务模式带动文化演出服务相关业务，汇集国内外最优秀的文化项目品牌资源，形成集创意设计、展览展示、文化演出、活动设备租赁等文化项目综合服务的产业供应链，成为文化演出采购、文化内容策划、文化项目运营的输入/输出便捷供应渠道，推动大型活动运营管理平台的形成。同时，建立高端文化项目的运营管理机制，打造成服务于国家、服务于市场的具有影响力的专业品牌。

（北京歌华文化发展集团）

北京歌华有线电视网络股份有限公司概况

北京歌华有线电视网络股份有限公司（简称“歌华有线”）于 1999 年 9 月经北京市人民政府批准成立，授权负责全市有线广播电视网络的建设、管理和经营，并从事广播电视节目收转传送、视频点播、网络信息服务、基于有线电视网的互联网接入服务、互联网数据传送增值业务等。歌华有线于 2001 年在上海证券交易所上市 （股票代码 600037），是国内有线网络首家上市公司、国内第一批三网融合广电试点企业、北京市第一批文化体制改革试点单位、北京市高新技术企业，2012 年被中宣部等四部委评为全国文化体制改革工作先进单位，2017 年第四次入选全国文化企业 30 强，连续被评为纳税信用 A 级企业和上交所上市公司治理样板企业。截至 2017 年年底，公司共有 26 个部门、15 个分公司、9 个控股子公司（含 2 个二级控股子公司），3700 余名员工（含子公司）。

2017 年主要工作：

公司实施“一网两平台”战略规划，全力做好高清交互数字电视新媒体，拓展三网融合业务，推进“由传统媒介向新型媒体、由单一有线电视传输商向全业务综合服务提供商”的战略转型。2017 年，公司实现营业收入 26.98 亿元，同比增长 1.25%；实现净利润 7.61 亿元，同比增长 4.98%。报告期内，公司总资产 152.98 亿元，净资产 127.45 亿元。公司网内传输数字电视频道 187 套，其中标清数字电视频道 140 套、高清数字电视频道 47 套；回看频道 121 套，其中标清数字电视频道 83 套、高清数字电视频道 38 套。

一、十九大等重要保障期有线电视和网络信息安全保障工作

公司围绕党的十九大安全保障这条主线，

提前动员部署，开展隐患排查整改，优化技术保障系统，制定完善方案、预案，层层落实责任，加强值班值守，完成了党的十九大、春节、全国“两会”、“一带一路”高峰论坛等重要保障期有线电视安全传输、信息网络安全和安全生产任务。

二、用户服务工作

一是推出新型机顶盒。公司新终端累计推广超过15万台，推进了融合媒体IP化的技术转型进程。二是加强日常维护服务工作。积极推进网格化覆盖及信息化支撑工作。年内新增网格覆盖注册户数60万户，总数达到520万户。三是加强电子渠道建设。用户可使用电子缴费渠道30个，用户全年电子渠道办理业务105万次。四是继续高清交互推广工作，启动老旧机顶盒置换工作。公司中标北京市高清交互数字电视普及项目，完成了新增20万高清交互数字电视用户的年度推广任务。公司启动了老旧机顶盒市场化置换试点工作。五是提升客服水平。全年人工接通率达到93.31%。利用“聆听人”APP平台，加强客服全员业务学习，保证受理服务质量，提高用户满意度。六是加强营业厅软硬件建设。完成了东城营业厅改造和丰台科技园营业厅的新建工作。七是开展服务专场进社区工作。年内共开办服务专场1170个，覆盖注册用户158万户。八是保障重要单位项目建设和服务工作。完成012工程升级扩容相关工作，完成国办有线电视系统升级和中央警卫局814工程，完成市委市政府机房升级等工作。

三、有线电视和宽带用户情况

截至12月底，有线电视注册用户数达到586万户，较2016年底增长6万户；家庭宽带总用户数达到56.9万户，较2016年底增长6.3万户，家庭宽带平均渗透率达到11.0%；电视院线业务在全国28家省级有线网络公司37个前端落地，覆盖高清交互用户数3390万；加强非居民用户管理及数字化工作；关停非平移网模拟信号切换。

四、集客业务市场

2017年，公司推动集客业务发展，积极参与雪亮工程、视频监控项目建设，通州、大兴、平谷等分公司中标雪亮工程，视频监控项目，中标金额合计超过2.2亿元；无线北京（–MyBeijing–）项目已具规模。截至12月底，已完成全市990个公共场所，共计8848个AP的开通调测及验收工作。北京市12次党代会期间，为代表驻地提供–MyBeijing–无线网络服务；歌华视联网业务与大兴、平谷、顺义、怀柔、朝阳等区签订了合作协议，接入市公安局、市交通委等8家系统单位，与首都综治办完成协议续签。此外，2017年与北京市农商行等签订了合作协议；“歌华生活圈”已落地9个项目，用户访问次数累计超过400万次。“密云便民服务频道”于2017年初正式上线，对接整合了14个委办局为民服务个性化需求。

五、基础网络和云平台建设

启动光纤到户网络改造工作，年内新建双向网50万户，累计开通双向网600万户。累计完成53个机房DOCSIS3.0系统升级工作，覆盖用户达500万户；新建备份清流传输系统，实现与加扰数字节目的一键切换；城区新建和扩容升级三级机房23个；加强反向噪声监控系统建设，累计覆盖用户达490万户，为双向网维护起到支撑保障作用；云平台建设完成统一门户系统、IP CDN子系统、融合应用商店系统的建设、上线工作；推进网络和业务运营支持系统建设，完成HFC网管、数据网运维管理和数据网综合监控管理等系统的优化升级；做好架空线入地工作，牵头建设“百街千巷”东城区管道，已完成部分胡同管道建设；推进城市副中心发展要求的信息化基础设施建设；“备战”2022北京冬奥会有线电视专网服务，与河北省网签订了专网合作协议。冬奥组委相关部门已基本确定由歌华牵头并联合河北省网共同负责奥运有线电视专网建设和维护；推进有线无线融合网项目，试点方案申报已得到总局科技司的同意批复。

六、丰富平台内容

在线视频点播类节目数量突破13万小时，其中高清节目超7万小时。上线《央视报道》新闻栏目，设“新闻”和“专题”两个分区，随时更新中央台有关北京的建设成就报道，每周更新新闻节目超过2000分钟；完成6000余节微课程上线工作。健康专区推出北京医改、基层诊疗等39个宣传专题。文化专区完成“电视图书馆”2.0改版上线，在线图书超过100万册；政务民生服务方面，歌华全频道应急播出滚动字幕进入常态化运行，全网发布“空气重污染预警”等提示信息2400余次；联合筹备成立“视听传媒大数据联合实验室”；与互联网电视牌照平台对接，完成与百视通、未来电视（CNTV）、华数、南方传媒、芒果TV五家播控方的对接，开展试运营工作；手机电视项目目前已与近20家影视传媒机构签订了版权内容合作协议，扩大业务覆盖范围。

七、管理业绩

公司连续被评为上交所“治理样板企业”。完成河北三河项目20亩土地权证办理事项和燕华时代公司工商注册登记等工作。在证券市场实现良好的投资收益。公司组建基建办公室，涿州智慧云项目一期办公楼已顺利开工；燕郊项目完成项目管理单位招标等工作，取得了国有土地使用权证。公司获评“最具影响力企业”和“最具社会责任上市公司”两项荣誉。

（北京歌华有线电视网络股份有限公司）

北京电视艺术中心有限公司概况

原北京电视艺术中心成立于1982年9月，2010年8月4日转企改制，更名为北京电视艺术中心有限公司。现隶属北京歌华传媒集团有限责任公司，主要从事影视节目策划、制作、营销等业务。领导班子成员：董事长兼总经理张平、副总经理沈然、艺术总监郑晓龙、创作总监李小明。内设总经理办公室、计财部、策划部、宣发中心、技术部等部门，拥有导演工作室、制片人工作室和编剧工作室。下属公司为北京电视艺术中心音像出版社有限公司。

截至2017年年底，共制作生产电视剧200部，3327余集，译制片百余部千余集，及一大批电影、专题片。多部优秀作品获“金鹰奖”“飞天奖”“五个一工程”奖，并取得了连获全国大奖的四连冠佳绩。

2017年主要工作：

推进主营业务多元化发展。完成《一起长大》《小五当官》《杀尽豺狼》《第一伞兵队》等拍摄制作，2017年分别在江苏卫视、湖北卫视、广东卫视、贵州卫视、河南卫视，乐视网、腾讯视频及北京、上海、山东等地面频道播出。

完成原创剧本《不说再见》《铁道卫士》《我爱北京天安门》的创作，预计在2018年上半年开机。其中前两部已分别通过国安、公安审查；《铁道卫士》被列为市宣传部精品工程，《我爱北京天安门》进入宣传部优秀剧本项目库。

合作项目《金钱帝国》《常家庄园》《灵州盛会》《永乐盛典》《没有一个省油的灯》《流光之城》进入剧本编纂阶段。启动改革开放40周年重点剧目《一年又一年》。

（北京电视艺术中心有限公司）

北京音像公司概况

北京音像公司原名北京市广播电视服务公司，成立于1979年。1985年7月，北京市广播电视服务公司与北京音像出版社合并成立北京音像公司。2006年5月，在全国出版行业中率先完成转企改制，是具有音像制品出版发行、录音录像、节目复制、境外音像制品引进出版和影视节目制作、电视剧（乙级）拍摄和技术推广服务及专业承包等多种经营范围的国有企业。

公司自成立以来，始终以弘扬民族传统文化为宗旨，录制上万小时的节目，包括民族声乐、器乐、戏剧、曲艺、少儿节目、通俗歌曲、外语教学等；出版、发行上千品种的音像制品，开山之作是——中央电视台的《跟我学》和北京人民广播电台的外语教学节目辅助教学盒式录音带；拍摄《姊妹行》《军魂》《康熙大帝》《中方雇员》《警苑神掌》《美容院》《那个年代》《小井胡同》《都市名片》《独行侍卫》等多部电视连续剧和《成语故事》《星星点灯》《张灯结彩》等电视系列短剧，《雍和宫》《智化寺音乐》《孙中山在北京》《侯宝林》等专题片，其中有些电视剧和专题片还远销海外；多次获得国家和北京市颁发的奖项。同时，北京音像公司还引进出版了来自美国、加拿大、法国、俄罗斯、日本等国家的优秀音像制品。

近年来，重点录制反映改革开放成果和百姓喜爱的影视流行歌曲系列《时光倒流二十年》《张勇吉他》系列专辑、赈灾公益歌曲《汇爱成川·点燃希望》《中国时尚民乐》专辑第一张和国庆60周年献礼作品、北京市出版工程项目《歌声回首六十年》经典歌曲专辑，出版发行由著名导演张艺谋导演的鸟巢版大型景观歌剧《图兰朵》DVD和电视连续剧《最后的王爷》《老师错了》《原谅》等，承接北京市广播电影电视局《影视精品》项目制作。

2017年主要工作：

公司继续加强内外合作，拓展业务。承揽大型企业和机关团体宣传册、盘制作任务；《歌声回首六十年》经典红歌、《侯宝林相声精选》音像制品入选国家新闻出版广电总局2017年农家书屋重点出版物推荐目录；八集电视专题片《侯宝林》和《拥抱祖国》荣获2017北京市音像电子网络出版物奖励扶持专项资金项目奖励；音视频公益广告作品《瓷器》《人类的伙伴》分获北京市2016年度广播类二类、三类公益广告扶持项目补贴，《中国需要更多的匠人》作品获北京市2016年度电视类公益广告作品扶持项目二类补贴，公司获得北京市2016年度传播机构类公益广告扶持项目三类补贴；完成资料馆《馆藏视频资料抢救》旧版修复工作和《口述历史》项目拍摄；完成北京市东城区《东城资讯》栏目制作；继续承接城市电视视屏工程安装维修和仓储业务。

（北京音像公司）

北京瑞特影音贸易公司概况

北京瑞特影音贸易公司成立于 1993 年 3 月 3 日，是经北京市广播电视局批准并指定的北京地区唯一从事境外卫星电视节目代理业务的机构。负责销售经国家广电总局批准的境外和香港、澳门卫星电视节目及解码器，拥有 HBO、CNN、STAR−MOVIES、AXN、凤凰电影等 32 套亚太 6 号卫星平台上的境外加扰卫星电视节目。

2017 年主要工作：

一、常规业务

2017 年完成所有获得主管行政部门收视许可用户的节目落地，完成率 100%，截至 2017 年底瑞特公司服务用户 544 家；与市广电局及东城区文化执法大队，对位于金宝街的“鄂尔多斯艾力酒店”进行境外卫星接收的专项检查；“鑫海锦江大酒店”和“雅辰悦居酒店”两家违规接收的情况与东城文委及频道商密切沟通，跟进工作；配合市广电局对中关村软件园区、红杉假日酒店等 8 家单位进行卫星电视前端验收等；对“僵尸”用户清理工作继续进行，截至 12 月底已收缴此类用户的服务费约 39 万元；全年共售出解码器 352 台。

二、服务保障

2017 年公司完成“两会”“一带一路”峰会、“十九大”以及外事接待境外卫星电视保障工作。对 90 家酒店进行境外卫星电视保障。与歌华有线工程公司一同维修处理不可控、无图像、无供电等故障摄像头近 5640 余个次；独立完成 IP 抢修 1108 单，室内熔接任务 224 个点。全年共安装显示屏 211 台，拆除故障屏 283 台，维修 1248 单，为用户提供解码器硬件维修服务 33 台次。

“两会”期间，由市广电局、市国家安全局、市文化市场执法总队和瑞特公司等单位成立联合检查组，对北京饭店、北京会议中心等 29 家两会代表驻地接待单位的卫星电视前端机房及相关运行设备进行现场检查，同时加强外星节目安全管理，派工程部技术骨干值守，保障外星节目系统稳定运行。

“一带一路”高峰论坛期间，自收到市局下发的接待单位名单。公司迅速与名单内 39 家用户联系，进行一对一的上门巡检，确认用户的天线接收情况、境外卫星电视节目的详细接收内容；钓鱼台国宾馆、华尔道夫酒店和王府井希尔顿酒店等接待酒店需临时接收 11 套俄罗斯电视频道，公司迅速内外联络，保障正常运行；另外丽晶酒店和王府井希尔顿酒店个别境外电视频道出现接收故障，公司立即进行维护，保障迅速恢复正常运行。

“十九大”会期前，于 9 月陪同市局、市文化执法总队等单位对十九大接待单位进行专项检查。公司准备 40 台备用解码器、通卡 2 张，为十九大会议做好器材与设备保障的准备。十九大保障期过后，“中国职工之家”送来感谢信，对瑞特公司在十九大期间的工作态度和保障效果，给予高度评价。

市局临时交办的卫星保障任务。协助钓鱼台国宾馆接待阿拉伯国王下榻临时接收境外卫星电视节目；协助钓鱼台国宾馆、华尔道夫酒店和王府井希尔顿酒店做好接待俄罗斯总统普京及俄代表团下榻期间的境外卫星电视接收保障工作；协助君悦大酒店做好接待俄罗斯代表团下榻期间的境外卫星电视接收的保障工作。

三、中视业务

2017年中视卫星电视公司进行调整，瑞特公司配合中视进行大量用户数据核对。包括：用户数据更新、用户欠款的核对、频道信息核对、地方服务机构季度工作信息表、盗版违规接收的信息搜集等。

配合中视进行“境外卫星电视地方服务机构季度工作信息”填报工作。此项工作涵盖：用户数据更新、服务机构工作情况汇总、盗版违规接收的信息搜集等。

协助中视做好俄罗斯“喀秋莎”卫星电视频道落地工作及“天映频道”停播相关事宜。

四、境外业务

配合执行NHK频道2017年签约价格上调政策；配合进行DIVA频道对北京五星级酒店的推广；与“亚洲新闻”频道召开业务研讨会；与KBS频道就频道推广及周边产品合作进行交流；与HBO及BBC频道探讨节目落地、节目交流等。

五、拓展业务

为扩大经营范围，针对免费用户提供一户一档，一对一咨询服务和数字改造卫星工程技术等咨询服务。截至2017年12月底已有55家用户签订协议并缴费，共计137万元，累计创利约110万元；为改变酒店现有播放模式，公司拟申请设立酒店电视节目安全播放智能化管理系统，本项目计划实现北京100家重点涉外酒店有线电视前端播出系统数字化改造，并安装酒店电视节目安全播放智能化管理系统，实现对100家重点酒店的电视节目安全播放监管。

六、获奖情况

获得美国探索亚洲有限责任公司北京代表处授予的2017年度“全国最佳经销商”；获得美国索尼影视娱乐（中国）有限公司北京代表处授予的2017年“全国十佳经销商”；获得国家地理亚洲节目商授予的2017年度“全国最佳经销商”；获得卫视体育台节目商授予的2017年度“全国最佳经销商”。

（北京瑞特影音贸易公司）

北京北广传媒数字电视有限公司概况

北京北广传媒数字电视有限公司成立于2003年7月，截至2017年年底，开播付费频道11套，其中覆盖全国的6套，覆盖北京的5套，开办数字音频广播2套，开播开办频道数量在全国数字电视节目运营商中位于前列，节目平台内容涉及教育、影视、娱乐、休闲、房产家居等领域，现已覆盖全国1亿收视人群。

运营《四海钓鱼》《优优宝贝》《新娱乐》《车迷》《环球旅游》和《教育·就业》6个具有全国播出资质的有线数字付费电视频道；运营《京视剧场》《爱家购物》《动感音乐》《弈坛春秋》《置业》5个面向北京地区播出的有线数字付费电视频道；运营《北京之窗》数据服务，以多路视频轮播+图文查询的播出方式，为百姓提供政务公开、公共服务和生活消费服务等实用信息；为北京地区广大数字电视用户提供翔实准确的节目信息服务，通过歌华有线电视网络上载播出的数字电视频道及有线广播节目信息共204套。

2017年主要工作：

一、安全播出

2017 年，公司完成全国“两会”“一带一路”、国际合作高峰论坛、建军 90 周年阅兵，以及中国共产党的第十九次全国人民代表大会期间的安全播出保障任务。

其中，十九大召开前，反复检查播控设备、排查一切安全隐患，加强人员培训，开展应急预案演练。为确保皂君庙地区供电稳定，公司领导多次协调市供电局、北京广播电视台物业服务中心，对皂君庙机房供电实行 24 小时应急保障。十九大期间，技术骨干等 24 小时值守，确保安全播出无事故。

二、战略合作

2017 年 2 月，公司获得国家新闻出版广电总局批准，将《考试在线》频道更名为《教育 · 就业》频道，频道定位调整为素质教育和职业教育频道，打造 24 小时“终身教育与全媒体生态圈”，更加精准锁定用户群体，拓宽频道的经营模式；在积极洽谈《新娱乐》《置业》频道整体合作的同时，利用播出时段资源开展节目合作，播出《中华墨迹》《阳光灿烂花儿朵朵》等栏目，实现播出服务收入。

三、节目制作和线下活动

2017 年，公司中标北京市福利彩票发行中心 2017 年度“公益北京”系列节目制作项目。制作并播出的节目包括：彩民竞技综艺节目《彩票大家玩》第二季（26 期）、福彩资讯节目《彩讯及时通》（100 期）、福彩发行 30 周年专题节目《京彩 30 年》（30 集）、社区文化公益活动《福送万家》（30 场）等，并创意制作福彩双色球派奖广告片；公司与市福利彩票发行中心合作，开展《福送万家》社区文化公益活动，全年共举办 30 场。

四、获奖情况

公司联合北京市医药卫生文化协会，由国内一流医疗专家参与策划，创作推出院前急救系列公益宣传片《现场急救 · 你学得会》。其中《心肺复苏篇》被评为国家新闻出版广电总局 2016 年度广播电视公益广告扶持项目三类作品，北京市新闻出版广电局 2016 年度广播电视公益广告扶持项目一类作品。

（北京北广传媒数字电视有限公司）

北京北广传媒移动电视有限公司概况

北京北广传媒移动电视有限公司成立于 2003 年 8 月，由北京北广传媒集团有限公司、北京电视产业发展集团、北京广播公司、北京歌华有线网络电视股份有限公司和北京歌华投资中心有限公司共同发起组建。2004 年 2 月 14 日国家广电总局正式批复同意集团在公交、地铁、轻轨、出租车等交通工具及其他公共场所试行开办移动电视节目，呼号为：北京移动电视。北京移动电视成为经国家广电总局批准的北京地区唯一一家运营地面移动数字电视的机构。

北京移动电视采用世界先进的数字电视技术，利用北京 DS-48 和 DC-22 单频网发射两套无线数字信号，实现地面数字设备实时接收电视节目。在中央电视塔、京广中心、名人广场、491 发射台、建设了一主三辅 4 个数字发射机站，形成有效覆盖北京市区六环内的数字单频网，日覆盖受众超过 1300 万人次。

2017 年主要工作：

一、安全播出

公司严格按照 ISO9001 安全播出管理

体系加强流程管理，落实监督和检查工作。2017年共实现公交频道安全播出6025小时，城市频道安全播出5295小时，地铁电视频道安全播出6205小时，完成春晚、两会、《还看今朝》特别节目、党的十九大、热门体育赛事、新闻联播延时等各项转播工作共104次，累计转播时长125小时。确保了全国两会、一带一路国际高峰论坛、党的十九大等重要保障期的安全播出。

二、技术服务

中标媒资共享平台和行政村发射站运维两个项目。截至2017年年底，行政村发射站今年累积行驶里程63000多公里，完成全部571个行政村发射站的巡检工作，累计巡检次数达到1169次。转播站运维共完成机房巡检40余次。

三、稳固合作 品牌提升

公司积极探索实施与委办局合作项目化运作，释放潜在经济效益，推动合作水平整体提升。截至2017年年底，共完成29家合作方协议签署。不断优化品牌定位和形象设计，加大宣传推广，加强品牌形象研发创新，策划拍摄制作新春宣传片、“5·28”活动主题公益宣传片、体育文化节宣传片、重阳节宣传片等公益宣传片项目。2017年共制作播出品牌与公益宣传片61条。

四、网络直播

2017年，公司把“网络直播”项目作为独立的栏目组设立，以确保项目组能够不受干扰地全力发展。全年共进行81次直播，总收看人数2019万人次，达到30万参与量的有26期，量突破50万参与量的有2期。其中《解读新交规 撞死碰瓷者咋办》一期参与量达到60万人次。

五、大屏安装

全年为约4000辆车安装32寸显示屏，后续随着老旧设备继续拆除，新屏占比将继续提高，从而提升终端平台整体品质。32寸下屏广告支持手动分组，可将客户广告精确到以线路为单位进行投放。除了保证每日编单正常顺利之外，继续完善了审查工作记录表，做到了上播下播无错漏，分组准确。同时制作了二十四节气图片和节日应景图片。

六、加强企业制度建设与人才培养

组织中层管理人员和业务骨干人员开展年度战略澄清工作会，对公司战略地图及各部门KPI进行梳理与修订，对照结合折子工程，重新修订年度重点工作甘特图，明确并细化工作推进的时点，增强工作开展的计划性，明确绩效考核依据。

坚持各项制度的完善，修订了《考勤管理暂行规定》及《销售人员薪酬及绩效管理办法》；完成《宣传系统媒体紧缺人才、流动人才情况统计》《东城区劳动局企业薪酬调查》及《人才工作典型宣传材料》《百人工程项目推荐材料》等资料的填写和上报。

（北京北广传媒移动电视有限公司）

北京北广传媒影视股份有限公司概况

北京北广传媒影视股份有限公司原名北京北广传媒影视有限公司，成立于2003年12月，2015年6月4日更名为现用名。由北京北广传媒集团有限公司、北京电视产业发展集团、北京歌华有线电视网络股份有限公司、北京人民广播电台和北京歌华投资中心有限公司共同出资组建。

公司拥有丰富的影视策划、制作、营销经验，独特的媒体优势和较强的投资、生产能力。在影视生产中坚持精品战略方针，注重节目质量，精心制作，不断推出影视精品。

2017 年主要工作：

制作完成 38 集电视剧《忘情歌》、40 集电视剧《鼓楼外》，完成 40 集电视剧《复婚前规则》全国地面频道发行工作，另外还有几部旧剧的二、三、四轮发行工作。

参与投资制作的 42 集电视剧《情满四合院》（原名《傻柱》）于 10 月在北京电视台卫视频道播出，取得很好的收视率，平均收视率 1.01，最高达到 1.22，在北京卫视年度排名第三。

项目储备方面，40 集电视剧《明月照边关》的剧本已完成一半的创作任务，预计 2018 年完成剧本创作并进行拍摄。年底受市委宣传部安排，承接电视剧《觉醒年代》的制作任务，为建党 100 周年献礼。

（北京北广传媒影视股份有限公司）

北京北广传媒城市电视有限公司概况

北京北广传媒城市电视有限公司成立于 2004 年 12 月 16 日，是北京市属开发运营电视新媒体的专门机构之一，主要从事楼宇电视和户外大屏电视的经营管理。城市电视作为政府公共信息发布和城市应急预警平台，担负着政府政令、城市信息、城市预警等社会公共信息传播任务。

城市电视作为北京市户外宣传阵地，主营业务为楼宇电视联播网及户外大屏电视联播网。其中楼宇电视平台终端安装数量达 6500 屏；大屏联播网共集合 8 处 8 块 LED 户外大屏，包括中汇大屏、富力大屏、天阶大屏、工美大屏、来福士大屏、春平大屏、望京大屏、丰联大屏。其中望京凯德 Mall 户外大屏为一处全新自建大屏，2017 年 5 月正式亮相播出。

2017 年主要工作：

一、媒体传播

城市电视媒体播出内容主要包括新闻资讯、突发事件播报、时尚娱乐、经济金融、体育人文、时事政策解读、交通信息、天气预报、股市动态等各式公共信息。每天早 7 点至晚 10 点，连续播出 15 小时。在播栏目包括《城市播报》《体育新闻》《实时财经》《中国梦 365 个故事》《非常幽默》《演艺罗盘》《我的工会我的家》《96310 城管纪事》《百姓就业》《光影大视界》《绿动北京》《视知视频》《城市一刻》等。

2017 年城市电视推行内容调整创新。一是引进短视频内容，增加了更多符合城市电视户外媒体定位的播出形式及适合城市电视收视习惯的播出内容，并争取到了可观的栏目合作收益；二是实现楼宇终端 B 屏多栏目整体大幅改版，以更强的视觉冲击力及更加年轻化、更具正能量的主题内容提升栏目可看性与吸引力；三是努力发掘楼宇终端 B 屏栏目商业化潜力，并成功达成与牛栏山、丰台区委宣传部、华夏银行等品牌的合作案例；四是针对城市电视新增竖形屏望京大屏开发多种全新版式，兼具时钟、天气预报、图片、视频、多媒体等播出能力并可自由组合，可适应多种内容表现手段和营销方式，同时利用动图充实望京大屏的公益宣传内容，吸引行人关注，凸显媒体价值。

2017年城市电视在十九大期间对开、闭幕式进行了全网全程直播，各平台十九大相关宣传内容播放时长总计高达1300小时，并制作播出了631套、上千张十九大口号及宣传图片，十九大重点保障时期楼宇、户外大屏双平台保证了绝对主流的宣传效果。在“一带一路”、全国两会期间，也均进行了直播以及口号、政策解读等内容的全网播出。完成“国企开放日”全网大型户外直播及“北京榜样·国企楷模”全网宣传；实现了“一线故事”颁奖及“党员Idol”两项活动的全程转播和外场主持人连线互动；并首次利用现场演播室与户外直播结合的方式对马术大赛世界杯进行全程转播。

二、渠道建设

充分借助首都资源优势，城市电视以打造最具影响力的户外政务信息平台为目标，逐步实现并扩大在北京市各级委办局、政府机关、高档写字楼等重点渠道的媒体布局。已合作的市一级政府机关、委办局共计27家单位，全网政务渠道安装屏数达2535屏。截至2017年年底，楼宇电视联播网政府渠道由2016年年底的全网33%提升至39%。

三、安全播出

城市电视2017年全年安全播出无事故。播出安全作为城市电视一项重要的基础性工作，除做好技术安全保障外，在节目编辑、制作、内容审核等方面绝不放松，切实保障内容安全。尤其是在“一带一路”高峰论坛和党的十九大期间，各大屏及大屏终端机房安排人员每日值守，切实保障重点安全播出。

四、获奖情况

城市电视在第十四届户外传播大会中荣获中国十大市区LED大屏媒体企业、中国市区综合媒体公司20强，旗下天阶大屏获“北京地标媒体”称号；在第二届户外场景营销案例评选中，城市电视举办的“超级月亮慢直播”活动荣获“十大经典案例”及“第二届户外场景营销案例评选全场大奖”；在第17届IAI国际创享节中获“年度广告传播媒体”称号；于第十二届亚洲品牌盛典中荣获“亚洲品牌500强”及“中国品牌最具影响力户外媒体”奖项。公司董事长罗艳红于第七届“北京影响力”中获得“最具影响力的十大企业家”奖项。

（北京北广传媒城市电视有限公司）

北京北广传媒地铁电视有限公司概况

北京北广传媒地铁电视有限公司成立于2007年，是由北京北广传媒移动电视有限公司和北京市地铁运营有限公司共同发起并组建的有限责任公司。公司下设办公室、财务部、技术部、运营管理部、节目部5个部室。公司以强大的交通运营和传媒资源为依托，努力把地铁电视打造成为政府公共信息平台、城市应急预警平台、乘客生活资讯平台和企业广告宣传平台。

地铁电视节目播出时间与地铁运营时间同步，达到18.5小时，主要是通过在北京市地铁运营有限公司目前具有运营权的地铁线路上的列车车厢、站台和站厅内的电视终端上接收、播放节目和广告。地铁电视公司在歌华大厦投资建设了独立的节目播控中心，策划、制作、发布地铁电视节目并独家经营地铁电视广告业务。

2017 年主要工作：

一、节目制作

在《新闻地铁报》中设置专题板块，重点宣传十九大会议精神；增设《砥砺奋进的五年》《喜迎十九大》《十九大特别节目》及《十九大时光》4 档专题节目；全年共播出各类宣传片一、二套节目 54 版，播出时长 22000 分钟；开设《光影大世界》《医学微视频》《京城美食秀》等节目；全年共上载外来节目 819 期，上载总时长 3885 分钟；共审看外来节目 819 期，审看总时长 3885 分钟；共迁移外来节目 819 期；共审看推送节目 618 期，审看总时长 3090 分钟；共审看宣传片 42 期；审看总时长 3255 秒；共更改信号源 1287 个；共提交节目单 429 个；共发现节目、宣传片等错误 27 个；制作集成新闻 196 期；各类集成节目 392 期。

二、提高开机率

对 1、2 号线 41 个车站地铁电视系统进行全线设备清扫四次，所有电视终端进行牢固度检查，确保安全。共维修系统故障 35 站次；对 1、2、13 号线和八通线 4 条线路的电视车载系统维修维护，累计巡视车组 5313 列，巡查总屏数达 227028 块，到车库维修调试 38 次，处理黑屏、蓝屏等故障累计 7000 余块；对地铁八通线、13 号线和 1 号线 31 组列车电视终端及相关配件更换，共计更换 117 组列车的车载电视系统设备（客室电视 4212 台，分屏器、机顶盒各 702 台）。

三、广告经营

制定公司自营广告方案以及代理招商两个方案，运管部签订部分散单广告。

四、安全管理

对于各类外来节目、各种广告审查，实行双岗双审、复检的制度，从而保证节目、广告播出安全。特别是在全国、北京“两会”等重要时间，严格执行节目三级审查制度和负责人值班制度。从而保障 2017 年节目播出、广告上载、施工、交通和消防等都实现安全零事故。

（北京北广传媒地铁电视有限公司）

鼎视传媒股份有限公司概况

鼎视传媒股份有限公司原称鼎视数字电视传媒有限公司，为全国性数字付费电视节目集成运营机构，成立于 2005 年 12 月。2014 年 11 月更名为现用名。鼎视传媒是数字电视内容集成分发运营商，为数字电视内容供应商提供专业的技术服务和营销服务，主营业务包括传输加密业务、付费频道销售业务、电视购物频道发行业务。

2017 年主要工作：

截至 2017 年年底，共集成传输 20 套数字付费电视频道、13 套高标清卫视频道、8 套购物频道、代理发行 5 套购物频道。付费频道销售业务直接签约合作网络公司共计 250 家。累计数字电视用户总数为 14304.92 万户，占全国现有数字电视用户 21000 万户的 68%，电视购物频道发行共计落地 120 个地区，累计机顶盒用户达到 8126 万户。

传输的 28 套数字标清节目有：《教育·就业》《车迷》《优优宝贝》《环球旅游》《新娱乐》《收藏天下》《央广健康》《百姓健康》《四海钓鱼》《证券资讯》《快乐宠物》《电子体育》《休闲指南》《家庭理财》《中国气象》《音像世界》《人

物》《财富天下》《家政》《美食天府》20个数字付费频道。同时，还为《快乐购物》《央广购物》《优购物》《时尚购物》《风尚购物》《家有购物》《家家购物》《环球购物》8个数字电视购物频道提供集成传输及发行服务。传输的13套数字高标清卫视节目有：北京卫视、湖南卫视、金鹰纪实、深圳卫视、广东卫视、黑龙江卫视、山东卫视、湖北卫视、北京纪实高清、辽宁高清、三沙卫视、厦门卫视、福建东南卫视。

（鼎视传媒股份有限公司）

北京北广置业有限公司概况

北京北广置业有限公司成立于2006年12月15日，由北京北广传媒集团有限公司投资组建。公司以开发北京影视城项目，整合北京广播电视台房地产资源，按照集影视制作、文化创新、艺术教育、文化商品交流、影视文化观光等为一体的多元化经营战略进行开发建设。北京影视城项目是北京市的重大文化产业项目，项目一期占地面积930亩，已经建成的项目包括中国电影博物馆、影视节目制作中心。

2017年主要工作：

一、保护影视城

北京影视城土地长期闲置，各种企图侵占土地现象层出不穷，我们加大土地保护力度，2017年未出现新的违建和侵占征地现象。

二、西方城市景区项目

2017年西方城市景区项目主体工程和市政配套工程全面开工，部分房屋开始销售。由于2017年房地产政策的不断收紧和保障重大活动、保障蓝天等要求停工天数倍增，西方城市景区项目整体进展缓慢。

三、农转工工作

公司管理的农转工172人，其中还有42人未退休。2017年筹措农转工的安置费，为未退休的农转工安排工作，对农转工群体进行管理服务等。经过协调和努力，2017年筹措农转工安置费共计470万元，为在职农转工安排了工作。同时，按照北京市有关规定，2017年自筹资金对农转工清洁能源自采暖实行了补贴。

（北京北广置业有限公司）

北京中广传播有限公司概况

北京中广有限公司成立于2009年，2017年公司基本实现从网络运维服务到媒体服务再到文创产品销售转变，建立起内容、技术、载体三位一体发展模式，初步完成“调转升”的任务。

2017年主要工作：

一、多元发展

1. 政务公共融合平台（公共电子阅报栏屏）建设工程。在北京城乡海淀、门头沟、石景山、通州、昌平、顺义、房山等主要街道、公共场所、社区等人流密集地点，融合社会服务、民生信息、医疗健康等多种产业形态核心内容资源，结合国有大型国企的实际需求，设置政务公共融合平台户外传播（公共电子阅报栏屏）综合文化服务智能终端300个机柜，提供实时的精神文化服务和便民服务，将广播电视设施扎根于基层、社区。用“互联网+”思维，打造政务公共融合平台户外传播（公共电子阅报栏屏）工程，贴地飞行，深耕细作社区市场，实现传播精准化，服务个性化，人群分类多样化。初步与国有大型国企及社会公司签署十年合作协议，为北京中广传播有限公司长期发展奠定基础。

2. 实体书店建设工程。香山二十四小时新华书店是由北京中广传播有限公司与北京市新华新华书店连锁有限责任公司采用“联合经营方式”，共同尝试推动首都公共文化服务体系示范区和文化创意产业引领区建设的探索。一是发挥双方国有文化企业的独特优势，统筹协调，探索公共文化空间发展一体化。双方在图书经营上，采用成熟的新华书店连锁经营管理优势，确保十九大系列图书陈列、阅读、销售阵地化、常态化及图书进货渠道经营的正版化，在公共文化空间经营上，创新二十四小时书店盈利机制，同时引进新华时间、艺术品展览、文化活动、融合文创产品销售、电影展映等多种文化形式，努力实现社会效益和经济效益双赢的局面。二是坚持“以人为本”，为“读者服务”。把“香山地区及海淀区第一家二十四小时书店办下去”，这既是读者及香山居民对我们北京中广传播的要求，也是人民日益增长的美好生活需求。让香山居民及来香山的游客享受均等、便捷的文化服务更是北京中广传播肩上的责任。三是双方将继续发挥自身优势，把国有文化企业做大做强做优。下一步继续做好文化创意产品设计、生产、展示及销售环节，坚持集约化发展，努力打造特色产业集群，不断增强国有经济活力，控制力，影响力和控风险能力。

二、贴近生活

开展网络融合和智慧广电业务。公司基于现有网络资源与传统业务，探索无线广播单向网与无线双向交互网的融合并存发展模式，联合国家脑卒中中心、宣武医院、中信数字技术、IBM（中国）等单位，共同建立智慧远程医疗专网，用于脑卒中的预防与治疗。2017年成功中标北京市科委脑卒中急救及移动诊疗项目；公司与铁道影视中心等五家单位，从传播方式整合升级角度出发，构建以高铁出行方式为基础，舆论宣传为主导的晴彩北京高铁电视、《列车生活》杂志专刊、“英雄儿女”冠名列车等系列载体，初步实现了全方位、立体化、多内容的高铁传播平台和载体建设，实现收入256万元。

三、文创探索

按照新时代、新技术、新要求，通过分辨、激活、创新等手段，利用北京文化积淀和人才优势，结合知识产权及版权服务，初步建立起自主知识产权的多品种、多材质的故宫文化传播及跨文化产品展示及销售平台。公司出品的四款《鉴存游艺》系列故宫皇家织绣艺术纸巾，分获四项中国版权保护中心颁发的美术作品类版权作品登记证书。2017年《鉴存游艺》故宫皇家织绣文创产品，受北京市文化创意产业发展服务有限公司邀请，作为北京礼品参加加拿大渥太华150周年“渥太华欢迎世界——北京周”活动。

（北京中广传播有限公司）

北京紫禁城影业有限责任公司概况

北京紫禁城影业有限责任公司成立于1997年，是一家集影视策划、制作、营销为一体的专业影视制作公司。成立20年来，北京紫禁城影业公司的经营业绩一直稳居中国电影生产企业的前列，多部影片票房居当年年度票房冠亚军的地位，总票房超过30个亿，影片还行销到美国、法国、日本、韩国、中国香港、中国台湾等多个国家和地区。

自成立以来，公司共摄制完成影片70余部，电视剧千余集。其中既有《狼图腾》《甲方乙方》《不见不散》《没完没了》《刮痧》《红色恋人》《赤壁》《倩女幽魂》《大海啸之鲨口逃生》《小时代》等商业大片，也有《离开雷锋的日子》《张思德》《生死牛玉儒》《背起爸爸上学》《法官妈妈》《紫日》《香巴拉信使》《山乡书记》《一个人的奥林匹克》《铁人》《第一书记》《杨善洲》《天河》《百团大战》《定军山》等主旋律影片；公司摄制出品的《重案六组》《玉观音》《少年天子》《天下第一楼》《牟氏庄园》《人是铁饭是钢》《李春天的春天》《双城生活》《怪医文三块》《传奇大掌柜》《神机妙算刘伯温》等电视连续剧在中央电视台和各地电视台播出后，均创造了极高的收视率。公司出品的作品，连续获得过“华表奖”“五个一工程奖”“金鸡奖”“百花奖”“金鹰奖”“百合奖”等多个国家级大奖以及开罗、莫斯科、东京、北京等国际电影节的大奖。

2017年主要工作：

2017年公司电影创作情况：足球题材电影《谁是球王》、篮球题材电影《我是马布里》（原名《纽约人在北京》）、京剧电影《定军山》完成全部制作并取得发行许可证；电影《耀邦回乡》剧本报送重大题材办公室审查，根据审查意见将对剧本进行修改后再按程序申报，截至年底，剧本在修改及融资阶段；组织创作的党建题材电影《狱中八条》已完成剧本，并获得总局备案立项公示。该片与中国电影家协会合作，已被中国文联列为2017年的精品工程项目；2018年是毛泽东同志题词“向雷锋同志学习”发表55周年，为此我们组织创作电影《与雷锋有关的日子》，以雷锋班历任班长的事迹为素材，着力突出习总书记“要做雷锋精神的种子”的要求。现已完成剧本创作及主要融资工作，导演吴卫东，电影于2017年11月22日开机，2018年初完成及通过审查；继续推进电影《甲方乙方2》的剧本创作，该剧已基本确定与大地影业等机构合作，目前仍在与各方进行合作洽谈及剧本创作中；描写公安干警历经20年追凶不止的电影《铁幕重案之铁证如山》已获得公安部门同意，取得立项备案公示，并开始初期筹备工作。该片编剧/导演古榕。目前正在与中影股份、万达电影、唐德影视等机构进行合作洽谈，计划于2018年春季开拍。

电视剧创作情况：由公司立项并参与投资的电视剧《王子咖啡店》已取得发行许可证，剧名更改为《高兴遇见你》；描写年轻人在社区工作的情景剧《朝外头条》（暂定名）已完成大纲及部分分集大纲的创作；30集当代都市题材电视连续剧《冰球小子》取得立项备案公示。

（北京紫禁城影业有限责任公司）

朝阳区广播电视新闻中心概况

朝阳区广播电视新闻中心正式成立于2003年6月，是在原北京市朝阳区广播电视局、北京市朝阳区新闻中心、北京朝阳有线电视、朝阳报社、北京市朝阳区有线电视网络中心基础上组建而成。中心隶属于朝阳区委、区政府，是受区委宣传部的直接领导的全额拨款事业单位，主要负责本区的新闻宣传工作和新闻宣传队伍的建设，拥有《朝阳报》、朝阳有线电视和朝阳新闻网三个媒体平台。编制为120人，现有总人数166名，是北京市率先实行全员聘用制的区级广播电视新闻机构。中心下设办公室（保密科）、总编室、人事科、财务科、资料室、新闻科、电视采访科、电视摄像科、电视编辑科、电视技术保障科、报纸采访科、报纸编辑科；下属两个自收自支事业单位，分别是北京朝阳传媒中心和朝阳传媒影视技术服务中心。

中心所属的朝阳有线电视拥有3个电视播出频道：在北京电视台公共频道以每天3个时段、共4.5小时播出（7:30—9:00，12:30—14:00，19:30—21:00）；通过朝阳有线28频道和北京歌华有线电视网络股份有限公司“801朝阳社区频道”6:00—24:00播出。中心所属《朝阳报》周一、周三、周五出报，每期发行5万份。朝阳有线自制电视节目包括《朝阳新闻》《一周新闻综述》《地税你我他》《平安朝阳》《走进朝阳教育》等栏目，同时录制大量不播出由单位保存的视频素材资料。每天在北京公共频道（九频道）分三个时段（7:30—9:00，12:30—2:00，19:30—21:00）播出。朝阳有线独立数字频道（801朝阳社区频道）现已经覆盖到全区70万户。朝阳新闻网（http：//www.chynews.cn）于2009年9月进行改版，网页增加《朝阳报》周刊的数字报内容，日均更新文字新闻20000余字、视频新闻70多分钟的专业新闻网站，年点击量达500万次。

2017年组织策划新闻发布与媒体采访活动180场次，重点聚焦“疏解整治促提升”，在推进非首都功能疏解，加强宜居环境建设，拆违后留白建绿等方面统筹安排、精心策划，组织新闻发布与媒体采访活动共49场次。全年媒体报道与重要网络转载达到3.5万余篇次，《人民日报》、中央电视台、《光明日报》《北京日报》、北京电视台及《北京青年报》《新京报》等媒体对朝阳发展变化给予高度关注和大篇幅报道，多次得到市、区主要领导的批示，在北京市委宣传部关于北京市新闻发布工作评估情况暨十佳单位评选中，在全市16个区、72个部门中脱颖而出，获得“十佳单位”的荣誉称号。

2017年，《朝阳报》推出《砥砺奋进的五年——喜迎党的十九大》《拆违进行时》《疏解攻坚战》等栏目，全年共出刊148期，856版；共刊出《喜迎党的十九大·砥砺奋进的五年》《疏解整治促提升》等主题性系列报道9个，共183版；完成《酒仙桥》《房管》《春雨》《慈善》4份合作报的编辑工作，合计274版。朝阳有线加强自制栏目的策划制作累计时长9760分钟，聚焦社会主义核心价值观的宣传，开播公益性自制栏目，制作并播出生态环境、冬奥会、志愿服务等内容的系列公益广告；围绕朝阳群众、学习宣传贯彻党的十九大精神、消防安全等内容制作系列动漫宣传片共

11 部。还承接制作萧太后河治理、党风廉政建设、朝阳区功能疏解成果、“一绿”试点乡成果展示以及朝阳党史等 20 部专题片、310 分钟的拍摄制作任务。

“两微一端”（“北京朝阳”微信公众号、“朝闻道”微信公众号、“北京朝阳”APP）功能不断完善，线上、线下互动充分，强化各部门之间的协调共享、互助借势，有效形成宣传合力。2017 年，“北京朝阳”政务微信公众号共推送内容 345 条，开展线上、线下活动 34 次，粉丝增长 32000 余名，累计阅读量超 126 万人次，与去年相比推送信息量增长 18%，粉丝增长率达 240%，累计阅读量增长 106%；“朝闻道”全年共推送内容 927 条，阅读量超过 1000 人的内容 448 条，最高阅读量为 46897 人次，全年总阅读量为 218 万人次，与去年同期相比，推送信息量增长 16%，全年总阅读量上升 230%；“北京朝阳”APP 围绕各街乡和部门工作亮点、政策解读、文化活动信息、人物故事等内容共计发布相关报道 2833 篇次，全年阅读量达 148 万人次，单条最高阅读量超 6 万人次，与 2016 年同比，全年阅读量增长 68%，单条阅读量增长 41%。

实现全年无间断监测模式，依据相关信息按月度、季度、年度对媒体舆情进行分析，撰写媒体舆情报告，为政府决策提供信息支持。全年共监测涉及朝阳区的媒体监督性报道 1239 篇次，参与突发事件新闻应急处置与维稳值守共计 137 次，启动专项媒体舆情监测 299 次。 积极推进区属媒体融合，加速推进在内容、渠道、平台、管理等方面的融合发展。形成由高清新闻网制作系统、演播室及户外直播系统、媒资系统、专题制作系统等 11 个子系统构成的一体化媒体融合技术支撑设备系统平台，实现从素材上载到排版播出的一条龙功能。先后与市局、歌华、BTV—新闻频道等对接，完成标清转高清链路切换工作，并对播出内容、频道包装进行升级准备，为 2018 年全面实施高清播出打下基础。

海淀区新闻中心概况

海淀区新闻中心于 2006 年 2 月 28 日成立，在撤销原海淀区广电中心和原《海淀报》社建制的基础上由两个单位合并而成，是区委区政府所属相当正处级全额拨款事业单位。主要职责是利用电视、报纸、网络等媒体宣传党的路线、方针、政策，宣传区委区政府中心工作和全区经济社会发展情况，积极为区委区政府中心工作营造良好的舆论环境。同时，担负着我区农村地区有线电视的管理服务等职责。

海淀有线电视节目自 2003 年 1 月 1 日起，纳入北京电视台公共频道（现 BTV 新闻频道）播出。每天 4.5 小时，首播每晚 19:30 －21:00、重播次日 7:30—9:00，12:30—14:00。《海淀报》是海淀区委、区政府机关报，其前身为《海淀新闻》，创刊于 1992 年 9 月 25 日。1993 年更名为《海淀报》。《城市周刊》由海淀区新闻中心与购物导报合办，于 2007 年 9 月 25 日创刊，彩色印刷，每周二出版，共 16 版 1996 年建设海淀区的光缆有线电视网络，并已发展成多功能的数字化网络。这些年在具备覆盖全海淀区的信息网络的基础上，更致力于综合信息平台的发展。

2017 年完成的主要工作：

电视方面

引进 15 部 207 集纪录片和 1 部动画片、1 部电视剧，以及 2016 年引进的 9 部共 312 集电视剧，节目内容丰富。

做好节目审看和上载。严格执行审片登记制度和电视节目的“三审制度”，对节目的内容以及画面、音量等指标认真把关，保证播出安全和节目质量，做到“零差错”。上半年，总编室共上载审看 22000 多分钟各类节目，外部引进的节目 19700 分钟，合办栏目 2400 分钟。做好节目制作包装。每天制作电视数字频道的节目预告 9 条。上半年共制作节目预告 1600 多条。认真完成上报文字材料的撰写， 做好新闻业务培训工作。

根据市委市政府关注重点、区委区政府中心工作，围绕“喜迎十九大”“疏解整治促提升”“中关村科学城”“环保督查”“无煤化”工作以及为民办实事等方面认真部署、精心策划，实现新闻天天有视点、周周有亮点、月月有重点。今年共完成 365 期《海淀新闻》，新闻 2760 多条。在北京台播发新闻近 200 余条。主要内容涉及以下几个方面：“喜迎十九大”系列报道、“疏解整治促提升”工作报道、“中关村科学城”报道、“环保督查”工作报道、“无煤化”工作报道、弘扬社会主义核心价值观的报道。在重大节日、纪念日分别推出“学习雷锋好榜样”“巾帼风采别样红”“先进引领方向 榜样凝聚力量”“同心共筑强军梦 庆祝建党 90 周年”等专题人物报道，突出优秀典型，弘扬社会主义核心价值观，传播正能量。策划“高温下的劳动者”板块，报道交警、养路队员、环卫工人、供暖工人等不同行业的劳动者，体现他们挥汗如雨的坚守岗位的奉献精神。

全年制作专题栏目 4 档，《创新中关村 · 核心区》49 期，《文明风尚汇》234 期，《红盾时空》16 期，《海淀风物志》23 期。

报纸方面

全年，“一报两刊”共出版报纸 241 期，编辑版面 1552 个，约 700 万字，其中刊发记者稿件 6800 余篇，530 余万字。其中，《海淀报》出版 147 期，编辑版面 588 个；《中关村导刊》出版 45 期，编辑版面 180 个；《都市生活周刊》出版 49 期，编辑版面 784 个。报纸发行稳步增加。围绕中心工作，加大选题策划，精心组织稿件。大力宣传“疏解整治促提升”中心工作，营造良好舆论氛围。聚焦环境治理，打好“环保督察立行立改”宣传攻坚战。聚焦全国文化中心建设，加大国家公共文化服务体系示范区创建宣传。聚焦全区重点工作，落实中关村科学城建设规划，做好选题策划。

网络方面

新媒体部成立于 2014 年，主要负责《海淀网》、《海淀新闻》官方微博、《海淀新闻》微信移动客户端的建设与维护工作，以及后续新闻及信息移动端业务的规划发展。通过开展相关业务，以进一步将电视、报纸、网络三大媒体资源进行整合，为不同层次、为不同群体服务，为海淀区的经济社会发展做出更强有力的舆论宣传。海淀网立足区域性、综合性、枢纽型门户网站定位，坚持“新闻立网 · 互动兴网 · 服务强网”的办网理念，设置了“新闻、服务、互动、生活”四大版块、30 多个频道、近 200 个栏目，是北京区县最大的网络媒体平台。中心门户网站充分发挥新媒体的优势，成为宣传海淀、展示海淀的重要窗口。

融媒体方面

区委深改组将推进区属媒体融合发展确定为 2017 年文化改革的一项重点任务。中心广泛调研，周密筹划，系统学习现代传播规律和新媒体发展规律，全面总结区属媒体面临的挑战和存在的问题，深入走访媒体融合开展较好的人民日报、郑州融媒等单位，并采取多种形式寻求中国人民大学、中国传媒大学等高校的智力支持。经过一年的努力，符合区实际的全媒体新闻报道格局已初步形成。

丰台区广播电视中心概况

北京市丰台区广播电视中心的前身是丰台区广播站，成立于1957年2月，到2001年11月更名为北京市丰台区广播电视中心。

2017年，《丰台新闻》播出298期，1700余条，播出时长4470分钟。制作播出各类栏目100余期（场），其中：《人大在线》《政协视窗》《清风苑》《幸福生活大讲堂》各10期，《全景荟萃》11期，《丰台消防》12期，《法治风景线》13期，《真情零距离》15期，《成长的天空》21期，全程拍摄制作财政局重点工作情况3场。录制完成区委区政府各类重大会议12场次；区委组织部培训6场次；争创文明示范区和疏解整治活动资料片15场次；配合区直机关工委、区文联、区教委拍摄各类文艺演出4场次；"彩色跑""铁人三项赛"和"中国戏曲文化周"等重大活动的录制及直播保障工作，摄制《党建创新·促疏解·疏解整治促提升》《党旗飘扬——丰台区基层党建示范点纪实》《党徽在疏解工作中闪光》3部专题片；组织拍摄《丰台新坐标》风光片，共计约7200分钟。累计录制自办栏目《在身边》96期，《南城人物》62期。户网站推送图文视频信息800余条，浏览量总计20万余次；微信公众号推送图文800余条，阅读量总计67万余次。主要工作如下：

积极推进区委区政府重点工作宣传。围绕着全区重点工作，做好成就宣传、典型宣传、正面宣传，充分展示党和国家事业发展的生动实践和百姓的获得感。围绕疏解整治促提升工作，《丰台新闻》设立专栏"疏解整治促提升"进行连续报道，特别是三季度，专项行动掀起了高潮，《丰台新闻》每天均有相关重点报道。按照区委宣传部的工作部署，开设专栏"砥砺奋进的五年"进行连续报道，展示区在科技、党建等工作中取得的成果，对区各界学习党代会精神和工作落实进行重点报道。《丰台新闻》先后播发"北京市第一环保督察组进驻丰台督察""北京首个移动污染源监管办在新发地挂牌成立"等新闻，多条新闻被《北京新闻》采用。《丰台新闻》先后报道"卢沟桥景区首次推出纪念全民族抗战爆发80周年珍藏版门票""百年宛平城焕发新风采"等新闻。《丰台新闻》在中国戏曲文化周举办前夕就进行相关报道，营造浓厚的氛围。

新媒体做载体，为宣传保障。结合新媒体建设新发展、新需求、新思路，完善和调整融媒体"中央厨房"建设发展思路，积极想办法，逐渐摸索出一套成型的模式，形成独具特色的"瞰丰""知丰""听丰""宜丰""乐丰"等品牌栏目，"听丰"栏目在区域范围内形成一款大众喜欢的节目。充分应用各类平台，我区建设、发展、疏解整治等各项工作进行宣传。参与"中国戏曲文化周直播团队"活动的前期准备与期间协助工作，直播活动历时4天，完成共计约26小时的直播。直播视频同步在丰台广电微信公众号、一直播、花椒直播、映客直播等平台上播出，综合观看量总计185.1万次。积极宣传区内各种文化体育活动，可统计的总阅读（观看量）达14.7万次。完成区委宣传部交办的北京国际铁人三项赛北京台赛事录制、播出协调工作；国际铁人三项赛首次航拍录制协调、资料整理、与北京台及国外媒体对接工作；国际铁人三项赛丰台广电微信公众号赛事直播策划协调工作。

高质量包装各类节目。围绕全区宣传思想文化工作要点和落实首都城市战略定位、推进非首都功能疏解宣传工作，制作完成“纪念全民族抗战爆发80周年”“疏解整治促提升”等反映重点工作的短片、宣传片、新闻专栏包装等21项通过频道公益宣传，大力营造喜迎十九大以及学习宣传贯彻党的十九大精神的良好氛围，围绕“纪念全民族抗战爆发80周年”等重要宣传节点，创作公益广告片9部，频道宣传片17部。完成自办栏目高清改版工作2套，完成《丰台新闻》新开专栏包装12套，专题包装制作5部。

过硬的技术保障确保节目安全播出。实现安全播出无事故，完成各项技术保障。高清制播系统及演播室系统投入运行17个月，技术部门认真完成维护及隐患排查工作系统运行整体平稳。积极推进项目建设申报工作。根据区领导有关指示，结合中心发展需要，完成“记忆丰台”媒体资产管理系统、高清传输、等级保护、新闻制作应急系统、演播室改造等项目的前期调研、方案咨询、设计、申报、评审等工作。启动全媒体运营管理体系建设工作。北京中企睿纳企业管理有限公司为中心提供专项咨询服务，开展以安全播出为核心的全媒体运营管理体系建设工作。对负责区域内的户外大屏、机房、操作区、地下室UPS间进行指定专人定期进行消防、水电等安全巡查，及时排除安全隐患，确保区域内所有设备工作7000多小时安全无事故。

注重意识形态安全管理。成立由党组书记、主任担任组长的意识形态安全领导小组，负责中心意识形态安全工作。根据工作任务，及时传达部署上级有关的要求，党组成员坚持“一岗双责”，一手抓业务，一手抓意识形态安全工作，节目制作部门，在每期节目制播过程中，都要紧紧围绕意识形态安全这个中心，强化意识形态安全意识，贯彻落实中央、市、区有关意识形态工作的指示精神，落实责任制，强化责任追究。中心所有节目制播部门严格落实三级审签制度（编导编辑、部门负责人、分管领导）和责任追究制度，坚持首播必审，重播重审。年度制播工作运行平稳，未出现过意识形态安全问题。

石景山区广播电视中心概况

石景山区广播电视中心，成立于1987年12月，前身为石景山广播电视局，2001年10月更名为石景山区广播电视中心，拥有石景山有线电视媒体平台。作为石景山区委、区政府重要的新闻宣传机构，中心承担全区对内、对外电视宣传任务。

聚焦区域发展重点，发挥新闻宣传职能。2017年以来，中心累计播发《石景山新闻》1449条，在市以上媒体播发新闻240余条；制作播发《记者视线》《百姓诵读》《政协之窗》等13档电视栏目300余期；制作完成《疏解整治促提升工作纪实》等专题片3部，参与完成《致敬城市建设者》等大型主题活动9场。

中心牢牢聚焦“疏解整治促提升”和高端绿色发展等重点工作，大力为区中心发展宣传造势，构筑舆论阵地。做到内宣集中持续、形成声势。在《石景山新闻》开设“展望2017”“深化改革进行时”“走进重点工程”“砥砺奋进的五年”等主题新闻版块，播发相关新闻600余条；《记者视线》栏目策划制作了“疏解整治促提升”专题节目13期，深度解读我区“疏解整治促提升”工作，展现区委区政府的决心和一线参战人员的责任担当；制作播放区委、人大、政府、政协五年工作回顾片和两部《疏解整治促提升专项行动工作纪实》专题片，较好落实了区领导提振信心、鼓舞士气的要求；策划、录制大型主题活动《致敬·点赞——八角街道“疏解整治促提升”暨“百日会战”慰问演出》，在疏解整治攻坚克难最关键的时候，提振了士气。外宣展现亮点、扩大影响。在中央电视台《新闻联播》中播发区居家养老试点工作全面推开相关新闻。在北京电视台《北京新闻》中陆续播发“以疏解成效增强群众获得感”“长安街沿线最后棚户区改造 签约率达到98%”“石景山区确立基本无违法建设目标”“抓住机遇依靠改革转型发展”等160余条重要新闻，为“疏解整治提升”提供了有力的舆论支持。围绕“建高端”的各项工作，在《北京新闻》播发“抓住机遇再接再厉 依靠改革转型发展”等新闻，充分展示区域良好新形象，为推动区经济社会快速发展营造良好的外部舆论环境。

聚焦精神家园建设，传递正能量、引领新风尚。紧紧围绕传承红色基因、建设精神家园和弘扬社会主义核心价值观这条主线，坚持日常宣传与集中宣传相结合、自主制作与引进节目相结合、身边宣教与经典宣教相结合，策划开展电视宣传。相继在《石景山新闻》开设“红色基因、薪火相传”“最美家庭”“点亮青春”等主题板块，宣传报道身边40余位优秀人物典型事迹，讲好石景山故事。为迎接市十二次党代会及建党96周年，制作专题栏目《记者视线》8期，回顾解读近五年来区党建工作，播发有关学习市党代会、区全委会精神的新闻30条。党的十九大召开之际，贯彻落实牛青山书记指示精神——“颂扬历史巨变、喜迎十九大”。全面备战“十九大”宣传报道工作，详细制定宣传报道计划。策划组织和录制播出《致敬城市建设者》《用爱托起生命》等大型主题活动。

积极履行社会责任，不断创新、突破成绩。中心积极开展的公益广告制作播出的做法及成果得到国家和北京市广电局及公益广告研究机构的高度肯定。在全国敬老养老助老公益广告创作评比中，报送的六部公益广告作品有三部获得全国奖项，中心获评全国优秀组织机构三等奖。在北京市广播电视播出机构业务管理培训班上，专门安排石景山广电中心做经验发言。2017年，中心继续把公益广告创作作为宣传社会主义核心价值观和打造电视品牌节目的重要抓手，着力推进公益广告制播工作。硬件方面，中心的高清网络化改造工作在2017年全面完成，彻底解决了原有技术装备瓶颈问题，新设备系统试运行情况良好，播出质量大幅提升，为融媒体发展奠定了技术基础，中心高清化建设引起业界广泛关注。软件方面，随着高清频道的正式开播，中心电视节目制作水平和宣传效果也有极大提高。一批立意高、质量精、社会影响深远的作品，取得了较好的社会反响：专题片《我要去支教》荣获北京市广播影视协会2016年度优秀广播电视节目、荣获市委组织部党员电教片一等奖；专题片《社区党委书记——王学秀》荣获市委组织部党员电教片三等奖；公益广告《社区养老——身边都是老街坊》《孝道》《倾听也是孝》分别荣获全国敬老养老创作评比优秀奖、鼓励奖、市公益广告评比一等奖、三等奖，公益广告《我们安全全家幸福》《安全就在我们身边》在市专项创作评比中获三等奖；自办栏目《百姓诵读》荣获北京市广播影视协会2016年度优秀广播电视节目。

门头沟区广播电视新闻中心概况

2017年，门头沟广播电视新闻中心累计播出电视新闻3924条；《京西时报》共计出报96期560个版面，刊登新闻稿件1000余篇，发表新闻照片310余张；共报送《互联网信息》22期，编写《门头沟今日舆情》159期，《舆情专报》5期，一台一报一网联动，形成了强势宣传。工作情况如下：

围绕中心，突出重点，扎实开展对内宣传。全年围绕着为全区经济社会发展提供思想保障和舆论支撑，围绕区两会、区第十二次党代会报告及政府工作报告解读、重要市区会议精神宣传，开设“两会专题报道”等专栏，发挥宣传工作桥梁和纽带作用，强化舆论引导，凝聚思想共识，做好党和政府的喉舌。不断创新宣传方法和报道方式，发挥一台一报一网区级宣传主阵地和主流媒体作用，围绕着区委区政府重点、中心工作，重点开设“巩固卫生区成果，建设宜居环境”等专栏专版，有力配合全区中心工作。全年在门头沟电视台开设17个专栏、《京西时报》开设专版专栏100余个，在全区营造积极向上的宜居宜业宜游现代化生态新区的良好氛围。十九大召开前期，一台一报一网同时开设“砥砺奋进的五年”专栏，对十八大以来全区经济社会取得的阶段性成就进行了专题报道。围绕着十九大宣传，电视、报纸开设“喜迎十九大”等专栏专版，对全区社会各界收看十九大的盛况、干部群众对十九大报告感想及十九大精神解读等进行及时全面报道。在门头沟政务网开设“聚焦十九大”专题，通过新媒体平台及时转载央级媒体图解文章、微视频等内容，并及时发布门头沟区学习宣传贯彻十九大精神的各类新闻报道，取得了良好的宣传效果。

突出亮点，注重质量，积极拓展外宣渠道。区广电新闻中心继续强化外宣工作，以广电新闻中心成立为契机，整合区级资源，打造外宣亮点，外宣数量取得历史性突破，截止到12月电视共完成外宣207条，《北京普降大雪　京郊雪景美不胜收》等17条新闻在央视播放。《京西时报》在市级新闻媒体发稿60余条，其中，《北京首条磁浮S1线出门试车》《门头沟村民挖出66颗步枪子弹》等新闻稿件在《北京晚报》头版刊发。

强化监管，创新方式，不断提升网络引导能力。强化对网络舆情的日常收集、报送、研判、处置等工作，加强网评引导，有针对性地疏导、引导网上舆论。针对党的十九大重要安全保障期，制定《门头沟区十九大期间网络舆情预警机制及应对预案》，并按照市委宣传部的统一部署，对全区社会敏感问题进行了全面摸底排查，形成《门头沟区党的十九大前社会舆情收集研判工作汇报》，梳理区潜在的舆情风险点和典型个案，提前做好应对措施，在全区营造和谐稳定的正面舆论氛围。通过微信、微博、头条号、企鹅号打造“京西门头沟”官方新媒体品牌，多渠道展示门头沟经济社会建设成果及民生信息。与新华社合作开设“现场云”直播账号，在“门头沟推进低收入帮扶工作暨帮扶网站开通新闻发布会”“永定河文化节”等系列重大活动中，全程通过手机直播现场并与网友互动，用创新的报道模式对外宣传展示门头沟的新形象。

落实制度，强化管理，实现安全播出。完善安全播出体系建设，在全国两会、市十二次党代会，特别是党的十九大重要安全播出保障期，强化安全播出管理工作，提高安全播出防范意识，完善应急预案，增强防范和处置安全突发事件和重大事故的能力。强化播出设施、设备的维护维修，确保设备始终以良好状态运转，实现了全年安全播出无事故。

整合资源，夯实基础，阵地建设得到加强。按照《关于组建北京市门头沟区广播电视新闻中心的通知》文件精神，原北京市门头沟区新闻中心、北京市门头沟区互联网宣传管理工作办公室和北京市门头沟区广播电视中心于2017年5月27日正式合并组建为北京市门头沟区广播电视新闻中心。合并组建工作完成后，区级主要媒体资源得到了进一步整合，宣传合力进一步强化，为广电新闻事业发展打牢了基础。

房山区广播电视中心概况

2017年，全力做好十九大宣传报道和安全保障工作，紧紧围绕宣传贯彻十九大主题主线，策划推出《砥砺奋进的五年》《撸起袖子加油干，以优异成绩喜迎十九大》等一大批广播电视专题栏目，充分展示十八大以来房山区“一区一城”新房山建设的非凡历程和辉煌成就，为迎接党的十九大营造团结和谐、昂扬向上的浓厚氛围。聚焦党建主业，精心设计谋划，做强做亮新闻宣传，推出《凝心聚力话党建》等主旋律标志性作品，深度宣传区基层党建工作创新成果，大力宣传党的主张、反映人民心声、书写时代进步。

高标准确保广播电视播出及网络安全。中心与各部门签订《党的十九大安全工作责任书》，明确职责，责任到人。下大力度全面提升广播电视网络设备安全性能，实施信息等级保护项目。严格选题上报和审批、节目制作审核和播出流程，明确24小时专人值班和领导带班制度。针对各类可能的突发情况，制定相应的应急处置预案，定期组织实操演练，建立起指挥有力、反应灵敏、运转高效的安全播出和应急机制。

聚焦重大宣传任务，担当舆论先锋，营造正面强大主流舆论场。做深重要会议报道，引领正确舆论导向。对市十二次党代会、区第八次党代会、区人大、政协会议、区委八届五次全会等重要会议，采取会前、会中、会后分阶段持续报道，以全景式报道、大板块编排、多手段互动、深层次挖掘等方式，全面、准确、及时呈现大会盛况，营造全民关注、全民参与、全民互动的热烈氛围，有效搭建政府与百姓沟通的桥梁。做实重点工作报道，凝聚发展正能量。紧紧围绕疏解非首都功能、全国文化中心建设、美丽乡村建设等各项工作，坚持“团结稳定鼓劲、正面宣传为主”的方针，开设专题栏目，从不同角度展现我区转型发展新亮点和良好态势，确保中央、市区精神在房山落地生根。做新重大主题报道，提升房山知名度。整合电视、广播、网络及新媒体资源，对建党96周年、建军90周年、长走大会、五一国际劳动节、五四青年节、最美家庭评选等重大主题、活动宣传报道任务进行全媒体联动报道，形成强大宣传声势，全力塑造房山形象，提升房山知名度和美誉度。弘扬社会主义核心价值观，奏响时代主旋律。担负媒体社会责任，聚焦典型人物和先进事迹，小切口大主题，大力宣传助人为乐、爱岗敬业、孝老敬亲、见义勇为等社会主义核心价值观，不断激发全社会团结奋进的强大力量。加大对公益广告和公益宣传片的制作播出力度，多部公益短片紧扣时代脉搏，主题鲜明，有力引领社会思潮，在传播公益思想、宣传党的路线方针政策、普及大众科学知识、传播当代主流价值、弘扬优秀传统文化、传递社会正能量等方面发挥重要作用，奏响了时代主旋律。

找准定位，坚持品牌创建，讲好房山故事。开拓创新，推出符合房山发展实际的精品栏目。随着京津冀协同发展上升为国家战略，京津冀三地正携起手来，通过发展文创产业实现优势互补，进一步拉伸产业链条。为适应形势，加大区文化创意产业宣传报道力度，提升三地文创产业协同发展质量。中心专门策划推出新栏目《创意房山》，栏目紧扣“绿色文化产业创新示范区”定位，展示房山区文化创意产业地域特色。推出质量高、影响大、反响好的精品节目。创作出具有强大价值引导力、文化凝聚力、精神推动力而又深受人民群众喜爱的精品节目。《窦店村：“红”包年年有　今年又“厚”了》《小清河上的“漂流族”》《京绣匠心代代传承》等节目、公益广告荣获国家、市级奖项，《房山新闻》栏目推出的《安全视界》专栏荣获“2016年北京市安全生产月活动”优秀新闻报道奖。通过加强精品栏目、精品节目创作力度，不断提升广电品牌影响力，使房山故事更生动，房山声音更响亮。

稳中求进，不断深化改革创新，推动广电事业产业转型升级。加快融合转型，彰显新型主流媒体影响力。进一步加大媒体融合力度，推动传统媒体与新媒体实现资源共享，房山人民广播电台将房山广电传媒微信公众号资源重新置配，专门开设《节气播报》专栏，使全媒体报道，成为宣传传统文化的有力手段。同时，中心在重要会议、重大活动、重要节点上实现了全媒体联动报道，形成了强大宣传声势。加快产业转型，提高新型主流媒体竞争力。面对中国传媒行业的深刻变革，中心积极应对、主动作为，构建“广电+”深度融合战略，结合自身地域优势和广电媒体优势，用广电+各行各业的思维，实现产业新发展。加快技术转型，强化新型主流媒体保障力。中心不断加强对广播、电视、网络安全的监管力度，细化完善安全播出管理制度和应急预案制度，升级硬件系统水平，全面实施高清化改造项目和信息等级保护项目，以最好的工作状态、最严的工作标准、最规范的工作流程，确保了市十二次党代会、区“两会”、区委全会、“一带一路”国际高峰论坛以及各节日期间广播电视网络的安全优质播出，并确保达到广播电视中心安全播出三级保障要求。

强化党建引领，推进各项工作再上新台阶。房山区广播电视中心各项宣传工作任务以及品牌创建、媒体融合、产业经营、技术、行政、后勤保障、群团组织等都得到了新的发展。今年，中心荣获“首都文明单位标兵”“首都城市环境建设样板单位”“北京广告产业发展30周年杰出贡献单位”，时政要闻部荣获房山区2016年度“青年文明号”等荣誉称号。

大兴区广播电视中心概况

北京市大兴区广播电视中心是大兴区重要的新闻宣传机构，成立于2001年10月。其前身是大兴区广播站、大兴县人民政府广播科、大兴县广播电视局；现拥有大兴人民广播电台、大兴电视台、中华兴网、微信公众号《大兴新闻》《这里是大兴》和《大兴人民广播电台FM986》，主要负责本区的广播电视宣传工作，电视节目纳入北京电视台公共频道播出。

2017年，在宣传业务方面：严格落实意识形态主体责任。高度重视意识形态工作，主动肩负起意识形态工作的主体责任，毫不动摇坚守宣传主阵地，意识形态工作与具体业务一同部署、一同落实、一同检查、一同考核，并构建大传播监管格局，确保传播内容安全，导向正确。保证工作机制良性运行。在宣传报道数量、选题角度、质量上下功夫，全年共完成各类新闻报道1694条约4840分钟，比2016年增量5%；新闻专题涉及包装动画43部，策划并制作完成了高清环境公益广告，并在大兴区域媒体内连续滚动播出；《大兴新闻》微信公众号共推送文章706篇；大兴人民广播电台（FM 98.6）播出总时长约6380多小时。围绕中心引导舆论。突出中心工作宣传，围绕新机场建设、五项重点基础工作等推出了专题系列报道30余个，播出新闻700余条。栏目品牌更加响亮。《这里是大兴》微信公众号全年共发送213期；《爱我新区大讲堂》共策划制作完成节目10期；《10分关注》全年共播出节目44期；录制《话说南海子》栏目20期。

在创新机制方面：充分发挥“中央厨房”作用。首次启动走基层座谈会机制，全年共深入全区30多家单位进行走访座谈，共撰写各类宣传方案、总结60多篇，共策划系列报道十余个。主动联系上级媒体，畅通新闻上报机制，实现了新闻在中央台和北京台的不间断播出，反映了大兴人文风貌。全年上级媒体采用播发新闻45条，总时长约100分钟。加大手段创新。丰富文章内容，增加可看性和实用性，充分利用新媒体，扩大宣传范围与影响。微信公众号全年共推送700多篇文章，并开通《今日头条》头条号，总阅读量达219余万人次。节目创新方面，电台、电视台先后开播了《环保面对面》《新区健康行》《小记者大世界》《不忘初心砥砺奋进迎接十九大》《疏解整治促提升专题报道》《我身边的大兴工匠系列报道》等十余个专题栏目、系列报道，不断拓展节目的传播度和影响力，效果显著。

通州区广播电视中心概况

2017年，通州电台共播出6370小时，电视综合频道共播出3075小时，公共频道共播出1638小时，文艺频道共播出3276小时。

2017年《通州新闻》栏目围绕全区重点

工作及十九大召开不同阶段的宣传重点要求，先后开设《喜迎十九大》《以习近平新时代中国特色社会主义思想为指引，进一步在京华大地形成生动实践，更加奋发有为推动首都发展》四个专栏，播出系列报道125篇。围绕习近平总书记视察北京城市副中心讲话精神和区委区政府中心工作，《通州新闻》持续关注不同阶段的全市重点工作，开辟“撸起袖子加油干”“疏解整治促提升”专栏，从通州区重点工程建设、医疗教育资源建设、生态环境建设、道路交通建设、文化示范区创建等方面进行42期连续报道。围绕全国文明城区创建、通州“两会”、环境保护督察、中高考、安全隐患大清理大排查等社会热点问题深入采访报道，2017年，中央电视台、北京电视台共采纳通州新闻报送稿件百余条。

通州电台、电视台、大运通州网关注运河非物质文化遗传和工匠精神的传承与发扬，2017年开设了“我们身边的非物质文化遗产”等系列报道。《通州记忆》系列选题围绕通州历史文化、非物质文化遗产开展报道，讲通州故事，着重突出通州味儿，播出了《小楼不小》《花丝情缘》《宋庄映像》《红楼张湾》《蒲柳人家》《喊声运河》《咯吱声声》等12期节目。《小强听·说》栏目广邀各方嘉宾走进演播室更系统完整地呈现对通州历史、文化以及副中心建设及创城的深度见解。

2017年全年共播出《情暖2017》《文明通州》等17档、312期专题节目。同时，完成了《农村帮扶工作汇报片》《市政城乡环境整治系列汇报片》《蔡奇书记通州视察汇报片》等临时专题节目等，共计20部，累计262分钟。2017年通州区广电中心参与策划录制了《2017年新春团拜会》《2017玉桥网络春晚》《京津冀票友大联欢》《元宵节戏曲晚会》《通州榜样评选颁奖》《志愿者启动仪式》《清明诗会》《诵读经典通州书香启动活动》《德耀通州百姓宣讲比赛》《创城百姓宣讲》《曾书记讲党课》等通州区大型活动18场。为组织部、宣传部、政法委、文委、政府外事办等录制学习培训和考察活动。2017年累计完成约150小时的视频录制。视频成品为35.5小时。

2017年，通州广播电台正式以“北京城市副中心广播”对外广播。突破性地增加了话题类直播节目，并建立了直播交流微信公众号，培育听众群。按照副中心建设的要求，中心积极与北京人民广播电台对接，启动了共同合办北京城市副中心广播工作并完成前期调研、方案制定、协议拟定、技术改造等工作，合作方案已经过区长办公会研究通过，2018年将正式启动合作。

中心与通州区各相关单位联合策划拍摄完成公益广告片12部，组织第三届“讲文明树新风”公益广告征集评比活动，评选出优秀公益广告文案15部，优秀公益广告入围奖32部。连续第三年被北京市新闻出版广电局授予“北京市广播电视公益广告专项扶持项目一类传播机构”。

2017年，中心逐步完善播音员主持人岗位准入制度，鼓励播音员主持人进行专业业务进修，安排在岗播音员主持人分期分批参加专业培训，提高综合业务水平，重视引进和培养复合型播音主持人才。配备专业的主持人化妆师、灯光师、音响师、专业服装，全面提高播音主持水平。

大运通州网帮助通州区各部门及单位在移动端的宣传效果不断提升，策划推出“大运通州”移动客户端并进入系统测试阶段。网站微信粉丝已突破12万人，“最通州”等公众号也已经超过8万粉丝，公众号群共参与了2600余次的新闻报道，累计浏览量已突破300万次，已成为众多网友关注副中心发展，了解城市副中心建设进程、政策动态的主要媒体平台。

顺义区广播电视中心概况

顺义广电中心成立于2002年，为全额拨款正处级事业单位。下辖顺义电视台、顺义人民广播电台、《顺义时讯》报社三家媒体，拥有电视、广播、报纸、顺广传媒综合媒体平台四种媒体形式。目前，中心在职员工共计170余人。

顺义电视台于1994年9月2日正式开播。目前开办有《顺义新闻》《转型升级 接力发展》《健康有约》《情暖顺义》《师说日》等新闻、专题栏目。

顺义人民广播电台成立于1998年1月20日，目前全天播出17小时，开办有《顺义新闻》《越来越动听》《大家帮助大家》等栏目，其中包括5档直播节目，每日直播时间8个小时。

《顺义时讯》报社2007年5月10日创刊。每周二、周四出刊，是一份集机关报与都市报风格于一体，拥有鲜明地域特色的报纸。该报全彩印刷，目前发行超过3万份。

2015年1月1日，顺广传媒综合媒体平台正式上线运营，目前拥有20万余“粉丝”。通过顺广传媒网站和微信公众平台可以收看顺义电视台节目、收听电台广播、阅读《顺义时讯》的内容，该平台进一步实现了媒体融合。平台自试运行以来，对区两会、道德模范颁奖、电台听众节等大型活动进行了网络图文直播。2017年，主要完成以下工作：

一、加强新闻宣传工作，确保意识形态安全

节目内容从选题确定到节目播出，层层把关，内容多轮审核，重大主题宣传、重大的新闻事件，由中心主任亲自把关，同时报区委宣传部审核优质高效完成全年宣传报道任务，同时通过多种形式的文艺节目、活动，弘扬主旋律，唱响正能量，卓有成效地反映了五年来区各方面建设取得的新成就，区域主流媒体作用明显。充分展现区十八大以来的经济社会的发展成就，会前开设“砥砺奋进的五年”“喜迎十九大，述说新变化”“喜迎十九大·百姓寄语”专栏，推出专版、专题，进行系列专题报道。

围绕“疏整促”开展深入系统报道，展现城市新面貌。全区打响“疏解整治促提升”攻坚战。开设专栏、专版，积极配合顺义区开展的“疏整促”12项专项行动和大气污染治理行动。播出相关新闻500余期、近200篇，以“疏解整治促提升，文明城市我先行”主题实践活动倡议为主要内容录制整点公益报时。服务区域各职能部门制作“疏整促”总结片近十部，《疏解整治促提升相关法律法规公益动漫短片》十余部。

围绕环保工作开展宣传，展现青山绿水新面貌。开设栏目和专版播出河长制等环保相关新闻300余期、近200篇，专题报道5部。电视台、电台环保公益广告、动画片贯穿全年每日6次持续播出。新媒体和电视及时发布天气、空气质量情况，全年电台《大家帮助大家》节目与顺义区环保局合作在直播连线中播出的《空气质量播报》，引导公众做好空气重污染期间的健康防护。围绕安全生产开展宣传，展现曝光倒逼整改的作用。开设专栏、专版、专题、新媒体推送，整合

多部门编辑记者对14组区领导带队进行的安全检查组进行现场报道。制作播出相关报道近500余条，策划播出7集专题系列报道《安全隐患大排查大清理大整治：我们在行动》，制作播出《安全生产》系列专题报道3集。围绕食品安全示范区的创建，中心制定全媒体《食品安全示范区创建宣传报道方案》、各媒体开设《共建食品安全示范区》栏目进行相关新闻报道500余条，推出“守望食品安全的蓝天”三集专题报道，开播《每周食品药品安全播报》《共建食品安全示范区》栏目，近20期。提早介入，较早发声，为创建工作营造了良好的氛围。之后又制作《顺义区争创食品安全示范卫生区总结片》。

围绕“大党建”，绩效考评工作开展宣传，展现党建工作的引领作用。形成全媒体“顺义党建”品牌主题宣传报道方案，开设《顺义党建》《党建之声》、“顺义党员”等专栏、专版，报道顺义区各级党组织和党员在“疏解整治促提升”、棚户区改造、大气污染治理、安全生产等各项重点工作中，充分发挥党组织战斗堡垒作用和党员先锋模范作用，实现重点任务在哪里，党建阵地就延伸到哪里，让党的建设和重点工作同频共振，双促双赢。相关报道近百篇，制作播出《绩效考核说明片》《区“梧桐工程”》《顺义区区级换届选举》等总结片、宣传片近30部。中心对于区纪检监察部门召开的重要会议、开展的相关活动，以及区党风廉政建设工作的新做法和新成效作为宣传重点，进行广泛宣传。顺广传媒微信平台作为区内具有影响力的微信公众号，对于电视台、电台、时讯报社播出刊登的党风廉政建设类新闻做到第一时间转载。共播出相关报道百余篇，制作《顺义区纪检监察体制改革》《顺义区述职述廉工作》《2016年顺义区纪委》总结片。

围绕民生开展宣传。对“村（居）规民约”“减煤换煤”“煤改电”“智慧交通”“住房保障”“医改”就医等重点工作做全方位、立体化的系列报道，及时解读政策、工程进度，有效发布相关信息、积极解决办法、鼓励百姓出谋划策。围绕宣传片制作开展宣传，展现专项工作新成就。保质保量完成《顺义区区级换届工作选举》《顺义区疏解整治促提升一季度》《顺义脊梁（七）》《让社会主义核心价值观在顺义落地生根》《历届啤酒节回顾》、民政局八型社区、2016年老干部工作等总结片、宣传片共30余部，完成三八妇女节宣传片、文明祭扫 绿色清明、疏整促专项行动动画视频等15部微视频。2017年完成各类总结片、宣传片近50部，近两年来完成《行进顺义》等百余部。圆满完成2017年新春团拜会、第三届少儿才艺大赛和第五届听众节等10余项活动。

二、以“大党建”为抓手，确保党风廉政安全

扎实开展各项党建工作，按照相关规定完成支部换届、党员入党等，顺利完成党建工作绩效考核工作并取得排名47名的成绩。扎实落实党风廉政责任制，将党建工作与党风廉政工作进行量化与业务考核同部署同考核。并针对岗位的不同特点，制定个性化党风廉政责任书并层层签订。严格执行“三重一大”制度，进一步完善制度，强化内控管理工作，业务流程进一步精细，合同等审核更加严格规范。

守住底线红线，注重队伍建设。1. 注重教育培训引导。一是发挥“广电大讲堂”活动的教育引领作用。二是加强专业化队伍建设。三是实施“一带一”培养机制。2. 完善机制，优化队伍结构。一是完善绩效考核体系，强化部门主任的考核力度。二是完善激励机制，提供发展平台。突破发展瓶颈，打破编制限制与局限，制定《编辑记者岗位及工资

晋升的意见》，为中心体制内、体制外员工拓宽一条上升渠道。为激励员工工作积极性，制定《社聘人员年度绩效考核管理办法》。

三、加快推进技术升级改造，确保播出安全

提高硬件安全系数。电视台高清改造基本完成、电台数字化网络化改造工程完工。高清转播车、广播直播车及移动媒体平台云直播车接车、调试工作有序进行，标志着中心采编播存设备的更新换代工作硬件部门基本完成，直播车的引进标志着新闻采写回传速度的一个质的飞跃，硬件设备的升级为安全播出提供有效的保障。

强化安全意识，确保生产安全。中心党组高度重视安全生产工作。年初与各科室签订《安全生产工作责任书》，并将此项工作纳入年终绩效考核；加大安全培训力度，利用安全讲座、方案演练等形式不断提高员工安全意识和防范能力；强化安保责任，完善安保制度，加大安全巡查。全年，中心无安全和消防隐患，无伤亡和交通事故，无群体性上访事件，无非法宗教活动，生产安全率达 100%。

转变创收思路，确保事业发展基础。2017 年，面对竞争激烈的市场及机制体制改革的影响，创收形势异常艰难，中心创收团队及时转变思路，实施“全面市场驱动”策略，发挥全媒体优势，树立全员协同作战意识，共同创收理念，通过宣传服务不断提高服务品质，赢得良好口碑。

平谷区广播电视中心概况

2017 年，平谷区广播电视中心围绕习总书记提出的高举旗帜、引领导向、围绕中心、服务大局、鼓舞士气、成风化人、凝心聚力的宣传总方针，积极打造“服务型、活力型、和谐型”三型广电，唱响平谷主旋律，传播平谷好声音。

一、围绕全区中心工作，提升新闻整体水平

2017 年《平谷新闻》除完成平谷区常规性宣传活动推介及重要节点宣传外，围绕区委区政府中心工作，新增 11 个子栏目。围绕生态立区，设置两个子栏目，《聚焦四治一保建设生态文明》和《环境美曝光台》，《聚焦四治一保建设生态文明》及时呈现平谷区生态工作动态；《环境美曝光台》不定期对环境整治、水气土治理、畜禽养殖反面典型进行曝光，已曝光 100 期；二是围绕告别不文明行为，设置了《社会广角》栏目，从 2017 年 4 月份开始日播出，每周一个主题，对随地吐痰、乱扔垃圾、乱扔烟头、乱堆乱放、不文明养犬、乱贴乱画小广告、店外经营、闯红灯、乱停车等十五个系列不文明陋习进行了持续曝光；围绕“勇于担当”主题实践活动，开设了《干部担当·党员先锋》专栏；围绕社会主义核心价值观，开设了《平谷榜样》专栏，对各行业先进人物进行弘扬。此栏目得到市局宣传处表扬；围绕平谷历史文化底蕴和打造书法之乡，设立《文化园地》和《书法之乡》专栏；设立《百姓话筒》专栏，让百姓发声进行舆论引导，截至目前共播出 142 期；设立《民生零距离》专栏，深入报道区政府折子工程、为民办实事工程，展示各镇乡村环境整治前后的巨大变化和百姓享受宜居环境感受。每周播出两期；围绕十九大开设三个专栏，1.《砥砺奋进的五年》专栏，呈现党的十八大以来全区经济社会发展取得的巨大变化，每周三期；2.《时政直通车》栏目，每天关注人民日报、北京日报头版头条、大事要事，聚焦学习、传达、贯彻习总书记、市委书记蔡奇等重要会议讲话精神，对标对表，目前已播出10期；3.《喜迎十九大》专栏，动态报道全区各界干部群众对十九大的热烈期盼，以及将期盼化为行动的豪情与决心，为十九大召开凝心聚力，每周播出两期。

二、围绕节目创优，扩大专题节目影响

对15分钟的专题节目进行全新改版，设立五大专题专栏。《警法在线》叙述发生在百姓身边的警法故事，开展普法教育；《美丽平谷》反映区政府在生态建设、历史文化等方面的成就和底蕴；《百姓身边》贴近民生、走进基层，讲述百姓自己的故事；《热点进行时》跟踪报道平谷区重点工程、重大项目、中心工作；《快乐宝贝》是一档儿童真人展示节目。2017年广电中心制作全区“双安双打”“煤改气”“十九大安保”“水环境整治拉练”“城乡系列访谈”“平谷榜样”等专题片20部，全场录制书记区长讲党课、第一届休闲大会、中心理论组学习等实况录像40场。

电台升级改版，接“天线”，接“地气”。除了原有的15分钟《平谷新闻广播》外，新开设了25分钟的《嗨 平谷》新栏目，内设“老柴说平谷”“平谷人物”“老乡讲故事”“平谷名片”“服务百科”“平安平谷”6个子栏目。目前《嗨 平谷》已制作播出100期，本着把平谷声音传入北京，把城市文明引入平谷原则，实现了广播电台节目本土化、专业化、精细化的华丽转身。

加强外宣力度，展示区域良好形象。与上级台主动沟通对接，2017年在北京电视台等市级以上媒体发稿122条，其中中央电视台发稿6条。如：《北京：北部地区迎来降雪降温》《北京：较强冷空气影响北部和东部降雪》《接地气　精神入人心》。其中航拍的《金海湖红叶进入最佳观赏期》在央视新闻频道、央视中文国际频道、央视财经频道《新闻直播间》《中国新闻》《第一时间》《午夜新闻》等栏目播出9次。

加强建章立制，保障安全播出严格落实“党政同责、一岗双责”制度，制定《广电中心“党政同责、一岗双责”暂行规定》，坚决实行分管业务必管安全生产。制定安全播出、技术保障、交通、用电、消防、食品安全等相关制度、方案以及应急预案，把严明铁律建立在各个岗位、各个时期，用制度管人管权管事。层层签订责任书。重大活动、重要节日、非常时期签订承诺书，积极构建一级抓一级、一级带一级、一级促一级的格局，让人人肩上有任务、个个心中有压力。实行通报制度。后勤科、政工科、办公室每月进行消防、安保、卫生、纪律的抽查，并将抽查结果在大屏幕进行排名通报。发挥媒体作用，在电视台、电台分别开设《平安平谷》专栏，制作播出《双安双打》专题片，全年共播出安全生产类新闻100多条。

怀柔区广播电视中心概况

北京市怀柔区广播电视中心成立于2001年9月。前身是怀柔县广播站、怀柔人民政府广播科、怀柔县广播电视局、怀柔县广播电视中心。拥有怀柔人民广播电台和怀柔电视台媒体。电视台有两个频道。其中，怀柔一频道（HRTV1）为自办节目，每天播出 18 小时；怀柔二频道（HRTV2）节目纳入北京电视台新闻频道播出，每晚首播 1.5 小时，次日重播两次。电台（FM101.3MHz）每天播出 14.57 小时。2017 年主要工作：

一、宣传工作

完成“一带一路”国际合作高峰论坛宣传报道。《怀柔新闻》先后推出《“大国之翼”一带一路国际合作高峰论坛》《携手绘就共同发展的美好画卷——解读习近平主席“一带一路”国际合作高峰论坛开幕式主旨演讲》等专栏，围绕各部门保障国际高峰论坛采取的具体措施、所做的各项推进工作、取得的成效和经验等进行了报道。制作《怀柔欢迎你》公益宣传片，积极引导全区市民正确理解、积极参与支持全区重点工作、重要活动。自 3 月份起，每天怀柔新闻时长由 15 分钟延长至 20 分钟，围绕区阶段性重点工作先后播报了新闻近百条。

全力抓好重点报道内容。策划推出《提升环境品质·建设美丽怀柔》《疏解整治促提升》等专栏，围绕绿化美化景观提升、夜景灯光照明、打非拆违、开墙打洞治理、养殖小区腾退、水流域综合治理等关注热点，全方位、多角度反映怀柔城市环境的显著变化。围绕怀柔科学城建设取得的新进展，开设《聚焦怀柔科学城》等专栏，加大“怀柔科学城建设全面加速推进”“科技航母”起航怀柔、怀柔科学城五大交叉研究平台全部开工等重要工作的报道力度，大力宣传怀柔区落实总书记讲话精神，服务首都核心功能、汇聚绿色创新实力等方面的行动和成效。精心组织我区医药分开综合试点改革新闻报道，重点报道全区医疗机构方便市民就医等方面的新举措，配合区内职能部门，持续加强医改新闻信息发布和政策解读。开办《学习贯彻第十二次党代会》《撸起袖子加油干，来自重点工程的报道》专栏，重点围绕区功能区打造、产业结构调整，适应新常态，全力推进雁栖生态示范区、经济开发区、影视产业示范区建设，增强区域发展动力取得的成效。围绕“文明润心、创城惠民”主旨，开办《我们的节日》专栏，大力弘扬中华优秀传统文化，发挥传统节日的思想熏陶和文化教育普及功能，积极培育和践行社会主义核心价值观。努力办好《精准扶贫话民生》节目，关注民情、民生热点、聚焦区精准扶贫工作。围绕“喜迎党的十九大胜利召开”为主线，完成 30 集系列报道“砥砺奋进的五年”成就宣传，充分展示全区十八大以来改革开放和现代化建设的巨大成就。圆满完成春节、敛巧饭、邻里节、北京怀柔国际徒步大赛等活动赛事的宣传工作。

进一步加强对外宣传工作。紧紧抓住“一带一路”国际合作高峰论坛服务保障、怀柔科学城建设、北京国际电影节、中国电影华表奖等重大活动，结合全区在适应新常态、疏解非首都功能等方面的举措成效，充分依托市级以上优势宣传资源，积极加强与区内外媒体对接，争取市级以上新闻媒体的支持。一方面围绕加大环境整治、景观布置提升、会议服务保障、市民参与氛围营造等阶段性重点工作，另一方面结合全区在适应新常态、疏解非首都功能、京津冀协同发展等方面的举措成效，深挖新闻点，合力讲好怀柔故事、传播怀柔声音。2017 年，《美丽怀柔进入一带一路时间》《砥砺奋进的五年：怀柔国际会都、扬帆起航》《电影嘉年华 20 多个特色项目迎市民》等 180 余条外宣资讯在《北京新闻》《特别关注》《北京您早》等栏目中播出。

进一步加强节目内容整合。加强宣传指

导和管理，加强节目监听监看审查把关。健全节目质量评估体系，实行节目抽评制度，努力提升节目质量。积极适应分众化、个性化的收听收视需求，加强题材策划，传统媒体与新兴媒体各展所长。加大时政版块头条新闻的报道力度，增加民生新闻和服务类节目的比重，让新闻报道贴近实际、贴近生活、贴近群众，不断将《怀柔新闻》做精做优做强。继续加大电台节目整合创新力度，推出新闻节目《恋上怀柔》。秉承弘扬法治精神的主旨，开办法制节目《法治你我他》，力求更为广泛地传播法治观念。办好生活服务类节目《饭点说吃》《悦读时间》等20多个专题节目，努力为不同层次的受众提供多类型生活服务、时尚娱乐广播节目。大力进行公益广告展播活动，强化与区内职能部门合作，开展公益广告宣传，弘扬社会主义主流价值观念。2017年，认真组织参与全市优秀广播电视节目评选工作，两台共上报2016年优秀作品7件，其中6件获奖，广播2件、电视3件。电视播音主持1件。其中两件获北京新闻奖。

二、事业建设

加速推进重点项目建设。完成高清数字化电视发射机及附属系统的方案研究及预算编制等一系列工作。投资297万元，完成高演播室信号传输及后续六讯道拓展项目。完成往担子山发射台传输的备路由（微波）在建项目是按照节目制播发射技术系统安全和网络安全要求，投资205万元，完成高清全台网网络安全等级保护项目。完成高清全台网设备维修维护，包括：红楼到歌华的光缆备份链路、市局媒资结点至高清全台网的互联、全台网的检测验收等工作，实现技术维护、安全播出智能化管理，提高安全播出保障等级。

推动传统媒体和新媒体深度融合，加强新媒体人员委托培训，利用高清全台网、演播厅、新媒体平台，全面提升节目的互动性和群众的参与度，加紧策划开发群众喜闻乐见的节目形式，努力打造我区最具影响力综合移动互联应用平台。

完善安全播出管理体系。严格按照《广播电视安全播出管理规定》及实施细则要求，制定适合融合发展的安全播出管理办法。加强对新建扩建系统试播管理，定期开展安全播出应急演练。健全安全播出管理制度，以解决管理中存在的突出问题为重要着力点，加强形势研判和风险预判。2017年，制作发布各类提示服务信息预警信息150天次，累计播出约40000条次，电视安全播出6000小时，电台安全播出约5000小时，较好地完成“一带一路”、全国两会、党的十九大、国庆、国际电影节等各项安全播出工作。继续做好“村村响”农村有线广播联网后续工程，继续做好广播电视“村村通”和小调频维护维修等工作，让人民群众及时收听收看到广播电视节目。

昌平区传媒中心概况

2017年，昌平区传媒中心紧紧围绕全区工作大局，按照区委区政府和《昌平区2017年宣传思想文化工作要点》的要求，落实意识形态责任制，坚守舆论阵地、推进媒体改革、聚焦中心工作、突出民生导向、强化技术创新，媒体影响力和感召力持续增强，为区域经济社会发展提供强有力的舆论支撑。

一、按照区委区政府要求，积极稳妥推进媒体改革

加强研讨论证，强化项目科学性。中心多次围绕采编发流程、组织架构等方面的内容进行深入研讨。召开项目座谈会，就APP的内容板块设置、技术系统支撑等方面进行研究。制定《关于整合区域主流媒体 打造全媒体宣传中心的实施方案》《昌平“中央厨房”总编辑部项目方案》《“北京昌平”手机APP项目方案》等一系列研究方案。

合理规划定位，率先发力“移动端”。完成软硬件配备，强化物质保障。加速推进合并工作，调整组织架构，制定完成昌平传媒中心机构、编制、人员调整方案。7月份，按照编办批复，昌平区广播电视中心更名为昌平区传媒中心，合并昌平广电中心和新闻中心现有组织机构，整建制划归北京市昌平区传媒中心。完成《昌平传媒中心中央厨房采编发总流程》和相关子流程的设计，完成相关业务流程管理规定的编写和修订。9月25日，“中央厨房”进入试运行。每天上午9:00，下午16:00，召开总编会，统一部署、运行相关业务，并不断进行优化。10月9日，“中央厨房”内容线上处理平台“昌平传媒移动采编系统”开始试运行。

二、紧密围绕区委区政府中心工作，唱响宣传“主旋律”

追踪重要新闻线索，强化宣传报道“向心力”。聚焦重点工作，及时有效发声。《昌平新闻》配合“疏解整治促提升”专项行动、北京医改新政实施、迎接党的十九大召开等区域重点工作，推出12部系列报道，及时传递政府和百姓声音。发挥广播互动优势，架起民生沟通“电波桥”。广播电台围绕百姓关心话题，将节目扩容至30档，涉及时政新闻、法制普及、百姓访谈等多个主题，全天播音13个半小时，全年播出节目5000小时。积极与区相关行政部门合作，联合采制《昌平政法》《与法同行》等栏目。二次制作节目8000多档，4000多个小时。

发挥“喉舌”作用，提升舆论引导力。8月4日，《昌平报》头版改版，突出党报性质，强化政治性。开辟“民生·热线”专栏，强化舆论监督。截至10月份，《昌平报》共刊登新闻稿件6900多篇，推出新闻策划专版200多个，在市级媒体发表外宣稿件300多篇。市委书记蔡奇对《昌平报》刊登7篇稿件作出重要批示。市委常委、宣传部部长杜飞进对昌平推进全国文化中心建设第一次会议的相关稿件作出重要批示。

借力互联网优势，释放媒体宣传新活力。做强移动端，传播正能量。依托昌广传媒手机APP、官方微博和微信公众号，不断拓宽宣传渠道，采编稿件近400篇。《昌平圈》推送文章700余条，粉丝量已达24.2万余人，在北京市政务微信排行榜中位列前5名，在“政能量”政务网易号大会上荣获“最佳区域民生服务政务网易号”称号。《昌平报》微博发送信息4000余条，粉丝量1.2万余人。做活广电网，推进大融合。昌平广播电视网增强专题性网络报道力度，策划制作6个专题网页和9组系列报道，在各大门户网站发布评论20多篇，微博200余条，转载各类信息1万余条。将台内优质节目资源在广播电视网、手机客户端、户外大屏等平台联动播出，并开通了网络直播和点播业务，进一步将媒体触角延伸拓展。完成网站新后台上线和手机APP改版工作。

履行社会责任，实现经济社会效益“双丰收”。在中心各宣传平台共计播出公益广告11800余条，时长8500多分钟，新增《敬老》系列公益广告。策划、摄制、播出公益广告六条，两条获得北京2016年度传播机构公益广告扶持项目二类和三类作品。中心荣获北

京市2016年度广播电视公益广告扶持项目二类传播机构。大力发展会展业务和公益活动，完成第五届北京农业嘉年华氛围营造、参展第十二届北京文博会布展工作和第十四届苹果文化节的主题活动策划及氛围营造、宣传推广等工作。

三、狠抓安全播出和网络安全，打造播、控、防“大安全”

围绕十九大召开，细化安播管理内容。全面升级以“安全播出”为核心的ISO9001质量管理体系，按照安全播出、网络安全、安全保卫一体化安全的新要求，对部门职能、岗位职责、工作流程进行细化规范。申请财政立项，新建网络安全系统、播出预警系统、应急播出系统和微波传输系统，全面保障安全播出和网络安全。完善各项制度，加强源头防控积极传达、部署市局和区委区政府对安全生产工作的要求，对涉及安全生产方面的46个制度、方案和预案进行系统梳理、修订和完善；查找各频道节目制作、编排、播出风险点，进行风险等级评估，作为日常警醒整理上墙；落实领导带班制度，加强值班值守，强化网络内容、节目播出的监控力度，实现24小时实时监控无死角。

开展严格检查，强化实战演练。加强网格化管理，落实每日巡检制度，及时排除安全隐患。各部门分别根据安全播出预案开展应急演练，组织进行消防演习和防恐防暴演习和相关培训，提高安全意识和安全保卫能力。

密云区广播电视中心概况

北京市密云区广播电视中心成立于2001年，前身是密云县广播站、密云县人民政府广播科、密云县广播电视局。密云区广播电视中心加强舆论引导，汇聚发展正能量，唱响社会主旋律，传播密云好声音，全面提升《密云新闻》和其他广播电视节目的质量和效益，以做大做强广播电视事业为目标，加快项目建设，推动事业发展，依法加强管理，确保安全播出，提升队伍素质，为建设风清气正的政治生态、高端绿色的发展生态、山清水秀的自然生态提供强有力的舆论支持和保障。2017年主要工作：

全年密云一套电视节目累计播出5614小时33分钟，密云二套电视节目累计播出5714小时33分钟，调频广播节目累计播出5700小时53分钟。《密云新闻》突出主题宣传，提升舆论引导能力。全年共采集播出新闻2600余条，其中共播出各类专栏30余个，新闻1100余条。2017年根据密云区情和区委、区政府的要求，策划播出17个反响好、感染力强、可视性明显提高的新栏目。《密云新闻》开设的“学习贯彻市十二次党代会精神”专栏，宣传全区学习贯彻市十二次党代会的主要做法，以及把党代会精神落实在行动上的工作安排和具体打算，更好发挥辐射带动、创新引领的作用。共制作播出有关慢性病方面的新闻十余条，有效提高公众慢性病防控意识，营造有利于慢性病防控的社会环境。

专题节目注重深化拓展，提高节目质量。2017年，密云广电中心专题节目注重节点，深化拓展，加大政策解读力度、关注民生，聚焦发展、加强互动，立足本土、深化改革，节目更接地气，更具服务性，亮点频现。目前共设《密云警视》《税务之声》《事事关心》

《檀州大舞台》《教育专线》《法润密云》《就业直通车》《北大专家在密云》《阳光餐饮》九档专题节目。

广播电台优化节目形式，提高节目可听性。2017年年初，密云人民广播电台进一步调整优化广播节目，栏目的设置更趋于科学、合理，在实现常规性节目优化的基础上，努力实现标志性节目和重点节目的突破。专题栏目进一步规范、丰富、创新专题栏目制作手段，不断提高自办节目的收听率和宣传效果。

外宣工作挖掘优势，提升密云品牌形象。中心进一步加强与中央电视台、北京电视台的联动与互动，形成宣传合力，充分挖掘地域特色新闻，寻找新视角，努力拓宽视野，树立精品意识，加大向市台传送新闻稿件的力度。100余条新闻在北京电视台新闻频道的各档栏目中播出；多部作品获得2016年度北京市优秀广播电视作品中，密云广播电台公益广告作品入选2016年北京市广播电视公益广告专项扶持项目优秀作品，并被评为广播二类和三类。

加大技术建设维护，确保广播电视播出安全。做好高清数字化设备改造工作。4月26日，广电中心全媒体融合管理系统完成了竣工验收。微博、微信、手机APP、网站各项功能均已于6月6日上线开始试运行。高清建设项目自2014年高清虚拟演播室项目开始，新建和改建高清节目制作机房、高清演播室机房、高清媒资机房、高清电视播出机房和全媒体融合管理系统。2017年9月21日，双路供电工程全面竣工。强化技审环节确保节目安全播出。针对山区无线覆盖站点的安全播出工作，广电中心技术人员轮流下乡进行维护和检查，同时按照《北京市密云区山区调频无线覆盖发射点运行管理及考核办法》的规定，积极协调乡镇力量，充分调动镇村相关人员积极性，制定和逐步形成一个有效的运维管理机制。广电中心严格流程规范，认真落实安全工作责任制，加强监管和对突发事件的应急管理，针对节目制作系统和播出系统链路可能出现的问题，制定切实可行的应急预案，提高处置能力。

全面加强队伍建设。推行ISO9001安全播出管理体系，认真贯彻执行国家广电总局第62号令《广播电视安全播出管理规定》及实施细则，全面提高安全播出水平，全力推行“全媒体运营制度体系建设”工作，健全安全播出管理制度，现已进入试运行状态。依托中心新闻调度会、新闻部例会、评审意见，组织记者学习新闻策划、摄像、写作、后期制作等方面知识；定期聘请专家、业内资深学者举行讲座或由单位资深新闻工作者授课交流经验，收到了良好的效果。

延庆区广播电视中心概况

北京市延庆区广播电视中心前身是延庆县广播站，始建于1958年。1979年，升格为延庆县广播事业科。1987年，更名为延庆县广播电视局。2001年，改名为延庆县广播电视中心。2015年底正式更名为北京市延庆区广播电视中心（延庆电视台、北京市延庆区新闻中心）。中心隶属于区委宣传部，为区级规范管理事业单位。下辖延庆人民广播电台、延庆电视台，中心与两台合一办公。中心加挂延庆区新闻中心，负责《延庆报》

采编出版。中心下设 15 个科室，3 个科级事业单位， 6 个内设部门。年内在岗干部职工 168 人。2017 年主要工作：

围绕学习宣传贯彻党的十九大、习总书记两次视察北京重要讲话精神，《延庆新闻》年内播出“砥砺奋进的五年”“十九大时光我的幸福生活”“喜迎十九大，撸起袖子加油干”“寄语十九大”“一张蓝图绘到底，打造首都生态文明金名片”“解读报告”“进一步在京华大地形成生动实践　更加奋发有为地推动延庆新发展”等一系列报道。《延庆报》刊登十九大特刊 3 期，16 个版面，30 余篇专题新闻。十九大前夕及会议期间，刊登喜迎十九大报道 30 余篇，登十九大主题整版报道 24 个，相关报道近百条。

围绕世园、冬奥和“两创建一提升”工作，《延庆新闻》年内开辟了“创城专题”“创卫我们在行动”“疏解整治促提升”“清空净水我们在行动”“蓝天保卫战”“走近世园”“世园会一花一世界”“城乡环境进行时”“减煤换煤 清洁空气”“医疗改革”“禁放限放烟花爆竹”“深入学习贯彻十九大精神 攻坚决胜冬奥世园筹办”等专栏近 20 个，播发相关新闻 675 条次。派专人拍摄世园会资料 156 次，留存图片 5 万余张。《延庆报》刊登创全国文明城区专题报道 100 余篇、专版 100 余个；围绕清空净水、抗击雾霾、烟花爆竹禁限放等刊报 150 余条，围绕世园会、冬奥会刊报 250 余条；围绕十三五以来、十八大以来彰显成就报道 60 余条。延庆人民广播电台开设了“砥砺奋进的五年”“秋冬季大气污染综合治理”“创卫创城”系列报道。5 月 8 日，开播新栏目《世园连着我和你》，全年播出 34 期。围绕环保工作《延庆新闻》全年报道相关新闻 150 多条，曝光类 20 余条。《延庆报》刊登报道 150 余条，另有城乡环境整治新闻 241 条、专栏 15 个、专版 48 个，环保督查新闻 10 条、专版 3 个。年内《延庆新闻》《延庆报》报道“北京榜样”“妫川先锋”“第一书记”“首都最美家庭”“坚守一线人物”“美丽延庆人”“妫川好少年”等典型人物 60 余个。中心年内完成 13 档联办节目、225 期、2290 分钟的宣传报道。

节目创新方面，5 月 21 日推出电视栏目《印象妫川》，发现妫川之美，讲述妫川风情，年内播出寺庙壁画、红色文化、妫川水脉、妫川工匠等系列节目 16 期。10 月 14 日开播电视新闻专题《聚焦时分》，年内播出《河长制解读》《大气污染治理见成效》《文明出行大家谈》《棚改政策惠民生》等 22 期，腾讯视频播放量达到 50.4 万次。中心开办“延广新媒体”，其中“三分钟视频”2 月 21 日至 9 月 17 日共制作 84 条。北京延庆阅读量达 340957 次，腾讯视频播放量达 674721 次。延庆电台微博推送原创信息 290 条，转发信息 165 条。

外宣方面，9 月延庆电视台重新整合外宣人员，十一前后一个月内，中央台和北京台播出延庆相关新闻达 30 余条次。全年延庆在北京电视台播出新闻 170 条，居北京各区电视台榜首。在中央电视台播出新闻 25 条。《延庆报》外宣发表 20 条。延庆人民广播电台外宣 102 条。

延庆电视台自办栏目《延庆新闻》《聚焦时会》《天气预报》《印象妫川》《寻找世园达人》《百姓大舞台》《妫川英语大家说》《消费风向标》《万事大吉》《宏超讲故事》；联办栏目《法庭内外》《检察视点》《妫川国税》《一路平安》《金盾之光》《阳光民政》《绿色家园》《延庆教育》《水润妫川》《妫川清风》《乐游延庆》《妫川美食》《工商视点》。延庆电台自办栏目《延庆新闻》《生活导航》《今日农村》《快乐调频 928》《戏曲欣赏》；联办栏目《工商进万家》《大东说消费》《食药连着我和你》《世园连着我和你》；书场类节目《名家讲坛》《百家书场》《广播剧场》《小说连播》和汽车类栏目《远誉快车道》。《延庆新闻》全年制播365期，总时长5600多分钟；《延庆报》出报153期，刊发正版版面612个，加刊版面近100个，刊发版面700余个，撰写编辑新闻稿件200余万字。

硬件方面，年内中心对完成高清电视设备（专题）第三期和高清电视设备（三楼演播厅）第四期建设项目。

大事记

2017 年北京市广播影视大事记

1 月

1 月 1 日 北京电台节目改版。这次改版推出 30 档新节目，7 档节目进入“北京时间”网站 24 小时直播流，实现广播可视化和原创内容音视频直播。

1 月 1 日 北京国际电影节的谋划设计、统筹协调、组织落实工作正式由北京市新闻出版广电局所属事业单位北京国际影视交流促进中心（撤销）调整为北京电视台内设机构北京国际电影节运行中心（增加）负责。

1 月 6 日 北京电视台举行“天涯共此时”BTV 大型跨年新闻行动答谢会暨 2017 年推介会，集中展示跨年新闻行动的报道成果，介绍 2017 年“一带一路”的报道设想，并宣布 2017 年“天涯共此时”新闻行动即将启动。北京电视台与国务院国资委、南南合作促进会、市国资委、市外宣办等相关单位负责人参加。

1 月 7 日 北京电视台推出大型原创明星冰上“全景式真实秀”《跨界冰雪王》，节目邀请张艺谋任总导演，申雪、赵宏博任总教练，张静初、林更新、曹格等演艺人员参加，节目共 12 集。

1 月 8 日 由北京市文学艺术界联合会、北京市慈善义工联合会、千龙网 · 中国首都网主办，首都公益网、北京北广传媒数字电视有限公司承办的“爱满善途 · 义路有你”第五届北京慈善义工风采展示会在北京文联剧场举行。对评选出的社会好人、社会组织公益服务品牌、2016 优秀服务团队进行表彰。

1 月 14 日 由中国广播电影电视社会组织联合会电视剧导演工作委员会主办、北京电视台承办的《不忘初心，面向未来——中国电视剧导演年度榜样》活动在 BTV 大剧院录制，活动以“致敬经典，坚守理想”为主题，对 2014 年以来业内涌现的优秀电视剧作品及优秀工作者进行表彰。国家新闻出版广电总局电视剧司司长毛羽、中国广播电影电视社会组织联合会会长张海涛、市委宣传部副部长余俊生、北京电视台台长李春良、总编辑王珏等参加。

1 月 17 日 北京歌华有线电视网络股份有限公司与密云区合作，推出北京市首个覆盖全区的电视云服务平台“密云便民服务频道”，汇集民政、卫计委、气象等 14 个委办局为民服务个性化需求，提供密云新闻、教育导航、就业社保、健康医疗、为老服务等 9 大服务功能，通过电视平台为辖区居民提供便捷服务，实现遥控器“0”键一键进入主页。

1 月 19 日 北京电台、北京市人大常委会民族宗教侨务办公室、北京市民族事务委员会三家单位一行 60 余人，到长哨营满族乡三岔口村，开展“广播三下乡，年货送农家”活动，为村民送生活用品、年货、慰问金，设置医疗点，表演文艺节目。

1 月 19 日 北京歌华有线电视网络股份有限公司高清交互数字电视平台上线《中考实验满分冲刺》课程产品，全面对接 2017 年中考《考试说明》相关要求，严格把关师资、器材、实验流程，覆盖初中物理、化学、生物三学科全部 65 个实验考点。

1月20日 北京市新闻出版广电局召开全市广电系统2017年广播电视安全播出工作会议，党组书记、局长杨烁出席并讲话。会议总结2016年广播电视安全播出工作、部署2017年“春节”“全国两会”“十九大”等重要保障期的安全播出要求。北京广播电视台及所属各安全播出责任单位、各区广电中心主要领导、主管领导及技术负责人和局有关部门相关人员约100人参加会议。

1月20日 “1039暖心慰问”活动启动。北京电台交通广播主持人和记者用六天时间，走访六个春运交通领域现场，慰问一线员工，并解答听众的困惑与不解，让市民对春运交通有更多了解。

1月20日 北京北广传媒地铁电视有限公司召开全体员工大会，庆祝公司成立十周年。

1月22日 北京歌华有线电视网络股份有限公司召开2017年工作会议，全面总结2016年工作，部署2017年工作，并通报表彰公司2016年度“卓越之星”“优秀营业厅”和“营业厅服务明星”。

1月24日 北京市新闻出版广电局党组书记、局长杨烁到北京歌华有线电视网络股份有限公司调研检查，充分肯定公司在安全传输、高清交互数字化推广以及改革创新等方面的成绩。副局长杨培丽等陪同调研。公司党委书记、董事长郭章鹏，总经理卢东涛参加。

1月24日 北京电台2017春节特别节目启幕。市委宣传部副部长余俊生，北京广播电视台总编辑、北京电台台长赵卫东等出席。北京电台9个专业广播、北京广播网、北京时间手机客户端及映客直播、斗鱼直播、网易直播、一直播等同步进行音视频直播互动。

1月25日 北京电台新闻广播与市政府热线12345举办年终交流会，总结双方一年来合作的成果并展望新一年工作，同时慰问表彰相关人员。北京电台与市政府热线12345的合作始于2014年。2016年双方的合作进一步深化，新闻广播《整点快报》节目开设《12345社情民意播报》专栏，一年时间连线350多次；同时，12345热线还在接线大厅旁特别为新闻广播搭设直播间，在这里《新闻天天谈》与12345热线携手围绕防汛、供暖等话题推出4期特别节目。

1月26日 北京北广传媒数字电视公司创作推出院前急救系列公益宣传片《现场急救 你学得会》心肺复苏公益宣传片开始在移动电视、城市电视和地铁电视集中播出。

1月 春节走访慰问工作中，北京市新闻出版广电局党组书记、局长杨烁看望原北京广播事业局第一任局长林青、原新闻出版局局长薛宝书等。

1月 春节长假，北京电台新闻广播《北京新闻》开设“新春走基层”专栏，播发记者走基层、记者体验、广播特写共计20多篇，记录公交车司机、环卫工人等平凡劳动者的生活。

1月 北京电台新闻广播推出2017年春节大型直播节目《年味儿》，彰显过年的风土人情以及民俗专家对过年习俗的解读和来自春节活动现场的记者报道、京津冀三地百姓过年的趣闻乐事等。“北京时间”和北京广播网现场同步视频直播，听众和网友可与主持人及嘉宾现场交流，亦可通过“北京新闻广播”官方微信公众号参与有奖问答。

1月 北京电视台专题片《天涯共此时——见证者》播出，共10集，以“见证者”的视角展示与印证“一带一路”沿线国家携手合作的努力成果和人文交流的广度深度。

1月 北京电视台《跨界冰雪王》开播，首次聚焦冰舞竞技形式，成功完成北京从“夏季奥运会城市”向“冬季奥运会城市”的形象转换。张艺谋担纲总导演。

1 月 北京市两会召开，北京北广传媒城市电视有限公司利用旗下楼宇电视联播网及户外大屏联播网两大户外媒体平台，分别于1月12日、14日及16日全程转播北京两会实况。

2 月

2 月 8 日 北京电台音乐广播转播小组赴美国转播第59届格莱美颁奖典礼。9日至13日，转播小组采访现场的歌手、音乐家，并全面报道颁奖典礼盛况。

2 月 13 日 北京电台外语广播推出特别直播板块《时时相伴——世界广播日特别节目》。北京电台青少年英语俱乐部的三名双语小记者参与直播。

2 月 13 日至 3 月 5 日 北京电台新闻广播、交通广播、体育广播联合推出《习近平总书记视察北京讲话三周年专题报道——春天的交响》，重点反映三年来北京城市建设、疏解非首都功能、京津冀协同发展、百姓享受改革红利等方面的变化；同时，电台还在“北京时间”网站推出“习总书记视察北京讲话三周年”专页和“春天的交响”专区，点击量达2600万次；2月23日起，专题报道还在市政府新闻办公室官方新媒体“北京发布”进行转发，听众反响强烈。

2 月 14 日 北京城市副中心行政办公区有线电视设施建设项目启动会召开。

2 月 14 日 莫桑比克共和国议长马卡莫一行前往四达时代集团北京总部参观考察，四达时代集团总裁庞新星等接待马卡莫议长一行。双方拟在广播数字电视领域加强合作，让民众享受更多实惠。

2 月 15 日 北京市新闻出版广电局副局长胡东一行到北京歌华有线电视网络股份有限公司调研，重点听取“社区院线”项目的情况汇报。北京歌华有线电视网络股份有限公司党委书记、董事长郭章鹏等参加。

2 月 15 日 北京市卫计委领导一行到北京歌华有线电视网络股份有限公司调研，双方就前期战略合作开展的手机挂号、远程医疗、分级诊疗、慢性病筛查、健康宣教等工作进行交流。

2 月 16 日 北京北广传媒影视股份有限公司投资拍摄的当代都市情感剧《复婚前规则》在南京举办发布会。

2 月 19 日至 26 日 北京电台体育广播报道在日本举行的第8届亚洲冬季运动会，每天从前方发回10余条录音报道及访谈体坛明星节目，并发图文、视频，供体育广播的微信公众号选用。

2 月中旬至 6 月底 北京市新闻出版广电局完成2017年度广播电视公益广告项目扶持的征集、评审、资金发放、展播等相关工作。2017年共征集到广播类作品169个、电视类作品262个，所征集到的作品内容丰富、形式多样、贴近实际。最终确定2017年度广播电视公益广告专项资金扶持项目共106项。

2 月 20 日 由北京市新闻出版广电局、北京市国家安全局、北京市文化市场行政执法总队和北京瑞特公司等单位组成的联合检查组对北京饭店、北京会议中心等29家两会代表驻地的卫星电视前端机房及相关运行设备进行现场检查。北京瑞特公司还派工程部技术骨干值守，为驻地单位卫星电视节目系统稳定运行提供可靠保障。

2 月 21 日 北京电视台新闻节目中心推出大型系列专题片《扬帆》。该片以“专题片＋系列报道”的形式，聚焦习近平总书记“2·26”视察北京三周年，展示北京在强化四大中心定位、疏解非首都核心功能、提升城市建设水平、健全城市管理体制、加大大气污染治理等方面所取得的成就。

2月22日 北京电视台举行“2016年度播音主持作品专家奖”评审会，邀请8位专家从播音员、主持人的语言功底、节目驾驭能力、播报状态等方面，对9个节目中心报送的50件作品进行集中评议和综合评价，评选出10部年度获奖作品。

2月22日 美国篮球明星马布里走进北京电台体育广播《体坛夜话》直播间，参加节目并与听众互动。北京广播网、北京电台RBC官微、体育广播官微等平台全程视频直播，并在微博平台发布图文消息。该节目当日通过“北京时间”视频直播及蜻蜓FM客户端首页和“电台”首页头图推荐，有20万人在线观看及线上收听。

2月22日 北京市新闻出版广电局2016年领导班子和领导干部年度考核测评会举行。局党组书记、局长杨烁代表领导班子做工作总结和个人述职述德述廉报告，其他局领导书面述职。市委组织部宣教政法干部处荣鸿悦出席会议。局机关和局属单位副处级以上干部听取述职并进行测评投票。

2月23日 北京市新闻出版广电局副局长杨培丽带队对全国两会代表驻地北京饭店和内蒙古大厦有线电视系统专项抽查。确保代表驻地周边不留安全隐患；确保能迅速处置有线电视出现的异常情况；确保每个代表、委员房间都能收看好有线电视节目，为“两会”提供优质服务。

2月23日 北京市新闻出版广电局行业安全生产暨消防安全工作会议召开。局长杨烁与行业单位代表签署《2017年行业安全生产和消防安全工作责任状》；北京市各区文委、广电中心，北京广播电视台，北京出版集团、北京发行集团，局机关处室和局属单位约140人参会。

2月23日 国家新闻出版广电总局监管中心副主任孙斌、肖党荣，数据中心主任董燕一行，就收听收看数据平台运用到北京市新闻出版广电局调研。北京市新闻出版广电局副局长戴维及宣传管理处的相关人员参加调研活动。北京市新闻出版广电局建成的收听收看数据平台集问题查找、数据采集、数据筛查和可视化呈现、人员绩效管理、稿件辅助编辑、稿件刊发、节目预警管控和安全保障八大模块于一体。总局监管中心和数据中心在听取汇报和系统演示后，就系统的数据来源及“躁动预警”“热度排行”等功能进行深入沟通和交流，并希望能够将相关优秀经验和成果借鉴到总局的监听监看工作中。

2月23日 北京广播电视台考试在线付费电视频道变更名称为“教育·就业”频道，并相应调整频道标识、节目设置范围等。

2月23日 中国电影博物馆展览大纲修订（2017）项目部组建，展览大纲修订（2017）项目研究正式开始实施。

2月24日 北京市新闻出版广电局召开全市新闻出版广电行业安全播出及网络安全电视电话会议。副局长杨培丽出席并讲话。会议聘请总局科技司关丽霞处长解读《新闻出版广播影视网络安全管理办法（试行）》及《新闻出版广播影视网络安全事件应急预案（试行）》两个文件。部署北京市新闻出版广电局迎接国家新闻出版广电总局关于开展全国新闻出版广电系统安全大检查和“全国两会”安全播出工作。北京广播电视台及所属各安全播出责任单位、北京出版集团、北京发行集团相关负责人、各区广电中心主要领导、主管领导及技术负责人和局有关部门相关人员约100人参加会议。

2月24日 北京电台外语广播举办的“声声有你”听众语音征集活动举行颁奖仪式，同时北京电台外语广播FM923听友俱乐部成立。该活动于2月3日至11日推出，共收到各地100多位听友网友的语音留言，其中60名听友网友的作品被集纳制作成“听友的新春祝福大荟萃”音频特辑，串联在特别节目“声声闹元宵”中播出。

2月24日 《教育面对面》特别节目——2017北京高招咨询直播节目开播启动仪式举行。该节目团队与网络媒体中心合作，首次通过北京时间、北京广播网、网易直播、一直播等四大网络平台现场直播。近一个半小时直播中，约8万人收看收听。

2月 北京北广传媒移动电视有限公司行政村发射站巡检系统正式上线，运维效率得以提高。

2月 北京电视台大型文化类季播节目《非凡匠心》播出。该节目以中华非遗为题材，展现非遗传承人对产品精益求精的追求，引导观众重新认知中华文化的厚重魅力。

3月

3月1日 第九届北京电台青少年英语大赛暨2017“我的冬奥梦”北京电台双语小记者全国选拔赛启动发布会召开。北京奥运城市发展促进会副会长蒋效愚、中华全国新闻工作者协会书记处书记张百新、北京冬奥组委新闻宣传部副部长赵卫、北京电台常务副台长陈晓红以及市政府新闻办、市教委相关负责人出席并为大赛揭幕。

3月1日 北京歌华有线电视网络股份有限公司召开有线电视与网络信息安全保障工作会，就公司做好全国两会安全传输保障工作进行部署。

3月2日 北京歌华有线电视网络股份有限公司与北京首都开发控股（集团）有限公司签订《合作框架协议》和《智慧云项目（涿州基地）管理委托协议》，并就智慧云项目（涿州基地）的后续建设，以及在“智慧社区”“智慧楼宇”“智慧工地”“智慧物业”等领域进一步合作进行探讨。

3月2日 北京、天津、河北三地的交通广播，在北京电台召开京津冀协同发展交通广播战略合作研讨会。围绕如何建立三地交通广播更加高效的沟通交流机制、如何在宣传报道中为三地居民交流往来提供更多信息服务等议题开展讨论。

3月2日 北京市新闻出版广电局印发《2017年北京市整治非法卫星电视接收设施专项行动方案》至各成员单位和各区相关单位执行。

3月3日 北京北广传媒城市电视有限公司充分利用楼宇电视联播网及户外大屏联播网两大户外媒体平台完成全国政协会议开幕式转播任务。

3月8日至10日 北京电台新闻广播联合天津新闻广播、河北新闻广播，在全国两会期间推出特别直播节目《对话京津冀》，邀请人大代表、政协委员、三地政府官员与听众，共同探讨京津冀协同发展话题。节目分别从交通旅游、医疗教育、协同创新等三方面，细说京津冀协同发展的进展和影响，《北京新闻》开辟专栏进行专题报道。

3月9日 北京电台2016年度获奖听众交流会在广播大厦举行。交流会为优秀听评员和“听评月”获奖听众颁奖，同时给新聘任的“广播评议员”颁发聘书。

3月10日 四达时代集团总裁庞新星代表集团与几内亚总统代表Mori DIANE在几内亚首都科纳克里签署《几内亚广播电视数字化整转项目》商业合同。此项目由国家电视台改造及其数字化、国家电视传输网数字化、广播电台及广播传输网改造以及终端数字化四部分构成，项目建成后可实现几内亚境内数字电视信号的100%覆盖。

3月10日 新疆维吾尔自治区党委常委、

宣传部部长田文，北京市委副秘书长、宣传部副部长严力强到北京电视台审看大型系列纪录片《新疆》，并对下一步审播工作提出要求。

3月15日 刚果共和国总统德尼·萨苏—恩格索，在奥约（Oyo）会见四达时代集团董事长庞新星一行，萨苏总统对四达时代集团在推动刚果（布）广播电视数字化整转方面取得的进展表示满意，希望继续加快推进全国整转项目，带动刚果（布）社会经济发展。

3月15日至3月17日 由全球移动游戏联盟（GMGC）主办的第六届全球游戏大会在北京国家会议中心举行，北京北广传媒城市电视有限公司作为首席官方新闻媒体参与本届大会。

3月17日 北京电台青年广播FM98.2“活力校园行”团队走进北京大学，在北京大学广播台与师生代表座谈交流。

3月18日至26日 2017年世界女子冰壶锦标赛在北京首都体育馆举行，北京体育广播深度参与报道本次冰壶世锦赛，在现场发回连线、录音报道、新闻特写、新闻专题等报道约60条，赛前还邀请冰壶比赛制冰师、北京女子冰壶队总教练，制作播出两期访谈节目，同时在《冬奥加速度》专栏推出10期冰壶知识专题。

3月19日至22日 2017春季北京电视节目交易会举办。交易会共吸引海内外电视节目制作机构及相关产业机构440家、2300余人，播出机构170家、近500人，海外机构22家、31人，加上嘉宾、记者和非注册参会专业人士，参会人员达3500多人。交易会共推介电视节目900部，前期筹备剧目345部13969集；开机拍摄及后期制作剧目97部3740集；首轮发行剧目238部9657集；二轮、多轮发行剧目153部，6432集；纪录片、电视栏目42部11000集；动画片24部1308集；推介网络文学作品140部。

3月20日至31日 北京冬奥组委首次面向全球招聘法律、外语、规划建设、场馆管理、财务、市场开发等专业的22名工作人员，并委托北京电台发布招聘信息。北京电台体育广播策划制作的音频广告与招聘活动同步在体育广播等多频率播出。

3月21日 北京歌华有线电视网络股份有限公司总经理卢东涛接待创维集团运营总监刘振世、北京分公司总经理田书长、创维海通总经理薛亮一行。双方就歌华电视、集团客户工程机、创维全系列产品销售合作模式，以及双方销售渠道共享等事宜深入交流。

3月21日 北京电视台首部4K海外拍摄纪录片《嗨，东盟——一带一路之东盟行》正式开拍。该片共6集，每集50分钟，由纪实频道节目中心和“中国—东盟中心”共同策划，旨在促进中国与东盟各国之间的“民间外交”与“文化外交”，践行“一带一路”倡议。

3月22日 北京市新闻出版广电局副局长杨培丽带队到北京歌华有线电视网络股份有限公司进行迎接十九大安全检查，听取公司安全大检查自查工作情况汇报。公司党委书记、董事长郭章鹏，总经理卢东涛等参会。

3月22日 北京歌华有线电视网络股份有限公司党委书记、董事长郭章鹏，总经理卢东涛接待福建广电网络公司董事长张远、副总经理梁章林一行，双方就云平台建设、电视院线、电视游戏、广电大数据、互联互通合作等进行交流。

3月22日 北京广播公司2017年工作会暨第一届职工代表大会第五次会议，在北京广播大厦观云阁召开。北京电台常务副台长、北京广播公司董事长陈晓红等出席会议。北京广播公司总经理陈晖回顾2016年经营工作总体情况、完成的重点工作和取得的成绩，并做 2017 年工作报告。

3 月 22 日 北京电台交通广播主办、东软集团合办的“好司机养成记”大型公益项目正式启动。项目以“安全出行，智慧交通”为理念，旨在培养更多具有文明驾驶意识和安全驾驶技能的“高驾商”好司机，创造更加安全、和谐、文明的交通环境。

3 月 22 日 第二十五届中国国际广播电视信息网络展览会（CCBN2017）主题报告会在北京国际会议中心举行，30 多个国家和地区近 1000 家企业和机构参展。国家新闻出版广电总局副局长田进做“深化融合、全面创新，加快推进广播影视转型升级”主题报告。北京市新闻出版广电局局长杨烁参会。会上，北京局获 CCBN2017 年度创新奖及用户组织贡献奖。

3 月 23 日 第七届北京国际电影节组委会办公室召开第一次新闻发布会，发布并介绍“天坛奖”国际评委会主席、电影节总体方案、电影市场和电影音乐会筹备情况，揭晓第七届电影节官方海报和“北京展映”第一批片单，并向展映影院代表颁发“北京展映”标志牌。中国国际广播电台副总编辑李萍，中国电影资料馆副馆长张小光，北京市新闻出版广电局副局长胡东、副巡视员卞建国，北京电视台总编辑王珏等出席。

3 月 23 日 在广电总局“2016 年度国产动画发展专项资金项目评审结果”中，《最可爱的人》获得一等奖。《最可爱的人》是以抗美援朝为主题的动画片，该片由卡酷少儿原创出品，在 BTV 卡酷少儿频道推出。

3 月 24 日 北京市新闻出版广电局牵头，市国家安全局、市文化市场行政执法总队等相关部门对第二十五届中国国际广播电视信息网络展览会（CCBN2017）现场进行联合检查，并对展馆周边内外发现的展示、销售违规设备行为分别进行警告、训诫和查处；与展会组织方安保负责人进行座谈，交换有关情况和意见，进一步宣讲有关法规，要求继续加强管理，认真落实巡检制度，对存在的问题及时进行处置、整改，以确保展会圆满成功。

3 月 24 日 北京电台青年广播 FM98.2“活力校园行”团队走进清华大学，与师生畅聊广播的未来。

3 月 29 日 北京歌华有线电视网络股份有限公司“北京美丽智慧乡村信息服务平台”上线试运行，提供村务公开、党务公开、财务公开、在线教育和院线电影等 10 项应用服务，用户范围覆盖延庆区张山营镇 32 个村近 8000 户家庭。

3 月 29 日 北京电台和海淀区委宣传部共同主办的“中关村故事”人物访谈节目举行启动仪式。该大型人物访谈共 40 集，在北京新闻广播《新闻天天谈》栏目播出。市委宣传部副部长严力强、海淀区委宣传部部长陈名杰、北京电台台长赵卫东、人民日报媒体技术公司总经理叶蓁蓁等为“中关村故事会客厅”揭牌。

3 月 30 日 北京电台青年广播 FM98.2“活力校园行”走进中国人民大学，与该校广播台师生共商联盟合作。

3 月 30 日 四达时代获得国际足联 2017—2018 年所有足球赛事在撒哈拉以南非洲的全媒体权利，为非洲观众带去包括 2017 年世界联合会杯（除南非）和 2018 年俄罗斯世界杯（除南非）在内的多项全球顶级赛事。

3 月 31 日 全国普法宣传基地授牌暨 TV100 开播仪式在北京电视台举行。TV100 是由北京电视台发起，联合全国百家地面频道对法治类、健康类、教育类资源整合的运营平台。会上宣布 TV100 普法栏目剧正式开播，中华全国法制新闻协会向北京电视台科教频道等全国百家地面频道授予“全国普法宣传基地”称号，中央政法委政法综治信息中心，最高人民法院新闻局，最高人民检察院政治部，公安部文联、宣传局、司法部法制宣传司以及全国百家电视台负责人等出席。

3月 北京电台、电视台推出特别节目《聚焦医改》。北京电台城市广播《健康加油站》栏目联合市卫计委推出系列访谈《医改路上》，邀请专家学者、政府官员、医院管理层解读2017年医改新政，并在网易新闻、腾讯新闻、北京时间、今日头条、凤凰视频等平台音视频同步直播；北京电视台《健康北京》栏目推出系列节目《聚焦医改 深度解读》，解读《北京市医药分开综合改革实施方案》，同时推出涉医话题新闻评论节目《我要当医生》，消除医患误解，促进医患沟通。

3月 北京电视台播出人文口述纪录片《擦亮金名片》。纪录片紧扣习近平总书记“2·26”重要讲话精神，采访市委市政府与相关文物部门专家学者及事件亲历者，以见证者身份口述历史，讲述首都博物馆《大元三都》等五大主题展览、北京城市副中心地下文物保护以及长城文化带、西山文化带、运河文化带保护的幕后故事和文化内涵。

3月 北京瑞特公司确保“一带一路”高峰论坛活动期间酒店有线电视和境外卫星电视接收安全，与涉及高峰论坛入住的39家酒店用户联系，进行一对一上门巡检，完成境外卫星电视安全播出保障任务。

3月 北京北广传媒移动电视有限公司确保全国两会各项安全转播零事故，宣传报道工作顺利完成。

4月

4月1日 北京电台文艺广播开播23周年纪念日。文艺广播把四月打造成“生日季”，主题为“我和春天有个约会”。听众可在文艺广播微信公众号填写相关信息后获得文艺广播的“订制服务”。

4月1日 北京电台外宣专题节目《今日北京》《中国歌曲排行榜》《空中笑林》等正式在法国巴黎欧洲华语广播电台落地播出，这是与北京电台建立节目交流机制的第15家海外电台。

4月3日至5日 清明期间，北京电台体育广播《老年之友》制作播出“清明特别节目——陪伴生命”。节目邀请生命文化研究人员，从“尊重终结者的选择”“我的生命我做主”“智慧的选择”等角度及亲身经历，进行讲述。

4月7日 第七届北京国际电影节组委会办公室召开第二次新闻发布会，发布北京策划·主题论坛嘉宾、电影节嘉年华活动概况以及开、闭幕式场地和服务信息，公布“天坛奖”国际评委会成员和15部入围影片片单。

4月7日 “北京电台双语小记者三里河第三小学站”正式挂牌。

4月8日至23日 第七届北京国际电影节“北京展映”在北京31家影院及高校，展映500余部、1000余场次优秀中外影片，观影人数达22万人次。

4月9日 “梦想杯”2017北京校园足球公开赛在首都体育学院足球场启动。活动由北京市青少年校园足球工作领导小组办公室主办、北京电台等单位承办。北京电台通过广播专栏、视频直播、微电影、广播剧及新媒体整合等多平台推广宣传。

4月12日 北京新媒体集团与市高级人民法院签订战略合作协议。创建“北京时间—北京法院专区”，“京法网事”“北京法官”“法庭内外”等北京高级人民法院公号入驻专区，围绕法治事件、法律问题等，打造法治普及类视频栏目和短视频，选取案件在“北京时间”

平台直播。

4 月 12 日 京港影视文化交流暨庆祝香港回归 20 周年系列活动启动。该活动由北京电视台生活频道、北京广播电视报主办，展示两地影视文化交流成果，推出“京港影视高峰论坛”“紫荆杯”最具影响力香港影视作品评选、“庆祝香港回归二十周年文化展”及“走进社区重温经典——优秀影视作品回顾”等。

4 月 13 日 北京卫视和阿里巴巴集团联合在北京电视台举行新闻发布会，宣布正式签署“台网联盟”战略合作协议。

4 月 14 日 市教委、团市委、北京电台、北京体育大学、国奥集团等多家单位在北京市第十八中学，联合成立全国第一家校园足球通讯社——北京市校园足球通讯社。

4 月 14 日 北京电台双语小记者北京世青国际学校站在北京世青国际学校挂牌。这是北京电台青少英语俱乐部正式挂牌的第三家校内记者站。

4 月 15 日 第七届北京国际电影节电影嘉年华在怀柔区国家中影数字制作基地启幕，当日接待游客数量 3300 余人。

4 月 16 日 北京电台城市广播《教育面对面》联合精华学校共同举办的“志愿填报专家会”大型公益高招讲座在北京大学百年讲堂举行。

4 月 16 日 第七届北京国际电影节在国家中影数字制作基地举办开幕式和红毯仪式。中宣部副部长、国家新闻出版广电总局局长、国家版权局局长聂辰席致辞，北京市委书记蔡奇宣布开幕。“天坛奖”评委会主席比利·奥古斯特及评委会成员等参加活动。

4 月 17 日至 22 日 第七届北京国际电影节北京策划·主题论坛之中外电影合作论坛、中国电影发行高峰论坛、电影科技国际论坛、“探寻电影之美”高峰论坛先后举办，分别围绕合拍电影的市场定位及联合制作、电影发行与“互联网＋”、科技创新驱动电影提质升级、“一带一路”倡议多元环境下的电影发展等主题展开讨论。

4 月 19 日至 4 月 21 日 第七届北京国际电影节电影市场举办，注册展商 257 家，累计观展人次达 3 万余人；签约金额达到 174.58 亿元，较第六届增长 6.9%；创投项目数量创历史新高，征集项目 712 个，较第六届提升 5.6%。

4 月 18 日 “紫荆花开京港情——庆祝香港回归二十周年文化展”开幕式在中华世纪坛举办。该展览由北京广播电视报社联合北京电视台生活频道主办，向京城百姓展示香港回归二十年的变化历程及影视发展成就。

4 月 18 日 北京电台融合型节目制播云平台“讯听云采编”正式上线。新闻广播、体育广播、交通广播及外语广播的采编业务平台同步切换到“讯听云采编”。

4 月 21 日 北京紫禁城影业有限责任公司、啊哈影业（北京）有限公司、北京京剧院、青年电影制片厂联合出品的京剧电影《定军山》在京举行发布会，濮存昕、六小龄童等影视艺术家出席。该片为纪念中国电影诞生 112 周年、京剧艺术表演大师谭鑫培诞辰 170 周年之作。

4 月 21 日 “金丝带电影”推介遴选活动在中国电影博物馆举办，评出最佳影片、最佳导演、最佳编剧、最佳男演员、最佳女演员和金丝带特别推介影片。

4 月 22 日 北京市新闻出版广电局与通州区人民政府签署协议打造版权保护示范区，为副中心建设营造良好的版权保护环境和文化氛围。

4 月 22 日 北京电台故事广播与悦库时光联合打造的《北京话》有声书与纸质书同步首发会在“北京书市”朝阳公园下沉广场

举办。《北京话》是京味作家刘一达40多年搜集北京话的积累，探源北京话及发展，论述北京人、北京城的文化特点。

4月23日 由北京阅读季与北京电台携手打造的“诵读小站”正式与读者见面。

4月23日 第七届北京国际电影节闭幕式暨颁奖典礼在国家中影数字制作基地举行，国际评委会主席比利·奥古斯特及评委张婉婷、保罗·德尔·布洛科、拉杜·裘德、罗伯·明可夫、蒋雯丽、让·雷诺等出席。格鲁吉亚影片《卢卡》获最佳影片、最佳女配角奖；格鲁吉亚、俄罗斯、西班牙及克罗地亚合拍影片《他人之屋》获最佳导演奖、最佳摄影奖；中国影片《不成问题的问题》获最佳男主角、最佳编剧奖；伊朗影片《姐姐》获最佳女主角奖；加拿大影片《约翰之子》获最佳男配角奖；法国影片《施毒天使》获最佳音乐奖；澳大利亚影片《奥托·布鲁姆的一生》获最佳视觉效果奖。

4月24日至4月28日 北京市新闻出版广电局组织北京地区广播影视技术研发与设备制造企业赴美参加2017美国广播电视（NAB）展，九家北京企业携最新产品和技术参展。

4月25日 北京电台交通广播“2017上海国际车展特别直播”收官。4月18至25日，交通广播与技术中心、网络媒体中心等部门，在车展直播场地国家会展中心（上海）馆紧密协作，为听众送来“能听、能看、还能玩”的直播。

4月25日 北京电台驻北京城市副中心记者站正式启用。记者站容纳三人同时办公，配备音频工作站，可进行写稿、编辑、录音、制作、直播访谈等工作。

4月26日 2017北京电视台春节联欢晚会衍生品“春碗”首发仪式举行，现场发布北京电视台历史上第一款文化衍生艺术珍品“BTV手工花丝金质春碗”和“BTV手工花丝银质春碗”。

4月27日 最高人民法院“中国法院知识产权司法保护成就展”在中国法院博物馆开幕。北京电台悦库时光公司为本次展览的策划者与实施方。

4月28日 免去王海平中共中国电影博物馆委员会副书记职务。

4月 北京歌华有线电视网络股份有限公司被评为2016年度国税纳税信用A级企业、2016年度地税纳税信用A级企业，可享受2年内免除税务检查、放宽发票领用量等税收优惠政策。

5月

5月4日 北京电台外语广播在北京大学建校119周年校庆日当天走进北京大学，与该校国际学生联谊，共同庆祝“五四”青年节。这是对外语广播双频（FM92.3/AM774）上线及旗舰英文节目《感受北京》开播16周年的推广活动。来自美国、英国、德国、印度尼西亚等国的留学生共谈理想，分享在中国学习生活的故事，也借助外语广播的平台送出音视频校庆祝福。

5月4日 北京市新闻出版广电局召开“人才培养资助项目申报和结项申报工作会议”，审核确定“百人工程”人才个人项目21个、“四个一批”人才个人项目2个、“名家工作室”项目4个，完成2017年度北京市宣传文化高层次人才培养资助项目申报。

5月5日 北京市新闻出版广电局组织召开“‘一带一路’国际合作高峰论坛电视接收和重点目标网络安全保卫工作动员部署大会”，邀请北京市国家安全局相关负责同志对接收境外卫星电视节目涉及国家安全工作提出要求，与东城、西城、朝阳、海淀区文委和北京广播电视台等单位签订《2017年“一带一路”国际合作高峰论坛有线电视和卫星电视服务保障责任书》。

5月5日 市委常委、宣传部部长杜飞进视察北京人民广播电台和北京电视台，市委副秘书长、市委宣传部副部长严力强等陪同。李春良、赵卫东等同志汇报工作。

5月5日 北京电视台举行“天涯共此时——‘一带一路’”大型新闻行动第二季启动仪式。

5月8日 北京电台音乐广播FM97.4启动“未来星主播”DJ新星秀活动。活动通过新媒体互动、网络推广、高校传播和全国广播同行推荐等多渠道为电台DJ、流行音乐主持人提供展示平台。

5月9日 马拉维共和国总统穆塔里卡会见四达时代集团总裁庞新星一行，双方就马拉维全国广播电视数字化整转、“万村通”项目、广电行业人才培养、数字电视运营等问题深入会谈，达成诸多共识。

5月11日 北京歌华有线电视网络股份有限公司入选第九届“全国文化企业30强”名单。

5月12日 四达时代集团和联合国艾滋病规划署在北京签署合作谅解备忘录，双方正式建立战略合作伙伴关系。

5月12日 北京北广传媒地铁电视公司举行第二届董事会第六次会议，免去王伟董事长职务，同时选举罗晓军为董事长，任期3年。

5月14日至15日 “一带一路”国际合作高峰论坛期间，北京电台交通广播《一路畅通》节目转至驻市交通委直播间播音，便于及时播报最新道路管控信息、为市民出行提供信息服务。

5月17日 北京新媒体集团与HHI世界街舞锦标赛中国赛及主办方“有些体育”达成战略合作关系，开启“北京IPTV”与“北京时间”电视端与移动端的“舞动青春”专区，产品更加贴近年轻用户。同日，“北京IPTV”与“4K花园”签订战略合作协议，将高品质原生4K内容通过北京IPTV传播给更多观众。

5月17日 第17届IAI国际广告奖颁奖盛典在中国传媒大学礼堂举办。北京北广传媒城市电视有限公司获“年度广告传播媒体”奖项。

5月18日 北京新媒体集团有限公司、爱上电视传媒有限公司、中国电信北京公司在北京签署合作协议，在北京三网融合IPTV项目上进行深度合作，共同推动“北京IPTV”发展。

5月18日 由北京电台音乐广播承办的第十四届精神文明建设“五个一工程”优秀歌曲评选在广播大厦举行。纪念长征胜利80周年文艺晚会主题歌曲《不忘初心》、庆祝中国共产党成立95周年专题文艺晚会主题歌曲《前进吧中国共产党》等作品入选北京市报送中宣部的“五个一工程”优秀歌曲。

5月18日 北京歌华有线电视网络股份有限公司微信营业厅（公众号：“歌华有线”）上线，提供业务报装、账户充值、故障报修、宽带续费、营业厅地址查询等服务。

5月19日 “第十届北京中医药文化宣传周暨第九届地坛中医药健康文化节”开幕。由北京电台、光明网、新华网、健康报等十余家媒体和中医药专家、文化创意企业等共同组成的“中医药文化立体传播联盟”也同时宣布成立。

5月20日 “为榜样圆梦之张博研——家庭梦·事业梦·中国梦”公益活动在北京广播大厦举行。这是“2017北京榜样”大型主题活动启动后举行的首场圆梦公益活动。28岁的张博研孝老爱亲的事迹被广泛传颂，当选2016年度十大“北京榜样”。

5月22日 由四达时代集团主办的第七届非洲数字电视发展论坛在北京怀柔雁栖湖畔日出东方凯宾斯基酒店举行。中宣部副部长庹震、国家新闻出版广电总局副局长童刚、国家互联网信息办公室副主任任贤良，北京市委常委、宣传部部长杜飞进以及来自非洲和亚洲46个国家的广播电视部门领导和中国政界、企业界、媒体界400多名代表参会。各方代表从数字电视技术、非洲农村电视数字化等议题展开探讨，达成共识。此外，四达时代还与刚果（金）、中非、赤道几内亚和几内亚比绍等国签署相关合作协议。

5月23日 北京歌华有线电视网络股份有限公司总前端频道配置调整，新增CCTV-2、4、7、9、10、12、14及CETV-1高清共8套高清频道，及美食天府、延边卫视两套标清频道。

5月26日 北京电台交通广播以“北京应急广播”名义加入全市应急抢险救援队伍，任务是做好应急管理的权威发布与解读、发布应急突发预警信息、传播宣传应急知识和防灾救灾技能等，并与天津、河北两地的应急广播建立联动机制，协同服务京津冀应急管理工作。

5月26日 北京电影公益放映系统在全市开展“迎接党的十九大·共圆小康中国梦”主题放映活动，选定百部主题影片，悬挂张贴标语，历时6个月，放映5万余场。

5月 北京电视台推出4K人文纪录片《最后的沙漠守望者》。该片记述塔克拉玛干沙漠腹地达里雅布依人战胜恶劣生存环境、与自然和谐共存的故事，描绘“一带一路”相关建设给当地带来的新发展、新变化，通过人物命运引出“一带一路”倡议的必要性与迫切性。

5月至8月 中国电影博物馆组织举办第八届少年儿童电影配音大赛，直接参与7万余人，吸引70万少年儿童和家长关注。

6月

6月1日 北京电视台96168栏目服务热线新系统正式上线。此次升级改造，更换了硬件设备，升级了软件系统，拥有了基于微信公众平台的多媒体信息处理能力。

6月3日至10日 北京市首例村级电视云服务平台在昌平区“智慧崔村—美丽八家村”正式上线，包括美丽八家、智慧党务、三务公开、村民课堂等四大模块，展示八家村党务、村务、财务情况等，村民可第一时间了解到身边所发生的事情，并享受多项便民服务。

6月5日 北京电视台与市文物局共同打造的“文化与自然遗产日”特别节目在《这里是北京》栏目播出，节目围绕“三个文化带”“中轴线申遗”“我市近两年重大考古发现”等内容，宣传北京在文化和自然遗产事业方面的发展成就。

6月6日 2017北京广播电视重大主题节目项目选题策划会在北京电视台召开。中国人民大学、中国传媒大学、中国社科院等高校及中央电视台、中央人民广播电台、新华社、人民日报等媒体参会研讨。与会专家对北京电视台根据弘扬社会主义核心价值观、中国传统文化、系列纪念活动、京津冀协同发展、2022年冬奥会宣传五大主题，策划出的25个新闻类、专题类节目予以认可。

6月8日至10日 北京新媒体集团直播第二十届北京国际科技产业博览会。新媒体集团继续沿用直播方式，由“时间妹妹”探访各场馆特色展位，网友可通过北京时间网站和APP进行观看，实现足不出户看展会的在线体验。

6月10日 毛主席“发展体育运动，增强人民体质”题词发表65周年。北京电台体育广播当天推出纪念毛主席题词系列专题《广播体操，我们共同成长的记忆》，共6集，用故事串联起听众对广播体操的情怀和记忆。

6月10日 “喜迎十九大·走进新国企”第二届“首都国企开放日”启动仪式举行。北京北广传媒城市电视有限公司作为北京市国资委指定的户外宣传媒体平台，开放日当天在6块户外LED大屏幕对“国企开放日直播报道”同步转播。

6月12日 国家新闻出版广电总局批复同意北京广播电视台青年广播调整为国际音乐广播，对外呼号为“北京人民广播电台动听调频”；爱家广播调整为青年广播，对外呼号为“北京人民广播电台活力调频”。

6月12日 国家新闻出版广电总局、环境保护部公布2016年度“美丽中国”环保公益广告活动评选结果，北京市新闻出版广电局获优秀组织机构唯一的一等奖，4部作品获奖项。

6月12日 北京歌华有线电视网络股份有限公司高清交互数字电视平台“增强电视”应用上线，覆盖使用HMT2200高清交互机顶盒的300余万用户。“增强电视”项目作为2013—2014年度中央文化创意产业资金支持项目，以直播频道为蓝本，以“一键进入”操作方式提升新媒体业务用户体验。

6月15日 国家新闻出版广电总局“广电网络与新闻出版业务融合技术应用（数字电视网络图书馆）项目”召开启动工作会暨签约仪式，首批参加推广工作的10家有线电视网络公司与参建单位共同签署备忘录。北京歌华有线电视网络股份有限公司总经理卢东涛参加会议。

6月15日 “讲述中国故事 还原梦想色彩——《中国梦365个故事》第二季启动仪式”在北京电视台举行，市委常委、宣传部部长杜飞进，中宣部宣教局副局长常成等及有关专家学者100余人参加。新华社、中新社、光明日报、北京日报等20多家主流媒体采访报道。

6月21日 京津冀交通广播联盟启动暨京津冀协同发展大型联合报道雄安采访团授旗仪式在河北雄安新区王家寨村主会场举行。三地交通广播记者以雄安新区白洋淀景区乡村建设和历史文化为题，报道当地百姓生活的新气象新风貌，同时联合发布“信息采集交换及发布机制”“联手打造品牌节目机制”和“重大主题联合采访机制”等合作项目。

6月23日 北京电台交通广播《一起午餐吧》与天津电台交通广播《1068派》、河北电台交通广播《992乐行天下》联合推出特别栏目《京津冀 生活圈》，并在各自开路广播中播出。《京津冀 生活圈》每半月播出一期，节目内容包括交通领域话题，三地历史、文化、生活的多角度介绍，以及对三地的共同兴趣话题进行整合与探讨。

6月26日 “北京青年广播”在北京广播大厦举行开播仪式。当天，北京电台青年广播开启持续20小时的大型直播节目《声如夏花——北京青年广播开播日》，北京电台高校广播联盟也宣告成立。

6月26日 北京电台皂君庙调频发射机房新系统正式上线。该系统采用世界先进的发射机和天馈线，天线中心高度提高23米，可部分缓解城市高楼遮挡问题，覆盖效果有所提升。

6月26日 北京电视台文艺、影视、青少频道进行全新改版。文艺频道推出全新综艺节目《喜剧合伙人》，关注北京喜剧资源和本土民生内容；《影视风云》改版后全景展示影视剧片场；《大戏看北京》与《炫剧场》《影视风云》联合打造影视看点。影视剧中心推出一档编辑性节目《BTV聚精彩》，丰富频道节目类型；青少频道增加《谁在说》《军情解码》等支柱节目时长；打造具有青年特色的谈话节目带——《国际双行线》；推出剧情谈话类节目——《戏里戏外》，剖析热播剧剧情，折射都市生活。

6 月 27 日、28 日 北京市新闻出版广电局召开第二轮《北京志·广播电视志》初审评议会。局党组书记、局长杨烁，《北京志·广播电视志》主编、局副巡视员卞建国，以及市地方志编纂委员会办公室、第二轮《北京志·广播电视志》专家编写组、总局办公厅、中央三台、市属两台等修志负责人参会。会议对北京广播电视志初稿进行评议，予以充分肯定并提出修改意见。

6 月 28 日 北京电台网络媒体中心正式推出第一个微信小程序“建外 14 号”，实现 10 套开路广播和 6 套有线调频直播。这是全国首个广播在线直播微信小程序。

6 月 29 日、30 日 北京电视台推出《香港回归 20 周年》二集系列报道，在《北京您早》播出。该报道通过专访香港特别行政区行政长官梁振英等各界代表近 20 人，展现香港回归祖国 20 年来取得的成就。

6 月 30 日至 7 月 2 日 北京电台交通广播现场采访报道长征五号遥二火箭在海南文昌航天发射场的发射过程，共发现场连线 6 个、非现场口播 2 个，同时，通过“北京时间”和“一直播”视频软件开通手机视频直播，现场独家采访航天科技集团运载火箭技术研究院总装厂厂长马慧廷，两个视频平台收看人数逾 22 万人次。

6 月 北京歌华有线电视网络股份有限公司成为广电行业上市企业中首批被纳入 MSCI 新兴市场指数的公司。

6 月 北京北广传媒移动电视终端平台全面更新改造，32 英寸显示屏系统开始大规模安装。

6 月 北京市新闻出版广电局宣传管理处再次被国家新闻出版广电总局评为 2016 年度国产纪录片及创作人才扶持“优秀组织机构”。2016 年，北京局共向总局推荐国产纪录片 62 部，其中 19 部被评为优秀作品，13 部入选中国梦纪录片展播奖补片目；《抗美援朝》《大西山》《西藏》《宋之韵》《传家》《我从新疆来》等获社会好评；《第三极》《缪斯之旅》等走出国门参加国际著名纪录片节展。

6 月 北京市新闻出版广电局完成 2017 年度广播电视公益广告项目扶持的征集、评审、资金发放、展播要求等工作。2017 年共征集到广播类作品 169 个、电视类作品 262 个，最终确定 2017 年度广播电视公益广告专项资金扶持项目共 106 项。其中，传播机构类一类 6 个、二类 10 个、三类 8 个；电视作品一类 6 个、二类 10 个、三类 30 个；广播作品一类 6 个、二类 10 个、三类 20 个。

7 月

7 月 1 日 北京电台新闻广播制作播出《纪念香港回归 20 周年特别报道——二十年、二十人》，集中反映香港回归 20 年来，香港社会、港人生活与内地（特别是北京）日益紧密的联系以及合作中悄然产生的变化等，通过个人命运的转变折射大时代历史潮流。

7 月 2 日 北京电台城市广播问医生团队参与承办“国医名师·中医脊梁——贯彻落实《中医药法》百名国医宣传活动”在国家会议中心正式启动，中医药文化立体传播联盟合作项目现场签约。

7 月 4 日 北京市新闻出版广电局科技处与国家新闻出版广电总局广科院举行促进北京市广播影视科技发展交流座谈会。双方决定在三方面合作：一是积极开展 8K 超高清电视标准制定研究及试点应用；二是在京津冀协同发展中加强广电科技资源共享；三是进一步优化形式，推动北京市广电科技企业积极参与“一带一路”规划，使“走出去”进一步取得实效。

7月6日 “紫荆花开好事来”香港回归20周年京港影视文化交流高峰论坛在国家会议中心举行。北京电视台、北京广播电视报社展现京港两地影视文化交流二十年来的显著发展。

7月6日 “不止于声——北京电台2017声音推广季”正式启动。《北京新闻》两位资深播音员现场还原90年代的播报场景，以多种形式展示北京电台具有代表性的好声音。

7月7日 北京电台故事广播主办的第五届“北京最美乡村故事”征集活动启动，主题为“共建美丽乡村、共享美好生活”。

7月7日 北京电视台推出纪念全民族抗战爆发八十周年系列主题报道。该系列报道包括《北京新闻》中推出：“纪念全民族抗战爆发八十周年”；《这里是北京》播出“卢沟桥事变80周年”3集系列节目；《记忆》《档案》等栏目推出“抗战英烈”主题特别节目。同时依托“BTV新闻”微信公众号、微博平台，设计抗战知识问答H5互动页面，推出“纪念‘七七事变’80周年”“我们用三首诗词回望过去”等主题推文、短视频，烘托历史氛围。

7月8日至12日 北京电台作为受邀核心合作媒体中的唯一传统媒体，全程参与“淘宝造物节”的宣传报道。

7月9日 军事题材动作影片《红海行动》在广东省湛江市举办首次新闻发布会，海军政治工作部副主任夏平少将、国家广电总局电影局副巡视员周建东、北京市新闻出版广电局副局长胡东出席并致辞，中宣部文艺局影视处、北京市委宣传部精品办、北京市新闻出版广电局电影管理处相关负责人参会。

7月10日 四达时代“影视大篷车”下乡放映活动在赞比亚正式拉开帷幕，为赞比亚百姓免费放映北京影视剧非洲展播季的精彩剧目。整个活动持续半个月，覆盖赞比亚卢萨卡、恩多拉、卡布韦、基特韦等四大城市周边的八个主要村落，放映电影24场。

7月10日 北京电视台新闻节目中心《这里是北京》栏目推出《运河·北京》7集系列节目，包括“北京运河从哪儿来”“长河之上”“什刹海的不了情”“重生的玉河”“北运河”“藏起来的运河”“运河的力量”等，通过采访市区文物保护专家，从保护、传承、利用三个层面详细记述北京运河的考古挖掘进程和人文故事。

7月11日 “中澳纪录片周”优秀纪录片展播暨北京电视台与澳大利亚广播公司交流活动在京举行。北京广播电视台台长李春良与澳大利亚广播公司总裁签署《2017中澳电视展播合作备忘录》，通过互播纪录片促进两国文化交流。

7月13日至14日 北京市委副书记景俊海到北京电台、北京电视台调研并召开座谈会。

7月14日 由北京紫禁城影业有限责任公司、文漫媒体有限公司、北京正泓文化有限责任公司、中视体育娱乐有限公司等共同出品的电影《谁是球王》在贵州举行首映活动。

7月14日至15日 北京电台音乐广播独家报道第51届瑞士蒙特勒爵士音乐节，该音乐节是全球持续时间最长、音乐水平最高的爵士音乐节。

7月15日 2017“我的冬奥梦”北京电台双语小记者全国选拔赛结束，颁奖典礼在清华大学大礼堂举行。选拔赛历时5个月，覆盖北京、河北、陕西等省市200多所中小学，这是北京电台连续第三年以“我的冬奥梦”为品牌，为中小学生搭建的个人风采展示平台。

7月17日 北京歌华有线数字媒体有限

公司与中版集团数字传媒有限公司合作推出的“咪呀之星”讲故事大赛，首次入选第五届北京惠民文化消费季书香艺韵板块。大赛推出“咪呀带你讲故事”“我与绘本有个约会”“全家一起读绘本”等亲子阅读交互活动，通过电视端、移动端为小朋友和家长提供优质少儿读物和展示自我的平台。

7月18日 北京电台音乐广播主办的“乐享四季·北京广播音乐会”系列公益演出在北京音乐厅正式拉开帷幕。该系列演出14场。首场演出与中国电影乐团合作，以“胜利的勇气”为主题演奏进行曲，向中国人民解放军建军九十周年致敬。

7月18日 北京市新闻出版广电局召开推进依法行政工作专题会，局党组书记、局长杨烁主持，局领导班子成员，机关各处室、局属各单位负责人参会。

7月20日 四达时代获得国际篮联2017—2021所有赛事在撒哈拉以南非洲的独家媒体权利，其中包括2019年在中国举行的国际篮联世界杯。

7月20日 北京市新闻出版广电局组织部分在京影视单位创作座谈会，市委宣传部精品办、局相关领导、处室、近30家北京影视单位参会。

7月21日 北京市新闻出版广电局在北京会议中心召开行业安全生产大检查动员部署会。

7月24日 由市政府办公厅主办，北京电台城市广播联合北京电视台等媒体制作的年度大型系列直播访谈节目“市民对话一把手·砥砺奋进的北京”正式播出。节目围绕疏解非首都功能、城市副中心建设、空气清洁行动、保护古都风貌等内容，邀请各相关部门及地区“一把手”，现场解答市民关心的问题，首次实现广播与电视同步直播。

7月25日 “今日俄罗斯”国际通讯社北京分社社长卡斯巴申一行，到北京电台就广播节目交流播出、新闻资源共享和联合采访项目等座谈协商。双方就拓展国际新闻类节目来源、北京—莫斯科双城联合采访项目的可行性，深入探讨。

7月26日 由北京紫禁城影业有限责任公司、海润影业等联合出品，北京市委宣传部、北京市新闻出版广电局联合摄制，列入北京市文化精品工程项目的电影《我是马布里》(原名《纽约人在北京》)在北京大学生体育馆举行首映仪式并在全国院线上映。

7月26日 北京电台“诵读小站——北京图书大厦站”揭幕暨北京电台北京图书大厦直播间开播，这座直播间由北京电台与市新闻出版广电局、书香中国·北京阅读季领导小组办公室、北京图书大厦共同打造，近百平方米的场地可全方位满足读者朗读、作品录制、诵读分享及阅读体验。

7月30日 2017“电台复活节”活动在北非摩洛哥撒哈拉沙漠举行。活动由北京电台动听调频与QQ音乐等18家媒体机构联合发起。活动提出“有趣声活2小时”，旨在倡导人们安静享受2小时的电台陪伴。

7月31日 “不止于声——北京电台2017声音推广季”特别策划的广播真人秀展示类节目《话筒开了》在文艺广播开播。

7月31日 由北京市新闻出版广电局主办、四达时代集团承办的“2017北京影视剧非洲展播季”启动仪式在赞比亚首都卢萨卡举行，为非洲观众奉上8部北京影视剧，全年度另有17部电影和400集电视剧，用英、法、葡、斯瓦西里、豪萨、约鲁巴和乌干达等7个语种播出。

7月31日 北京电台节目制作中心2017年“广播节目、音频产品创新大赛”评选揭晓，36件作品分获各奖。

7月31日至8月2日 北京电台城市广

播《城市文化范》推出特别策划“红星在我心”，从展览和收藏的角度解读“八一建军节”历史文化内涵。

7 月 北京电视台推出《京西古村落》系列专题片 12 集，以古村落为载体，从历史演变、文化传承、民俗风情、特色建筑等方面，展现马栏村、苇子水村、东石古岩村等 12 个门头沟区古村落文化遗产全貌。

7 月 北京歌华文化发展集团向北京市文化投资发展集团整体转让国家对外文化贸易基地（北京），进一步优化资产结构配置，主营业务由重点建设文化贸易服务平台转向构建创新设计服务平台。

7 月 北京北广传媒移动电视有限公司首次承担门头沟区部分行政村发射站移机，公司技术服务运维实力进一步提高。

8 月

8 月 1 日 北京电台新闻广播联合江西、广东、江苏等地 15 家电台，围绕八一之路、阅兵、强军三个主题推出 4 小时特别直播节目《军旗正红》，同时转播在京举行的庆祝中国人民解放军建军 90 周年大会实况。

8 月 2 日 北京电台召开 2017 年安全播出工作会，部署党的十九大期间安全播出任务。

8 月 2 日 北京广播电视台党委调整北京广播电视报社领导班子，宋杰任副社长，张震任副总编辑。

8 月 3 日 市人大常委会、北京电台联合市人大推出大型系列访谈节目“人民之托——代表访代表”在北京广播网、北京时间和一直播三大平台视频直播，在北京新闻广播《议政论坛》、北京城市广播 19:30 ~ 20:00 展播，节目由市第十三届、十四届人大代表、电台总编辑王秋担任主持人。

8 月 4 日 北京电台举办名为“一半海水 一半火焰”的电台 DJ 演唱会，是“不止于声——北京电台 2017 声音推广季”的首场线下活动。

8 月 4 日 “丝路大 V 爱上北京文化行”代表团一行 40 余人，到北京电台参观交流。代表团成员包括土耳其、俄罗斯、埃及、约旦、苏丹、阿富汗和印尼等丝路沿线国家的 14 名人士，参观电台直播区和总控室，了解电台整体运行情况，并与北京外语广播就未来的合作进行探讨。

8 月 4 日 中国电影博物馆举办“影博·影人专题展七：邮票中的电影世界——吴凡电影艺术邮票藏品捐赠展”。

8 月 4 日至 7 日 北京电视台新闻节目中心《北京您早》《特别关注》《北京新闻》推出京北生态涵养系列报道，共 4 集，分别以“塞罕坝造林：战天斗地英雄创业”“塞罕坝：望海楼上的夫妻守望”“塞罕坝：传承接力 增强发展后劲”“承德实施‘双百’行动 ‘黑色产业’向绿色转变”为主题，重点报道京津冀生态文明建设典型案例，大力弘扬塞罕坝精神。

8 月 6 日 中国电影博物馆举办第八届少年儿童电影配音大赛颁奖仪式。

8 月 8 日 北京电台八零四发射台南塔区域道路及排水设施修缮工程正式竣工验收。该工程彻底解决塔区道路积水、排水设施老化的问题，为发射台汛期的防汛及安全播出提供保障。

8 月 8 日 四川九寨沟发生 7.0 级地震，北京北广传媒城市电视有限公司第一时间制作并发布“九寨沟平安”的主题公益图片和室内、户外防震科普专题图片栏目以及“不要盲目前往灾区”的倡议等，在城市电视楼宇电视小屏联播网及 8 处户外大屏高频次循环播出。

8月10日 由四达时代集团主办的尼日利亚胡路米村卫星电视试点项目启动仪式在阿布贾近郊的胡路米村举行。

8月11日 2016年度《新广播》报优秀稿件评选结束，26篇（组）作品分获一二三等奖及特别奖。评委会由台领导、总编室、各专业广播、网络媒体中心及节目制作中心等相关负责人组成，根据报送稿件及2016年度报纸总体质量投票评出。

8月11日 列入2016年度北京市文化精品工程项目的主旋律军事题材影片《战狼2》票房达40.56亿元，列华语电影票房第一位，人民日报、中央电视台、新华社、解放军报等主流媒体纷纷报道。

8月12日 北京电台动听调频“麻雀特工”赴德国采访世界著名艺术展——卡塞尔文献展。

8月13日 2017北京电台音乐广播举行“未来星主播”DJ新星秀决赛。

8月13日 北京电台交通广播“好司机团队争霸赛”结束。该活动依托“好司机养成记”APP，以“主持人带队听众互相PK”的真人游戏秀为主要形式展开。活动共有716支司机团队报名参赛，累积驾驶里程21.74万公里，驾驶时长7042.5小时，活动页面累计浏览量90.4万次。

8月14日 北京电视台新闻节目中心50集专题片《红色京津冀》在《北京您早》《特别关注》《都市晚高峰》等栏目播出。该专题片大力弘扬革命红色文化，推动兴起迎接十九大宣传热潮，得到市委领导的充分肯定，引发社会各界广泛关注和热烈反响。

8月17日 北京市委常委、宣传部部长杜飞进审看列入北京市文化精品工程项目、由北京市新闻出版广电局扶持的电影《进皇城》。该片由北京市委宣传部、安徽省委宣传部、北京市新闻出版广电局、安徽省新闻出版广电局、扬州市委宣传部联合摄制，讲述清代乾隆年间扬州盐商江春家供养的春台班进京为皇帝祝寿的故事。

8月17日 北京电台体育广播《全·明星》特别访谈节目，访谈北京男排青年队员江川、刘力宾、张秉龙，三人为中国男排打进世锦赛赢得荣誉。北京广播网、北京时间、凤凰新闻、今日头条同步视频直播，当晚视频点击量突破25万。

8月18日 由导演伊萨克·纳布瓦那拍摄的中国功夫题材电影《Bruce U》首映式，在乌干达首都坎帕拉市郊的瓦卡里加贫民窟举行。该片由新华社中国新华新闻电视网（CNC）发起、四达时代承办的“微笑非洲”首期活动。

8月18日 北京市人民政府授予北京交通广播“北京应急广播”称号并举行授牌仪式，交通广播正式成为权威应急信息发布渠道之一。

8月20日 “大师与少年暨北京广播之声青少年乐团成立”公益音乐会在中央音乐学院歌剧音乐厅举行。

8月21日 北京电台故事广播主办的“爱不孤读”百部少儿睡前故事征集暨幕天捐书活动，在北京市新华书店王府井书店举行启动仪式。活动在全国范围内征集优秀的睡前故事播讲者，与电台主持人、社会文化名人共同完成百部睡前故事的录制，并把睡前故事光盘和图书送到偏远山区校园，为乡村课堂打造图书角，丰富偏远地区校园文化生活。

8月21日 北京电台城市广播与辽宁广播电视台经济广播联合推出特别节目《辽宁好医生》。该节目由城市广播问医生团队负责网络视频直播、多平台分发，第一次在外埠成功复制，形成两地广播及新媒体传播合力。

8月23日至26日 北京新媒体集团参

加第二十六届北京国际广播电影电视展览会。除延续“北京时间妹妹带你看展会”主题直播外，首次展示北京 IPTV 的产品。展会现场首次以“智慧客厅”为主题，对北京时间产品、IPTV 产品进行结合展示。

8 月 23 日 北京电台“诵读小站”“98.2 青年广播”“讯听云”“听听 FM”参展第二十六届北京国际广播电影电视展览会（简称 BIRTV）。

8 月 23 日 中国电影博物馆举办伊朗电影周开幕式。

8 月 25 日 中国电影博物馆召开展览大纲修订工作专家聘任会，聘任 75 位电影界、博物馆界、学术界人士为中国电影博物馆展览大纲修订工作专家，聘期至 2020 年 12 月。

8 月 25 日 北京电台前方报道团提前抵达天津全运会开幕式现场。技术中心克服临时场馆的技术困难，使用 4G 主播的方式完成所有传输的技术要求，并完成现场直播间的搭建和测试。

8 月 25 日 乌干达共和国议长卡达加一行在北京参观考察四达时代集团总部，双方在数字电视运营、技术交流、人才培养及节目内容等领域继续深化合作，促进乌干达经济发展和社会进步，实现互利共赢。

8 月 28 日 北京歌华有线电视网络股份有限公司高清交互数字电视平台上线《央视报道》新闻栏目，设“新闻”和“专题”两个分区，及时更新中央电视台有关北京的建设成就报道，每周更新新闻节目超过 2000 分钟。

8 月 31 日 北京电台 2017 年最佳节目评选在广播大厦举行。评选分新闻、社教、文艺、播音主持四个组别，评委由台领导、专家、电台顾问、各专业广播及相关部门负责人组成。评委以投票方式，评出最佳节目 19 个，优秀节目 59 个，新人奖 3 个，最佳创新奖 1 个，优秀创新奖 4 个。

8 月 国家新闻出版广电总局发布 2016 年度广播影视科技创新奖评奖结果，北京市新闻出版广电局收听收看数据平台获三等奖，这是北京局获得的第一个软科学类广播影视科技创新奖项。

8 月 北京市新闻出版广电局应急广播密云示范项目，在中国广播电影电视社会组织联合会技术委员会主办的 2016 年度科技创新评奖中，获工程技术类三等奖。

8 月 北京北广传媒移动电视有限公司网络直播项目《解读新交规，撞死碰瓷者咋办》参与量达到 60 万人次，创历年峰值。

9 月

9 月 1 日 北京市新闻出版广电局优化“设立广播电视节目制作经营单位许可”申报材料两项，上报国家新闻出版广电总局备案。

9 月 2 日 北京电视台联合新华三集团、成都索贝数码科技股份有限公司、北京新奥特云视科技有限公司，召开融合媒体生产云平台项目启动会，介绍项目建设规划，签署《BTV 融合媒体生产云平台项目服务保障备忘录》。

9 月 3 日 北京电台 8 位主持人携手大逗相声社演员联袂出演的幽默戏曲《龙凤呈祥》在青蓝剧场上演，主持人跨界参演戏曲是“不止于声——北京电台 2017 声音推广季”主题活动的一项内容。

9 月 5 日 北京、天津、河北三地广播电台联合推出“京津冀三地体育局长直播访谈”，邀请三地体育局长走进全运会 IBC 直播间，畅谈推进京津冀协同发展中体育的作用。这是京津冀三地广播电台首次联合制作体育话题的节目，节目在全运会广播电视中心 IBC 现场直播，北京体育广播、天津新闻广播同步直播，中国广播联盟成员台、中央人民广播电台中国之声等同时报道。

9月5日至9日 北京新媒体集团承办市侨办、市外宣办、北京冬奥组委共同主办的“聚焦首都发展·携手助力冬奥”——2017年海外华文媒体北京行活动，24个国家50家海外华文媒体负责人参与，共同成立“海外华文媒体助力北京创新发展合作机构”。

9月9日 北京北广传媒城市电视有限公司入选“亚洲品牌500强”榜单，并获“最具影响力户外媒体”大奖。

9月9日 市委常委、宣传部部长杜飞进主持召开专题会议，听取北京电视台大型文化创意服务类季播节目《创意中国》栏目组工作情况汇报，并对下一步工作进行部署。

9月10日 北京卫视联合阿里巴巴、浙江卫视、深圳卫视推出全球互动直播“天猫2017双11狂欢夜”，以三台联动规模延展“娱乐＋消费”新型传播模式，融入VR全景技术、CG动画、AR虚拟技术等新科技跨屏互动，创新“电视＋电商”营销模式。

9月11日 市委书记蔡奇，市委副书记、代市长陈吉宁，市委常委、宣传部部长杜飞进，副市长程红，副市长王宁等同志莅临北京广播电视台在第十二届中国北京国际文化创意产业博览会上所设展位，参观了北京电视台展示内容，充分肯定了北京电视台新闻宣传报道工作的成就。

9月11日 北京电台“诵读小站——兼具广播和线下实体互动功能的融媒体产品”“98.2青年广播新频率——国内首个真正意义的全频可视化广播电台”等项目参展第十二届中国北京国际文化创意产业博览会。

9月12日 北广合意国际文化传媒（北京）有限公司与京演体育文化发展有限责任公司在第十二届中国北京国际文化创意产业博览会现场举行签约仪式。

9月13日 北京电台“2017声音推广季”特别策划《话筒开了》直播节目，共60名主持人在系列节目中讲述经历故事、生活感悟、兴趣爱好等，用不同的声音展示广播魅力。

9月14日至15日 北京市新闻出版广电局举办依法行政法制培训班。局机关各处室、局属各单位主要负责人和涉法工作人员，市属主要出版广播影视单位法制部门负责人，各区文委、广电中心和经济技术开发区社会发展局法制科及执法队主要负责人及法制骨干110余人参加培训。

9月15日 北京电台外语广播策划的“看北京 Beijing In My Eyes——‘一带一路’沿线国家媒体记者参访北京”系列，举办首场活动“冰雪进校园”来自巴西、阿根廷、墨西哥、菲律宾、泰国、巴基斯坦等21个国家的媒体记者在中华世纪坛冰场参观海淀区翠微小学的冰上课程，体验3D模拟滑雪项目。

9月15日 北京市新闻出版广电局召开电视剧专题工作会，局长杨烁出席并讲话。

9月16日 在北京市委副书记、代市长陈吉宁和塞尔维亚共和国贝尔格莱德市市长马利见证下，北京市新闻出版广电局副局长胡东与塞尔维亚电影中心主任波本·耶夫蒂齐，签署《电影合作谅解备忘录》。

9月16日 北京创作生产的5部影片在第26届中国金鸡百花电影节暨第31届中国电影金鸡奖颁奖典礼上获奖：博纳影业集团《湄公河行动》获最佳故事片；耀莱影视《我不是潘金莲》获最佳导演（冯小刚）、最佳女主角（范冰冰）、最佳男配角（于和伟）；北京功做事影视文化有限公司《解救吾先生》获最佳剪辑（丁晟）、最佳男配角（王千源）；青年电影制片厂《搬迁》获最佳女配角（吴彦姝）；天画画天（北京）影业有限公司《塔洛》获最佳中小成本故事片。

9月17日 在塞尔维亚贝尔格莱德南斯拉夫电影资料馆，举行由中国驻塞尔维亚大使馆、中国电影家协会、北京市新闻出版广电局、中国电影博物馆和南斯拉夫电影资料馆联合主办，塞尔维亚文化和媒体部赞助支持的“中国电影展映”启动仪式。这是北京市政府在塞尔维亚举办的“北京日”活动之一，北京市新闻出版广电局、中国电影博物馆、塞尔维亚文化和媒体部、塞尔维亚电影中心以及塞尔维亚艺术家、民众、中国留学生近200人出席。

9月17日至24日 北京市新闻出版广电局一行赴俄罗斯、匈牙利举办“北京优秀影视剧俄罗斯展播季”系列活动。在圣彼得堡和莫斯科分别举办启动仪式、电影文化讲座和展映；在圣彼得堡和布达佩斯进行会谈；参观莫斯科电影学院、格林伍德国际贸易中心和布达佩斯影视制作基地。

9月19日 中国电影博物馆迎接党的十九大召开重点项目“不忘初心——红色电影庆祝十九大”影展开始，活动持续至11月10日，展映《国歌》《开国大典》《焦裕禄》《第一书记》等三十余部优秀影片。

9月20日 由市委宣传部、首都文明办主办，北京广播电视台、北京人民广播电台承办的“闪亮的旗帜——北京城市副中心建设中的北京榜样”主题活动在通州潞城建设工地举行。10名副中心建设者获“2017北京榜样·城市副中心建设特别奖”。市委市政府有关部门、城市副中心建设施工单位以及建筑工人代表500余人参加。

9月20日 北京电台体育广播运动体验团队举办“寻找下一个可能”——体育产业新锐沙龙暨《体育的101种可能》节目改版发布会。

9月20日 由北京电台故事广播主办、平安人寿北京分公司协办的“爱不孤读”百部少儿睡前故事征集暨幕天捐书捐赠活动，在房山区蒲洼中心小学举行收官仪式。

9月21日 北京市委书记蔡奇到北京电台调研，观看电台宣传片《不忘初心·砥砺前行》，了解电台媒体融合产品“听听FM”“讯听云”和“好司机养成记”三个APP，察看青年广播、城市广播、新闻广播、交通广播等专业广播直播间及主控机房等设施，对电台如何搭建政府与市民沟通、如何做好主旋律报道等情况调研并提出具体要求。

9月21日 市委书记蔡奇到北京电视台调研，并看望慰问一线新闻采编播人员，市委常委、宣传部部长杜飞进，市委常委、秘书长崔述强一同调研。

9月22日 北京电台与“今日俄罗斯”国际通讯社旗下的俄罗斯卫星通讯社举行合作签约仪式。

9月22日至10月7日 由文化部和北京市政府共同主办、北京歌华文化发展集团、北京工业设计促进中心联合承办的2017北京国际设计周在京津冀三地举办。来自二十多个国家的万余名设计师及设计机构代表参与活动，观众超过800万人次，另有国内外5000多万人次通过网络展览、在线直播等形式参与关注，带动文化旅游和各类设计消费超过30亿元。

9月23日 由北京电台打造的原创儿童音乐剧《BOBO星球音乐盒之森林大派对》在北京剧院上演。该剧为北京文化艺术基金2016年度资助项目，也是北京电台“2017声音推广季”主题秀场的压轴活动。

9月24日 北京歌华文化科技创新中心有限公司、中关村科技园区东城园管理委员会、丹麦筑土建筑设计公司签署启动“青龙文化创新街区项目”，旨在营造一个能源供给充足、绿色节能环保、产业环境良好的高度宜居街区。

9 月 25 日 “中国电影国际巡展——中国电影走进塞尔维亚”在塞尔维亚首都贝尔格莱德开幕，活动内容包括：巡展开幕式、“中国电影 112 年”大型图片及实物展览、中国电影展映和电影大讲堂等，该活动是北京市政府在塞尔维亚举办的“北京日”主要活动之一。

9 月 25 日至 12 月 31 日 由中共中央宣传部、国家发展和改革委员会、中央军委政治工作部、中共北京市委联合主办的“砥砺奋进的五年”大型成就展在北京展览馆举行。展览由北京歌华设计有限公司负责政治、文化、民生、生态四个展区的设计制作。

9 月 27 日 在第十四届精神文明建设“五个一工程”表彰会上，北京市重点扶持创作的电影《战狼 2》《智取威虎山》《湄公河行动》和《百团大战》获优秀电影奖。

9 月 27 日至 29 日 2017 秋季北京电视节目交易会在北京会议中心举办，吸引了海内外电视节目制作机构及相关产业机构 480 家、电视节目播出机构 150 余家、海外来宾 27 家 55 人，总数超 3500 人。交易会共推介电视节目 1100 部，网络剧 96 部，电影、网络电影 18 部，纪录片、电视栏目 45 部，动画片 31 部，海外剧目 18 部，网络文学作品 50 部，规模创新高。

9 月 28 日 北京电台外语广播举办驻京外国主流媒体记者“看北京——参访核心区疏解整治成果”暨悦享秋中外媒体联谊会。来自今日俄罗斯、法新社、意大利广播电视公司、澳大利亚广播公司、俄罗斯第一电视台、越南之声广播电台、日本广播协会 NHK、英国《泰晤士报》等 12 个国家的 22 名记者携家属参加。

9 月 28 日至 29 日 北京电台 2018 年广播节目评标会举行。

9 月 29 日 北京电台文艺广播作为北京地区唯一广播媒体全程现场直播 2017 中国戏曲文化周开幕盛况。

9 月 30 日 中华人民共和国成立 68 周年国庆招待会在人民大会堂宴会厅举行，北京市新闻出版广电局传媒机构管理处处长马德献作为全国军转干部代表受邀参会。

9 月 30 日 中国国际广播电台与四达时代在国际台总部签署《中国国际广播电台内罗毕节目制作室委托建设合同》，委托四达时代在肯尼亚首都内罗毕为国际台建设包括新闻采编办公区、直播机房（含直播室和导播室）、机房和备播机房等在内的节目采编和制作播出办公室。

9 月 北京联合大学张春华老师到北京电台外语广播挂职，并参与一线采编等工作，为期一年。根据中宣部、教育部《关于加强高校新闻传播院系师资队伍建设 实施卓越新闻传播人才教育培养计划的意见》，市委宣传部会同市教工委开展高等学校与新闻从业人员互聘交流“千人计划”，这是首位高校教师到北京电台挂职工作。

9 月 北京市新闻出版广电局举行党组扩大学习会——与吴京一起分享电影《战狼 2》创作心得。中国新闻出版广电网、央视网、人民网、凤凰网、人民政协网、北京卫视、北京日报、搜狐、腾讯、新民网、闽南网、华龙网等媒体进行报道。

9 月 北京市新闻出版广电局出品的《北京最北——延庆人的冬奥》获中国电视艺术家协会电视纪录片学术委员会举办的第 23 届中国纪录片推选活动长片好作品奖。

9 月 北京市新闻出版广电局牵头，市委宣传部改革办、精品办，市文资办，市人力资源社会保障局等相关部门参加，研究制定北京市《国有影视企业社会效益评价考核试点工作实施方案》及《国有影视企业社会效益评价考核标准》。

10 月

10 月 2 日 北京电视台卫视节目中心《档案》栏目推出 6 集系列节目“通惠古今大运河”，从大运河历史文化发展脉络和当下北京文化中发掘更为深层次的人文价值。

10 月 4 日 北京北广传媒城市电视有限公司举办第二届中秋节“超级月亮”慢直播活动，现场吸引上万人驻足观看。

10 月 8 日 尼日利亚当地最受欢迎的杂志之一 City People 媒体集团授予四达时代豪萨语频道 Dadin Kowa“最佳 Kannywood 友好电视台奖”。

10 月 10 日 北京市新闻出版广电局 2016 年度北京影视出版创作基金资助项目、反映人民音乐家冼星海在哈萨克斯坦传奇经历的影片《音乐家》，在延安桥儿沟鲁艺会址举行中国首镜仪式。这是《中哈合作拍摄电影协议》的启动项目，是两国首部合拍电影。

10 月 11 日 北京市新闻出版广电局党组书记、局长杨烁到北京博纳影业制作公司调研，参加北京市新闻出版广电局重点扶持、向党的十九大献礼重点影片《红海行动》首次新闻发布会。

10 月 12 日 北京市新闻出版广电局参加京津冀地区打击治理“黑广播”确保党的十九大期间航空用频安全执法专项行动督导组在北京现场的督导打击行动。

10 月 12 日 市政府服务热线 12345 携手北京电台交通广播签订合作协议，推出《12345，我们在行动》广播栏目。市政府副秘书长、市信访办主任王有国，市政府服务热线 12345 信息调研处处长王宁，北京电台台长赵卫东，总编辑王秋等出席签约仪式。

10 月 12 日 北京市副市长王宁在北京市新闻出版广电局领导陪同下，到北京广播电视监测中心监测大厅、监测值班室及广播电视节目监测等部门检查安全播出工作。

10 月 16 日 由北京电视艺术中心有限公司参与出品的民国喜剧《小五当官》在腾讯上线开播。

10 月 16 日 由中华世纪坛世界艺术中心、丝路国家摄影组织联盟、山东国际文化交流中心、北京国际艺苑摄影基金会共同发起的“丝路国家青少年国际摄影竞赛”在京启动。该活动是中国首个专门为丝路沿线国家青少年摄影爱好者举办的国际摄影赛事。

10 月 18 日 中国共产党第十九次全国代表大会在北京人民大会堂开幕。北京市 21 家广播电视单位主要领导在岗带班，靠前指挥，全市 4000 多广播电视一线保障人员全力以赴，保证会议代表驻地、机关单位、居民用户收听收看广播电视节目安全。

10 月 20 日 北京电台外语广播与俄罗斯卫星通讯社联合推出《北京—莫斯科双城之声》栏目。栏目每周五在外语广播《环球三十分钟》节目中播出，日常版 5 分钟。来自俄罗斯卫星广播电台的《你好，俄罗斯》《面对面》两档节目在专栏中播发。同时，北京电台外语广播面向海外听众制作的《今日北京》节目提供给俄罗斯卫星通讯社。

10 月 23 日 第 24 届中国国际广告节中国广告长城奖在湖南长沙市揭晓。北京电台关晓松、马笑宇创作的形象广告《有滋有味北京话》间隔片花之“委婉篇”，获中国广告长城奖银奖；另有 12 篇公益广告获 2017 中国公益广告黄河奖优秀奖。

10 月 23 日 《北京广播电视报社内部控制规范手册（试行）》完成。报社以此手册为依据，全面梳理行政、采编、经营三大系列管理制度，形成完整的管理体系。

10 月 25 日 新一届中央政治局常委同

中外记者见面。北京电台、北京电视台2个频道、频率对见面会实况进行转播；歌华有线、鼎视传媒、新媒体集团做好直播转播安全传输；各区广电中心、高山转播站、移动电视等单位按各自职责，完成覆盖范围内信号播出；北京市新闻出版广电局主管领导和局相关处室、监测中心负责人在局调度中心一线指挥调度；各播出传输单位领导在岗带班，各岗位人员协同作战，共同保障转播及传输。

10月26日 北京电台举办“此声相伴”——2018年广告资源推介会。来自全国各地的企业客户代表、代理公司负责人、业内专家、长期支持北京电台的各界友人、媒体代表300余人到场。台长赵卫东致开幕辞。5家客户获“北京电台2017年度优秀营销案例奖”；18家广告代理公司获“北京电台金牌广告代理”称号；6人获“北京电台广告经营卓越贡献奖”。北京广播网、北京时间、一直播、凤凰新闻、今日头条、天天快报、新华客户端对活动全程视频直播。

10月28日 中国电影博物馆举办“影博·影人专题展六：我是一个兵，王晓棠专题展”。

10月31日 非洲足球联盟与四达时代集团签署《合作备忘录》，就共创足球新赛事、公共信号制作和传输、电子竞技游戏的开发制作等方面达成共识，建立长期合作伙伴关系。

10月 北京电台青年广播推出短视频独家专访《窦靖童：我把自己的声音当作一种乐器》，上线一周累计播放量突破168万，引来众多青年人关注。

10月 北广传媒移动电视有限公司单频网监测系统正式运行，填补单频网系统无集中监测系统的空白，单频网的安全保障级别进一步提高。

11月

11月1日 北京市委宣传部和北京市新闻出版广电局修订印发《北京市多厅影院建设补贴管理办法》，该办法重点扶持五环路以外城区影院、远郊区乡镇影院和北京城市副中心影院建设。

11月1日 北京地铁电视公司第三届董事会第一次会议举行，免去王伟董事长职务，同时选举周宇清为董事长，任期3年。

11月2日 北京电视台联合新华三集团、成都索贝数码科技股份有限公司、北京新奥特云视科技有限公司召开北京电视台融合媒体生产云平台项目启动会，总工程师田方与三家集成商签署《BTV融合媒体生产云平台项目服务保障备忘录》。

11月3日 “不止于声——北京电台2017声音推广季”活动举行收官庆典，举办以“四季歌”为主题的文学经典诵读。电台30位主持人被授予“北京好声音”称号，另有30位主持人获“广播好声音”称号。近200位业界嘉宾、听众代表出席，北京电台文艺广播、新闻广播、北京广播网、一直播、北京时间、凤凰新闻、新华社客户端、今日头条和天天快报同步直播。

11月3日 “燃烧吧！982”主持人选拔大赛颁奖仪式在北京电台青年广播直播间举行。大赛由北京电台青年广播联合荔枝FM举办。

11月10日 北京电台台长赵卫东和北京电台新闻广播记者张煜到西城区广内街道达智桥胡同和广阳谷城市森林公园采访，了解党的十九大之后北京市各区各部门在改善民生方面的实践。

11月10日 北京电台《国企故事》大型报道签约仪式在北京广播大厦举行。北京电台新闻广播、城市广播、交通广播、外语广播四个频率从不同角度，向海内外全方位宣传首都国企。市国资委、首开集团、北京电控、牡丹集团、同仁堂集团等企业代表和市属媒体代表出席签约仪式。台长赵卫东、总编辑王秋等参加仪式。

11 月 10 日 早 7 点，北京电台 Metro Radio 在华熙 LIVE hi-up 广场直播间，正式启动“Radio Pride Day 电台荣耀”——天生无畏挑战 200 小时不间断直播特别节目。主持人 Mr.Q 在现场直播间进行全天节目播送。同时，北京电台安排医疗团队及时跟进挑战者的身体状况，确保主持人在超长的直播过程中保持健康状态。在活动现场，吉尼斯世界纪录官方认证官正式向 Metro Radio 主持人 Mr.Q 授予官方纪录认证证书。

11 月 10 日 北京电视台卫视节目中心联手阿里巴巴、浙江卫视、深圳卫视推出全球互动直播“天猫 2017 双 11 狂欢夜”，以三台联动并网络直播规模延展“娱乐＋消费”的新型传播模式，以融入 VR 全景技术、CG 动画、AR 虚拟技术等新科技的跨屏互动，创新“电视＋电商”的营销模式。在长达 4 小时的直播过程中，线上线下的互动形成了收视高峰与购物高峰的叠加效应，把握内容资源的电视媒体与占据渠道优势的电商平台实现了双赢，北京卫视创省级卫视第四的收视成绩。

11 月 13 日 北京电台城市广播《教育面对面》栏目的对话“双一流”高校校长直播访谈节目在中国传媒大学电视台高清演播室拉开帷幕。中国传媒大学校长胡正荣接受首期节目专访。北京广播网、北京时间、一直播、凤凰网、今日头条等平台进行网络视频直播。

11 月 13 日 北京市代市长陈吉宁会见惠灵顿市长贾斯汀·莱斯特率领的市政府代表团。北京市新闻出版广电局局长杨烁陪同。杨烁与惠灵顿地区经济发展局总经理大卫·琼斯签署《电影合作谅解备忘录》。

11 月 13 日 北京歌华有线电视网络股份有限公司业务在“微信—钱包—生活缴费”栏目上线。用户可选择“微信—钱包—生活缴费—有线电视”，输入智能卡编号即可办理欠费补缴及充值业务。

11 月 16 日 四达时代集团董事长庞新星与刚果（金）总理 Bruno Tshibala 会见，并出席总理会议。双方就刚果（金）实施数字电视整转项目达成意向。

11 月 17 日 北京电台青年广播推出“世界大学生日”特别主题节目。当天，该频率多档节目联动，8 小时直播节目畅谈国内大学生最时尚、最流行的活动及最新资讯，多个时段连线世界各地大学生，分享各国高校人文趣事。节目在花椒直播、一直播、北京时间、蜻蜓 FM 等平台均进行页面大字标题推广，搜狐 APP 首页、荔枝 FM 微博发布宣传，全天观看量突破 58 万人次。

11 月 20 日 北京电台大型报道《国企故事》的重要内容“市民对话（国企）一把手”在北京电台城市广播（FM107.3/AM1026）拉开帷幕。15 位首都国企“一把手”做客直播间，就京津冀协同发展、文创产业、民生保障等内容与市民直接交流，听众和网友通过热线电话、微博等方式提出问题，参与节目。

11 月 21 日 来自南亚、东南亚 12 个国家的 15 位记者走进北京电台，就媒体融合创新的话题与北京记者进行交流。在中外媒体座谈会上，北京电台新闻广播、交通广播、Metro Radio 和外语广播就讲好故事、应急服务、品牌活动和海外融媒体合作等进行主题发言。

11 月 23 日 上午 10 点，北京电台新闻广播《新闻热线》公号“问北京”得到新闻线索，北京新天地红黄蓝幼儿园疑似存在“虐童事件”。特报部记者立即多方联系，于 11 点前

往涉事幼儿园现场采访多名家长。13点55分，《新闻热线》公号“问北京”发出第一篇报道《家长曝：北京新天地红黄蓝幼儿园发生猥亵虐童案|受害家长哭诉|园方回复》。5个小时后，公号点击量超过10万。

11月23日 金融界“金智奖”上市公司价值评选颁奖典礼在京举行，北京歌华有线电视网络股份有限公司获“2017年度中国上市公司最具社会责任奖”。

11月23日 北京紫禁城影业公司出品的《与雷锋有关的日子》开机新闻发布会，在抚顺市友谊宾馆举行。抚顺市委市政府有关负责人、影片出品及摄制单位的负责人、特邀嘉宾雷锋班第十九任班长李有宝，以及影片导演、演员、和抚顺市各界群众代表出席。

11月24日 北京电台与北京日报报业集团共同主办的第三届两岸媒体人北京峰会广播分论坛暨第五届京台广播发展与合作交流会，在北京饭店举行。北京电台和台湾广播界代表以“广播产业发展与盈利模式创新”为主题展开讨论，交流经验。北京电台总编辑王秋与台湾中华广播商业同业公会理事长涂进益在广播分论坛上致辞。

11月24日至28日 北京市新闻出版广电局举办首届北京纪实影像周，80余家纪录片机构近3000人参加主会场活动，逾百家新闻媒体参与报道。

11月25日 四达时代作品《“中国影视大篷车”电影下乡放映活动》获2017中国国际品牌创新节—科睿奖文化创新类金奖，并入选工商出版社《2017中国国际品牌创新节科睿奖案例精选》丛书。

11月28日 北京市工商联服务民营企业“走出去”形势报告会暨经验交流会在京举行，四达时代集团被授牌北京市工商业联合会、北京市商会非公经济发展服务基地。

11月28日至29日 北京电视台举办“慧聚·无限可能——北京电视台2018年专业资源分享会”，活动分“主题品牌分享会”和“黄金品牌分享会”两场，通过资源推介与高峰论坛相结合的方式，向客户推介北京电视台各频道节目资源。

11月29日至12月1日 北京市新闻出版广电局党组书记、局长杨烁审看列入局2016年度北京影视出版创作资金扶持项目并列入中宣部、国家新闻出版广电总局十九大重点题材献礼片《红海行动》。

11月30日 北京广播电视报社“读屏网”（网址:http://www.bgtv.com.cn/）正式上线，这是展示北京广电人风采，宣传报社媒体产品内容、特点及线下活动的官方网站。

11月30日 《军旗正红》——兵王系列作品评析暨新时期军地携手做好国防宣传研讨会在北京电台举办。台长赵卫东出席，中国军网副总编辑李东航等参会。

11月 市医院管理局与北京电台城市广播（FM107.3、AM1026）联合推出“共绘蓝图・健康协同——市民对话一把手・市属医院院长”系列。节目采取传统广播与网络直播联动，多平台融媒体整合传播的方式，实现北京广播网、北京时间、腾讯视频、新浪一直播、网易健康、今日头条、凤凰新闻的同步收看及节目参与。

11月 “万村通”项目获党中央、国务院批准，正式交由四达时代执行。作为项目的独家实施单位，四达时代计划为非洲10112个村落提供数字电视服务。

11月 由北京电台故事广播主办，中华英才网独家冠名的第二届中华英才杯“青春笔迹”全国大学生原创写手大赛颁奖典礼在中国传媒大学举行。大赛评出十个奖项，微篇、短篇、中长篇各评出金奖一名，入围奖两名及英才逐梦大奖，各奖项均设置不同额度的奖金。

11 月 北京电台交通广播与《砥砺奋进的五年》大型成就展办公室合作推出“砥砺奋进的五年”大型成就展系列报道。报道结合展览现场的展品和观展故事，从政治、经济、文化等多方面，报道中国五年来各个领域取得的辉煌成就。每周一至周五在交通广播 FM103.9《1039 新闻早报》挂栏播出，共 20 期，11 月初开播。

12 月

12 月 2 日 由北京电台、中国传媒大学、阅文集团——懒人听书共同主办，北京电台故事广播承办的首届全媒体有声读物互联网应用高峰论坛在北京广播大厦举行。论坛以“有声读物互联网应用”为主题。

12 月 4 日 北京电视台推出《新时代 新气象 新作为——践行十九大精神基层行》大型主题系列报道。

12 月 6 日 北京电视台大型京剧传统文化节目《传承中国》创作研讨会举行，邀请谢锐青、李鸣岩等 20 多位京剧艺术家，围绕“京剧的精髓是什么”“京剧最需要传承的是什么”“京剧传承的难点是什么”等论题进行阐释发言，北京电视台台长李春良等相关负责人参加。

12 月 7 日 北京电台工会在广播大厦多功能厅召开“北京电台精神”宣传与实践活动总结表彰会。表彰会总结“北京电台精神”宣传与实践活动的成果，发布职工投票评选出的“北京电台精神”表述语，表彰 2017“RBC 岗位之星”。台领导赵卫东、陈晓红等参会。

12 月 8 日 北京电台质量管理体系顺利通过 2017 年度监督审核。

12 月 8 日 中国电影博物馆展览大纲修订(2017)项目完成，项目成果“新十年(2006—2015）电影成就展”大纲文字稿共 60 万字。

12 月 11 日 北京电台推出学习宣传贯彻党的十九大精神融媒体报道《大道之行》，采用广播人物特写与演播室录播相结合的形式，反映十九大代表把会议精神带到基层、深入宣讲的务实作风。

12 月 12 日 北京广播网 www.rbc.cn 新版首页上线。重新优化页面布局、突出音视频直播功能、集中展现北京电台微信及微博内容、保留具有广播特色的听听专区，全面呈现电台官网所承载的内容。

12 月 12 日 北京电视台举办“媒无界即生活——BTV 生活 BTVi 生活 2018 战略发布暨平台联盟发起大会”，发布 BTV 生活和 BTVi 生活双品牌驱动、多平台联动的融媒战略，并成立七大平台合作联盟。区委办局等 36 家政府部门负责人及 350 家合作公司和广告客户代表参加。

12 月 13 日 2017 中国广电公益广告大会暨全国广电公益广告论坛在广东省清远市开幕，全国各省市新闻广电公益广告代表 350 余人参加。北京电台副台长李健在大会暨论坛做《不忘初心，坚守责任，以公益广告助力文化自信》主题演讲。

12 月 15 日 北京电台体育广播推出特别节目《冬日里的跃动》，邀请奥林匹克文化研究专家、冬奥组委培训师孙葆丽教授以及花滑运动员张丹做客直播间，并现场连线自由式滑雪世界冠军、会徽评委会评委、申冬奥大使李妮娜，从多角度解读冬奥会徽的内涵及意义。

12 月 16 日 《美好声音，美好生活》北京电台交通广播 24 周年听众欢乐会在北京工人体育馆举行。

12 月 18 日 北京歌华有线电视网络股份有限公司组织召开广电大数据联合工作组第二次会议暨广电大数据联合实验室筹备会。

会议介绍“广电大数据联盟”成立后与会各方在推进数据产品联合生产、合资公司筹备进展等方面工作。中国传媒大学、天津广播电视网络有限公司、东方有线网络有限公司、河北广电信息网络集团股份有限公司、深圳市天威视讯股份有限公司、广州珠江数码集团股份有限公司等单位数据工作负责同志参会。

12 月 20 日 冈比亚共和国总统阿达马·巴罗率领五位部长到访四达时代集团总部，是其访华行程中唯一的中国公司。

12 月 22 日 由首都见义勇为基金会、中国石油北京销售公司、汽车生活报社联合主办，北京电台交通广播《百姓 TAXI》栏目协办的“中国石油北京杯”第十一届首都的士英雄暨第六届魅力车队长评选活动揭晓。

12 月 23 日 北京电台体育广播独创赛事“成长勋章”在国家游泳中心开赛。这是运动体验团队首次尝试完全独立自主办赛，从赛事策划、赛事报批、场地联系、赛事报名到赛事组织、赛事执行，团队完成年初制定的自主办赛目标，并探索出一套赛事组织及执行的全新工作内容和线下工作方式，开创北京地区青少年游跑两项赛。

12 月 26 日 北京广播电视报社 2018 聘任年度岗位竞聘工作顺利完成，9 个管理岗位和 43 个员工岗位全部聘任，2018 年 1 月 1 日正式上岗。

12 月 27 日 市委宣传部、首都文明办主办，北京广播电视台、北京电台、北京电视台承办的“2017 北京榜样”颁奖典礼在 BTV 大剧院录制，市委常委、宣传部部长杜飞进出席，吴书瑞等 12 人荣获“2017 北京榜样”年榜人物，程刚等 48 人荣获“北京榜样”提名奖。

12 月 28 日 北京电视台财经节目中心大型股市直播节目《财富大魔方》开播。该节目是全国唯一一档电视与股市交易时间同步进行的直播节目，通过“股市交易时间同步直播”“大数据传播解读财经热点”“TV 端、PC 端、手机移动端移动端跨屏互动”等方式，为观众提供多角度、全方位的财经资讯。

12 月 28 日 由市卫生和计划生育委员会主办、北京电台承办的“生命与医学”科学倡导活动举行启动仪式。活动以“人文医学，敬佑生命；健康北京，让爱永恒”为主题。北京电台发起的“生命与医学”科学倡导公益联盟于当天成立。北京电台、北京电视台、健康报、中国人口报、中国人口文化促进会、中国医师协会、首都医科大学、北京生前预嘱推广协会、清华大学健康传播研究所等首批十家战略合作伙伴单位共同启动联盟。

12 月 29 日 北京电台青年广播举办“芳华正茂 982 同学迎新会”特别直播节目。青年广播 2017 年度各节目制作团队分别领到年度大奖，《漫游嗨翻天》获年度新媒体表现奖，《女神百分百》获年度广播表现奖，《今晚有戏》获年度节目听评奖，《微微一笑》获最具影响力奖。

12 月 29 日 北京电台与团市委签署新一轮战略合作协议（2018—2020 年）。

12 月 31 日 “中国文化产业学院奖跨年直播盛典（2018）”在京举行。四达时代集团总裁庞新星获“2017 中国年度文化人物”称号。

12 月 在 2016 年度全国移动电视创优作品评选中，北广传媒移动电视共有 8 件作品获奖，5 件获一等奖。其中《我在北京挺好的——梁慧兰：在这里我有很多个家》，获第 26 届北京市新闻奖二等奖。

2017 年 北京歌华文化发展集团“调转升”工作取得阶段性进展，将设计服务产业打造成为集团发展主业，以传统文化项目的策划与实施和大型活动的操作与管理两个业务板块为支撑，新组建成立文化科技创新中心、大型文化活动中心两个业务中心，形成集团“一核两翼”文化服务格局。

2017 年 北京歌华文化发展集团经中央精神文明建设指导委员会、首都精神文明建设委员会复查合格，继续保留“全国文明单位”“首都文明单位标兵”荣誉称号。

2017 年 北京市新闻出版广电局重新修订《北京市影视出版创作基金优秀网络视听节目项目实施细则（试行）》，将单部优秀网络剧奖励标准由原来最高 25 万元提高到 100 万元。其他优秀网络视听节目由原来最高奖励 10 万元提高到奖励 20 万元。

2017 年 北京市新闻出版广电局共备案、审核网络剧 357 部、网络电影（微电影）5810 部、网络综艺及其他专业类视听节目 5553 档。下线禁播网络原创视听节目 233 部，下线重编 101 部。积极鼓励符合条件的互联网视听节目服务网站引进播出内容健康、制作精良、弘扬真善美的境外影视剧。全年共审核网上境外影视剧 229 部 855 集，通过 176 部 639 集，不予通过 17 部 30 集。

2017 年北京市各区广播影视大事记

1 月

1 月 3 日 海淀区新闻中心拆除旧的播出系统。

1 月 10 日 石景山区广电中心录制《致敬城市建设者》——2017 石景山区城建主题日活动。

1 月 11 日 丰台区广电中心派报道团队报道区第十六届人大常委会第二次会议情况。

1 月 12 日 朝阳区广电新闻中心制作的“北京朝阳”政务微信公众号获“今日头条”全国特别贡献奖。

1 月 20 日 房山电视台新闻高清演播室正式投入使用。

1 月 18 日 朝阳区广电新闻中心结合北京市两会，对接北京晚报，围绕非首都功能疏解、大城市病治理工作，对区长进行专访。

1 月 20 日 门头沟电视台播出全新新闻评论类栏目《门头沟视点》。每期节目选取一个主题，重点宣传报道全区各系统、各单位实施“十三五”规划的工作思路、工作举措和发展前景。

1 月 20 日 丰台区广电中心全年安全播出无事故，在北京市新闻出版广电局组织召开的 2016 年安全播出工作总结会议上受到表彰。

1 月 23 日 密云区广电中心召开全体职工大会，部署春节、元宵节保卫工作。

1 月 28 日 平谷区广电中心全面报道平谷区第一届庙会。

1 月 朝阳区广电新闻中心围绕拆违与疏解，在朝阳报开设《拆违进行时》《疏解攻坚战》专栏；并围绕安全生产，开设《百日攻坚护航安全生产》专栏。

1 月 海淀区新闻中心把引进的 17 部 208 集纪录片和 9 部共 312 集电视剧充实进电视频道中，按照频道时间和具体节目内容重新调整编排节目播出单。

2月

2月4日 房山人民广播电台FM107《FUNHILL时间》栏目推出32期系列报道——《打造中关村南部创新城，建设“一区一城”新房山》。系列报道聚焦中关村南部创新城建设进程，以企业和创业者的视角，展示近年来在推进产业升级、城市转型方面，房山推出的各项优惠扶持政策。

2月5日 朝阳区广电新闻中心电视栏目《安全视界》开播。

2月13日 昌平区广电中心事业科播出部针对安全播出和3月的全国两会转播，做针对性培训。

2月14日 石景山高清频道(804)开播，标志着石景山广电中心实现节目制作的采、编、播全部流程高清化，在区广电事业发展史上具有里程碑意义。

2月16日 朝阳区广电新闻中心组织人员赴人民网参观学习新媒体平台建设，并进行技术交流。

2月17日 丰台区广电中心完成2017年度引进节目选定，选定引进的节目为《法治中国》《看中国》《动画片》《影视界》和《电视剧》。

2月22日 丰台区广电中心启动“四季丰台”拍摄计划。

2月23日 丰台区广电中心完成2016年度优秀电视作品选送，共四部（类）作品参加由北京市广播影视协会组织的2016年度优秀电视节目评比。分别是：《“V印”自助云打印服务落户丰台区政府企业服务大厅》《在身边》《千年古镇·长辛店》和《六合夜市在丰台》。

2月27日 朝阳区广电新闻中心电视栏目《全民健身总动员》开播。

2月 朝阳区广电新闻中心推出“学习贯彻落实习近平总书记视察北京重要讲话精神系列报道”；开设《人勤春来早 撸袖加油干》专栏；开设新版面《都市新闻》。

2月 朝阳区广电新闻中心被北京市安全生产监督管理局授予2016年北京市安全生产月活动优秀新闻报道奖。

2月 顺义电视台《顺义新闻》开设“疏解整治促提升”专题，全面报道全区各委办局、镇、街道、经济功能区“疏解整治促提升”开展情况，展现各单位的措施和经验。

3月

3月2日 石景山区广电中心录制《春天的旋律》——庆祝三八国际妇女节主题晚会。

3月5日、8日、12日、30日 丰台区广电中心分别完成3月5日学雷锋纪念日《雷锋精神永放光芒》、3月8日妇女节《巾帼风采 时代先锋》、3月12日全国植树节《播种绿色，共创美好家园》和3月30日清明节自制公益宣传片《清明》的播出。

3月7日 丰台区广电中心自办栏目《在身边》设立热线电话：63890654。

3月11日 第五届北京农业嘉年华开幕，昌平广电中心全力投入宣传报道，首次实现全媒体同步直播。

3月13日 丰台区广电中心完成北京市新闻出版广电局公益广告扶持项目申报。共上报两项：一是公益广告优秀传播机构扶持，二是公益广告优秀作品扶持，报送的两作品分别是《感恩母爱》和《重阳》。

3月17日 大兴区广电中心开通“今日头条”头条号《大兴新闻》。开通以来，共推送文章193篇，总阅读量约219万人次。

3月20日 大兴区广电中心充分发挥“中央厨房”作用，首次启动走基层宣传座谈会机制。

3月20日 丰台区广电中心完成“创区”公益片编排，“地质灾害防控宣传片”“汛期来临，我们将如何保护自己”“崩塌、滑坡、泥石流应对常识”和“地质灾害五步避险法”，在数字频道播出。

3月31日 石景山区广电中心录制第十届清明诗会。

3月 平谷区广电中心专题栏目《警法在线》，被平谷区委宣传部、司法局等单位评为先进集体，栏目编辑孙晓光获先进个人。

3月 顺义区广电中心启用新搭建的高清播出机房，并顺利完成新、老播出系统切换工作。至此，顺义电视台实现电视节目高标清同播。

3月 顺义电视台专题部推出6集“村规民约”系列报道，反映全区党建工作中的典型经验和举措。

3月 房山电视台推出《疏解整治进行时》挂牌专栏，专栏以主持人出镜、记者现场报道等方式，以“疏解整治促提升”为主题，以城乡环境综合整治攻坚战为主线，以各项工作重点任务为主体，跟进报道全区疏解整治工作进展和成效，积极营造全区上下重视和加强城乡环境建设水平浓厚舆论氛围。

4月

4月20日 丰台区广电中心制作的民生栏目《在身边》之《今天我出镜》中的《百姓自创快板书，说唱文明长辛店》微纪录片，被《今日头条》选用并播出。

4月24日 丰台区广电中心记者对丰台区召开“一带一路”国际高峰论坛工作部署会，贯彻“一带一路”国际合作高峰论坛开展报道。

4月24日 海淀区新闻中心开展“严肃查处群众身边的不正之风和腐败问题”专项工作。

4月25日 顺义电视台新媒体部联合中心相关部门精心策划筹办的“我为妈妈献才艺”第三届少儿才艺大赛正式开赛，共吸引顺义101所公立、民办幼儿园和小学的1100余名师生及家长参与，129.1万人次为孩子们点赞，社会反响强烈。

4月27日 石景山区广电中心录制《弘扬劳模精神·建设两大生态》——庆祝五一国际劳动节主题活动。

4月30日 丰台区广电中心配合央视制作的专题栏目《非遗中国行——怪村太平鼓》，在央视老故事频道播出。

4月 顺义电视台专题部推出“疏解整治促提升”系列专题，持续报道专项行动取得的阶段性成果。

4月 朝阳区广电新闻中心完成安全播出信息安全管理制度修订、规范台账，对安全隐患进行排查和整改，保障“一带一路”国际合作高峰论坛期间安全工作。

4月 朝阳区广电新闻中心围绕朝阳疏解整治提升、建设宜居环境、背街小巷整治、拆违建绿以及文化建设、国家文创实验区“精准服务促发展”启动等活动，首次发布知识产权发展情况白皮书，并邀请《北京日报》、北京电视台等媒体进行11次集中采访报道。

5月

5月2日 西藏自治区拉萨市当雄县委常务副书记王猛以及县文广局、县广播电视台负责人，到北京市昌平区广电中心进行业务交流。

5月4日 丰台区广电中心全程录制台湾高雄文化周开幕式。

5月4日至18日 丰台区广电中心制作完成“党建创新促疏解，疏解整治促提升”

专题汇报片整体包装。

5月6日 房山区广电中心共派出记者90余人对2017春季北京国际长走大会进行宣传报道。房山电视台多档栏目共计播出新闻、专题节目60余分钟；房山人民广播电台FM107、FM96.9当天早8点至中午12点并机四个小时，全程直播；房山广电传媒微信公众号首次开通微信视频直播窗口，与房山电台对长走大会全程和区、镇相关领导及嘉宾进行拍摄采访报道，历时五个小时。

5月8日 延庆人民广播电台广播开播《世园连着我和你》栏目。

5月8日 石景山区广电中心录制《用爱托起生命》——石景山区纪念第70个世界红十字日主题活动。

5月11日 北京人民广播电台副台长李健到通州调研，协商北京广播电台与通州广播电台合作事宜。

5月11日 密云区广电中心召开“一带一路”国际合作高峰论坛安全工作部署会。

5月21日 延庆电视台开播《印象妫川》专题栏目。

5月22日 《创意房山》栏目在房山电视台进行首播。

5月25日 大兴电视台开播《环保面对面》专题访谈栏目，邀请全区相关镇街、委办局的“一把手”做客演播厅，剖析各负责区域的环境整治问题和具体工作，与现场观众面对面交流，答疑解惑。

5月26日 大兴人民广播电台开播国内第一档少儿广播新闻节目《小记者大视界》，该栏目由大兴人民广播电台和大兴区少工委联合创办，由来自大兴区的小学生担任播音员、记者，节目播出后反响强烈，并被邀请在北京市红通社优秀小记者表彰大会上分享经验。

5月 朝阳区广电新闻中心围绕朝阳疏解整治提升、2017京交会、文化建设、“5.12防灾减灾”、单身青年交友等主题，邀请中央电视台、北京电视台、《北京日报》等媒体进行9次集中采访报道。

5月 朝阳区广电新闻中心“2017年高清设备改造及技术升级项目”，经招标公司代理完成项目开标及评标工作。

6月

6月5日 通州区长办公会听取关于通州电视台高清化改造二期项目有关情况汇报。

6月6日 密云广电中心微博、微信、手机APP、网站各项功能上线，开始试运行。

6月7日 孟加拉国议会信息事物常务委员会成员沙姆·沙瓦·卡梅一行赴北京市石景山区广播电视中心参观访问。北京市新闻出版广电局、石景山区广播电视中心、外事办公室、中广电广播电影电视设计研究院、航天长征国际贸易有限公司等相关人员参加活动。

6月7日 顺义区复兴东街有线广播新建工程开工。

6月15日 密云人民广播电台《音乐随身听》栏目，举办开播四周年公益进校园活动。

6月20日 国家新闻出版广电总局发展研究中心副主任杨明品率调研组到昌平广电中心调研“公共文化服务保障法”贯彻落实情况。北京市新闻出版广电局领导和昌平区副区长吴彬陪同调研。

6月28日 丰台区广电中心完成宣传片《纪念全民族抗战爆发80周年》制作。

6月 房山电视台《房山新闻》开辟《凝心聚力话党建》《砥砺奋进的五年》专栏。

7月

7月1日 顺义区广电中心通过多方调研并结合区新闻传播特点，设计、搭建完成新型广播电视移动媒体平台，正式投入使用。

7月4日 海淀新闻中心播出系统电视视频信号，直通国家新闻出版广电总局监控中心。

7月5日 《昌平新闻》等六个节目、栏目，获北京市广播影视协会2016年度优秀广播电视节目奖，专题节目《小鹿，快跑》获第二十六届北京新闻奖二等奖，稿件《老人搭“房模”忆80年住宅变迁》获2016年度北京日报社驻各区记者站好新闻奖评选通讯类三等奖；《昌平圈》在“政能量”政务网易号大会上，获“最佳区域民生服务政务网易号”称号。

7月7日 由中关村顺义园主办、顺义区广电中心承办的“五月的鲜花”文艺汇演在顺义工人文化宫举行。

7月8日 丰台区广电中心报道团队全程拍摄在北京园博园举办的第31届卢沟桥醒狮越野跑，3000多人参与，以跑步形式，传承和弘扬伟大的抗战精神。

7月15日至25日 丰台区广电中心完成庆祝建军90周年频道宣传片《铭记光辉历史 开创强军伟业》的策划制作。

7月16日 大兴区广电中心对安防系统进行全面升级改造，确保各项工作安全运转。

7月17日 平谷区人民广播电台对原《嗨，平谷》15分钟栏目全面改版，栏目时长由15分钟变成20分钟，栏目内设六个子栏目，分别为《老柴说平谷》《平谷人物》《老乡讲故事》《平谷名片》《服务百科》《平安平谷》，在此基础上还穿插气象播报、节气提示、交通信息、旅游资讯等。

7月17日 顺义电视台专题部策划推出“砥砺奋进的五年”系列报道，共分6个篇章、15集，每集5分钟，全面呈现全区各方面新成就，为党的十九大召开营造良好舆论氛围。

7月17日 顺义电视台新媒体部推出“【砥砺奋进的五年】晒晒咱顺义这五年那些变化，就有机会为您的幸福生活充值”征集活动，在众多投稿中经过筛选，制作4期“我说顺义这五年”特别报道。

7月20日 丰台区广电中心配合区教委全程录制2017年丰台区“平安·印象”征文演讲比赛（决赛）。

7月21日 平谷区广电中心主要领导职务变更：中心主任龚士宏兼中心党组书记；原党组书记王久武任副书记。

7月31日 北京市昌平区传媒中心正式成立。

7月 顺义人民广播电台新闻部以《顺义新闻》为主，全方位、多角度、全时段投入力量，推出《砥砺奋进的五年》等5个专栏，播发报道230多条次，时长超过500分钟。

7月 朝阳区广电新闻中心全媒体融合生产、内容汇聚设备以及技术升级项目的中心机房改造基本完成，进行“中央厨房”工作流程第一次编订修改。

7月 房山电视台《今日关注》栏目特别推出《美丽房山·文明行动》专栏。

8月

8月1日 丰台区广电中心配合区委及区委组织部，拍摄制作完成8分钟党建专题汇报片《党旗飘扬——丰台区基层党建示范点纪实》。

8月7日 大兴区广电中心开展网络改造项目，对中心的无线网进行改造，完成无线网络全覆盖，同时改造天馈线，确保节目安全播出。

8月14日 顺义区广电中心广告部对电视、电台、户外广告全面排查，将不符合广告法的广告全部下刊。

8月15日 门头沟区广电中心出台《关

于进一步改进电视新闻宣传报道的方案》，旨在改进电视台时政新闻的报道方式，加大社会新闻报道力度。

8月 国家新闻出版广电总局安全测评中心对顺义电视台高清新闻制作网信息系统、媒资系统、播出系统完成安全等级测评，三个系统均符合相应等级要求。

8月 顺义电视台所有专题栏目均完成高清片头更换。涉及栏目有《转型升级·接力发展》《情暖顺义》《教育驿站》《健康有约》《师说日》《国学动漫城》《安全伴你行》。至此，专题节目全部实现高清制作。

8月 朝阳区新闻出版广电新闻中心电视栏目《社会学堂》获国家广电总局2016年度少儿节目精品发展专项奖。

8月 朝阳区广电新闻中心朝阳报开设《深入抓好“两贯彻一落实” 喜迎党的十九大》专栏，朝阳有线推出“迎接十九大·砥砺奋进的五年系列报道”，对各部门、街乡“喜迎党的十九大”主题活动进行深入宣传。

9月

9月1日 顺义区委书记王刚到顺义区广电中心调研，参观顺义人民广播电台、顺义电视台、顺义时讯报社以及顺广传媒多家区内新闻媒体。区委常委、宣传部部长贺亚兰陪同调研。

9月1日 平谷区广电中心在《平谷新闻》中开设子栏目《喜迎十九大》，每周播两次，主要内容为全区广大群众喜盼党的十九大的愿望及各行各业喜迎党的十九大召开的实际行动。

9月5日 平谷电视台开播日间节目，内容为：平谷新闻、专题节目、文艺节目以及转播BTV−1。

9月5日 北京市新闻出版广电局副局长胡东等一行，对朝阳区广电新闻中心进行安全生产检查。检查组对朝阳广电新闻中心建立健全安全生产长效机制、扎实做好安全播出保障工作给予肯定。

9月9日至10日 丰台区广电中心会同多家单位联合进行“国际铁人三项赛半程赛”的第一次网络直播，并在新华社现场云平台及丰台网络电视台同步播出。

9月13日 平谷区委书记王成国到区广电中心调研，先后在演播大厅、新闻演播室、编辑机房、播控机房和电台录音间，看望一线新闻工作者，详细了解电视、电台新闻采编、录制、传输、安全播出等流程，听取设施情况介绍。

9月13日 北京市新闻出版广电局党组书记、局长杨烁到顺义区广电中心检查安全生产，听取关于新闻宣传和安全生产的工作汇报，查阅了安全播出、安全保卫等各项制度及工作记录，查看大楼的办公布局、疏散通道、灭火器材、高清演播室、高清机房、顺义时讯报社、新媒体中心等区域的安全情况。顺义区委常委、宣传部部长贺亚兰陪同。

9月13日至16日 朝阳区广电新闻中心围绕2017北京CBD创新发展年会，启动“5+5+4”新闻宣传模式，即5场新闻发布会、5场直播和4场集中采访，利用区内外传统媒体和新媒体，形成“全媒体、多维度”宣传，展现5年来朝阳区经济社会发展的成果，为迎接十九大营造良好氛围。

9月15日 昌平区传媒中心“中央厨房”指挥调度中心大厅正式投入使用，同时，在新闻中心铺设内部办公网，安装OA办公系统，打通两个中心的内部信息共享平台。

9月18日 平谷区广电中心出台《平谷区广播电视中心问责规定（试行）》，加强对干部员工管理，增强干部员工责任意识、担当意识和大局意识，规定内容共25条。

9 月 20 日 顺义人民广播电台文化品读节目《诵读经典》开播。节目以“诵读经典，品味生活；美文美声，时时分享”为宗旨，每天 10:23 和 19:23 播出。

9 月 20 日 房山区广播电视中心采编制作的广播长消息《山崩脱险》荣获由北京市新闻学会颁发的第二十六届北京新闻奖二等奖。

9 月 25 日 怀柔区委书记常卫带队，到区广电中心就安全播出等工作调研。区委常委、宣传部部长鲍晓健，区委常委、区委办主任任武军陪同。

9 月 26 日 “喜迎十九大，有您更精彩”顺义人民广播电台第五届听众节在顺义区工人文化宫举办。

9 月 27 日 丰台区广电中心完成区委组织部《党徽在疏解工作中闪光》党员电教片的制作。

9 月 27 日 顺义人民广播电台“进校园系列活动”开启。北京工业大学耿丹学院礼堂内 1000 多名师生和顺义人民广播电台的主持人一起联欢，欢迎 2017 届新生。

9 月 27 日 北京市新闻出版广电局迎接党的十九大第二次安全播出及网络安全工作会，在昌平区传媒中心召开。会后，与会人员一同参观昌平区传媒中心播控机房、大演播室等地，了解设备设施的安全使用和安全工作制度落实等情况。

9 月 27 日 《顺义时讯》由每周出刊 1 期，改为 2 期。

9 月 29 日 北京市新闻出版广电局副局长杨培丽，带队对朝阳区广电新闻中心进行安全生产检查，并参观全媒体汇聚指挥调度中心。区委宣传部副部长、广电新闻中心主任潘竞，就中心“十九大”安全保障工作做汇报。

9 月 朝阳区广电新闻中心“高清设备改造项目”系统搭建完毕，进入系统调试阶段，网络视频播放与直播平台项目进入试运行期。

9 月 海淀区新闻中心技术播出部修改并完善《海淀区新闻中心安全生产管理手册》。

9 月 房山区广电中心《房山新闻》栏目推出“撸起袖子加油干，以优异成绩喜迎十九大”专题专栏；《今日关注》栏目推出“绿水青山就是金山银山”喜迎十九大专题栏目；《法治与生活》栏目中推出“迎盛会·保平安”专栏。

10 月

10 月 9 日 昌平区传媒中心“中央厨房”内容线上处理平台“昌平传媒移动采编系统”开始试运行。

10 月 14 日 延庆电视新闻专题节目《聚焦时分》开播。内容包括《河长制解读》《大气污染治理见成效》《文明出行大家谈》《棚改政策惠民生》等。

10 月 18 日 昌平区副区长吴彬到区传媒中心检查党的十九大期间安全保障和宣传工作，实地检查总编辑部选题会召开情况和播控大厅、网络信息管理中心运行情况，听取党的十九大安全保障期中心的舆情监控、安全播出和网络安全方面的汇报。

10 月 18 日 平谷区广电中心制作的新闻《挂甲峪张朝起表态发言》《王成国书记召开千名书记听十九大精神》在《北京新闻》播出。

10 月 18 日至 24 日 朝阳区广电新闻中心围绕党的十九大，制作播出朝阳新闻 455 分钟，自制节目“砥砺奋进的五年”480 分钟，自制公益宣传片 13 分钟；转播十九大直播节目 648 分钟，转播新闻联播 493 分钟，完成十九大的转播任务和安全播出保障工作，未发生安全事故。

10 月 25 日 顺义人民广播电台录制的109集专题节目《听总书记讲故事》开播。

10 月至 12 月底 密云广电中心电台、《密云新闻》和专题节目，相继开设《砥砺奋进的五年》《抓好两贯彻一落实》和《解读十九大报告》等专栏，制作播出节目200余期，全面报道区各行业落实情况。

10 月 顺义电视台《顺义新闻》在党的十九大召开前开设“喜迎十九大·述说新变化”“喜迎十九大·百姓寄语”专栏，播出35期；会议期间，开设“十九大时光”专栏，播出20期；会议闭幕后，开设“深入学习宣传贯彻党的十九大精神”专栏，播出56期。

10 月 房山区广电中心在《房山新闻》栏目中特别推出“新时代开启新征程·新思想引领新房山”专栏。

11 月

11 月 6 日 大兴区广电中心成立“十九大记者宣讲团”，联系大兴实际，从教育、环境、农村、文化、青年等，多方面、多角度宣讲党的十九大精神，并开播“不忘初心砥砺奋进迎接十九大”系列报道。

11 月 20 日 北京市怀柔区机构编制委员会同意怀柔区广电中心成立信息网络安全部，核定事业编制3名，其中科级职数1名。不再保留监察科，原核定的领导职数一并核销。

11 月 28 日 延庆区广电中心与河北大学新闻传播学院共建实习基地正式启动。双方签署共建项目协议，共同为“河北大学新闻传播学院实习基地”揭牌，并为三名实习基地指导教师颁发聘书。

11 月 30 日 顺义人民广播电台联合顺义区妇联，推出“家书抵万金——家书家信征集活动”。在此次征集活动中获奖的50部作品，通过短音频方式进行二次传播，同时在顺义人民广播电台《读书品人生》栏目和顺义区妇联官方微信公众账号《顺义妇女》播出，利用传统媒体和新媒体结合的方式，弘扬优良家风家教。

11 月 朝阳区广电新闻中心完成播出传输线路切换和高清播出系统试播工作。

11 月 顺义区广电中心跟踪报道顺义区“史上最大规模人才引进工作”——“梧桐工程——干部人才引进计划”，共拍摄2000余张照片、近1000分钟视频素材，利用多种媒体手段做系列报道。

12 月

12 月 1 日 平谷区广电中心电视塔、景台山转播站进行消防大排查、大清理、大整治。

12 月 4 日至 12 日 丰台广电中心制作完成公益片《关爱残疾人》，每日播三期。

12 月 15 日 北京市新闻出版广电局党组书记、局长杨烁一行到延庆桨棚山转播站和延庆广电中心进行安全隐患大排查大清理大整治专项检查。

12 月 20 日 昌平区委常委、宣传部部长刘绍坚带队，对区传媒中心党风廉政建设责任制落实情况现场督查，深入检查中心2017年集体落实党风廉政建设主体责任和班子成员落实“一岗双责”情况。

12 月 26 日 海淀区新闻中心被评为市级优秀单位。

12 月 顺义电视台新媒体部特别设计筹划的移动媒体平台云直播车项目，通过验收。

12 月 顺义区广电中心高清转播车采购项目按计划完成视音频和同步特性检测，并通过验收。在随后召开的区两会期间投入使用，完成了现场录制。

12 月 顺义电视台专题部开辟“蓝天保

卫战”栏目，针对反馈意见，进行正面引导，督促进度，每周5分钟，在新闻中播出。

12月 朝阳区广电新闻中心完成节目排播、高清内容上传等高清频道改版筹备工作。

12月 朝阳区广电新闻中心组织策划新闻发布与媒体采访活动180余场次，媒体报道与重要网络转载3.5万篇次，“北京朝阳”政务微信推送各类宣传340条，粉丝增长25000名，累计阅读量超100万人次；“北京朝阳”APP围绕各街乡和部门工作亮点、政策解读、文化活动、人物故事等发布相关报道2407篇次，“朝闻道”推送图文927条，累计阅读量218万人次。

12月 房山区广电中心制作的电视节目《科技助推农业产业化发展》荣获中国电视艺术家协会举办的2017中国农民艺术节“优秀对农电视节目三等奖”。

2017年 海淀区新闻中心全年录制50期《食全食美》；组织开展8个岗位、24小时的新闻业务培训讲座，共200多人次参加；十九大期间，为保障十九大安全播出，8月10日、8月31日、9月28日，技术播出部进行三次大的实时演练。

2017年 延庆区广电中心为消除严重安全隐患，用近一年时间分步对中心办公楼老旧供电线路，进行整体更新改造。

2017年 延庆区广电中心多功能综合监控系统投入使用。该项目对全台制作、播出系统流程、播出系统硬件设备、无线发射设备运行状态以及发射信号、发射机房环境等，均可实施有效监控，通过监控有助于进一步提高系统故障定位效率。

2017年 大兴区广电中心记者、主持人多次获得上级部门表彰奖励：靳石萌采制的新闻《大兴西瓜节今天开幕》获北京广播电台2016年度十六区优秀报道三等奖；于蕾采制的新闻《第二届中国设计节在大兴开幕》获北京广播电台2016年度十六区优秀报道三等奖；曹蕾采制的新闻《北京大兴区饮鹿池桥发现蟒蛇》获北京广播电台2016年度十六区优秀报道一等奖；曹蕾、房晓鹏、靳石萌、杨颖采制的新闻《荷兰足球教练到大兴区中学授课》获北京市2016年度优秀广播新闻奖；王彤获得“都市风采”京津沪渝四直辖市主持人大赛银奖。

2017年 怀柔区广电中心完成30集系列报道“砥砺奋进的五年”，展示全区十八大以来改革开放和现代化建设的显著成就。

频率频道

2017 年北京市属广电机构频率频道设置情况

北京人民广播电台频率一览表

频率名称	开办时间	播出时间	主要栏目设置	2017年新增节目栏目
北京新闻广播 FM100.6 AM828	1993年3月1日	0:00—24:00	《新闻晨报》《新闻热线》、转播中央人民广播电台新闻和报纸摘要、《北京新闻》《气象服务》《新闻大视野》《资讯早八点》《整点快报》《新闻天天谈》《夹叙夹议》《看世界》《警法在线》《话里话外》《健康北京》《生态北京》《议政论坛》《青春晚自习》《大城小事》《新闻2017》《世说新语》《纪实文学连播》《照亮新闻深处》、转播中央电视台新闻联播、《小小圆桌会》《财富新动力》《北广生活时间》	《议政论坛》《财富新动力》《北广生活时间》
北京城市广播 FM107.3 AM1026	2005年3月1日	5:00—24:00	《城市文化范》《京城帮帮团》《记忆的唱片》《旅行号1073》《天天向上》《职场帮帮团》《北广生活时间》《楼市好声音》《健康加油站》《教育面对面》《财富大搜索》《今夜私语时》《空气质量播报》	《记忆的唱片》《北广生活时间》《健康加油站》《空气质量播报》
北京故事广播 AM603	2009年1月1日	6:00—24:00	《品读时分》《读书俱乐部》《知识开讲》《读史有学问》《长书天地》《人物空间》《今晚拍案》《故事酒吧的一千零一夜》《光影留声》《晨钟书院》《传奇书场》《北广生活时间》《阳光茶园》《刑警803》《快车道》	《故事酒吧的一千零一夜》《北广生活时间》《刑警803》《快车道》
北京体育广播 FM102.5	2002年1月1日	5:00—24:00	《新世界——雄鸡唱晓》《天下体育》《1025动生活》《激情赛场》《体育新闻》《体育新世界——喜鹊登枝》《冬奥加速度》《界内界外》《老年之友》《体育新世界——金戈铁马》《体坛夜话》《运动最时尚》《超级体验团》《快乐小足球》《健康相对论》《天天有彩》《运动小贴士》《体育的101种可能》《北广生活时间》《百家高尔夫》	《冬奥加速度》《运动最时尚》《快乐小足球》《健康相对论》《老年之友》《运动小贴士》《体育的101种可能》《北广生活时间》《百家高尔夫》

（续表）

频率名称	开办时间	播出时间	主要栏目设置	2017年新增节目栏目
北京音乐广播 FM97.4	1993年1月23日	0:00—24:00	《音乐加块糖》《早安音乐秀》《汽车音乐汇》《左右巡航》《北广生活时间》《带你聆听》《永恒的魅力》《古典也流行》《974音乐大道》《娱乐最王牌》《中国歌曲排行榜》《爱得更久点》《男左女右》《歌飞扬》《音乐加速度》《全球华语歌曲排行榜》《节奏驾到》《时光音像店》《国家大剧院》《边走边唱》《特别创意》《974信息网》《美丽清晨》	《左右巡航》《北广生活时间》《974音乐大道》《娱乐最王牌》《音乐加速度》《时光音像店》
北京文艺广播 FM87.6	1994年4月1日	0:00—24:00	《评书连播》《空中笑林》《我们出发吧》《娱乐有范儿》《乐享生活》《艺海说宝》《知道不知道》《小说连播》《环球旅行家》《娱乐72 变》《开心茶馆》《娱情娱理》《吃喝玩乐大搜索》《我爱原声带》《演艺群英会》《听听糖耳朵》《戏迷乐》《今晚我们说电影》《广播剧场》《美丽人生》《话说天下》《午夜拍案惊奇》《876资讯》	《我们出发吧》《今晚我们说电影》
北京交通广播 FM103.9	1993年12月18日	0:00—24:00	《有我陪着你》《音乐旅途》《一笑堂》《徐徐道来话》《1039新闻早报》《交通新闻》《百姓TAXI》《交通新闻热线》《今日交通》《1039一路畅通》《欢乐正前方》《汽车天下》《警法时空》《一起午餐吧》《1039慧旅行》《航空在线》《长书连播》《1039交通服务热线》《音乐来了》《联E会》《行走天下》《梦想行动派》《新闻晚知道》《1039都市调查组》《蓝调北京》《十点谈心》《爱车公众号》	《十点谈心》
北京外语广播 AM774	2004年9月17日	6:00—24:00	《英语早餐》《怪怪故事屋》《环球30分》《悦生活》《英语广播剧场》《快乐游》《张道真自学英语》《赖世雄美语经典》《听世界》《私房拷贝》《趣味青春英语》《读书》《英语PK台》《小鬼当家》《海外有个家》《大学生英语在线》《感受北京》《留学时间》《今日北京》《冬奥英语》	《快乐游》《海外有个家》《冬奥英语》

（续表）

频率名称	开办时间	播出时间	主要栏目设置	2017年新增节目栏目
北京青年广播FM98.2/AM927	2017年6月26日	6:00—24:00	《女神百分百》《魔方秀》《活力MUSI客》《微微一笑》《漫游嗨翻天》《魔力X档案》	《女神百分百》《魔方秀》《活力MUSI客》《微微一笑》《漫游嗨翻天》《魔力X档案》
北京电台动听调频Metro Radio FM94.5	2015年5月18日	0:00—24:00	《Wake up & Drive》《On Air With Ryan Seacrest》《Metro Night Mix 》《High Tea Refill》《Metro U−Turn》《8+》《X Fun》《Weekend Brunch》《iHeart Radio Countdown 》《Weekend Go！》《The Remix Top30 Countdown》	
北京电台有线教学广播FM99.4	2002年1月1日	6:00—24:00	《英语早餐》《大学生英语在线》《趣味青春英语》《怪怪故事屋》《环球30分》《留学时间》《欧美音乐节拍》《感受北京》《英语PK台》《听世界》《张道真自学英语（第一、二、三、四册）》《英语300句；日语300句；德语300句；法语300句；俄语300句》《澳大利亚广播英语》《赖世雄美语经典》《读书》《英语万花筒》《悦生活》	
北京电台有线古典音乐广播FM98.6	2002年5月1日	0:00—24:00	《钢琴世界》《华夏神韵》《交响空间》《POPS音乐》《CD博览》《魅力演奏厅》《歌舞剧场》	
北京电台有线通俗音乐广播FM97.0	2002年5月1日	0:00—24:00	《经典专辑》《劲舞节拍》《爵士庄园》《浓情乐坊》《咖啡时间》《世界音乐》	
北京电台长书广播FM104.3	2002年5月	0:00—24:00	《广播剧欣赏》《经典戏剧故事》《武林天下》《言情小说》《拍案惊奇》《小说连播》《精品小说》《诺贝尔获奖小说》	
北京电台有线戏曲曲艺广播FM105.1	2002年5月	0:00—24:00	《长安大戏院》《梨园金曲》《评剧大观园》《戏剧空间》《电影录音剪辑》《空中曲苑》《地方戏》	
北京电台欢乐时光广播FM106.5	2006年9月6日	6:00—24:00	《田立禾侃相声》《边走边听》《娱乐百宝箱》《相声大会》《电影百年》《今古奇观》《纪实广播小说连播》《娱乐杂货铺》《哈哈剧场》《评书连续听》《开心聚会》	

（续表）

频率名称	开办时间	播出时间	主要栏目设置	2017年新增节目栏目
怀旧金曲广播FM107.5	2006年9月6日	6:00—24:00	《经典走四方》《旧单车老情歌》《下一站的回味》《金曲无终点》《音乐在旅途》	

北京电视台频道一览表

频道名称	开办时间	播出时间	主要节目栏目设置	2017年新增节目栏目
BTV北京卫视	1979年5月16日开播。2012年1月1日起标识变更为“BTV北京卫视”	06:00—次日06:00	周间： 《暖暖的新家》《机会来了》 《哎呦你真美》《身边一生命缘》 《厉害了奶爸》《我想见到你》 《念念不忘》《身边一生命的礼物》 《小区运动会》《养生堂》 《暖暖的味道》《档案》 《我是大医生》《北京评书大会》 《光阴》 周末： 《跨界冰雪王》《厉害了，我的歌》 《非凡匠心》 《真实的声音·奥迪创新说》 《跨界歌王》《音乐大师课》 《签约歌手》《跨界喜剧王》 《但愿人长久》《中国故事大会》 《我是演说家》《舞力觉醒》 《创意中国》《生活相对论》 大型纪录片： 《你从井冈山走来》	《跨界冰雪王》 《哎呦你真美》 《厉害了，我的歌》 《非凡匠心》 《真实的声音 奥迪创新说》 《厉害了奶爸》 《我想见到你》 《念念不忘》 《签约歌手》 《跨界喜剧王》 《但愿人长久》 《中国故事大会》 《身边–生命的礼物》 《舞力觉醒》 《创意中国》 《小区运动会》 《生活相对论》 《北京评书大会》
BTV文艺	1988年12月30日开播	06:00—次日02:00左右	栏目： 《每日文娱播报》《我看行》 《笑动剧场》《我爱书画》 《喜剧合伙人》《影视风云》 《星夜故事》《加油吧孩子》 《春妮的周末时光》《文化之约》 《欢天戏地》《解码中华地标》 《美味人生》 编辑类节目： 《笑动欢乐秀》 晚会： 《2017年北京电视台春节联欢晚会》 《北京喜剧幽默大赛》《京张心连心》等20余档大型晚会及活动	《解码中华地标》 《美味人生》
BTV科教	1999年12月27日开播，前身为1993年11月1日 开播的以教学节目为主的27频道	06:00—次日02:00左右	《现场说法》《法治进行时》 《第三调解室》《警法目录》 《庭审纪实》《法治中国60’》 《健康北京》《记忆》《最北京》 《非常向上》《留学生》《晚晴》 《健康无双》	

（续表）

频道名称	开办时间	播出时间	主要节目栏目设置	2017年新增节目栏目
BTV影视	1992年5月4日开播	06:00—次日06:00	《电影时间》《电影时间先导片》《气象星播报》《BTV聚精彩》	《电影时间先导片》《气象星播报》《BTV聚精彩》
BTV财经	2001年7月1日开播	06:00—次日02:00左右	《财富晚间道》 《品味消费在北京》 《税收天地》《数说北京》 《大牌价到》《总裁读书会》 《首都经济报道》 《天下财经》 《天下财经.投资者说》 《法眼看剧》《理财》《拍宝》 《财经商圈》《影响者》 《财富故事》《才高八斗》 《问鼎世界》《创业北京》	栏目： 《大牌价到》 《创业北京》 《总裁读书会》 《影响者》
BTV体育	1986年12月30日开播	06:00—次日06:00	栏目： 《欢乐二打一》《天天体育》《体坛资讯》《快乐健身一箩筐（健身圈）》《足球一百分》《BTV赛场》 特别节目： 《海洋沙滩狂欢节》	
BTV生活	1996年11月8日	6:00—次日2:00左右	栏目： 《生活这一刻》 《美食地图·一探到底》 《美食地图》《食全食美》 《生活面对面》《幸福厨房》 《生活+》《生活+家装攻略》 《第一房产》《四海漫游》 《我爱我车》《生活特供》 《选择精编》《特别定制》 《选择》《生活广角》 《快乐生活一点通》 《我爱食全食美》 《王芳遇上王为念》 《生活假日精编》 特别节目： 《2017北京礼物》 《美食地图·一探到底》开播三周年特别节目“8·18 全城钜惠” 《生活这一刻特别节目“益安宁丸杯”首届北京合唱大赛》 《生活特供特别节目——我的北京我的家》 《拾说什刹海第二季》 《生活这一刻特别节目——阅读北京·我是领读者》 《太庙国学讲坛》	《王芳遇上王为念》 特别节目： 《2017北京礼物》 《美食地图·一探到底》开播三周年特别节目“8·18 全城钜惠”、《生活这一刻特别节目“益安宁丸杯”首届北京合唱大赛》《生活特供特别节目——我的北京我的家》《拾说什刹海第二季》《生活这一刻特别节目——阅读北京·我是领读者》《太庙国学讲坛》

（续表）

频道名称	开办时间	播出时间	主要节目栏目设置	2017年新增节目栏目
BTV青年	前身为2002年1月1日开播的BTV青少频道。2012年1月1日起调整为青年频道，频道标识变更为“BTV青年”	6:00—次日2:00左右	《军情解码》《国际双行线》《成长大会》《谁在说》《戏里戏外》《书香北京》《青年下午茶》《青年探秘者》	《成长大会》《戏里戏外》《青年下午茶》
BTV新闻	前身为2003年1月1日开播的BTV公共频道。于2011年1月1日推出BTV公共·新闻频道。2012年1月1日起调整为新闻频道，频道标识变更为“BTV新闻”	6:00—次日2:00左右	1.卫视新闻： 即北京卫视播出的新闻节目，包括《北京您早》《特别关注》《北京新闻》，三档节目覆盖早中晚三个时段 2.地面新闻： 即新闻频道播出的节目，包括与卫视同步播出的三档节目和《直播北京》《都市晚高峰》《锐观察》《有话就说》《红绿灯》《晚间新闻报道》《这里是北京》等骨干栏目，同时根据市委宣传部、电视台的安排部署播出纪录片、专题片和大型新闻直播	特别节目： 《市民对话一把手·北京新表达》 春节系列报道： 《过年啦》 《北京农业嘉年华》系列大型直播、第二季《天涯共此时——“一带一路”》大型新闻行动、大型系列直播报道《共建丝路 共赢发展》《志说北京：西山文化带》五集系列节目、《应对强降雨 我们在行动》特别报道、大型新闻系列报道《寻踪英雄路》、大型直播报道《从胜利走向胜利》、系列专题片《我的新北京》、大型主题系列报道《砥砺奋进的五年》、“砥砺奋进的五年——喜迎十九大·北京新篇章”航拍系列宣传报道、大型主题系列报道《新时代新气象 新作为——践行十九大精神基层行》
BTV卡酷少儿	2004年9月10日开播动画频道。2007年1月1日更名为卡酷动画卫视。2012年1月1日调整为卡酷少儿频道	06:00—次日06:00	《卡酷幼儿园》《剧星派》《穿越吧少年》《卡酷动物园》《闪天下》《妈妈育上娃》《大玩家》《七色光》	

（续表）

频道名称	开办时间	播出时间	主要节目栏目设置	2017年新增节目栏目
纪实频道	前身为2008年7月30日正式播出的奥运高清频道。2011年7月1日全新推出纪实高清频道。2013年7月，正式更名为“北京电视台纪实频道”。2014年6月8日，正式上星播出	6:00—次日02:00	栏目： 《纪实天下》《奇妙之旅》 《时尚印象》《昨天的故事》 《影事》《中国故事》《寰宇客》 《探索》（原《奇纪实》） 《纪录片影院》《纪录中国》	《纪录中国》
长城平台北京电视台频道（国际频道）	2004年10月1日开播	每天首播7.22小时、24小时滚动播出	每天首播7.5小时、24小时滚动播出	该频道以人文节目为主打，荟萃了BTV10个频道的精选内容，在长城平台上坚持“无电视剧纯自制栏目”播出

其他：

1.《电视先锋榜》各频道播出

2.《BTV 电视购物》BTV 财经播出

北京北广传媒数字电视有限公司频道一览表

频率名称	开办时间	播出时间	主要节目栏目设置	2017年新增节目栏目
京视剧场	2003年9月1日	00:24首播12小时，全天24小时轮播	电视剧	
爱家购物	2003年9月1日	00:00首播12小时，全天24小时轮播	电视购物类节目	
动感音乐	2003年9月1日	21:00首播4小时，全天24小时轮播	《华语至尊地带》《谁比我原创》 《东张西望+天籁村》 《高温派对》	
车迷频道	2003年11月1日	19:00首播6小时，全天24小时轮播	《庞大车世界》《环球车讯》 《超级卡车》《车迷会》 《优车惠》《摩托范儿》 《养护宝典》《车主说》 《车迷演播室》《百变车装》	《超级卡车》

（续表）

频率名称	开办时间	播出时间	主要节目栏目设置	2017年新增节目栏目
教育·就业（原考试在线）	2003年11月1日	16:00首播8小时，全天24小时轮播	《高考古文观止》《器乐考级大全》《剑桥少儿英语大奖赛》《国学大讲堂》《高考数学百题》《考研直通车》《新概念英语》《中国书法技法大全》《东方名家》《考试直通车》	
优优宝贝	2004年1月1日	8:00首播6小时，全天24小时轮播	《爹妈有话说》《全球育儿资讯》《婴幼养生》《育儿专家热线》《明星妈妈》《成长指标》《产科病房》《健康风向标》《明星爸爸》	
四海钓鱼	2004年1月1日	19:00首播6小时，全天24小时轮播	《钓赛进行时》《钓具博览汇》《去钓鱼》《展会最前线》《四海大擂台》《黑坑江湖》《海钓玩家》	《竞技风云 第二季》《野钓江湖》《鱼浪非常黑坑》《我的7日江湖 第二季》《黑坑遍中国》《大鱼争霸赛》
弈坛春秋	2005年3月18日	8:00首播4小时，全天24小时轮播	《大赛精华》《围棋TV棋友联赛》《五佳瞬间》《猫哥讲定式》《超好用布局》《天下棋闻说》	
环球旅游	2005年4月8日	21:00首播4小时，全天24小时轮播	《大话游》《中国旅游》《旅游资讯》《环球揽胜》《全球冲动》	
新娱乐	2005年7月22日	0:00首播5小时，全天24小时轮播	《超级星美味》《全能综艺班》《烧脑电影、专属浪漫》《金曲时刻、娱乐开讲》	
置业	2005年7月28日	20:00首播4小时，全天24小时轮播	《购房团》《中华墨迹》《海外地产》《置业法眼》《艺术与收藏》《乐享空间》《海外建筑欣赏》	
戏曲广播	2003年11月1日	16:00首播，全天24小时轮播	《评书联播》《梨园金曲》	
爵士音乐广播	2003年11月1日	16:00首播，全天24小时轮播	《爵士经典》《爵士列车》	
北京之窗主频道	2009年4月30日	17:00—17:00	福彩合作“公益北京”系列节目：《公益周报》《彩讯及时通》《彩票大家玩》《福送万家》等	《福送万家》
北京之窗首都政务频道	2009年4月30日	17:00—17:00	《这里是北京》《数说北京》《百姓就业》《大吉成长记》	
福彩开奖（图文栏目）	2010年9月15日	17:00—17:00	福彩公告、北京市福利彩票各个彩种开奖信息	

北京北广传媒移动电视有限公司频道一览表

频道名称	开办时间	播出时间	主要节目栏目设置	2017年新增节目栏目
北京移动电视	2004年5月28日	5:58—23:00	《整点播报》《体育新闻》《法治进行时》《今天提示》《畅行北京》《我的工会我的家》《饭饭团》《悠悠团》《3分钟美食》《中国梦−365个故事》《教育新闻》《我在北京挺好的》《96310纪事》《演艺罗盘》《百姓就业》《一路同行》《国家大剧院》《秀逗爱生活》《身边的好学校》《翻滚吧地球》《周末去哪儿》《请您欣赏》《华夏文化鉴赏资讯》《影事》《时尚印象》《寰宇客》《奇趣自然》《纪实天下》《天天百视通》	《天天百视通》

北京北广传媒城市电视有限公司频道一览表

频道名称	开办时间	播出时间	主要节目栏目设置	2017年新增节目栏目
城市电视	2005年8月1日	7:00—22:00	《城市播报》《体育新闻》《实时财经》《环球财讯》《百姓就业》《我的工会我的家》《96310城管纪事》《演艺罗盘》《光影大视界》《中国梦365个故事》《非常幽默》《高光点》《城市天气站》《绿动北京》《罐头小厨》《视知视频》《城市一刻》	《绿动北京》《罐头小厨》《视知视频》《城市一刻》

北京北广传媒地铁电视有限公司频道一览表

频道名称	开办时间	播出时间	主要节目栏目设置	2017年新增节目栏目
地铁电视	2010年8月10日	6:00—23:00	《新闻地铁报》（一）《新闻地铁报》（二）《新闻地铁报》（三）《国家大剧院》《中歌榜》《剧情推动力》《小羊肖恩》《请您欣赏》《生活一点通》《军情解码》《评影不离》《时尚前沿》《开心速递》《精彩足球》《空气质量播报》《娱乐便利贴》《教育新闻》《身边的好学校》《新周刊》《原创精选》《京城美食秀》《医学微视频》《光影大视界》	《京城美食秀》《医学微视频》《光影大视界》

2017年北京市各区广电机构频率频道设置情况

北京市朝阳区广播电视新闻中心频道一览表

频道名称	开办时间	播出时间	主要节目栏目设置
BTV 新闻频道 朝阳时段	2003年1月	首播 19:30—21:00 重播次日 7:30—9:00 12:30—14:00	《朝阳新闻》《一周新闻综述》 《朝阳名师讲堂》《走进朝阳教育》 《地税你我他》《全民健身》《安全视界》 《话说朝阳群众》《对话成长》 《社会学堂》《校园万花筒》

北京市海淀区新闻中心频道一览表

频道名称	开办时间	播出时间	主要节目栏目设置
BTV新闻频道海淀时段	2003年1月	首播 19:30—21:00 重播次日7:30—9:00 12:30—14:00	《海淀新闻》《文明风尚汇》 《创新中关村·核心区》《海淀风物志》 《城管视点》《火线》《海淀1时间》 《海淀教育》《警方在线》《文明海淀》 《人口与家庭》
数字802频道	2009年6月	每天 7:30— 23:30 共16个小时	《海淀新闻》《文明风尚汇》 《创新中关村·核心区》《海淀风物志》 《城管视点》《火线》《海淀1时间》 《海淀教育》《警方在线》《文明海淀》

北京市丰台区广播电视中心频道一览表

频道名称	开办时间	播出时间	主要节目栏目设置
BTV 新闻频道 丰台时段	2003年1月	首播 19:30—21:00 重播次日 7:30—9:00 12:30—14:00	《丰台新闻》《人大在线》《政协视窗》《清风苑》 《丰台警方》《丰台教育》《丰台消防》 《南城人物》《成长的天空》《在身边》 《真情零距离》《法制风景线》《幸福生活大讲堂》等
803丰台 数字频道	2007年11月	首播 19:30—23:46 重播次日 6:30—19:30	《丰台新闻》《人大在线》《政协视窗》《清风苑》 《真情零距离》《在身边》《成长的天空》 《丰台警方》《丰台教育》《南城人物》 《丰台消防》《法制风景线》《幸福生活大讲堂》 《动画片》《快手时间》《影视界》《看中国》 《电视剧》等

北京市石景山区广播电视中心频道一览表

频道名称	开办时间	播出时间	主要节目栏目设置
BTV新闻频道石景山时段	2002年12月20日	首播 19:30—21:00 重播 7:30—9:00 12:30—14:00	《石景山新闻》《记者视线》《新闻盘点》《生活与信息》《天气预报》
804石景山数字频道	2009年11月9日	6:00—24:00	《教育新视线》《法治聚焦》《旅游》《政协之窗》《石景山服务》《百姓剧场》《走进演播室》《百姓故事》《生活与信息》《天气预报》《石景山新闻》《记者视线》《新闻盘点》

北京市门头沟区广播电视新闻中心频道一览表

频道名称	开办时间	播出时间	主要节目栏目设置
BTV新闻频道门头沟时段	2002年12月20日	首播 19:30—21:00 重播次日 7:30—9:00 12:30—14:00	《门头沟新闻》《视点关注》《信息高速路》《相约健康》《电视门诊》《工商在线》

北京市房山区广播电视中心频率频道一览表

频率频道名称	开办时间	播出时间	主要节目栏目设置	2017年新增节目栏目
房山人民广播电台FM107	1989年9月	6:00—24:00	《房山新闻》《FUNHILL时间》《房山一周事》	《房山一周事》
房山人民广播电台FM96.9	2010年7月	6:00—24:00	《生活广场》《经典音乐》《评书连播》《音乐加甜点》《新城故事》《汇生活》	
BTV新闻频道房山时段	2003年1月	7:30—9:00 12:30—14:00 19:30—21:00	《房山新闻》《今日关注》《funhill面对面》《文化纪事》《都市生活》《法治与生活》《我行我秀》《学通房山》《创意房山》	《创意房山》

北京市大兴区广播电视中心频率频道一览表

频率频道名称	开办时间	播出时间	主要节目栏目设置
大兴人民广播电台FM98.6	1995年1月	6:25—24:00	《这里是大兴》《音乐随心听》《乌鱼来了》《悦听经典》等
BTV新闻频道大兴时段	2003年1月	首播 19:30—21:00 重播次日 07:30—09:00 12:30—14:00	《大兴新闻》《10分·关注》《镇街采风》等

北京市通州区广播电视中心频率频道一览表

频率频道名称	开办时间	播出时间	主要节目栏目设置	2017年新增节目栏目
通州人民广播电台FM107.7	1991年12月	6:25—24:00	《早安，副中心》（直播）、《听在1077》（直播）、《通州新闻》《凡人凡语》《潞通新干线》《通州这方土》《整点资讯》《听在107.7》《音乐碟中谍》	《早安，副中心》（直播）、《听在1077》（直播）、《凡人凡语》《潞通新干线》《通州这方土》《整点资讯》
BTV新闻频道通州时段	2003年1月	首播 19:30—21:00 重播次日 7:30—9:00 12:30—14:00	《通州新闻》 《看通州——记者视点》 《小强听说》《百姓大秀场》《文明通州》 《玉桥——我们共同的家》	《玉桥——我们共同的家》
综合高清频道	2016年11月	首播 18:30—22:30 重播次日 7:30—9:00 12:30—14:00	《通州新闻》《看通州——记者视点》 《小强听说》《新闻一周》 《百姓大秀场》《精品赏析》《文明通州》《情暖2017》《安全》《食药安全》《普法园地》《红盾之光》 《玉桥——我们共同的家》等	《玉桥——我们共同的家》
综合频道	1994年2月	同上	《通州新闻》《看通州——记者视点》 《小强听说》《新闻一周》 《百姓大秀场》《精品赏析》《文明通州》《情暖2017》《安全》《食药安全》《普法园地》《红盾之光》 《玉桥——我们共同的家》等	《玉桥——我们共同的家》
文艺频道	2011年11月8日	首播 18:30—23:30 重播 12:30—17:30	《影视界》《精品赏析》电视剧	《精品赏析》

北京市顺义区广播电视中心频率频道一览表

频率频道名称	开办时间	播出时间	主要节目栏目设置	2017年新增节目栏目
顺义人民广播电台FM92.9	1998年1月20日	6:25—23:30	《新闻60分》 《燕京书场》 《929广播小说》 《越来越动听》 《燕京书场》《传奇》 《越聊越开心》 《百年听书时》 《大家帮助大家》 《读书品人生》 《因为遇见》	《因为遇见》 《越来越动听》
BTV新闻频道顺义时段	2003年1月1日	首播 19:30—21:00 重播次日 7:30—9:00 12:30—14:00	《顺义新闻》《情暖顺义》 《健康有约》《教育驿站》 《师说日》《乐学动漫》 《纪录片》等	

北京市平谷区广播电视中心频率频道一览表

频率频道名称	开办时间	播出时间	主要节目栏目设置	2017年新增节目栏目
平谷人民广播电台FM89.2	1992年3月11日	6:30—8:20 11:00—12:00 18:30—19:30	《平谷新闻》《文苑之声》 《宝贝课堂》《嗨，平谷》 《流行金曲》	《嗨，平谷》中增设六个子栏目: “老柴说平谷” “平谷人物” “老乡讲故事” “平谷名片” “服务百科” “平安平谷”
BTV新闻频道平谷时段	2003年1月1日	首播 19:30—21:00 重播次日 7:30—9:00 12:30—14:00	《平谷新闻》《警法在线》 《电视剧》《美丽平谷》 《百姓身边》 《热点进行时》《快乐宝贝》	

北京市怀柔区广播电视中心频率频道一览表

频率频道名称	开办时间	播出时间	主要节目栏目设置	2017年新增节目栏目
怀柔人民广播电台FM101.3	1996年11月	06:29—15:35 17:00—22:30	《怀柔新闻》《行风热线》 《科普园地》《成长》 《健康伴你行》《音乐无限》 《故事会》《空中书场》 《生活百事通》 《药品边防线》 《天气预报》《明星魔幻秀》 《消费生活新主张》 《工商之声》《文学草堂》 《水煮娱乐》《音乐红森林》 《电台情歌》《FM·中国好声音》 《请您欣赏》 《丽人榜样》《生活E时代》 《德云剧场》《往事》 《音乐旅途》《饭点说吃》 《梦想旅行日志》 《法治你我她》《恋上怀柔》 《远誉快车道》 《汽车立体声》《金色年华》 《都市杂货铺》《天下档案》 《悦读时间》《奶妈奶爸总动员》 《保林叔叔讲故事》	《法治你我她》 《恋上怀柔》 《远誉快车道》 《汽车立体声》 《金色年华》 《都市杂货铺》 《天下档案》 《悦读时间》 《奶妈奶爸总动员》 《保林叔叔讲故事》
BTV新闻频道怀柔时段	2003年1月	首播19:30—21:00 重播次日07:30—09:00 12:30—14:00	《怀柔新闻》《文化怀柔》《法治时刻》《今日三农》《安全在线》《文明在身边》《环境时空》《生活大观园》《童心看天下》	《童心看天下》
怀柔一频道(HRTV1)(高标清同播)	2009年5月	6:00—24:00	《怀柔新闻》《文化怀柔》《法治时刻》《今日三农》《安全在线》《文明在身边》《环境时空》《生活大观园》《童心看天下》	《童心看天下》

北京市昌平区广播电视中心频率频道一览表

频率频道名称	开办时间	播出时间	主要节目栏目设置
昌平人民广播电台FM103.1	1987年7月	6:28—21:32	转播《昌平新闻》，自办《乐享时光》《与法同行》等
BTV新闻频道昌平时段	2003年1月	19:30—21:00 7:30—9:00 12:30—14:00	《昌平新闻》《时空关注》《走进三农》 《农民课堂》《相约》《真情故事》《百姓话题》 《古今昌平》《视角》《法治昌平》

北京市密云区广播电视中心频率频道一览表

频率频道名称	开办时间	播出时间	主要节目栏目设置	2017年新增节目栏目
密云人民广播电台FM94.1	1989年	6:30—23:30	《密云新闻》《今日密云》《法治传真》《我的社区我的家》《教育园地》《密云经济在线》《三农有约》《健康时空》《音乐随身听》《评书联播》《广播剧场》《我爱国粹》等	
BTV 新闻频道 密云时段	2003年1月	首播 18:25—23:40 重播次日 7:25—18:00	《密云新闻》《事事关心》《檀州大舞台》《教育专线》《疾控在线》《游遍密云》《科普大篷车》《密云警视》《中华德育故事》《就业直通车》《北大医院专家在密云》《阳光餐饮》等	《就业直通车》《北大医院专家在密云》《阳光餐饮》

北京市延庆区广播电视中心频率频道一览表

频率频道名称	开办时间	播出时间	主要节目栏目设置	2017年新增节目栏目
延庆人民广播电台 FM 92.8	1997年1月	6:30–22:10	《延庆新闻》《聚焦时分》《印象妫川》《百姓大舞台》《宏超讲故事》《妫川英语大家说》《寻找园艺达人》《卫生新视野》《水润妫川》《妫川税务》《妫川说法》《金盾之光》《法庭内外》《检察视点》《阳光民政》《绿色家园》《一路平安》《延庆教育》《德蕴清风》《天气预报》《药监温馨提示》《健康有约》《工商视点》《万事大吉》	《印象妫川》《聚焦时分》
BTV 新闻频道 延庆时段	2003年1月	首播 19:30–23:30 重播次日 7:30、12:30	《延庆新闻》《生活导航》《今日农村》《快乐调频928》《戏曲欣赏》《工商进万家》《大东说消费》《食药连着我和你》《世园连着我和你》《名家讲坛》《百家书场》《广播剧场》《小说连播》《远誉快车道》	《世园连着我和你》

节目栏目

2017 年北京市属广电机构重点节目栏目简介

北京电台

《专访“陈满案”平反推动者程世蓉——一棵稻草的力量》 新闻资讯类节目。北京新闻广播（FM100.6；AM828）于 2016 年 4 月 24 日 12 时 20 分《新闻天天谈》栏目播出，时长 31 分 38 秒。记者通过采访“陈满案”平反推动者程世蓉、陈满和他的家人，以及陈满案的律师，还原案件平反的历程。节目表现程世蓉坚持真理、古道热肠的优秀品格，展现党的十八大以来，人民法院以重大案件审判推进法治进步，全面依法治国、深化司法改革的成效。节目选题重大，紧扣热点。制作人员具有很强的新闻敏感，关注到“陈满案”这一当时的热点，及时采访到核心人物，深入挖掘细节，从诸多角度呈现热点事件背后的故事。从冤案到平反，折射出公民法律意识的提高和中国法治建设的进步，引发听众对推进依法治国理念的强烈共鸣。节目获得第二十七届中国新闻奖（2016 年度）二等奖，2016 年度中国广播新闻节目创优评析一等奖。主创人员：李锐。

《梅葆玖先生的最后一次公开演讲》 专题服务类节目。北京新闻（FM100.6；AM828）于 2016 年 4 月 27 日《新闻热线》播出，时长 3 分 56 秒。2016 年 4 月 25 日，京剧大师梅兰芳先生之子、著名京剧表演艺术家梅葆玖先生因病在北京逝世，享年 82 岁。4 月 26 日，北京第二外国语学院的学生打电话告诉记者，梅葆玖先生在 3 月 29 日曾在二外进行演讲，由于梅先生演讲完第二天就生病入院，所以这也是他最后一次公开演讲。记者得知消息后联系北京第二外国语学院的老师和学生，了解演讲当天的情况。采访现场的老师、学生记者以及学生京剧爱好者，希望通过不同的人的回忆，展现梅先生演讲的细节。记者联系二外国家文化发展国际战略研究院，独家获得梅先生当天演讲的音视频资料，并在报道中播出了梅先生留给公众最后的声音。节目播出之后，很多听众打进新闻热线表达对梅葆玖先生的怀念之情，并表示听到梅葆玖先生最后的声音以及胡文阁先生演唱的《贵妃醉酒》时，忍不住流下眼泪。节目获得 2016 年度中国广播新闻节目创优评析二等奖，第 26 届（2016 年度）北京新闻奖一等奖。主创人员：王博。

《告别清华园，老站房见证新京张》 新闻资讯类节目。北京交通广播于 2016 年 10 月 22 日《今日交通》播出，时长 7 分 34 秒。清华园站永久停止办理客运业务，是正在建设的京张高铁工程施工中很小的一个截面，但却勾连起从中国自造第一条铁路直到 2022 年京张高铁连接京津冀超过百年的时空。从一个小的切口进入，映射出京津冀一体化的大背景，以及这幅图景之下，人们对过去和未来的观感。节目采访慕名而来的旅游者、从小生活在清华园站附近的人们、车站的老职工等，语言生动，富有画面感。中间一段插叙转换时空，“世界性工程”的施工者们对工程进度的介绍，听来十分震撼。新旧交替的感觉通过线性的声音表达了出来。作品音响丰富，有趣味性，意味深长。清华园车站保留着一代人的记忆，也因为设施老旧，不再适应现代交通运输的需要。一个小小的铁路中间站，却恰好是中国自造第一条铁路上具有代表意义的一站。它的变迁中蕴含着中国铁路的发展，以及整个城市的过去和未来。作者没有拘泥于怀旧，而是更彰显变化带给未来的意义。节目荣获第26届（2016年度）北京新闻奖一等奖。主创人员：肖若昕。

《2016年12月22日〈交通新闻〉早间版》 新闻资讯类节目。北京交通广播于2016年12月22日《交通新闻》栏目中，时长22分3秒 。2016年12月21日下午，备受关注的北京网约车新政出台。交通广播记者立即进行全方位采访，从北京市交通委新闻发布会到滴滴、易到、首汽等网约车平台的回应，从乘客、网约车司机的看法到国家发改委、交通运输部、中国互联网协会等专家学者的分析，通宵采制出6个录音消息。12月22日《交通新闻》早间版紧扣网约车新政谋篇布局，进行多角度的描述和评析。整个信息链条包括新政解析、各方回应、焦点释疑三部分，囊括“新政内容和变化、准入门槛、公司回应、乘客司机看法、上海广州等地新政对比、专家观点、政策影响、行业发展”等信息点，对北京网约车新政和出租车改革进行全面解读和深入报道。除北上广网约车新政，新闻还包括北京最长重污染红色预警解除、2016轨道交通建设成就、东城区明年建设23条次支路、城市副中心有轨电车明年开建等热点内容。新闻主题突出、时效性强、音响丰富，充分体现交通广播的专业特色，赢得专家和听众的一致好评。获得2016年度中国广播新闻节目创优评析一等奖。主创人员：程艳。

《板车女孩》 优秀剧目。北京文艺广播FM87.6于2017年5月22日《广播剧场〈午夜拍案惊奇〉》中播出，时长1小时47分。四集儿童广播剧《板车女孩》为原创作品，以“中国好人”黄凤为原型，讲述安徽农村女孩小凤用自制板车拉着爸爸来到北京、千里求医的动人故事。该广播剧颂扬中华孝道，展示新时代少年儿童自强不息、敢于担当的优秀品质，也体现社会各界对于困难群众的爱心以及基层党组织“精准扶贫”的人性化关怀和有力支撑。广播剧中，首都热心群众对于小凤及家人的无私帮助，展现北京人热情善良、乐于助人的精神风貌。北京武警总医院的善心和义举，彰显首都医疗行业的慈善情怀。该剧由北京人民广播电台和安徽广播电视台联合制作。录制完成后在北京文艺广播、安徽省新闻频率、中央人民广播电台文艺之声、福建新闻信息综合频率、甘肃青春调频等电台播出后，听众反响热烈，并多次重播。在北京文艺广播的首播中，收听率达0.204%，市场份额达7.652%。北京卫视晚高峰节目预告时间、北京新闻频道《晚间新闻》《北京广播电视报》等对该剧进行多次报道，社会反响良好。该剧获得第十四届“五个一工程奖”的优秀广播剧之一。主创人员：李秀磊、牛力、邵军、吕卉、徐然、邵军、张璐、张磊。

《回眸2016，收获温暖和幸福；展望2017，放飞梦想与希望——〈北京新闻〉岁末特别报道》 新闻资讯类节目。北京新闻广播FM100.6；AM828于2016年12月31日在《北京新闻》栏目播出，时长25分14秒。节目内容既突出北京市成就也注意贴近百姓生活，在北京市媒体有关2016年成就总结报道中播发的时间最早、内容最为集中。播出时恰逢元旦小长假开始，在第二板块安排元旦假期服务信息，涉及天气、空气质量、铁路客运、假期演出市场等，突出节目的服务性。整套节目选取具有北京特色的新闻亮点，努力突出地域特色；体裁全面，包括文字消息、录音报道、评论，形式多样；音响丰富，广播特色突出。获得第二十七届中国新闻奖（2016 年度）三等奖。主创人员：王彦、郑晨。

《交通疏堵也应注重民意疏导》 专题服务类节目。北京新闻广播 FM100.6；AM828 于 2016 年 2 月 28 日《新闻热线》栏目播出，时长 4 分 56 秒。交通部门连续出台“疏堵措施”，效果却不尽人意，栏目调查发现，有些拥堵恰恰是交通部门“疏堵”措施造成的。主流媒体适时发声，意在引导舆论、监督管理部门依法行政、尊重科学规律。为使评论有理有据，记者详尽调查多起疏堵引发的拥堵事件，不根据路网流量和周边环境特点盲目封堵道路，不仅没有解决原有的堵点，还可能造成新的堵点，给市民添堵不少。节目通过大量的论据，整理市民意见和交通专家的分析，得出交通疏堵应该注重民意疏导的结论。该节目获得 2016 年度中国广播新闻节目创优评析三等奖。主创人员：连新元、石悦。

《通州出现世界首个现场整体 3D 打印房屋》 新闻资讯类节目。北京新闻广播 FM100.6；AM828 频率于 2016 年 7 月 1 日《新闻 2016》栏目中播出，时长 2 分 47 秒。这篇消息来源于英国《镜报》网站 6 月底刊登的一篇介绍通州 3D 整体打印房屋的文章，记者第一时间核实了这条消息，联系厂家，现场观察体验，采访设计建造人员，形成国内最早实地采访播发的报道。视觉化的实物用广播来表现具有一定难度，这篇报道通过细致地描写、对比等方式，让听众对于这项新技术有了直观的印象和概念。消息从整个建筑业的角度来审视通州 3D 整体打印房屋，记者现场联系同济大学 3D 打印研究所的负责人，从学界的角度对 3D 打印和建筑行业的相关性和意义进行分析点评，扩展了报道的深度和广度。节目获得第 26 届（2016 年度）北京新闻奖二等奖。主创人员：郭雅婧。

《政务 APP 大调查》 专题服务类节目。北京新闻广播 FM100.6；AM828 于 2016 年 3 月 28 日至 31 日《北京新闻》《整点快报》栏目中播出，时长 14 分 51 秒。在互联网＋政务时代，政府开发 APP 成为潮流。北京 20 多个政府部门推出政务 APP，各区、街道、下属单位结合工作需要推出众多政务 APP，涉及各个生活领域；但久不更新、用户体验不佳、竞争不强等状况依然存在。百姓需要什么样的政务 APP？政府究竟应该如何利用互联网＋思维服务市民？记者展开体验式采访，呈现北京政务 APP 的现状，明确政务 APP 要以市民需求导向为先，从用户出发。节目获得第 26 届（2016 年度）北京新闻奖二等奖。主创人员：蔡贺涓、吴思。

《全国首颗中学生参与研制的卫星升空》 新闻资讯类节目。北京电台新闻广播 FM100.6、AM828 于 2016 年 11 月 10 日《整点快报》栏目中播出，时长 1 分 27 秒。记者在参加丰台区科技节时偶然得知节目线索，立即联系相关人员进行采访。中学生参与卫星研制，听上去似乎觉得不太可能，但其实有很多学校进行尝试。丰台区“青少年小卫星计划”率先赶上卫星发射的窗口期，成为全国首例。记者采访参与小卫星研制学生们的描述，展现他们参加科学实践的收获和激动的心情。随后记者采访航天领域的院士，谈到普及卫星技术已经成熟，中学生完全可以参与，提高我国青少年科技素养的重要意义。记者还联系到活动的负责人，介绍下一颗由学生研制小卫星的情况，包括发射时间和进一步的功能，表明活动将持续下去。报道生动、简洁，重要性和时效性强，表现中国科技教育的最新进展和成就。获得第 26 届（2016 年度）北京新闻奖三等奖。主创人员：吴思。

《“达成共识”不是制定政策的根本，采暖季治霾不能转嫁由百姓承担》 新闻资讯类节目。北京电台交通广播《今日交通》栏目于2016年1月31日播出，时长7分23秒。供暖季机动车单双号限行是2016年北京市两会召开前社会关注度最高的热点之一，在北京市人代会第三次全体会议上，首次正式回应该问题，明确年内市人大常委会将制定涉及机动车限行的相关法规。记者在听取报告时，抓住关键，第一时间进行报道机动车治污治霾限行等内容，关系到百姓切身利益，回答听众关心的主要问题，并且帮助政府决策。报道播出后，获得社会各界高度认同。专家学者纷纷表示，采暖、治霾与百姓生活密切相关，本节目对采暖季治霾中的政策制定依据进行评论，意义重大，新闻价值高。评论从民本意识出发，有理有据有节、层层剥笋，分析客观、冷静，观点犀利、深刻、有锐度，充分体现媒体的社会责任和监督责任意识。荣获第26届（2016年度）北京新闻奖一等奖。主创人员：任雪娇。

《民航法实施二十年后终修订，乘客与航空公司权责不对等》 新闻资讯类节目，北京电台交通广播于2016年8月14日《今日交通》栏目播出，时长8分3秒 。2016年8月8日，中国民航局发布《中华人民共和国民用航空法》（以下简称民航法）修订征求意见稿。记者在梳理修订意见稿时发现，意见稿中对78个法律条文进行修订或删除，新增24条。对包括在飞机上打架斗殴、霸机、打砸机场等在内的常见“空闹”行为，最高罚单开到5万元；但在最受人关注的航班延误赔偿方面，却缺乏有力举措，对航空公司的约束语焉不详。记者通过对市民的走访调查发现，乘客对这份修订意见稿并不十分买账。多位航空专家的观点指向修订没有真正地站在消费者角度。通过对航空专家、立法专家的采访，在本篇评论的结尾，给修法者提供参考意见。节目题材重大、有新闻敏感；评论客观、理性，从不同角度分析问题，论述观点鲜明，逻辑清晰，具有较强的独特性和深度。节目播出后，反响强烈。多位听众通过微博、微信公众号等方式，表达自已对这一话题的关切。节目荣获第26届（2016年度）北京新闻奖三等奖。主创人员：王琛琛。

《民航“黑名单”——不合法理又如何有效》 新闻类节目。北京电台交通广播于2016年4月23日《今日交通》栏目中播出，时长8分10秒 。2016年2月开始实施的《民航旅客不文明行为记录管理办法（试行）》，4月份有了第一批上榜者。3位旅客因为不同程度的违法违规行为，受到公安机关的处罚，同时被记入“民航不文明旅客名单”。设置“黑名单”的初衷固然好，但权力由谁赋予、如何不滥用、合法的权益是否受到保护，仍然需要谨慎地观察和细致地拆分。国内惩治“空闹”的法律体系已经明晰和完整，“黑名单”看似在维护法治，其实却是一种不需过多投入的“懒政”。如果不能以合乎法理的程序和方式解决社会问题，不仅对法律是一种潜在的伤害，更不利于整个社会法治观念的形成。“黑名单”问题不只出现在航空领域，也出现在企业诚信、文明旅游等领域。这期节目希望可以对“黑名单”现象有更多元的探讨，让法律的归法律，让合法的权益都能得到保护。节目荣获第26届（2016年度）北京新闻奖二等奖。主创人员：肖若昕。

《2016北京车展系列报道》 专题服务类节目。北京电台交通广播于2016年4月25日播出，时长1小时18分。北京交通广播车展系列报道整合广播、微信、微博、视频直播、VR（虚拟现实）拍摄等多种媒体渠道，通过广播节目内容、新媒体交互、现场落地活动这三个方式构建全媒体立体化的报道和活动阵容。交通广播在车展现场搭建了直播间，《汽车天下》《交通服务热线》《联 e 会》三档节目在现场连续八天每天进行四个半个小时的直播；多路记者直击现场，发回大量现场报道；新媒体互动、新能源车驾驶体验活动、手机视频直播、VR（虚拟视频）探馆等方面亮点突出、创新频现。系列报道的收听率和关注度创下新高。节目获得 2016 年度中国广播新闻节目创优评析一等奖。主创人员：北京交通广播集体创作。

《丝路传说》 综艺益智类节目。北京电台音乐广播于 2016 年 6 月 26 日《特别创意》栏目中播出，时长 23 分 39 秒。2016 年，“一带一路”建设取得一系列成就。2016 年 4 月，大提琴家马友友携丝绸之路合唱团推出全新专辑《歌咏乡愁》，在全世界引起广泛好评。本节目以此为切入点，从音乐的角度讲述丝绸之路的前世今生。节目题材大气、厚重，对应时事热点，富有文化内涵和历史意义，呈现出历史与现实、时间与空间交汇的艺术意境。节目将丝绸之路的贸易发展、文化融合、思想传播、重要人物和历史细节等诸多方面加以巧妙地结合，内容充实、信息丰满，体现较高的编辑水准。节目选取具有典型性的音乐作品，形式多样、异彩纷呈，具有相当的艺术水准，声音跟音乐交融一起。思想精深、制作精良，技术精良。节目在北京电台 2016 年上半年优秀节目评选中获得音乐类最佳节目。主创人员：张鹏飞、白钢。

《最好的告别——生前预嘱，我选择尊严离去》 新闻资讯类节目。北京电台城市广播 FM107.3 于 2016 年 4 月 2 日《健康加油站》栏目中播出，时长 1 小时。节目策划立意有一定高度，有较强的社会性和超前性，给老龄化日益加剧的社会以重要启迪。嘉宾罗点点作为开国大将罗瑞卿的小女儿，创建“选择与尊严”公益网站，结合身边朋友和临床案例的真情实感、生动讲述，有利于公众树立科学、合理、健康的死亡观。节目策划精心、可听性强，收听率达到 0.237。全媒体整合传播，阅读和收听累计达 50 万次。节目荣获第 26 届北京新闻奖三等奖。主创人员：刘彬、白琳、詹一。

《中国元素和中国制造风靡里约》 新闻资讯类节目。北京电台体育广播于 2016 年 8 月 16 日播出，时长 2 分 53 秒。报道关注巴西里约奥运会上的中国元素，从运动装备、城市建设到志愿者，“中国红”在里约不断发出自己的声音，影响力不可小觑。报道角度多元，从一位中国大妈的志愿者经历讲起，涵盖了蚊帐、拔火罐、地铁、奥运吉祥物等等在里约亮相的中国元素，信息量大，可听性强；与对奥运赛事本身的报道相比，消息关注奥运花边，着力却并不弱，能让听众深刻感受到中国制造和中国元素在里约的影响力，从而升起民族自豪感。节目获得 2016 年度中国广播新闻节目创优评析三等奖。主创人员：王爽。

《奥运家书》 专题服务类栏目。北京电台体育广播于 2016 年 8 月 1 日至 22 日播出，每集时长 3–5 分钟。里约奥运会前夕，体育广播策划系列报道“奥运家书”，采访参加里约奥运会的中国代表团知名运动员、教练员，希望能够通过他们在赛前备战、比赛中以及比赛结束以后与家人的真情对白，展现出运动员、教练员坚韧的拼搏意识和温暖情怀。全部报道共十集，从奥运会开幕前开始播出；奥运会期间又在多名运动员夺金后第一时间采制金牌选手的专题，既具有新闻性，又角度独特，不仅风格和角度统一，而且人物内容在新闻发展中不断更新。系列报道既体现运动员与家人之间的细腻情感，又抒发“舍小家，顾大家”的真挚情怀，引发听众很大反响。主创人员：体育广播集体创作。

《曹文轩获国际安徒生奖》 新闻资讯类节目。北京电台外语广播于2016年4月5日《听世界》播出，时长3分2秒。安徒生儿童文学奖是世界儿童文学领域的最高奖，2016年首次授予中国作家，显示世界儿童文学领域对中国文学的关注和肯定。消息以意大利发布会现场主办方的声音和观众的祝贺掌声为先导，推出曹文轩获奖的核心内容，由曹文轩本人谈感受，凸显他对儿童文学写作事业的一贯坚持和面对荣誉的淡定从容，并分析作品的获奖缘由。记者以简洁清晰的语言概况介绍了作家经历和创作特点，点明获奖缘于作品独特的“中国经验”。短短3分钟全面清晰地让听众了解这一重要文化事件基本脉络。消息具有极强的时效性，意大利博洛尼亚国际童书展于北京时间4月4日午夜时分宣布曹文轩获奖后，北京时间当天上午记者便制作出这一报道。记者联系在意大利书展现场的中国少年儿童新闻出版总社相关人士，获取了珍贵的现场声音，在当天中午的北京外语广播的《听世界》节目播出。报道现场感强，介绍清晰有层次，是北京电台在这一重要文化新闻中的独家报道。节目获得“北京新闻奖”新闻长消息类三等奖，主创人员：戴蔚然。

《跨越时空的对话——纪念莎士比亚与汤显祖逝世400周年特别节目》 专题服务类节目。北京电台中文环球广播《全景中国》栏目于2016年12月31日播出，时长14分5秒。2016年是中西方两位戏剧大师汤显祖与莎士比亚逝世400周年，习近平主席倡议两国共同纪念这两位戏剧大师。节目紧紧抓住一个“美”字，用由外至内、层层深入的办法，由两位大师作品的辞令之美，深入到作品中的人性之美，再延展到他们所共处的时代之美，突出跨越时空的对话这一主题。节目采访多位戏剧从业者和学者，用流畅的文字、精致的音响素材，使听众沿着作者笔下的脉络，逐渐感受两位大师从作品再到时代散发的美感。受欢迎程度及影响：节目通过中国国际广播电台在全球落地播出。节目受到国际台评审专家和听众的一致好评，有听众反馈说：“这档节目有其独到之处，那就是聚焦在了‘美’上，而且点出东西方文化的精粹与碰撞，属于人类与世界！节目十分好听，引人入胜！”节目获得“中国新闻奖”国际传播三等奖。主创人员：刘兴宇、左天驰、徐帅。

北京电视台

《跨界歌王》第二季 综艺益智类栏目。BTV北京卫视2017年4月15日起每周六播出，每期时长100分钟，共14期。《跨界歌王》是北京卫视推出的大型明星跨界音乐真人秀节目。节目旨在突破固有的音乐边界，为非专业的音乐人提供打造专业且丰富的演唱舞台，共享音乐魅力，共展音乐才华。节目汇集了活跃在影视、娱乐等领域的众多明星，他们在各自的领域成就斐然，却都曾拥有音乐的梦想，在《跨界歌王》的舞台上，他们重拾音乐之梦，展现了鲜为人知且令观众惊艳的音乐才华，释放出更真实的自己。全国35城市平均收视率1.75%，最高单期收视2.14%，刷新北京卫视节目收视新高，并成为2017年上半年全国收视最高的音乐类节目，七期节目位列播出同时段的省级卫视第一名。主创人员：宫鹏、李扬、郝竞波、捞仔、栗坤。

《中国故事大会》 综艺益智类栏目。北京卫视2017年9月8日起每周五播出，每期60分钟，共8期。该栏目是北京卫视原创推出的文化类季播节目，标志性“一句话”故事环节引发观众的好奇和倾听欲望；小而美的“书吧”舞美，营造温馨讲故事氛围。明星嘉宾、业界领袖、普通百姓，他们讲述或是自己亲身经历、或是感触最深的故事。八期节目，八个主题，大故事用小切口，小人物讲述大情怀。大国情怀、小家楼台、儿女情长、人生百态，汇聚在《中国故事大会》，好似一幅当代的《清明上河图》。栏目的微博话题阅读量达到1705万，讨论量20.2万，《中国故事大会》由腾讯单网播出，截至2017年11月22日，节目腾讯视频播放量达到1.5亿，最高单日播放量4500万，最高单集播放量高达6000万，网络观看量远高于同类型节目。在党的第十九大期间播出，多次获得北京市新闻出版广电局表扬，评价该节目彰显首善之都媒体制作深度，主题有深度，弘扬真善美和社会正能量，弘扬中华传统文化，引领人文节目风潮。主创人员：桑恬、穆同、刘婧。

《扬帆——习近平总书记2·26视察北京三周年》 新闻资讯类节目。北京卫视、BTV新闻频道于2017年2月21日至24日、26日、27日《北京新闻》播出，时长每集6–7分钟。系列报道《扬帆——习近平总书记2·26视察北京三周年》是北京电视台新闻中心继2016年推出《春潮——习近平总书记2·26视察北京两周年》之后，又一部反映北京落实习近平总书记2·26重要讲话精神的专题片及系列报道。全面回顾在习近平总书记2·26视察对北京市工作提出五点要求后，北京所取得的成绩，并将报道重点放到反映2016年北京市工作亮点上来。全篇展现在习近平总书记治国理政新理念、新思想、新战略指引下，北京在首都功能定位、京津冀协同发展、城市管理与运营、环境治理等方面所取得的成就。从胡同到博物馆、从居民家中到企业生产一线，将市政府工作报告中一组组可喜的成果数据与现实生活准确对接，切实反映了发生在北京百姓身上的变化。将一部鲜活、生动的北京宏伟发展蓝图呈现给观众。六集平均收视率为4.51，与同期卫视播出电视剧的整体收视基本持平。栏目组受到专家、学者、政府部门等社会各界的一致好评。主创人员：刘民、成强、刘琪、林天趣、吕雅堃、李昂、朱嘉、曾红梅、郭亚丽、林丹等。

《新时代 新气象 新作为——践行十九大精神基层行》 新闻资讯类节目。北京卫视、BTV新闻频道于2017年12月4日起在《北京新闻》《特别关注》《北京您早》三档卫视栏目同步播出，时长每集3—5分钟。节目围绕党的十九大和习近平总书记系列重要讲话精神、聚焦北京市学习贯彻党的十九大精神过程中解决实际问题推动工作的新成效、新进展。系列报道播出后受到中宣部阅评员的表扬。中宣部“新时代·新气象·新作为”报道专评认为，北京电视台“三新”报道“标题醒目，版面突出，内容丰富，反映在学习十九大精神中解决问题、推动工作。主创人员：陈楠、李光军、梁雪松、刘晓、楚钊、金蕾、李烨、邓耀明、聂一菁。

《养生堂》 专题服务类栏目。BTV北京卫视每日17:25，每期时长60分钟。栏目是中国电视健康第一品牌，是国家新闻出版广电总局健康养生标杆栏目、北京电视台王牌栏目。栏目始终秉承“献给亲人的爱”的宗旨，以权威性、科学性、服务性和普及性的栏目特点，影响、引领和改变着亿万中国人的健康观念和生活方式，用科普课堂搭建起权威专家与观众的桥梁。节目提倡“看得懂、学得会、用得上”，在医学知识的讲解过程中，通过现场演绎、互动、道具、实证、动画等多种手段，进行可视化呈现，使健康节目生动有趣，寓教于乐，权威医疗专家同时成为风趣幽默的科普明星。主创人员：田天、王泓、华剑雄、王孜、刘哲、王旻、里文艳、张志恒、段峥、李率男、魏紫光、李贞、段霁芸、邵天雷、刘鑫。

《生命缘·生命的礼物》 优秀剧目。BTV北京卫视2017年10月23日起每周一晚21:18播出，每期时长60分钟，共12期。该剧是由北京卫视自制的一档大型公益“治愈系”纪实季播节目。节目在《生命缘》基础上升级改版，通过文化名人24小时“零距离”公益陪伴，打造“全中国12间最阳光的病房”，传递乐观积极人生态度，感悟生命顽强、伟大的普世真谛。节目着力打造治愈力三个层级，身体治愈、心灵治愈、生命自身的治愈，最高收视0.71%。首期《生命缘·生命的礼物》播出后在欢网、酷云收视排名前三；在网络上辐射用户达3000余万，同时登上微博热搜榜达7小时。主创人员：邵晶、李潇、秦晓明、高笑冉、季楠。

《但愿人长久》 专题服务栏目。BTV北京卫视2017年8月20日至11月5日每周日播出，每期时长60分钟，共12期。节目是北京卫视一档全新原创的大型户外情感陪伴体验秀，由主持人悦悦首次跨界担纲总导演、制片人，在节目中化身贴心“密友”，与每期嘉宾开启48小时的心灵陪伴“蜜悦”之旅，通过与普通人交往的日常生活，发现平淡中的不平凡，回归初心、感悟人生。“真实”是节目最大的亮点，“温暖”是节目风格的核心，给观众抚慰心灵的情感陪伴和温暖力量。该节目在收视率、影响力和美誉度多个方面收获成功，收视率稳居全国上星卫视同时段前列，观众评价其“真情流露、接地气、不矫情”，是一档真实记录人间真情，体现出北京卫视一贯创作风格的好作品。主创人员：刘洪悦、岳月、石璐娃、刘书含、周凌姗、冯胜男、王迪、张昱、沈思然、李媛媛、季楠、高笑冉、杨毅。

《念念不忘》 综艺益智类栏目。BTV北京卫视2017年5月24日起每周三21:08播出，每期时长50分钟，共7期。节目由北京卫视团队独立制作，走下“百家讲坛”的于丹和走下“新闻联播”的郎永淳坐在一起，一位深情朗读，一位趣味解读。在“场景复现”和“史实讲述”中，电视画面的呈现多元生动，综合运用实拍、复现、民乐、流行音乐等多种视听手段。节目开创“跨时空对话”新模式，历史名人的后代首次在节目中亮相，对先辈家书进行回信，实现“隔空对话”。节目以电视化传播中国优秀传统“家风、家教、教训”的宗旨引人深思，名人后代用书信与先辈“对话”的方式更是让网友赞不绝口。近百家主流平面媒体为节目发声，覆盖人群近1亿人次；网络媒体相继推荐节目新闻，累计覆盖人群超5亿人次。主创人员：李丹、郭畅等。

《创意中国》 专题服务类栏目。BTV北京卫视2017年11月19日起每周日播出，每期时长60分钟，共12期。《创意中国》是一档以文化和创意为核心、以创意秀和创投互动为形态的季播综艺节目，选取优秀文化创意项目作为主要内容。节目邀请资深创意人和投资人组成专家团，邀请年轻投资人组成“百人天使团”，共同助推优秀创意项目的孵化。《创意中国》作为北京市委宣传部推进全国文化中心建设重点项目，发挥积极的示范引领作用，吸引全国优质文创项目、创意人才和资金汇聚北京，为北京的科技创新和文化建设做出贡献。通过节目的播出，展现中国传统文化积淀的厚度，前瞻中国文化发展的希望。该档融合综艺和创投两大元素的节目，通过聚焦文化创意，冲破专业性与大众之间的藩篱，让创意创业与百姓的生活变得息息相关。文创项目颇为看重文化内涵与价值的挖掘，这些创意十足的项目在收割拥趸的同时，也凭借韧劲儿十足的创业故事打动观众。主创人员：程军等。

《非凡匠心》 综艺益智类栏目。BTV北京卫视2017年1月15日起每周日播出，每期60分钟，共10期。栏目是北京卫视于2017年第一季度推出的大型匠心文化体验真人秀。体验引领者带领朋友们一起走上匠心寻访之旅，拜谒了十余位国家级非物质文化遗产传承人和传奇匠人，展示了徽派木雕、佛山醒狮、青神竹编、龙凤旗袍、景泰蓝工艺等十项国家级非物质文化遗产的制作技艺，通过记录那些平凡朴素又技艺超绝的非遗传人们，汇成了一股文化与艺术交融的时代清流。在每期节目中促成一次老匠人和青年艺术家之间的合作，打造两代匠心交相辉映的惊世之作。节目以创新的形式融合综艺和传统文化，抓住年轻高学历群体的兴趣点，创下综艺节目类“豆瓣”评分新高9.5分。“匠心”“文化”成为网络传播的关键词，相关评论文章获得超60000次阅读量。《非凡匠心》不仅在电视、网络数据上表现不俗，更得到业内主流媒体以及观众的一致好评。主创人员：程军、林斐、张玲等。

《音乐大师课》 综艺益智类栏目。BTV北京卫视2017年4月30日起每周日，每期80分钟，共14期。《音乐大师课》第三季以“纯真年代，经典发声”为口号，16位6至12岁的音乐天赋少年在顶级音乐人的辅导下传唱经典歌曲，用真实、自然、感人至深的方式给观众带来一堂音乐公开课。节目分为主题授课和汇报演出两个环节。栏目采用独特而纯真的视听角度，以孩子之口，传唱国内外经典曲目，力图规避浮夸，用音乐拼接几代人的记忆，用童声维系几代人的情感。主创人员：程军、刘熙晨、姚小莹、胡亦姗、张玲等。

《2017北京电视台春节联欢晚会》 综艺益智类栏目。北京卫视、BTV文艺频道、BTV青年频道2017年1月28日19:32播出，时长215分50秒。晚会以家国情怀贯穿主题，汇聚正能量，体现万物勃发、欣欣向荣的新春寓意。围绕“欢动万家夜，爱暖中国心”的主题，通过多种艺术形式，打造欢乐温暖的春节联欢晚会。晚会舞台设置在北京雁栖湖国际会展中心，360度全视觉“蛋壳”型舞台三面环绕开放，演员通道穿过观众群，营造普天同庆、共同参与的联欢气氛。以高科技创新节目形式，AR、全息、投影等新技术手段的应用，令北京台春晚呈现出高超的艺术水准和技术水准，提升观赏性。晚会荣获第25届电视文艺“星光奖”电视综艺节目大奖；在2017春节晚会、春节特别节目讲评交流活动中获春节晚会最佳作品奖、优秀导演奖、优秀摄像奖；在北京电视台2017年度优秀节目评选中，获电视文艺类最佳导演、最佳摄像奖晚会连续四年蝉联省级卫视同时段收视率、微博互动和微信互动三项核心数据冠军。主创人员：总策划：李春良、王珏；策划：艾冬云、潘全心；总导演：段嵘；执行导演：赵伟；导演：李蓓、张蕊、许燕、单岩柏、唐月喜；导播：殷鹤鸣；摄像指导：褚旭；摄像：文艺节目中心摄像科；晚会技术：BTV各技术部门；视频包装：杜少鹏、黄锐、纪君；宣推：吕晶、李佳、万思余；制片：苗毅、李狄、金京、赵志军；主持人：春妮、曹一楠、栗坤、罗旭、悦悦、曹扬、张卫健（中国香港）、关晓彤。

《每日文娱播报》 新闻资讯类栏目。BTV文艺频道每天18:30播出，时长60分钟。栏目强调独家内容、独特视角、独到观点，在忠实记录文化娱乐事件现场的同时，力求从更深的层次进行分析，解读娱乐真相，发出不一样的声音。2017年，北京地区收视率达1%。栏目制作的许多电视作品都曾多次获得各类殊荣，在文化娱乐界形成了强大的话语权和影响力。主创人员：总监制：徐滔；监制：潘全心、庄小红；制片人：杨行；主编：常群、王春华、徐立、蒋超、贾乃锐、宫璇；责编：肖京文、陈姝燕、孔慧、李哲；主持人：韦至、陈竞、陈阳、欧阳慧、向真、陈晨。

《笑动剧场》 综艺益智类栏目。BTV文艺频道每天17:00播出，每期时长55分钟。该栏目是北京电视台文艺节目中心唯一一档日播的大型语言类栏目，栏目从《笑动2008》开始，已经走过10个年头。栏目精选北京观众喜闻乐见的相声、小品、评书、二人转、情景喜剧，并兼顾带有喜剧元素的各门类优秀作品，雅俗共赏。在弘扬民族传统文化、传播经典艺术作品的同时，不断培育曲艺新人，推出时代新作，深受北京地区观众的喜爱。栏目在收视率、市场份额和广告经营等多方面成为频道主力，是具有品牌价值和影响力的名牌栏目。栏目播出十年来，以良好的口碑、优异的收视以及在曲艺界和观众中广受欢迎的影响力，成为文艺频道的主力栏目，并衍生出每年一届的《北京喜剧幽默大赛》，为北京电视台品牌项目建设做出贡献。主创人员：制片人：郭悦；主编：张颖；责编：张琳；主持人：龚宁；编导：刘雅婷、刘帆、尹迪、高靓、冯肃然、杨晗、张一弛。

《春妮的周末时光》 综艺益智类栏目。BTV文艺频道每周六19:35，每期时长50分钟。栏目是北京电视台文艺频道推出的以著名主持人徐春妮的“家”为核心元素打造的首档大型全景式戏剧访谈节目。春妮首次尝试以女主人的身份邀请各界明星好友来“家”中做客，以各个领域中的明星代表为嘉宾阵容进行轻松聊天，并穿插才艺表演，营造居家氛围，寻找情感共鸣，品味生活感悟、追忆青春年华、畅谈人生理想、描绘时代印记、梳理万千情丝。栏目不断向社会传达“正能量”，努力围绕创新、责任、品质、影响四个维度进行创作，在节目内容、表达形式、运营模式上努力创新、自成一格，引领国内同类栏目潮流。 节目不但在电视平台播出时取得较高收视，网络影响力日益增强。在栏目市场化运作方面，团队各工种配合广告商探索双赢的合作模式。主创人员：总监制：徐滔；监制：潘全心、齐建彤；制片人：李雪萍；主编：徐春妮、刘昕冉；主持人：徐春妮。

《喜剧合伙人》 综艺益智类栏目。BTV文艺频道每周二19:35播出， 每期时长50分钟。栏目是北京电视台文艺中心《我爱我家》栏目在年中改版后的一档栏目，节目以20—44岁年龄段为受众主体，是一档青春、亲民、快乐、幽默的年轻态综艺喜剧节目。它以民生热点事件，趣闻轶事为素材，由专业编剧执笔创作，喜剧导师坐镇现场，笑星达人吐槽演绎，创新出一档低成本、高品质、年轻态、喜感强的演播室年轻态综艺喜剧节目。栏目播出以来，收视率在BTV黄金档名列前茅；腾讯、优酷、爱奇艺、搜狐等全网播放量累计达700万次；微博热度话题阅读量累计500万次。主创人员：制片人：刘朝晖；导演：李鹏、高洁等；制片：李狄；摄像：崔元东、BTV文艺摄像科；主持人：晨阳、付强、阿龙。

《天下财经》 专题服务类栏目。BTV财经频道每周一至五19:30播出，时长90分钟。栏目作为北京电视台一档证券类专业财经品牌节目，搭起专业财经机构和普通投资者沟通交流的平台。大到宏观经济事件，小到投资理财问题，逐一抽丝剥茧、阐释解读。

帮投资者研判市场热点，发现投资机会。其中《投资者说》版块创新形式，挖掘民间高手炒股秘籍，传达正确投资理念。《2017年A股关键词》获北京电视台2017年度节目评选优秀作品奖，曾获中国电视满意度博雅榜地面频道财经·生活类栏目十强，曾在中国电视欣赏指数本地财经类节目中排名第一。主创人员：制片人：马旭、关月；主编：柏松、范文斌、杨捷、赵钰；编辑：王志杰、刘雯雯、朱慧、徐梦奇、刘苏庆、高莹；主持人：张勤、张伟、张一萌、董莉。

《美食地图》 专题服务类栏目。BTV生活频道周一至周五20:30播出，时长45分钟。节目作为北京地区唯一的一档餐厅推荐类栏目，在餐厅选择上执行严格的选题标准，在京城观众心中有较高的公信力和权威性，成为京城权威的就餐指南。每期都由美食侦探出马，通过多层次互动和深入体验，对各家餐厅的特色美食进行探寻和挖掘。栏目依托于71万微信粉丝，栏目建立粉丝资源库，并发起美食商城等多项线上线下活动。实惠到底，服务性强，看节目送福利已成为栏目的独特符号。2017传媒中国年度品牌影响力广播电视栏目20佳、TV地标（2017）年度省级地面频道优秀节目、2017传媒中国年度广播电视栏目微信公众号20强。主创人员：制片人：王昱斌；执行制片人：李威；主编：姜瑾、郑浩；编辑：路增辉。

《书香北京》 专题服务类栏目。BTV青年频道每周一晚22:05播出，时长50分钟。栏目是北京电视台青年频道2010年开始倾力打造的唯一一档原创大型演播室文化类谈话节目。栏目以社会热点话题为切入点，以书为载体，邀请各行业权威专家围绕书的核心价值进行解读。在娱乐至上的电视大环境中，《书香北京》团队整合“爱书人大数据”，形成“书香文化圈”，并把“政府公益平台”与“线下阅读体验”结合，坚持传播优秀文化，树立正确的价值观，引领大众阅读，使《书香北京》成为深受观众喜爱的电视读书品牌节目。节目多次受到中宣部阅评、市委宣传部的表扬，成为业界口碑，开创了读书节目的新气象。《书香北京》进行跨媒体合作，用丰富的栏目活动延续“读书”的内涵，发挥栏目优势，书香足迹遍布各处，成为电视读书媒体领航者。主创人员：制片人：吴玮；主编：白钢；导演：王洋、佟美佳、马潇；主持人：姜华、李文文；统筹：于晓琳等。

《北京新闻》 新闻资讯类栏目。BTV卫视频道、新闻频道周一至周日18:30—18:55播出，时长25分钟。《北京新闻》是北京电视台历史最长的节目。历经38年创新发展，如今已成为全台最重要、收视率最高、影响力最大的新闻栏目。《北京新闻》是政府与市民的信息和情感纽带——“权威发布政策资讯，悉心关怀百姓冷暖”，策划了一系列具有广泛影响力的重大主题报道，组织了一批批接地气、“带露珠”的社会新闻。《北京新闻》引领导向，守正出新，展现了大台风范和文化品位。以“准确、及时、严谨、规范”为准绳，唱响主旋律，传递正能量。《北京新闻》美誉度高，传播力强，是首都地区观众最关注的新闻节目。在全国省级卫视频道35城市范围一周新闻类型节目平均收视率排名中，连续多年稳居第一。多次获得中国新闻奖电视编排类一、二等奖。主创人员：制片人：陈楠；副制片人：李光军；编辑：李晓军、崔菲、石云、舒予、元伟；主持人：王业、王小佳、聂一菁、孙扬、李杨薇、马迟、邬晔炜、陆放。

《特别关注》 新闻资讯类栏目。BTV卫视频道、新闻频道周一至周日12:00—12:58播出，时长58分钟。栏目关注社会发展，贴近百姓生活。倾听百姓心声、报道百姓关心的事、身边的事、困难的事、烦心的事。为百姓排忧解难，为政府上传下达搭建沟通理解的桥梁。《特别关注》在北京地区一直拥有较高的收视率和占有率。2017年栏目收视稳步提升，上半年平均收视率为2.14，比去年同期增长了13%以上，以2017年随机对比1个月收视数据， 央视、东方卫视、湖南卫视、江苏卫视等同时段新闻栏目，《特别关注》北京本土收视率达到2.51，遥遥领先；全国范围，《特别关注》在新闻类节目中收视率排名第三。主创人员：主编：赵欣；副主编：李颖、段忠俊；编辑：方园、王欢、斯琴、刘瑶；主持人：桑朝晖、王巍、赵彬彬、孙扬。

《北京您早》 新闻资讯类栏目。BTV卫视频道、新闻频道周一至周日7:00—9:00播出，时长120分钟。栏目是国内开办时间最早的早间新闻栏目，节目定位为“站在北京看世界”，在每天2个小时的节目时间里，以全球视角梳理国内外新闻，同时兼顾评论、气象、路况、生活服务等各种电视元素，节奏快、信息量大，为全国观众提供清晨最适合的新闻早餐。25年来《北京您早》不断改进与创新，将同时段全国收视冠军的头衔一直保持至今，是一档深受北京乃至全国观众喜爱与认可的早间新闻节目。 主创人员：制片人：马迟、黄广、刘非非；编辑：李苑、王大伟、王金春、王怡、赵静、李娜、杨蔚莀、刘坤、肖宬、张竞超、阎石、闫彩荣、王亦鹏；主持人：邬晔纬、张伟、张默、孙杨、李杨薇、西鸥、陆放等。

《影事》 优秀剧目。BTV纪实频道每周五21:00播出，时长27分钟。《影事》遵循独特的创作视角，展现当下影像创作者背后的喜怒哀乐，记录当代中国人真实的生活轨迹，随着科技让记录影像愈发便捷，记录影像更成为一种生活方式，在某种意义上说，《影事》是一部中国人讲述自己故事的影像志。栏目拥有较固定的观众群，在网络传播中拥有较高点击量。《影事》被评为2016年度优秀国产纪录片及创作人才扶持项目优秀栏目奖，获第23届中国纪录片十优栏目。主创人员：制片人：赵怡；导演：孟祥意；摄像：王梓。

《萌娃看动物》 综艺益智类栏目。BTV卡酷少儿频道每周六17:30—18:00播出，时长30分钟。栏目以“一带一路”为主题的户外动物综艺秀，节目以小朋友们喜爱的动物为主角，用孩子的视角探访丝绸之路。节目筛选了古代丝绸之路的代表地点，不仅带领孩子们了解各地最具特色的野生动物，表达保护大自然的理念，还在途中体验一带一路地区的风土人情，展现一带一路对沿途地区经济文化发展产生的影响。开播首期在全国35城4−14岁目标核心受众收视份额最高达8.92%，在全国省级卫视同时段排名第二位。荣获广电总局“迎接十九大优秀少儿节目”。主创人员：制片人：杨钊；导演：王淳、刘若玉、程序、张广轩、张敏、任佳宇；制片：季烨。

《天天体育》 新闻资讯类栏目。BTV体育频道周一至周日21:25播出，时长50分钟。节目作为当天体坛资讯的集大成者，是一档综合性、日播体育新闻栏目。自2006年1月开播以来，已成为北京地区最受关注的体育资讯类新闻节目。在京城球迷中影响力巨大，微博微信的粉丝数量达数十万。主创人员：制片人：田丰；副制片人：王速、王征、唐骏飞、张洪。主编：张亚军、杨帆、滑小毛、孙璐、王浴浩、石晶晶。

北京北广传媒数字电视有限公司

《四海大擂台》 综艺益智类栏目。北京北广传媒数字电视有限公司《四海钓鱼》频道，每周四晚19点30分播出，时长30分钟。该栏目是一档由钓鱼大师带领草根钓鱼人进行现场钓鱼PK的钓鱼栏目。以“草根钓鱼人”“休闲钓鱼PK”“钓鱼大师传授钓技”的选题为原则，在节目形式上采用户外钓鱼PK和现场采访相结合的结构方式，颠覆了传统的钓鱼比赛形式，让休闲钓鱼爱好者既能享受钓鱼带来的乐趣，又能从中获取钓鱼知识，从而更加快捷地提高自身的钓鱼技术。《四海大擂台》开创了把草根钓友推上竞技舞台的先河，从最开始的选拔到最终的比赛晋级，一步一步引导和教授钓友在竞技垂钓方面的知识，让他们逐渐适应并掌握竞技垂钓的要领。主创人员：朱文生、刘彤、张慧、田佳轩、于浩洋、靳金浩、胡明阳、秦跃。

《福送万家》 专题服务类栏目。北京北广传媒数字电视有限公司《北京之窗》频道每周日17:50首播，《京视剧场》频道、《新娱乐》频道每周日21:50播出，全年30期，每期时长10分钟。2017年，数字电视公司联合市福利彩票发行中心共同举办社区文化公益活动《福送万家》30场，活动以“传播健康、分享快乐、构建和谐”为主题，整合中老年文艺团体文艺巡演、社区趣味课堂、社区公益大集等三种基础形态，给社区居民带来一套内容丰富的互动体验活动。紧密围绕社会热点，特别组织应急救援专家走进社区讲解火灾逃生与应急处置技能，组织医疗工作者走进社区传授心梗和脑梗住院前急救技能并宣传预防知识。《福送万家》社区文化公益活动已连续举办6年，成为数字电视公司为首都广大社区居民提供包括文化演出、公益服务、社区课堂等多样形式互动体验的品牌社区公益活动，传播公益理念与志愿精神，丰富社区居民文化生活，提高社区文化建设。主创人员：总制片人：梁自珍；执行制片人：赵南南；编导：黄晨、赵琦、龚洁、王悦。

北京北广传媒移动电视有限公司

《我在北京挺好的》 专题服务类栏目。北京移动电视每日6:00—23:00之间播出，每期时长5分钟。栏目通过采访在北京工作、学习、生活的典型代表，生动展现他们在北京生活、工作及学习的情况，讲述他们克服挫折的经历，他们对北京这座城市的感情，对这座城市经济、文明发展的奉献和付出，以及他们对未来的期许，等等。栏目自开播以来，通过一期期人物的生动展现，源源不断地向受众传递正能量，弘扬真善美。主创人员：王莹、杨帆、王宇、孔源源、魏丹、隗炜、张妍、罗茜、王晓辰、侯超、李信扬。

《秀逗爱生活》 优秀剧目。北京移动电视每日6:00—23:00之间播出，每期时长5分钟。该剧是北广传媒移动电视自制的迷你剧集。无厘头是本剧的看点，动作表演及其神经质演出是本剧的亮点。短剧男主角秀逗表现的是现实生活中各种令人捧腹的形象。看似捧腹，但是绝对不低级趣味，保持媒体协调性，突出正面宣传，传达真善美，摒弃假恶丑。同时节目用喜剧的形式宣传公益主题，将公益宣传片引入短剧的模式进行了更新的诠释，连续两年获得北京广播电视台创新节目大奖。主创人员：王莹、王宇、赵韫、程絮、侯超、李信扬。

《百姓就业》 专题服务类栏目。北京移动电视每日6:00—23:00之间播出，每期时长5分钟。节目由移动电视与北京市人力资源和社会保障局合作打造，分为四大节目形式和一个固定版块，即新闻专题、人物专题、互动类节目、职介活动特别节目加上服务信息类版块《招聘信息》，内容兼具服务性、可视性及实用性。节目采用四种形式轮换播出、招聘信息固定播出的方式，从不同角度、不同方面为百姓提供切实地服务。主创人员：王莹、杨帆、孔源源、魏丹、隗炜、张妍、罗茜、王晓辰、于淼、侯超、李信扬。

《整点播报》 新闻资讯类栏目。北京移动电视每日6:00–23:00之间逢整点播出，每期时长5分钟。栏目前身为北广传媒移动电视自开播之初便创立的集成类新闻栏目《新闻资讯》，后历经多次改版，不断改版、创新，无论节目形式和内容臻于极致，于2011年7月25日正式更名为《整点播报》，周一至周日整点播出，时长5分钟。该节目每天6档（含更新档），全天共播出15次。栏目以北京市的民生类新闻为主，同时还兼顾国内新闻、国际新闻、财经新闻等，既突出服务性，更强调可视性。主创人员：王莹、杨帆、孔源源、魏丹、隗炜、张妍、罗茜、王晓辰。

《今天提示》 专题服务类栏目。北京移动电视每日6:00—23:00之间播出，每期时长2分钟。栏目是一档以生活资讯为定位的服务类节目，以“服务观众、服务生活”为宗旨，紧扣衣、食、住、行、健康等与百姓生活息息相关的话题，进行深入浅出的解答和权威提示，倡导健康生活。节目时长2分钟，内容包括气象信息服务、生活常识、出行提示、福彩开奖等。主创人员：王莹、杨帆、孔源源、魏丹、隗炜、张妍、罗茜、王晓辰。

北京北广传媒城市电视有限公司

《城市播报》 新闻资讯类栏目。北京城市电视每日播出，时长3分钟、1分钟。以“好看、实用、服务”为特色，结合新媒体户外播出的特点，选取每日各类新闻资源中的重大新闻事件、重要资讯信息，第一时间发布，随时更新，全天高频次滚动播出。在内容编排上，每条新闻都控制在了20秒左右，更适合户外短暂收视。主创人员：姜丽红、闫颖、王阳、于波。

《演艺罗盘》 专题服务类栏目。北京城市电视每日播出，时长10分钟。该栏目是城市电视与北京市文化局联合推出的一档文化信息服务栏目。节目以公益性为宗旨，围绕北京文化市场，将首都丰富多样的文化演艺信息详细、全面地介绍给广大观众。该栏目共设立《演艺速递》《演艺聚焦》《演艺天天看》三大板块，从不同侧重点介绍演艺市场上各类演出的动态、内容、团体、票务信息等。《演艺罗盘》是京城新媒体中唯一一档专门介绍文化演艺资讯的电视栏目，也是城市电视一档品牌自制栏目。主创人员：巫菁菁。

《光影大视界》 专题服务类栏目。北京城市电视每日播出，时长2分钟。该栏目是一档内容精干、实用性强的户外“观影指南”节目，每期内容为即将上映或正在上映的热门电影，包含影视剧故事的梗概、精彩看点、片场花絮、主创专访以及量化的指标推荐。该节目通过户外和楼宇电视平台播出，为广大观众提供了生动直观的观影引导。主创人员：巫菁菁、杨庭磊。

《我的工会我的家》 专题服务类栏目。北京城市电视每日播出，时长 2 分钟。该栏目是由北京市总工会、北京人民广播电视合作并由北广传媒城市电视制作播出的一档职工服务资讯栏目。通过“工运动态”“专题报道”“帮服信息”等板块，对各区县工会、总公司工会开展的活动和不同时期的工作重点进行全面报道，同时提供招聘信息、法律援助、工会维权、生活保障等内容。主创人员：巫菁菁。

《视知视频》 专题服务类栏目。北京城市电视每日播出，时长 2 分钟。该节目是一档专注于知识解说释义的百科类短视频节目，包括生活健康、财经、汽车等多领域内容，致力于将专业、晦涩的知识，运用生动易懂的短视频形式向广大观众进行简洁明了的科普诠释，助力全民知识素养的提升。主创人员：马昌博、吴久久、李强、巫菁菁。

《罐头小厨》 专题服务类栏目。北京城市电视每日播出，时长 1–3 分钟。该栏目是城市电视推出的一档全新的美食栏目。以“吃货”必备的快手美食指南为主打，分享实用而有趣的美食技能，解决美食爱好者的制作难题，用最简单的食材制作最美味的食物。主创人员：巫菁菁。

《绿动北京》 新闻资讯类栏目。北京城市电视每日播出，时长 3 分钟。该栏目围绕北京市环保重点工作进程、环保政策及热点问题、普及环保科学知识、宣传环保公益活动等方面开展宣传报道，及时准确地为公众提供最具权威的科学报道。在引导公众科学认知环保工作，鼓励企业、公众自觉践行绿色环保的生产生活方式方面发挥了重要作用。主创人员：刘颖霄。

《城市一刻》 专题服务类栏目。北京城市电视每日播出，时长 1 分钟。该栏目是城市电视与一刻 talks 合作的一档短视频类节目，以热点人物分享自身创意和想法为内容，极具前瞻性和知识性，主题包罗万象，科学家、艺术家、哲学家、探险家、心理学家等各路有想法的人纷纷登台，观点“响亮”，围绕一个关键词，表现不同人物对它的不同感悟，引发深思。主创人员：刘颖霄。

北京北广传媒地铁电视有限公司

《剧情推动力》 专题服务类栏目。2011 年 9 月 18 日开播，时长 5 分钟。该栏目与北京电视台联合推出，观众可以抢鲜了解即将播出剧目的精彩看点，栏目成为剧迷们了解电视剧的窗口，成为观众与电视剧之间互动的平台。主创人员：杨志涛。

《小羊肖恩》 优秀剧目。2011 年 12 月 23 日开播，时长 5 分钟。该栏目定格动画幽默哑剧，讲述小农场上一只机智幽默的小羊肖恩和伙伴们的疯狂故事。小羊肖恩是一只机智幽默的小羊，无厘头式的英式幽默和后工业化时代的西方的写意的田园生活的设定，成为中国有影响力的“都市休闲文化符号”。主创人员：陈园园。

《生活一点通》 专题服务类栏目。2011年5月16日开播，时长5分钟。栏目一一展示百姓生活中的小发明、小窍门，使观众在轻松诙谐的家庭气氛中，学到简单实用的生活窍门。一个个奇思妙想，让生活充满幸福快乐；一个个新法窍门，让生活变得趣味无穷。最新的生活方式、最快乐的生活感受，尽在《快乐生活一点通》。主创人员：吕阳。

《微电影》 优秀剧目。2012年5月28日开播，时长5分钟。该栏目是地铁电视2012年引进的，节目创造性地采用时下最新颖，时尚的“微电影”形式，题材朴实无华、感人，公益性强，具有平民化、大众化的视角，适合在移动状态和短时休闲状态下观看。其内容融合了幽默搞怪、时尚潮流、公益教育、等主题，有的为单独成篇，也有的为系列剧，内容丰富，更新量大。主创人员：陈园园。

《军情解码》 专题服务类栏目。2012年4月16日开播，时长5分钟。栏目以军情“揭秘”为主打，选题涵盖军旅文化与战争文化，解析中外历史上的著名战争及政治战、经济战、心理战、文化战、情报战等不为人知的幕后故事。主创人员：吕阳。

《评影不离》 综艺益智类栏目。2013年6月3日开播，时长5分钟。节目是风行网制作并推出的原创电影评论栏目，一周两期，评点世界范围内的热映电影。每期节目以一部近期热映电影作为评述对象，介绍电影剧情，评点电影创作，为观众提供最客观的观影指南。主创人员：吕阳。

《教育新闻》 专题服务类栏目。2014年4月22日开播，时长2分钟。该栏目是一档地铁电视和市委办局合作推出的教育类节目，一周两期，为公众提供教育资讯信息。

主创人员：杨志涛。

《身边好学校》 专题服务类栏目。2014年5月5日开播，时长3分钟。该栏目是一档地铁电视和市委办局合作推出的教育类节目，每周一期，通过这档节目把好的学习资源进行宣传，介绍身边好的中小学校，给公众提供教育类资讯。主创人员：杨志涛。

《开心速递》 综艺益智类栏目。2013年8月12日开播，时长3分钟。节目宗旨即“开心就好”，意在让乘客在车厢内伴随轻松活泼的音乐观看精心挑选制作的视频，感受轻松一刻的氛围。节目内容适合各个年龄层次的观众，大朋友小朋友抑或是中老年朋友都能在欢快的节奏和内容中找到属于自己的笑点。节目的内容主要分为幽默搞笑、牛人特技、宠物萌宝、疯狂体育等几个方面。覆盖北京地铁4条主要线路的地铁电视播出终端，在9000块屏幕上全天播放8次以上，收视率达90%以上。根据站内乘客反应及反响，普遍认为这是一档轻松活泼有效缓解出行压力的节目，受到广大乘客的好评。主创人员：马婧、苏妍。

《时尚前沿》 专题服务类栏目。2015年5月11日开播，时长5分钟。该栏目是2015年地铁电视引进的一档全新生活服务类电视节目，节目内容从旅游购物、护肤彩妆、服饰品牌到各店家举行的活动等讯息，通过北京地铁电视媒体平台把北京市的一些商家特色或者文化广而告之给更多的观众，给观众提供一个可以丰富的时尚前沿信息，通过节目的形式一起参与与时尚有关的话题。主创人员：陈园园。

《空气质量播报》 专题服务类栏目。2015年10月27日开播，时长1分钟。该栏目是与环境保护教育中心合作的一档预告空气质量状况的公益节目。该栏目内容为预报北京市各城区、县的PM2.5浓度范围数值及空气质量状况，提醒乘客是否适宜开窗通风及户外活动。主创人员：吕阳、陈潇。

《原创精选》 综艺益智类栏目。2016年1月开播，时长5分钟。该栏目是一档网罗全网最火热的原创精品，以“有创意，有思想，有态度”为宗旨，推荐各种创意搞笑视频、优质微电影和动画以及其他优秀热门视频的节目。主创人员：陈园园、潘淳。

《娱乐便利贴》 综艺益智类栏目。2016年3月开播，时长5分钟。该栏目是一档主要介绍世界各娱乐发生地新闻的娱乐资讯类节目，主要分三个板块：第一板块是娱乐现场连线，国内外明星现场采访；第二板块是欧美娱乐圈的相关新闻；第三板块是亚洲娱乐圈的相关新闻。该档栏目视角独特，报道新鲜，全面报道国内外娱乐界热门动态。主创人员：王钦沛、吕阳。

《精彩足球》 新闻资讯类栏目。2017年2月20日开播，时长5分钟。该栏目是一档以报道国际足坛最新赛事和新闻为主的节目。集成国际足球精华，吸取优秀足球营养。主创人员：陈潇。

《京城美食秀》 专题服务类栏目。2017年5月1日开播，时长5分钟。该栏目紧密围绕都市生活群体日常美食消费领域，提供全面的资讯服务。上班族为了赶时间一般都会乘坐地铁出行，而吃是生活中不可或缺的，栏目为这部分人群提供日常的美食服务。主创人员：陈园园。

朝阳区广播电视新闻中心

《朝阳新闻》 新闻资讯栏目。1995年1月开播，BTV－9每日19:32分首播，时长30分钟。《朝阳新闻》始终坚持与朝阳区委、区政府保持一致，坚持正确的舆论导向，坚持“三贴近”原则，关注民生，关注生活，全方位，低角度，积极探索从会议挖掘有价值的新闻事实，朝着反映政府声音、满足百姓需求的方式不断转变报道形式和风格，取得可喜的成绩。

《话说朝阳群众》 优秀剧目。该剧于2017年9月播出，以传播正能量为主线索，展示朝阳群众在社会各个领域所做出的重大贡献，塑造了具有正义感、包容他人、敢于承担、乐于助人的朝阳群众形象，以及践行社会主义核心价值观、传递向上向善的价值追求群体。借助朝阳群众的故事，提升“四个意识”的大局观，宣传朝阳的发展成果，宣传朝阳、营造氛围、引领社会共同进步。策划并拍摄多部公益广告宣传片，宣传片以宣传社会现状为主题，突出展示朝阳取得重大历史进步的同时，也深刻揭露社会不良现象，为社会文明发展起到重要作用。

海淀区新闻中心

《海淀新闻》 新闻资讯类栏目。BTV新闻频道海淀时段、海淀数字频道每晚19:30，时长15分钟。该栏目是海淀区新闻中心的主打电视新闻栏目，多年来始终坚持把握正确的舆论导向，围绕区委、区政府的中心工作，宣传全区经济和各项社会事业的发展与成就，及时报道老百姓关心的热点问题，每天源源不断的新闻作品为其带来了良好的社会声誉。

《创新中关村·核心区》 专题服务类栏目。BTV新闻频道海淀时段、海淀数字频道每周三晚20:00，时长15分钟。该栏目由海淀区新闻中心与海淀园管委会联合主办，是全面反映、深度报道和权威发布核心区及中关村海淀园的建设成就、最新资讯的综合性专题栏目。该栏目记录核心区发展历史、宣传核心区建设成就、弘扬核心区创新文化、展示核心区时代风采，为核心区及海淀园的建设发展营造了良好的社会舆论环境。

《文明风尚汇》 专题服务类栏目。BTV新闻频道海淀时段、海淀数字频道每周一、三、五晚19:50播出，时长10分钟。该栏目是海淀区新闻中心为践行社会主义核心价值观，弘扬海淀区文明风尚，于2014年年初开办的一档社教类栏目。该栏目通过“今日来播报、点赞正能量、欢欢来纠错、礼仪来知晓”四个版块轮流组合播出，宣传海淀道德模范、北京榜样和各个岗位的先进人物，弘扬正能量，促进海淀区更加文明、和谐地发展。

《海淀风物志》 专题服务类栏目。BTV新闻频道海淀时段、海淀数字频道每周二晚20:00播出，时长15分钟。该栏目旨在落实区领导关于海淀媒体要“深耕海淀”的指示精神，进一步繁荣区域文化建设，通过对海淀文化资源进行深度挖掘和广泛普及，引导海淀观众“深读海淀”，推动“全民阅读”活动，推动区域认同。

丰台区广播电视中心

《丰台新闻》 新闻资讯类栏目。1986年12月开播，BTV新闻频道及丰台有线803数字频道，周一至周六19:36首播，时长15分钟。该栏目旨在展现丰台发展，关注社会热点，及时发布丰台时政、经济、社会、文化、民生等最新资讯。2017年，《丰台新闻》围绕丰台区重点工作和百姓关注的大事小情，进行全方位的新闻宣传报道，展现丰台的发展成果，展示了丰台百姓的火热生活。新闻专栏“疏解非首都功能”“环境建设”“创新创业在丰台”“非遗文化”“教师风采”等一一呈现了丰台经济社会的新变化、丰台的文化底蕴和丰台人爱岗敬业、奉献社会的美好品德。2017年共制作播出300期，4530

分钟。其中，先后启动了《砥砺奋进的五年》《聚焦十九大》《学习宣传贯彻十九大精神》等一系列专栏报道，播发新闻 167 条。围绕全区重点工作开设《疏解整治促提升》专栏，播发稿件 185 篇。

石景山区广播电视中心

《法治聚焦》 专题服务类栏目。石景山电视台数字 804 频道每周四晚 8 点 10 分播出，时长 15 分钟。栏目 2000 年正式开播，由《警法快讯》《直击现场》《法在身边》《以案说法》《法治人物》《警情连线》等不同的版块组成，主要报道区内各政法单位的重大新闻事件，栏目以弘扬法治精神、普及法律知识、推进法治建设、维护公众合法权益为宗旨，注重法、德、情的融合，展现政法战线的风采与业绩，突出本地特色，为全区经济社会发展营造良好法治环境。自 2012 年栏目进一步改版后，栏目重点关注石景山区法治领域热点事件、以独特的新闻视角、第一时间的现场报道以及真实、鲜活的法治案例独树一帜，第一时间发布法治信息，解读法治案件，成为百姓所关注和喜爱的栏目。主创人员：郭海涛、甄趁勇、高佳、李磊、张林。

《记者视线》 新闻资讯类栏目。2001 年开播，北京电视台 BTV 公共·新闻频道石景山时段及石景山有线 804 数字频道每周一至周五 19:50 播出，时长 15 分钟。栏目就重大活动、突发事件、热点话题、对当事人对相关部门进行采访，选择焦点话题进行新闻评述。用我们的镜头记录普通百姓生活的原生态。“评论热点话题，反映社情民意，聚焦百姓生活”则是它的具体定位。栏目紧紧围绕区委、区政府工作重点，选择百姓普遍关心、社会反响大的问题作为议题，深切反映群众呼声，准确传递社情民意。由石景山广电新闻部全体工作人员共同参与制作。

《生活与信息》 专题服务类栏目。该栏目是 2002 年创办、2007 年初全面改版的一档平民化的经济生活服务类栏目，每年都会有新的变化。BTV–9 模拟频道、数字 804 频道每周日晚 20:15—20:35 播出。栏目风格清新、简约、时尚、休闲、具有亲和力和平民化。其功能是引导消费、传递资讯、服务百姓。节目围绕百姓衣、食、住、行等方面的需求和问题，提供相关资讯，探寻解决方法，方便百姓生活。在节目中我们已成功开辟了《HAPPY 乐园》《健康桥》《吃喝乐购》《宜商宜居》等板块。节目全年共制作并安全播出 52 期，自播出以来受到广大观众的喜爱。不断有观众来电话咨询，并提供线索，提出宝贵意见，信息量逐渐增多，栏目也越来越精彩。主创人员：孟庆宾、张玉海、孙乐、谷雨、赵烁、孙博文、杨易、张海朝。

门头沟区广播电视中心

《门头沟新闻》 新闻资讯类栏目。BTV 公共（新闻频道）门头沟时段每日 19:34 播出，时长 15 分钟。该栏目以全区中心工作为宣传重点，坚持正确舆论导向，弘扬主旋律，坚持“三贴近”原则，关注民生，服务大局，全面、及时、准确报道发生在本区的新闻事件。该栏目是门头沟电视台收视率最高的一档新闻节目。主创人员：苏燕平、胡金旺、梁杰、刘越、吴南囡。

《门头沟视点》 新闻资讯类栏目。BTV公共（新闻频道）门头沟时段每周一19:50播出，时长15分钟。《门头沟视点》作为新闻节目的延伸大大增加群众采访的比重，加大评论力度和深度，结合时事对百姓关注的特定话题进行分析说理，以达到舆论引导的目的，为区委、区政府工作大局服务。该栏目是门头沟电视台收视率较高的一档新闻评论类节目。主创人员：王幸国、蓝盛斓、刘小虎、安雨彤。

《百姓说吧》 专题服务类栏目。BTV公共（新闻频道）门头沟时段每周五《门头沟新闻》节目中播出，时长2–3分钟。栏目以“弘扬社会主义核心价值观，提升市民文明素质”为主题，每期确定一个“说”的内容，让观众说看法、说想法、说办法。节目内容贴近群众实际生活，目前已经成为一档深受群众喜爱的优秀栏目。主创人员：苏燕平、胡金旺、王正、闫菲等。

房山区广播电视中心

一、广播栏目

《音乐加甜点》 综艺益智类栏目。FM 107每周四上午10:00—11:00直播，下午17:00、19:30重播；周日10:00、17:00、19:30重播，时长60分钟。节目内容温暖轻松娱乐，在轻松听歌的同时传递祝福和爱。以各种点歌祝福，弘扬主旋律、贴合房山地气、具有自身特色、互动性强的音乐娱乐节目，以音乐为主要元素，突出服务性。

《汇生活》 专题服务类栏目。FM 107每周三上午10:00—11:00播出，时长60分钟。栏目搭建房山经济生活广播新平台，听得见的房山新生活。服务房山本地商业机构，引领舆论导向，让生活在房山的朋友了解房山新城的政治、经济、文化、娱乐、体育等生活层面的新发展，为百姓经济生活服务指南。

紧扣时代脉搏，把握正确的舆论导向，体现北京世界城市发展规划和房山“新城新业新生活”的定位，反映房山广大市民心声。将权威性、指导性与贴近性、服务性相结合。立足房山，服务听众，影响舆论。

《新城故事》 专题服务类栏目。FM 107每周二上午10:00—11:00播出，时长60分钟。栏目弘扬房山文化，宣传房山，推介房山，展现房山悠久的历史文化和人文资源。讲述老百姓身边自己的故事。节目旨在把触角伸入社会的方方面面、各行各业，通过一个个平凡的故事，以小见大，展示新时期房山的发展变化。栏目故事性强，真实感人，或讲述身边事、百姓事，或讲述人文历史文化，做到真正的“让老百姓自己讲自己的故事”。在“第四届全国广播电视民生影响力调查”中，荣获广播电视民生新闻类10强品牌栏目称号。

二、电视栏目

《房山新闻》 新闻资讯类栏目。房山电视台有线、无线频道每日19:36播出，时长15分钟。栏目全面、广泛、深入地报道发生在房山区的时政、经济、社会、科教、文化、体育等各个领域，广大群众普遍关心、关注的社会热点、问题以及与群众生活息息相关的时政要闻及民生新闻。时政新闻强调权威观点，为房山地区的经济社会发展和建设做好宣传报道工作。经济新闻强调宏观举措；科教新闻强调最新成果；文化新闻强调高雅品位；社会新闻强调客观报道。政令与政策、改革与发展、区情与世象，是本节目的主要报道内容，与地区经济社会发展相结合；坚持正确舆论导向，是本节目的播出宗旨与原则。《房山新闻》是房山区委、区政府的喉舌，是展示房山形象、推介房山资源平台的窗口，也是外界了解房山的重要媒体。2017年《房山新闻》先后推出《砥砺奋进的五年》《凝心聚力话党建》《撸起袖子加油干 以优异成绩迎接党的十九大》《新时代开启新征程 新思想引领新房山》等栏目，得到全区上下的高度认可和一致好评。

《今日关注》 专题服务类栏目。房山电视台有线、无线频道每日19:58首播，时长20分钟。该栏目是一档多板块、突出热点、形式新颖的融服务信息、民生话题于一体的新闻资讯类栏目。重点报道全区发展建设中的热点、焦点、动态，说百姓话，服务市民生活，让观众在最短的时间了解周围的世界；以时尚、文明的气息，讲“好故事”、讲好房山“故事”、实时策划、跟踪动态，推动房山建设步伐。栏目因为其富有超强的故事性、趣味性、实用性以及浓郁的风土人情，已经成为房山老百姓心中脍炙人口的一档民生类新闻节目。现在，《今日关注》栏目已经有了一群固定的受众人群，这些热心观众们会通过节目热线电话积极向栏目组提供有价值的新闻线索，参与到节目中来。节目自开播以来，始终以关注民生为己任，引发了本地电视民生新闻的风潮，受到群众一致好评和热烈欢迎。

《都市生活》 专题服务类栏目。房山电视台有线、无线频道每周二、四19:58播出，时长10分钟。栏目是房山电视台推出的一档生活服务类经济栏目，栏目以面向都市民众、服务都市生活、凸显都市风采为定位，把时尚与消费以及健康生活理念有机地结合在一起，它贴近百姓，服务百姓，是百姓的消费指南和生活好帮手。节目形式灵活多样，内容涉及教育、科技、商业、建筑、旅游、饮食、流行时尚、娱乐健身、养生技巧等方方面面，能让观众多角度地感受现代都市生活的点点滴滴。栏目开播8年，已播出共1000多期、时长超过10000多分钟。栏目受众群体广泛，得到社会各界广泛认可，真正打造出一档区域主流媒体生活服务品牌。

大兴区广播电视中心

一、广播栏目

《乌鱼来了》 专题服务类栏目。2013年11月开播，大兴人民广播电台FM98.6每日早8:00播出，时长60分钟。栏目旨在为受众提供及时、有益的文化娱乐资讯，并利用多种互动平台与受众展开话题交流，服务受众生活。节目自播出以来，以轻松、愉悦的节目风格，赢得了听众的喜爱，通过平台（如微信公众号等）的即时反馈，使听众与主持人之间建立起默契与信赖，受众的忠实度在不断提升。主创人员：吴晋昊、于思淼、袁媛。

《音乐随心听》 综艺益智类栏目，2013年11月开播，大兴人民广播电台FM98.6每日11:00—12:00首播，每晚20:00—21:00重播，时长60分钟。栏目旨在展现国内外流行音乐及摇滚、爵士、民谣等多种音乐风格，分享音乐资讯，嗨聊热点娱乐话题。节目包括主题音乐（如经典华语电影配乐赏析等）、庆典获奖盘点（格莱美音乐奖、全英音乐奖等）、新歌推荐和音乐资讯等。节目还有嘉宾采访、LIVE放送等环节，深受听众喜爱，使听众在收听节目过程提升音乐思辨能力。主创：张婷婷。

《悦听经典》 综艺益智类栏目，2013年7月开播，大兴人民广播电台周一到周日18:00—19:00首播，重播22:00—23:00，时长60分钟。该节目以华语经典歌曲为主要内容，每期精心挑选十几首听众耳熟能详的歌曲，或按主题串联或像无序的音乐盒，首首让人期待。除了让听众能够赏鉴歌曲，还介绍歌曲创作背景、歌手情况，讲述歌曲背后不为人知的故事，让听众拥有不一样的听歌体验。因为内容群众喜闻乐见，首播时段正值晚高峰，因此节目成为听众下班路上非常好的伴随选择。主创：贾悦。

二、电视栏目

《大兴新闻》 新闻资讯类栏目。1995年1月开播，BTV大兴时段周一至周日19:35—19:55播出，时长20分钟。该栏目以时政新闻为主要内容，通过时政新闻的“民本化”处理，突出“我们跟您最近”的节目理念，追求新闻报道更贴近、更迅捷、更生动之效果。栏目重要新闻报道配发“新闻背景”“新闻链接”“记者感言”等附加内容，以满足受众对资讯的深层次、多样化的需求，使时政新闻更具震撼力和影响力。

《10分·关注》 专题服务类栏目。2014年5月27日开播，每周播出5期，周一至周五20:00播出，时长10分钟。节目主要围绕全区发生的重要事件和群众关注的热点、难点问题进行深入的调查报道。栏目力求贴近实际、贴近生活、文化、社会等各个方面，以夹叙夹议的报道形式，传达党、政府和百姓的声音。

《镇街采风》 新闻资讯类栏目。2013年11月开播，每周六日晚20:00播出，时长10分钟。该栏目是在电视台原有新闻节目的基础上，全新开播的一档以基层记者站原创新闻为内容的周播新闻栏目。

通州区广播电视中心

《通州新闻》 新闻资讯类栏目。通州电视台综合高清频道、综合频道、公共频道每日 19:30 播出，时长 13 分钟。作为通州区广播电视中心的新闻报道栏目，紧跟时政、围绕通州区的时事热点，致力于报道通州百姓身边的大事小情，2017 年先后开设《疏解整治促提升》《创城进行时》《撸起袖子加油干》《喜迎十九大》《砥砺奋进的五年》《十九大时光》《以习近平新时代中国特色社会主义思想为指引，进一步在京华大地形成生动实践，更加奋发有为推动首都发展》等多个新闻版块。该栏目是通州电视台收视率最高的栏目，开播以来深受通州区地方百姓欢迎。主创人员：监制：王雪征、张嘉康；责任编辑：吕建杰、李跃。

《小强听·说》 专题服务类栏目。通州电视台综合高清频道、公共频道每周日晚 19:50 播出，时长 20 分钟。栏目 2014 年 1 月开播，是通州电视台唯一一档演播室三机位新闻谈话节目。2017 年，栏目不断提高节目的品牌意识，在选题系列化和话题结构的“有意义”“有意思”上下功夫，话题策划紧扣时事，围绕区委区政府的重点工作和百姓关注的热点问题展开，聘请有话语权和话语力的嘉宾到演播室与主持人一同听说。2017 年先后录制“兴通州系列访谈”“名校长系列访谈”“党风廉政建设系列访谈”“副中心向前站一步系列访谈”“创城进行时系列访谈”“十九大辉映系列访谈”“通州两会系列访谈”等，一百多位来自通州内外的有分量的嘉宾走进演播室共话通州。开播四年以形式活泼，生动贴近赢得观众。《城市副中心换位思考》《好家风成就好国风》《新中考政策解读》《十九大代表李银环》等一批节目收到了很好的社会效果，一些自媒体纷纷转发节目精彩片段，有些单位把节目当做课程、教材，在会议上播放。主创人员：监制：王雪征、董继东；责任编辑、主持人：吴小强；编导：赵佳琼、巩羽、郑育娟、李骁。

《文明通州》 专题服务类栏目。通州电视台综合高清频道、综合频道、公共频道每周六 19:50 播出，时长 10 分钟。节目是通州电视台与通州区文明办联合开办的节目，于 2014 年 3 月正式开播。栏目跟随建设北京城市副中心，创建全国文明城区的步伐，弘扬文明风尚、曝光不文明行为。栏目提高通州居民对文明创建的知晓率、支持率、参与率，为提升市民文明程度做出突出贡献。主创人员：监制：王雪征、张斌；责任编辑：聂堂明、裴丽娜；摄像：付涛、田晟印。

《通州这方土》 专题服务类栏目。北京城市副中心调频广播 107.7 每日下午 14:05 播出，时长 25 分钟。栏目通过各个渠道寻找与通州相关的节庆风俗、民间艺术、古村行走，声音记忆等与“声”为主的节目素材，为听众奉献了一组组内涵丰富、寓意深刻、细腻好听的广播力作。节目主要分为五大系列，一是给通州的受众介绍了通州的历史传说系列，如燃灯塔的传说、运河传说等。二是历史文化系列：开槽节的起源，西海子公园的由来，二十四节气通州的文化习俗等。三是抗战系列：八里桥大战、义和团运动等。四是在介绍通州本土内容的同时，也涉及历史文化专家的采访，针对通州的民俗文化，对受众进行介绍和解读，先后介绍了冬至、春节期间的民俗文化等。五是在关注通州历史文化故事的同时，也时刻关注通州的现代化建设，为受众提供通州发展的最新新闻资讯。作为城市副中心调频广播的一档日播节目，致力于使受众了解通州历史文化，关注城市副中心建设，是一档重点聚焦在通州本土的文化习俗、历史故事为主的广播节目。节目为社会生活类，在撰稿中就一直强调朴实清新的文风，从解说词到人物对话，从音响效果到垫乐搭配，没有艰深晦涩，只有原生态的展现和接地气儿的讲述。主创人员：监制：王雪征、王娟；责编：吴楠、伍京川。

《早安副中心》 2017 年 5 月开播。北京城市副中心调频广播 107.7 周一至周五早 8:00—9:00 播出，时长 60 分钟。栏目是清晨的一档直播节目，以轻松的聊天和轻快的音乐为主线，每天一个有趣的话题，主持人陪伴听众早晨上班的路上，通过微信公众号与听众随时互动。该栏目是电台最早的一档早间话题互动的直播节目，每天不重复的话题风格，轻松幽默的气氛深受听众喜爱。主创人员：节目监制：王雪征、王娟；责任编辑：郑丹、张兆年、李凡凡、王垚之、张扬、王超、吴楠、戚缤予、王寒。

顺义区广播电视中心

一、广播栏目

《顺义新闻》 新闻资讯类栏目。顺义人民广播电台 FM92.9 每日晚 18:00 首播，时长 15 分钟。该栏目是一档顺义本土新闻类节目，内容围绕顺义区委、区政府中心工作、围绕顺义区贯彻落实全国及北京市重大会议工作，围绕与顺义区百姓生活密切相关的内容进行新闻宣传报道。节目突出广播特点，用通俗的语言、生动的音响为听众提供鲜活的新闻，节目说的都是顺义人、顺义事，成为一些出租司机、老年人朋友每天坚持收听的节目，收听率达 15%。主创人员：刘连茹、路致远、赵福艳、赵娜、丁越、张坤、陈婕。

《诵读经典》 综艺益智类栏目。顺义人民广播电台调频 92.9 兆赫，每日 10:23 和 19:23 播出，时长 3−7 分钟不等。节目内容均来自中外近当代著名文学家的经典名篇，力求以经典之美激活文化价值，唤醒文化传统，滋养文化自觉；以心灵沟通，张扬情感价值，提振群体精神，凝聚最大共识；以持续创新提升市场价值，强化原创能力，巩固健康导向。

《听总书记讲故事》 顺义人民广播电台调频 92.9 兆赫，每日 11:00、12:00、18:30、22:00 播出，时长 7−10 分钟不等。节目内容来自人民出版社出版的《习近平讲故事》一书，以习近平同志在重要讲话、文章中讲述、引用过的古今中外故事为素材，以有声有色的演绎和讲述，让听众更好地体悟故事背后的改革发展之道、大国外交之道、修身为人之道。力求通过讲故事的方式，将严肃、宏大的主题用生动活泼、贴近生活的形式表现出来，向公众传递正能量，弘扬社会主义核心价值观，表现出主流媒体的担当和责任。

二、电视栏目

《顺义新闻》 新闻资讯类栏目。每日在顺义电视台一套、二套播出，时长 15 分钟。自 1994 年开播以来，一直是顺义百姓始终关注的新闻节目。多年来《顺义新闻》始终立足顺义发展，充分发挥喉舌功能，影响社会舆论，记录顺义变化，讴歌发展成就，凝聚党心民心，架起政府与群众沟通的桥梁。注重从百姓视角解读新闻事件和大政方针，关注人民群众生活，突出贴近性。栏目目前拥有《清洁空气 共同行动》《我的故事》《信息直通车》等长期栏目以及《疏解整治促提升》《村规民约 “约”出美丽新农村》《最美劳动者》等临时性专栏，为宣传顺义发展起到助推作用，成为顺义电视台最受群众关注的品牌栏目。

《情暖顺义》 专题服务类栏目。开办8年，每周播出一期，每期10分钟，全年52期。栏目由区民政局、区慈善协会赞助。主要是讲述顺义人身边的好人好事，以榜样的力量弘扬社会主义核心价值观。报道普通人物，也包括行业精英，包括“优秀的企业家”“优秀教师”“最美医护人员”“最美劳模”“优秀党员”等等，提升了栏目的行业影响力。

《健康有约》 专题服务类栏目。每周播出1期，每月3期，每期20分钟，全年播出36期。2010年10月开播，是由区卫计委冠名赞助。栏目以主持人与嘉宾的谈话方式进行，栏目内容定位在向百姓讲解基本的医疗常识，普及基本的养生方式方法，节目邀请顺义区和北京市在医学的某一学科或领域的知名专家，向大家讲授医学知识。

平谷区广播电视中心

一、广播栏目

《平谷新闻》 新闻资讯类栏目。平谷人民广播电台FM89.2频率，每日早中晚播出，时长15分钟。栏目以“关注社会发展，贴近百姓生活”为宗旨，突出平民化、地域性、服务性特点，围绕平谷区委、区政府的中心工作，全面、快捷地播报全区各个领域的重大事件及事件动态，为百姓和政府搭建沟通理解的桥梁。主创人员：王海河、王晓明、张赛等。

《平谷人物》 专题服务类栏目。每周播出一期，节目时长15分钟。2017年5月开始播出，至今已播出节目近70期。栏目开办的宗旨是唱响主旋律，传递正能量，大力宣传和及时报道各行各业涌现出的典型人物和先进事迹，用榜样的力量鼓舞人激励人感染人，引领社会风气的改善，助推平安平谷建设。节目自开播以来，深受广大听众的喜爱，一些听众朋友主动打电话把自己身边涌现的好人好事向栏目组进行反映，以便及时地跟进报道。主创人员：张艳平、王海河、王晓明等。

《老柴说平谷》 专题服务类栏目。平谷人民广播电台fm89.2兆赫播出。节目由《平谷史话》的作者柴福善同志讲述平谷悠久的

历史文化故事，柴福善同志是土生土长的平谷人，曾任县委党史办副主任，县文化文物局副局长，区文联副主席，现为中国作家协会会员，北京作家协会理事，区文物保护协会会长。节目让观众可以深入了解平谷悠久而厚重的历史文化，丰富精神生活。节目内容涵盖平谷名字由来及区域形成、早期历史文化、古城、汉墓、寺庙、遗址，等等。节目受到平谷老百姓的普遍欢迎。主创人员：艳平、王海河、王晓明、张赛等。

二、电视栏目

《平谷新闻》 新闻资讯类节目，PGTV−1 每晚 19 点 30 分播出，PGTV−2 频道每晚 20 点整播出，时长 15 分钟。栏目以平谷地区本土新闻信息权威发布为基础，着

眼于经济社会发展对新闻信息服务的要求；及时、准确传递区委、区政府的相关决策和公共信息；关注民生，突出反映社情民意；展现平谷“一区四化五谷”发展形象，满足全区人民享受优质新闻信息服务的需要。节目具有较强的可视性，得到全区广大干部群众的高度认可，是平谷人民最喜欢看的电视节目之一。2017 年，《平谷新闻》共播出新闻 5780 条。市级以上新闻媒体播出新闻 122 条。其中中央电视台《新闻联播》播出 6 条。主创人员：李肖英、李东亮、王建、张云辉等。

《美丽平谷》 专题服务类栏目。PGTV−1、PGTV−2 每周一晚 8:00 首播，时长 15 分钟。栏目旨在挖掘平谷历史，宣传平谷区日新月异的城市建设变化。以 2020 年世界休闲大会为契机打造生态、休闲、宜居的美丽平谷进行宣传。2018 年美丽平谷栏目将对在“如何建设美丽平谷”做文章，同时也将以生态建设为主线，打造平谷的美丽蓝图、美丽景色、美丽城镇、美丽产物、美丽蓝天、美丽文化、美丽游玩、美丽农业。主创人员：王娟、胡水等。

《警法在线》 专题服务类栏目。每周一

期，时长15分钟。栏目一直致力于守好意识形态领域主阵地，坚持正确政治方向、舆论导向、价值取向，牢牢把握话语权和主动权，传播优质法治文化。栏目以案说法，做好普法宣传，在重要的时间节点上对群众进行防火、防骗、防抢、防盗、打击非法集资和传销、反恐、禁毒等安全教育。为架起政法部门与群众沟通的桥梁，树立政法形象，将每年两会期间的法院院长、检察院检察长访谈内容及时发布官方微博微信，得到群众好评。官方微博微信点击量不断升高，受到社会广泛关注。此外上传的“远离非法集资”节目在腾讯视频点击率已达八万多次。

怀柔区广播电视中心

一、广播栏目

《恋上怀柔》 专题服务类栏目。2017年1月1日开播，怀柔人民广播电台FM101.3频率每周一、三、五播出，时长25分钟。该栏目以普通百姓视角，重点宣传怀柔地区日新月异的发展变化，区委、区政府重点工作、重点工程，通过嘉宾采访、现场采访、主持人播报等形式，努力打造一档百姓爱听、政府满意、效果显著的本土原创民生广播节目。设置了“新闻资讯”“百姓情怀”“生活点滴”等板块。主创人员：李晓红、邹文献。

《法治你我他》 专题播服务类栏目。2017年1月1日开播，怀柔人民广播电台FM101.3频率每周三播出，时长10分钟。该栏目是一档法制宣传教育类广播栏目，紧跟国家法治建设步伐，紧扣社会热点，结合怀柔地区实际，着重宣传与民生相关的各类法律法规，为市民提供及时准确的法律帮助，在推动普法教育、提高市民法制观念、稳定社会法治环境等方面发挥重要作用。设置了“法治动态”“法治资讯”“举案说法”等板块。主创人员：李晓红。

二、电视栏目

《怀柔新闻》 电视新闻栏目。1991年8月16日开播，北京电视台BTV新闻频道怀柔时段每周一至周日播出，时长15分钟。该栏目肩负反映怀柔改革开放、经济发展、社会进步的重要窗口，主要为时政新闻、社会新闻、简讯快报等内容。始终紧紧围绕全区中心工作，不断扩大报道范围、丰富报道内容。根据形势需要，不定期开设专栏或专题报道，不断改进宣传报道形式。自2009年起，每年度策划推出一部重点主题宣传，先后制播《与共和国同行——怀柔60年60事系列报道》《怀柔好人》《锦绣怀柔·党旗红》等主题宣传。2017年，推出30集系列报道《砥砺奋进的五年》，为怀柔区经济社会发展营造良好的舆论氛围。

《文化怀柔》 专题服务类栏目。2007年6月开播，北京电视台BTV新闻频道怀柔时段每周一播出，时长12分钟。该栏目与区文化委员会合办，重点报道怀柔文化产业发展、文化人物及区内群众文化活动等资讯。主创人员：彭光华、齐大志、刘莹、单坤宇。

昌平区传媒中心

一、广播栏目

《与法同行》 专题服务类栏目。昌平人民广播电台调频103.1兆赫每天7:50播出，时长10分钟。该栏目旨在向广大受众普及法律知识，解释法律规则，弘扬社会正气，警示违法行为。节目采取主持人与嘉宾对话的形式，讲述发案经过，追溯犯罪根源，诠释法律法规，点评案例争议，让法制观念深入人心，让知法、懂法、学法、守法成为人们日常行为的规范准则。所有案例均为本区发生的交通违法肇事、夫妻伤害赔偿、网络诈骗等刑事、民事案件。主创人员：段志玲、顾芸。

《乐享时光》 专题服务类栏目。昌平人民广播电台FM103.1每周一至周五上午10:00—10:30播出，时长30分钟。栏目是昌平人民广播电台开播的首档直播节目，填补昌平地区广播直播节目的空白。栏目寓意分享快乐的时光，是一档时尚轻松的话题聊天类节目，将社会效益放在第一位，立足于昌平地区百姓的实际生活，以服务昌平百姓为宗旨，将涵盖气象服务信息、本地最新资讯、轻松话题互动、精彩音乐分享等多项内容。主创人员：李楠、陈宏、王勤、张馨、王莹。

二、电视栏目

《昌平新闻》 新闻资讯类栏目。北京电视台BTV公共新闻频道昌平时段周一至周六19:30首播，次日07:30，12:30重播，时长15分钟。该栏目以报道大事要闻，传播舆情资讯，聚焦昌平发展，关注民生民情为宗旨，分为时政新闻和民生新闻两大部分，并不断增加民生新闻的报道力度。该栏目内容具有政策性强、收视率高、影响力大的特点，在昌平电视台收视率位居最高，是昌平电视台最重要的栏目之一 。主创人员：《昌平新闻》新闻部全体人员。

《真情故事》 综艺益智类栏目。2008年开播，昌平电视台综合频道每周一19:50播出，时长10分钟。栏目以人物为主线，讲述人与人、人与社会之间的真情故事。显示平淡中的伟大，琐碎中的崇高，展示人性的真、善、美。栏目开播八年多来深受观众喜爱，是昌平电视台一档品牌栏目，连续三年获北京广播影视奖优秀栏目奖，获得2012年全国十佳电视栏目奖、2011—2012中国最具品牌价值电视栏目奖、金长城传媒奖等，2015和2016连续两年获北京市“优秀原创网台联运视听节目”。栏目播出的《阳春白雪的故事》获中国广播影视大奖广播电视节目电视专题片大奖、全国区县广播电视节目专题片一等奖；《小鹿快跑》获第二十六届（2016年度）北京新闻奖二等奖；《牵手》《王丽娟和她的智光学校》《天使红霞》等多部作品获得市级及国家级奖项。主创人员：聂淑芳、王强、张易柳、岳禹宁、王子珺、于涛、闻涛、孙铭阳。

《古今昌平》 专题服务类栏目。2008年开播，昌平电视台综合频道每周三19:50首播，时长10分钟。栏目利用影像，对昌平6000年来，特别是建县2000多年的历史和文化，进行分系列、多层次梳理，让受众认识昌平、了解昌平、爱上昌平。栏目制作播出《探秘十三陵》（122集）、《文物·往事》（60集）等10个系列400多期。《探秘十三陵》系列被译成英文版，成为“昌平礼物”，在中国教育电视台《首都纪录》栏目中播出。2013年栏目被昌平区政府纳入昌平历史文脉梳理体系，获全国电视十大名专栏奖。2016年，栏目制作播出了《考古发现》《古树名木》系列，深受当地百姓喜爱。主创人员：聂淑芳、王江红、朱玉婷、袁玥、于涛、孙铭阳。

密云区广播电视中心

一、广播栏目

《今日密云》 专题服务类节目。94.1兆赫每周一下午18:15首播，时长15分钟。节目侧重于密云的自然生态环境、历史文化和旅游业发展的宣传。内设《热点聚焦》《玩转密云》《文明之花开密云》《密云民间传说故事》4个子栏目，让听众足不出户在轻松的广播节目中获取最新信息，深受广大听众朋友的欢迎。主创人员：编辑、播音：齐晓迎。

《三农有约》 专题服务类节目。频率94.1兆赫每周四下午18:15首播，时长15分钟。节目是反映和宣传密云区农业发展、农村变化和农民生活的窗口，分为《三农时讯》《农技观象台》《秀美乡村》和《致富有方》4个子栏目。宣传密云区效益农业发展和农村现代化建设的新成就，传播农民的新思想、新观念、新经验、新做法。自2008年开播以来，为农民提供所需的政策、法规、技术、市场等方面的实用信息，节目深受广大农民朋友的欢迎。主创人员：编辑、记者：张爱红；主持人：齐晓迎、王立伟。

二、电视栏目

《教育专线》 专题服务类栏目。密云电视台一套隔周六20:01首播，时长15分钟。栏目从教育发展的实际出发，宣传教育政策、教育改革成果，推广先进典型。节目以深入宣传密云教育发展改革成果，切实发挥了舆论宣传的引导和推动作用，为加快推进全区义务教育均衡发展营造了良好的工作氛围。主创人员：孙艳波、石建新、孟晨冉、杨威。

《北大专家在密云》 专题服务类栏目。密云电视台一套每月第一个周一20:01首播，时长20分钟。栏目旨在引导受众在关注自身健康管理的同时，思索、感受、领悟生活与生命。栏目通过邀请多位北京大学第一医院的专家医者来到节目现场与观众互动，最权威的、最直观的、向大众最科学准确地讲述健康医学服务知识，充分体现十九大报告中指出的“完善国民健康政策，为人民群众提供全方位全周期的健康服务”。主创人员：孙艳波、姜焱伟、张鑫、王朝、杨威。

《法润密云》 专题服务类栏目。自2016年1月9日开播，隔周周四首播，具体播出时间为周六 20:01，时长 15 分钟。栏目是与区法制宣传教育领导小组办公室合办的一档法治类专题电视栏目，广泛动员社会力量，发挥电视媒体生动直观、覆盖面广的优势，以群众喜闻乐见、通俗易懂的形式开展法制宣传教育工作，普及与广大人民群众生产、生活密切相关的法律法规知识，营造全区学法用法守法遵法的良好法治氛围，培育公民法律意识和法律素养。主创人员：孙艳波、杨威、吴婷、孟辰冉。

延庆区广播电视中心

一、广播节目

《延庆新闻》 新闻资讯类栏目。延庆人民广播电台每晚 18:00 首播，当晚 21:00、次日 7:20、10:30、11:30 重播，节目时长 10 分钟。该栏目是延庆人民广播电台唯一一档本区新闻节目，以宣传党的方针政策，迅速准确及时报道全区物质文明、精神文明、政治文明和生态文明情况为主；充分发挥广播特色。在报道中采取文字、现场报道、录音报道、专题报道等不同形式，增强宣传效果，及时准确传达区委、区政府的声音，当好桥梁和纽带。2017 年《延庆新闻》中的节目报送北京人民广播电台，播出百余条。

《今日农村》 专题服务类栏目。延庆人民广播电台周二、周五晚 18:10 首播，当晚 20:40 分，次日 7:30、 11:40、16:00 重播，时长 18 分 30 秒。该栏目是电台的一档保留节目，面向农村、服务三农、统筹城乡、服务大众，是城市了解农村的窗口，农村走向城市的桥梁。开设有“妫川新貌”“信息大篷车”“资讯快递”“农博士走一线”“妫川大舞台”等板块。2017 年，栏目组创新工作方式，探索“百姓点菜、记者牵手、专家把脉”的报道形式，将百姓提出的有关农事生产生活中的问题，邀请专家第一时间到田间地头为农民现场答疑解问，开办长达 20 年，多次在省市级评选中获“优秀栏目奖”，受到广大农户的欢迎。

《生活导航》 专题服务类栏目。延庆人民广播电台周一、周四晚 18:10 首播，当晚 20:40 分、次日 7:30、11:40、16:00，时长 18 分 30 秒。节目开播以来，始终秉承服务的宗旨，本着快捷、实用、大信息量的原则，融知识性、生活性、参与性为一体。主要为听众朋友们提供生活资讯、健康指南、疑问解答、二手商品买卖信息等全方位的生活服务。节目以现场报道、短信互动、嘉宾访谈等多种形式，接近与听众的距离，吸引听众参与，成为听众生活的好帮手。《生活导航》开办以来，以时尚、轻松的节目定位；“全心全意”的节目宗旨，有的放矢的服务赢得了不同受众群的喜爱，成为延庆人民广播电台一档品牌节目，收听率较高。

二、电视节目

《印象妫川》 综艺益智类栏目。2017 年 5 月 21 日开播，延庆电视台周日首播、周五重播，时长 12 分钟。节目挖掘延庆深厚的文化底蕴，打开一扇展示延庆、记录延庆的新窗口。通过行走妫川大地，发现妫川之美，讲述妫川风情，真正让受众“看得见山、望得见水，留得住乡愁”。每半月推送一期新内容，先后推出寺庙壁画系列（4 期）、红色文化系列（3 期）、妫川水脉系列（5 期），“十一”特别节目 1 期，妫川工匠系列（4 期）以及妫川花会等系列节目，取得良好的社会反响。主创人员：摄像记者：聂鹏、王世奇；

编导：张乃琪、谢春娟；后期制作：曹海娇；制片人：付冬月；配音：王然、邱振飞。

《聚焦时分》 新闻资讯类栏目。2017年10月14日开播，延庆电视台每周周三、周六晚20:15播出。该栏目聚焦绿色发展、政策民生、社会热点，先后推出《河长制解读》《大气污染治理见成效》《文明出行大家谈》《棚改政策惠民生》等一系列与百姓生活息息相关的电视新闻专题节目。《铁炉村的昨天、今天、明天》《文明出行大家谈》《棚改政策惠民生》等节目网络点击量均超过4.5万次。在全市推出安全隐患大排查、大清理、大整治专项行动中，栏目先后推出《防火，我们需要绷紧的那根弦》以及《守护安全，大排查、大清理、大整治》，两期节目均超过3.5万的点击量，并引发广大观众对于防火的警醒和思考。年内共播出22期，内容包括《河长制解读》《大气污染治理见成效》《文明出行大家谈》《棚改政策惠民生》等，深刻解读十九大精神，全景展示延庆办大事、促发展、惠民生的生动实践。腾讯视频播放量达50.4万次。主创人员：制片人：张辉；责任编辑：王磊；主持人：彭晨；编导：苏浩、张佳誉、王磊；后期制作：郄美强。

产业发展

北京市广播影视产业发展情况

2017 年，北京市拥有广播影视节目制作经营机构 7479 家，比上一年新增 2694 家。其中，事业单位 17 家，国有控股企业 77 家，国有独资企业 67 家，国有参股企业 22 家，民营企业 7266 家，其他 30 家。广播影视从业人员 8.89 万人。

全年经营创收 1029.73 亿元，同比增长 42.7%。其中，广告创收 384 亿元，同比增长 50.6%；电影票房收入 33.95 亿元，同比增长 12.1%；有线电视网络收入 27.92 亿元，同比增长 3%；其他收入 495.18 亿元，同比增长 61.1 %。

电视剧、动画片生产情况

截至 2017 年底，北京市共有影视制作机构 7479 家，其中持电视剧制作许可证（甲种）的单位 17 家。全年共受理电视剧备案公示 547 部，获得总局公示的共 359 部，15078 集；受理电视剧变更事项 163 部次，集数变更 86 部次，剧名变更 27 部次，制作单位变更 50 部次；受理境外人员参与电视剧拍摄请示 60 部，188 人次。

取得电视剧制作许可证（乙种）的电视剧 109 部 4918 集，电视剧制作许可证（乙种）变更 13 项；取得发行许可证的电视剧 75 部、3210 集，占全国的 24%。

75 部电视剧中现实题材 44 部，占 58.7%。其中，当代题材 42 部占 56%（当代都市题材 31 部，当代军旅题材 2 部，当代农村题材 1 部，当代青少题材 2 部，当代其他题材 5 部，当代涉案题材 2 部），现代题材 2 部 2.7%（现代军旅题材 1 部，现代都市题材 1 部）；历史题材 31 部，占 41.3%。其中，近代题材 24 部占 32%（近代革命题材 7 部，近代传奇题材 11 部，近代其他题材 5 部，近代传记题材 1 部），古代题材 7 部占 9.3%（古代传奇题材 5 部，古代其他题材 1 部，古代神话题材 1 部）。

电视动画片备案公示 37 部 1773 集 30913 分钟；取得发行许可证的动画片 22 部 680 集 6321 分钟。审查通过的动画片中，童话题材 13 部，神话题材 2 部，科幻题材 2 部，其他题材 2 部，教育题材 1 部，历史题材 1 部，现实题材 1 部。

一、组织春、秋北京电视节目交易会

春季电视节目交易会共吸引海内外电视节目制作机构及相关产业机构超 440 家 2300 余人，电视节目播出机构 170 家近 500 人，海外来宾 22 家 31 人参会。共推介电视节目 900 余部。“北京影视著作权专家鉴定委员会”借力交易会平台正式揭牌启动，由此开启中国影视版权建设规范化、法制化的新纪元。同时举行的 20 场专场推介活动，内容涉及影视产业园区推介、电视剧制作相关产业及网络文学推介等。

秋季电视节目交易会共吸引海内外电视节目制作机构及相关产业机构 480 家近 2700 人、电视节目播出机构 150 余家 500 余人、海外来宾27家55人参会洽谈合作，与会嘉宾、新闻记者和非注册参会专业人士300余人，参会人员超3500人。交易会共推介电视节目超1100部，网络剧96部2540集，电影、网络电影18部19集，纪录片、电视栏目45部11209集，动画片31部1835集，海外剧目18部344集，网络文学作品50部。秋交会特设“十九大献礼剧”及“北京电视剧五年成果”主题展览，举办“春华秋实”2012—2017北京优秀电视剧五年成果表彰活动，首次对首都优秀电视剧制作机构予以表彰。本届交易会的3场业务论坛，以极强的产业引导性备受业内关注。秋交会主论坛以“中华优秀传统文化与影视创作的融合”为题，邀请北京大学教授、知名编剧作主题演讲。分论坛聚焦“论影视著作权纠纷问题的产生和解决”，结合经典案例探讨影视著作权纠纷问题的产生及解决途径。“制片人专项论坛”围绕“后IP时代”全产业链开发和网剧发展等热点行业话题进行深度讨论。同时还举办了10余场涵盖电视剧制作全产业链的专项推介会。

二、举办首届“北京纪实影像周”

首届“北京纪实影像周”于2017年11月24日至28日举办。这是首都及全国纪录片行业的一次盛会。影像周围绕“纪实+”专业理念，设置“纪实·盛典”“纪实·论坛”“纪实·交易”“纪实·影像”“纪实·乐活”“纪实·京味”六大活动板块。包括开幕式及开幕影片首映、3场主题行业论坛、10余场纪实影像和设备展、1场签约发布活动、3场纪实网络直播，37部国内外优秀纪录片在8家院线、6家城市文化艺术空间及高校展映121场次等内容。有12家机构达成9个项目合作，签约额近9000万元。80余家纪录片机构近3000人参加主会场活动，逾百家新闻媒体参与活动报道。

三、继续实施“走出去”工程

2017年4月，连续10年组织北京地区的影视机构组成北京影视代表团参加戛纳电视节，并在电视节上设置“北京联合展台”。本次“北京联合展台”总面积90平方米。分别设置专属展位和公用展位。展出海报共计30幅，设置放映设备5套，共组织16家公司近30人参加，携30部近1000集电视剧、动画片、纪录片参展。参展期间，与戛纳春季电视片交易会组委会合作举办MIPDrama展映买家交流会，来自30多个不同国家和地区的350余位受邀买家和100多位媒体记者参加了交流会；组织展商项目推介酒会，吸引大批外方代表；代表团与戛纳电视节组委会电视部总监和高级销售经理进行交流活动，洽谈深度合作；应约接受新华社驻巴黎分社的采访，对此次北京影视的参展情况进行了简要介绍。

2017年4月，北京市新闻出版广电局委托首都纪录片发展协会组成北京纪录片代表团，赴加拿大参加HOTDOCS国际纪录片节。代表团由北京三多堂传媒股份有限公司、环球瑞都（北京）文化传播有限公司、东方良友影视传媒（北京）有限公司、北京爱奇艺科技有限公司、中视金桥国际传媒集团有限公司等13家纪录片制作机构、26名代表组成。北京代表团在节展期间独立主办4项，联合举办2项，受邀参与1项节展活动。

2017年6月，北京市新闻出版广电局继续组织北京动画制作播出机构参加法国昂西动画电影节，在展会上各制作播出机构与各国动画机构开展交流合作，宣传推介北京优秀影视动画作品。此次参展重点是向国际动漫产业，展示北京、中国近年来大力发展文化创意产业，大力发展动画动漫原创领域的一些成果和作品，增进动漫产业国际间的相互交流；同时，也为北京动画制作机构借鉴学习国际动画前沿技术和理念、促进国内外动画行业人才合作搭建了平台。

广告经营情况

北京电台根据市场发展变化、客户实际需求、频率品牌特色、节目专属定位、重要时间节点等要素，有针对性地开发特殊广告产品。加强与大客户深度合作，推出小微企业广告创新专题的营销模式。2017 年专业广播专题创收同比均有增长，城市广播较为显著，实际创收增长 209%；通用汽车、阿里集团等优质客户广告投放均超额完成预期目标，签约总额逆势上涨；广告经营中心与专业广播及节目团队的沟通更为常态化，深入开发广告资源，团队创收大幅提高。同时在广告管理方面强化制度管理，防止跑冒滴漏，提高播出效益。紧跟时政、民生热点，新创作公益广告 100 余条。每天播出公益广告 106 条次、时长 106 分钟。产业结构持续优化。2017 年，产业发展按照瘦身转型，提质增效，稳中求进的原则继续推进。制订《北京人民广播电台所属企业清理工作方案》及与之配套的《实施方案》。有 2 家公司完成业务转型，3 家公司暂停营业。节目团队数量增加到 8 个，涉及汽车、体育、健康、餐饮娱乐、教育培训等多个行业，盈利模式更加多元化。两支投资基金运作有序，项目运行良好。

北京电视台 2017 年广告总收入 33.37 亿元，比上一年增长 12.13 亿元，涨幅 57.11%，全台广告创收超过近几年水平，创历史新高。其中，北京卫视广告创收总额同比增长超过 1.7 倍，在排名前五的省级卫视中增长幅度最高。开发 4 个“亿元客户”，分别是 OPPO、天猫、景田、江中，接近亿元的客户有云三七、华彬集团等；与阿里巴巴集团签订战略合作协议；借势“BTV 春晚”，开发“春碗”品牌衍生品，发售“BTV 手工花丝金质春碗”和“BTV 手工花丝银质春碗”两款工艺品；打造动漫衍生品多屏互动综艺秀《大玩家》，将节目与动漫产业制作、衍生品开发各环节紧密结合；针对中老年“大健康”市场开发健康手机和可穿戴智能医疗设备；针对青少年“大教育”市场开展培训业务；深挖行业协会、政府部门资源，展开战略合作，争取资金支持。在生活频道开展一体化改革试点，创建“三委一联席”一体化管理架构机制；初步布局城市生活服务领域九大产业，成立六大产业联盟。台属企业经营能力提升。京视传媒有限责任公司积极参与投资《跨界喜剧王》《但愿人长久》等多个大型季播节目或晚会，建立运营“BTV 观众俱乐部”；卡酷传媒有限公司推出“卡酷嘉年华・萝卡快跑”项目；电视产业发展集团对后勤保障资源及其他闲置资产资源进行市场化开发；紫禁城影业公司积极开展影视创作，推出《谁是球王》《我是马布里》《定军山》。

有线电视网络发展情况

2017 年北京歌华有线电视网络股份有限公司（下称歌华有线公司）实施“一网两平

台”战略和新媒体发展规划，各项重点工作取得了新成绩和新突破。全年歌华有线公司实现营业收入27.92亿元，同比增长3%；实现净利润7.61亿元，同比增长4.98%。截至2017年年底，公司总资产152.98亿元，净资产127.45亿元。

截至2017年年底，有线电视注册用户达到586.16万户；高清交互累计推广数量突破500.66万户，同比增长17.66万户；家庭宽带用户达到56.9万户，同比增长超过6.3万户。

截至2017年年底，集团非居民有线电视注册用户为32.1万端，宾馆饭店类用户缴费端数为11.17万端；2017年内完成148家宾馆酒店的数字化工作，其中，中高端宾馆酒店38家。

一、加强基础网络和云平台建设

2017年，歌华有线公司加大基础网络建设力度，提升网络和系统质量，以及对业务的支持能力。一是加强双向网络建设。启动光纤到户网络改造工作，年内新建双向网50万户，累计开通双向网600万户，实施DOCSIS 3.0升级工程覆盖用户达500万户。二是强化总前端安全保障。新建备份清流传输系统，实现与加扰数字节目的一键切换。三是加强机房和系统建设。城区新建和扩容升级三级机房23个。四是加强反向噪声监控系统建设。累计覆盖用户达490万户，为双向网维护起到支撑保障作用。五是持续推进网络和业务运营支持系统建设。完成了HFC网管、数据网运维管理和数据网综合监控管理等系统的优化升级工作。六是做好架空线入地工作。牵头建设“百街千巷”东城区管道，已完成部分胡同管道建设。七是城市副中心信息化建设稳步开展。推进城市副中心发展要求的信息化基础设施建设，开展通信楼机房和行政办公区接入机房相关建设工作。八是“备战”2022北京冬奥会有线电视专网服务工作。与河北省网签订专网合作协议。九是积极推进有线无线融合网项目。试点方案申报已得到总局科技司的同意批复。

二、推进云平台建设

优化云平台建设。统一门户系统、IP CDN子系统、融合应用商店系统均已上线；对流化应用加载子系统升级、扩容，对存量终端交互服务全流化支持进行研发；新款终端系列绝大部分应用得到迁移；对云飞视新版功能进行开发和升级。

推出新型机顶盒。公司已推出3款新型机顶盒，其中DVB+IP机顶盒推广超过12万台，网关机顶盒推广超过1万台，IP机顶盒推广超过2万台，推进融合媒体IP化的技术转型进程。

三、开拓集客业务市场

一是智慧城市项目取得突破。积极参与雪亮工程、视频监控项目建设，通州、大兴、平谷等分公司中标雪亮工程、视频监控项目，中标金额合计超过2.2亿元；二是无线北京(—MyBeijing—)项目已具规模。截至12月底，已完成全市990个公共场所，共计8848个AP的开通调测及验收工作。北京市第十二次党代会期间，为代表驻地提供—MyBeijing—无线网络服务；三是歌华视联网项目取得进展。2017年，歌华视联网业务与大兴、平谷、顺义、怀柔、朝阳等区签订合作协议，接入市公安局、市交通委等8家系统单位，与首都综治办完成协议续签。此外，还与北京市农商行等签订合作协议，为公司集团客户业务的下一步发展拓宽市场；四是智慧社区建设取得新进展。各分公司积极开展“歌华生活圈”项目建设。截至12月底，“歌华生活圈”已落地9个项目，对接整合14个委办局为民服务个性化需求，累计点击量超过4000万次。

四、丰富平台优质内容，促进新媒体业务发展

丰富优质节目内容。2017 年新增中央电视台财经频道等十套高清频道入网播出。截止到 2017 年年底，共传输 187 套数字电视节目（含标清数字电视频道 140 套、高清数字电视频道 47 套）；回看频道共计 121 套频道（含高清频道 38 套），将热门回看节目通过电视剧、综艺专区进行归集；在线视频点播类节目数量突破 13 万小时，其中高清节目超 7 万小时。歌华导视频道平均每日首播节目 6 小时，累计制作 14 档栏目共计超过 1500 小时节目内容。公司服务市委市政府，上线《央视报道》新闻栏目，设“新闻”和“专题”两个分区，随时更新中央台有关北京的建设成就报道，每周更新新闻节目超过 2000 分钟。

开展教育、健康、文化服务。完成 6000 余节微课程上线工作。健康专区推出北京医改、基层诊疗等 39 个宣传专题。文化专区完成“电视图书馆”2.0 改版上线，在线图书超过 100 万册。2017 年歌华游戏累计在线运营 240 款，总注册用户数超过 350 万人次。完成基于歌华导视频道的“增强电视”功能上线，实现导视频道与电视院线的内容联动。完成广场舞项目上线工作，首次将电视端和手机端相结合。

开展政务民生服务。歌华全频道应急播出滚动字幕进入常态化运行，全网发布“空气重污染预警”等提示信息 2400 余次。推进“美丽东城”“湖光山色门头沟”项目升级改版和“美丽智慧乡村信息服务平台”建设。

广告经营。益网广告公司正式运营，探索开辟广告专区。

推进大数据业务合作。联合筹备成立“视听传媒大数据联合实验室”。与河北、天津联合制作《京津冀有线电视收视数据报告》，年内共完成 44 期报告制作。

互联网电视牌照平台对接项目。完成与百视通、未来电视（CNTV）、华数、南方传媒、芒果 TV 五家播控方的对接，开展试运营工作。

手机电视项目。与近 20 家影视传媒机构签订版权内容合作协议，扩大业务覆盖范围。

电视院线业务。电视院线业务已在全国 28 家省级有线网络公司 37 个前端落地，覆盖高清交互用户数 3390 万。

文化会展、演艺情况

2017 年，北京歌华文化发展集团依托歌华大厦、中华世纪坛平台，拓宽思路、开放资源，组织落实重点品牌项目。

全年集团承办、举办了二十余项展、演、映等活动。包括 2017 北京国际设计周、2017 北京国际摄影周、2017“共创未来——中美青年创客大赛”总决赛及系列活动、“砥砺奋进的五年” 大型成就展、中华世纪坛艺术节、新年活动、清明纪念先贤活动、“诗意中国”中秋诗会、和合家风主题展、镌刻世纪主题展等传统文化品牌项目；西班牙文化月、法国文化月、乌力格尔的神话——俄罗斯艺术家作品展、巴比松画派展等国际文化项目；“六一儿童周”等体验文化品牌项目以及“漂流的文明”多媒体大展等当代文化项目。其中 2017 北京国际设计周共由 10 个板块组成，设置 42 个分会场，举办近千项设计活动。来自二十多个国家的万余名设计师及设计机构代表参与本届活动，吸引现场观众超过 800 万人次，另有国内外 5000 多万人次通过网络展览、在线直播等形式参与关注，带动文化旅游和各类设计消费超过 30 亿元，活动规模已接近全球最大规模设计活动米兰设计周；2017 北京国际摄影周分五大板块、230 余项活动，共吸引超过 30 万人流量，网上在线浏览量近 200 万人次，互联网总曝光量超过3亿次，市场化运营收入将近450万元。

2017 年，歌华文化集团依托国家对外文化贸易基地（北京），启动文化经纪服务平台建设，通过与央视传媒《挑战不可能第三季》、央视纪录《舌尖上的中国 3》等项目的合作，进一步尝试业务模式的突破和创新，以 CAA 的服务模式面向演出、出版、影视、会展、娱乐、艺术、文物、体育等文化市场，为国际国内供求双方提供经纪服务，推动文化经纪服务平台产业链条形成。

北京市广播电视节目制作经营持证机构情况

截至 2017 年 12 月 31 日，北京市广播电视节目制作经营许可证持证机构共 7479 家，全年新增 2694 家，全年已申请注销和到期未延续自动停用 569 家，全年净增加机构 2125 家，全年变更许可证有效期的机构 1385 家，机构总数相比去年同期增加了 28.41%。其中，变更延续许可证有效期的机构 161 家，变更注册资金机构 17 家，变更法人代表机构 31 家。

一、公司注册地址区域分布构成情况

在全市广播电视节目制作经营机构中，朝阳区 3425 家，海淀区 1189 家，朝阳、海淀两区合计占全市机构总数量的 61.69%（见表 –1、图 –1、图 –2）。

表 –1　市广播电视节目制作经营持证机构区域分布表

区	机构数量（家）	百分比（%）	2017年12月新增机构数（家）	全年新增机构数量（家）	全年净增机构	相比去年同期增加
东城区	399	5.33	5	119	74	18.55%
西城区	300	4.01	13	85	64	21.33%
朝阳区	3425	45.79	98	1304	1055	30.80%
海淀区	1189	15.9	25	416	300	25.23%
丰台区	565	7.55	12	200	164	29.03%
石景山区	235	3.14	7	60	47	20.00%
门头沟区	67	0.9	2	20	13	19.40%
房山区	78	1.04	4	41	39	50.00%
通州区	307	4.1	9	117	99	32.25%
顺义区	107	1.43	3	29	21	19.63%
大兴区	173	2.31	8	70	57	32.95%
昌平区	129	1.72	5	54	42	32.56%
平谷区	82	1.1	1	25	19	23.17%
怀柔区	315	4.21	8	118	100	31.75%

（续表）

区	机构数量（家）	百分比（%）	2017年12月新增机构数（家）	全年新增机构数量（家）	全年净增机构	相比去年同期增加
密云区	91	1.22	4	31	26	28.57%
延庆区	17	0.23	0	5	5	29.41%
合计	7479	100	204	2694	2125	28.41%

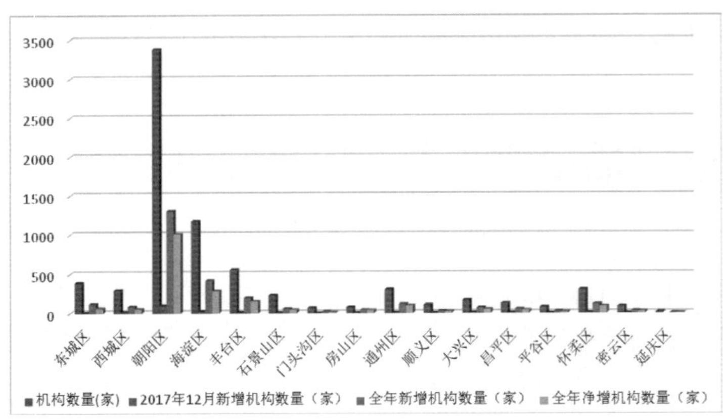

图 -1 市广播电视节目制作经营持证机构数量区域分布图

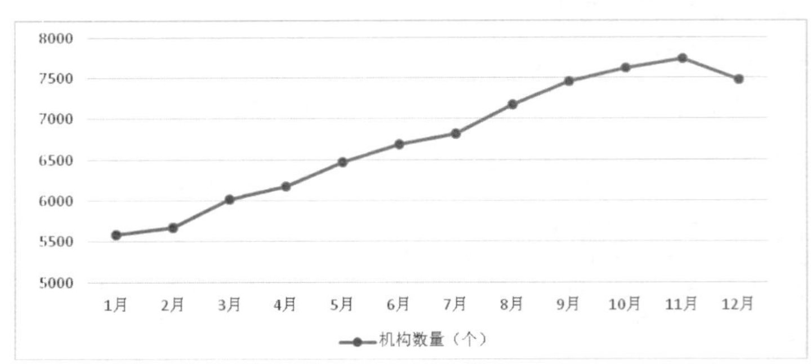

图 -2 市广播电视节目制作经营持证机构数量趋势图

二、机构性质构成情况

北京市广播电视节目制作经营持证机构按其机构性质划分，有民营企业、国有独资企业、国有控股企业、国有参股企业、事业单位和其他类型。在全市7479家持证机构中：民营企业7266家，占总数的97.15%；全年新增民营机构2683家，12月新增民营企业202家（见表-2）。

表 –2　市持证机构构成表（按机构性质划分）

机构性质	机构数量（家）	百分比（%）	2017年12月新增机构数（家）	全年新增机构数量（家）	全年净增机构数量（家）	相比去年同期增加
民营企业	7266	97.15	202	2683	2110	29.04%
国有控股企业	77	1.03	0	1	5	6.49%
国有独资企业	67	0.9	2	3	1	1.49%
其他	30	0.4	0	3	7	23.33%
国有参股企业	22	0.29	0	1	1	4.55%
事业单位	17	0.23	0	3	1	5.88%
合计	7479	100	204	2694	2125	28.41%

三、注册资金规模及构成情况

截至 2017 年 12 月 31 日，市广播电视节目制作经营机构注册资金总规模为 1156.06 亿元，全年新增注册资金 320.423 亿元，净增注册资金 352.96 亿元（注：由于各月都有机构变更注册资金，因此导致全年新申请机构注册资金总数小于全年净增注册资金），其中，12 月新增注册资金总额为 28.069 亿元，有 17 家机构在注册资金上进行变更；注册资金规模在 1000 万元以上的机构共 2543 家，占总数 33.63%；民营机构注册资金规模占总额的 84.44%；注册资金前 10 位的机构中民营企业居多（见表 –3、表 –4、表 –5、表 –6、图 –3、图 –4、图 –5）。

表 –3　市持证机构注册资金构成表

注册资金（万元）	机构数量（家）	百分比（%）	2017年12月新增机构数（家）	全年新增机构数量（家）	全年净增机构数量（家）	相比去年同期增加
300至1000（不含）	4936	66%	131	1807	1336	27.07%
1000至5000（不含）	2007	26.84%	54	719	619	30.84%
5000至10000（不含）	376	5.03%	15	123	122	32.45%
10000以上	160	2.14%	4	45	48	30.00%
合计	7479	100	204	2694	2125	28.41%

表 –4　市持证机构注册资金规模及构成表（按性质划分）

机构性质	机构总数量（家）	注册资金（亿元）	2017年12月注册资金（亿元）	全年新增注册资金（亿元）	全年净增加注册资金（亿元）	相比去年同期增加
民营企业	7266	976.12	27.989	312.993	288.25	29.53%
国有控股企业	77	86.64	0	5	43.02	49.65%
国有独资企业	67	31.2	0.08	0.58	0.51	1.63%

（续表）

机构性质	机构总数量（家）	注册资金（亿元）	2017年12月注册资金（亿元）	全年新增注册资金（亿元）	全年净增加注册资金（亿元）	相比去年同期增加
其他	30	3.64	0	0.641	1.99	54.67%
国有参股企业	22	41.12	0	0.948	19.16	46.60%
事业单位	17	17.33	0	0.261	0.03	0.17%
合计	7479	1156.06	28.069	320.423	352.96	30.53%

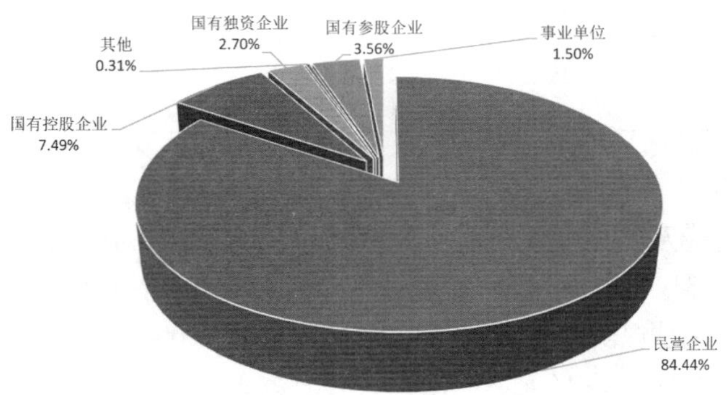

图 -3 市持证机构注册资金规模构成图（按性质划分）

表 -5 市持证机构注册资金区域分布表

区	注册资金（亿元）	新增注册资金（亿元）	全年新增注册资金（亿元）	全年净增注册资金（亿元）	相比去年同期增加
东城区	87.84	0.42	9.468	7.83	8.91%
西城区	37.31	1.678	10.209	9.78	26.21%
朝阳区	426.57	12.128	139.386	137.64	32.27%
海淀区	300.19	2.13	73.67	82.18	27.38%
丰台区	86.57	1.529	16.138	33.55	38.75%
石景山区	24.59	0.275	5.928	5.53	22.49%
门头沟区	14.39	0.6	2.2	1.94	13.48%
房山区	10.4	0.34	7.326	7.72	74.23%
通州区	29.79	0.882	8.909	7.53	25.28%
顺义区	17.15	0.677	3.904	5.52	32.19%
大兴区	46.42	5.9	18.398	30.73	66.20%
昌平区	10.02	0.18	5.688	4.73	47.21%
平谷区	11.49	0.05	5.368	5.12	44.56%
怀柔区	41.78	0.9	10.183	9.42	22.55%
密云区	10.15	0.38	2.934	3.13	30.84%
延庆区	1.4	0	0.71	0.65	46.43%
合计	1156.06	28.069	320.423	352.96	30.53%

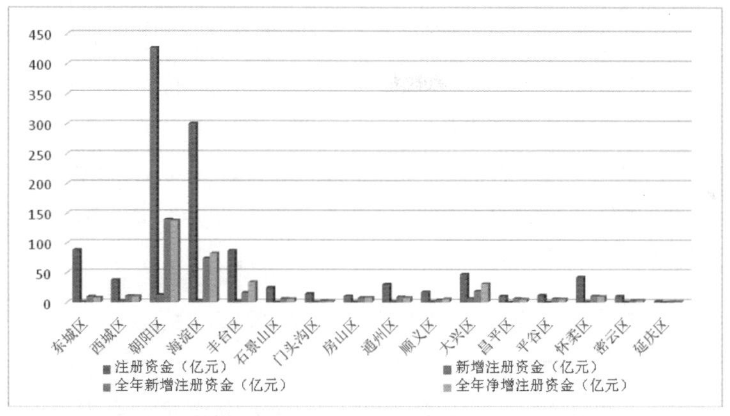

图 —4 市持证机构注册资金区域分布图

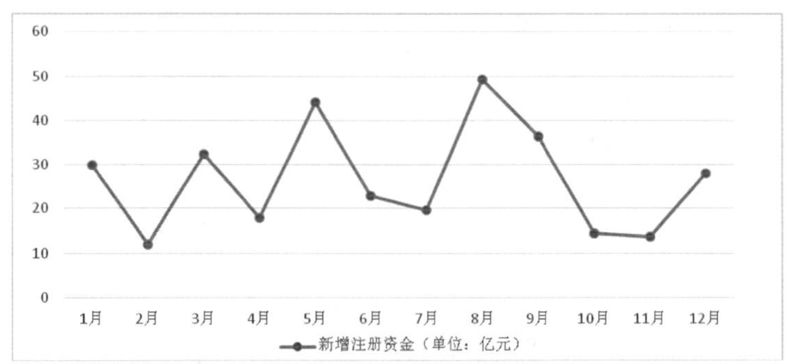

图 —5 市持证机构新增注册资金趋势图

表 —6 注册资金规模全市前 10 位的持证机构

持证机构名称	注册资金（万元）	机构性质	所在区
中国有线电视网络有限公司	355082.2306	国有参股企业	丰台
北京新媒体（集团）有限公司	310796.91	国有企业	海淀
万达影视传媒有限公司	232525	民营企业	朝阳
乐视网信息技术（北京）股份有限公司	185601	民营企业	海淀
北京光线传媒股份有限公司	146680.42	民营企业	东城
北京数码视讯科技股份有限公司	137779.3862	民营企业	海淀
北京歌华有线电视网络股份有限公司	116835.2026	国有控股企业	海淀
中国出版集团公司	114235.36	国有企业	东城
北京三快科技有限公司	104000	民营企业	海淀
中新国创文化发展有限公司	98888	民营企业	朝阳

四、从业人员规模及构成情况

全市 7479 家广播电视节目制作经营持证机构共上报从业人员 141853 人，全年新增从业人员 43690 人，净增加从业人员 43770 人，其中 12 月新增持证单位从业人员共计 4637 人。从业人员 10 人以下的微型企业 5288 家，占 70.7%；从业人员数在 10 人—99 人的小型企业 1983 家，占 26.51%；从业人员数在 100 人—299 人的中型企业 153 家，占 2.05 %；在 300 人以上的大型企业 55 家，占 0.74%。民营机构从业人员占全行业的 85.02%，全市从业人员数量前 10 的单位中，民营机构居多（见表 −7、表 −8、图 −6、图 −7、表 −9、图 −8、表 −10）。

表 −7　市持证机构从业人员规模构成表

人员规模	机构数量（个）	百分比（%）	2017年12月新增机构数（个）	全年新增机构数量	全年净增机构数量	相比去年同期增加
微型企业	5288	70.7	126	1933	1347	25.47%
小型企业	1983	26.51	75	703	711	35.85%
中型企业	153	2.05	2	46	51	33.33%
大型企业	55	0.74	1	12	16	29.09%
合 计	7479	100	204	2694	2125	28.41%

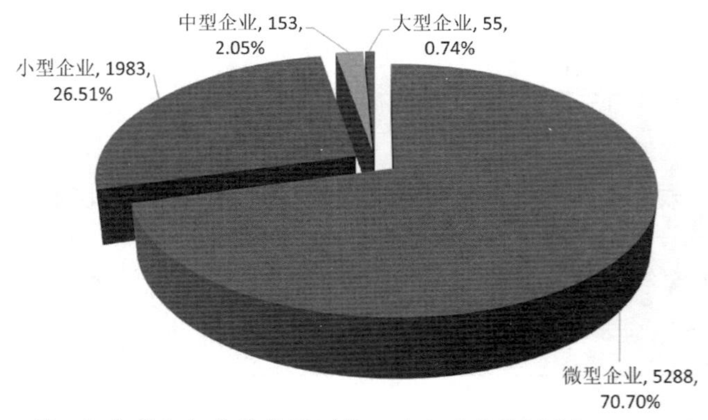

图 −6 市持证机构构成图（按从业人员数量划分）

表 −8　市持证机构从业人员规模及构成表（按机构性质划分）

机构性质	机构数量（个）	员工数量（人）	12月新增员工（人）	全年新增人员	全年净增人员	相比去年同期增加
民营企业	7266	120606	4625	43209	42791	35.48%
国有控股企业	77	9476	0	100	267	2.82%
国有独资企业	67	5492	12	15	426	7.76%
其他	30	561	0	37	269	47.95%
国有参股企业	22	1012	0	110	76	7.51%

（续表）

机构性质	机构数量（个）	员工数量（人）	12月新增员工（人）	全年新增人员	全年净增人员	相比去年同期增加
事业单位	17	4706	0	219	−59	−1.25%
合计	7479	141853	4637	43690	43770	30.86%

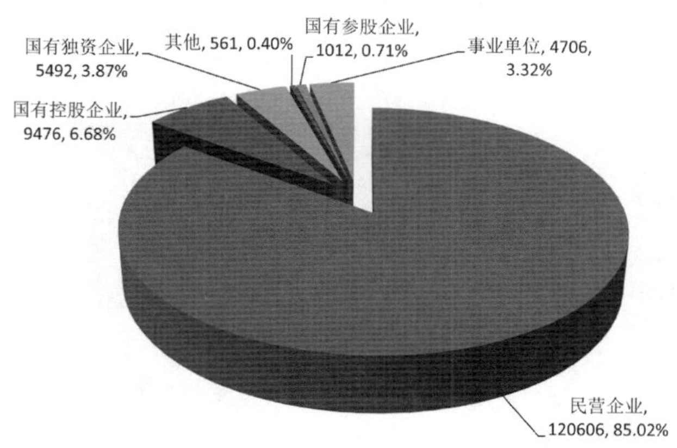

图 −7 市持证机构从业人员数量构成图（按机构性质划分）

表 −9 市持证机构从业人员所在区域分布表

区	员工数量（人）	新增员工数量（人）	全年新增人员数量	全年净增人员数量	相比去年同期增加
东城区	7335	120	1527	1314	17.91%
西城区	6713	110	969	1482	22.08%
朝阳区	55030	1144	19153	20830	37.85%
海淀区	40583	279	10231	9234	22.75%
丰台区	7162	219	2646	2246	31.36%
石景山区	6715	2050	2841	2819	41.98%
门头沟区	1276	23	230	177	13.87%
房山区	716	42	360	405	56.56%
通州区	3814	173	1571	1352	35.45%
顺义区	1291	134	403	346	26.80%
大兴区	4072	151	1571	1586	38.95%
昌平区	1991	44	597	537	26.97%
平谷区	1011	16	244	194	19.19%
怀柔区	3142	110	1013	868	27.63%
密云区	793	22	288	336	42.37%
延庆区	209	0	46	44	21.05%
合计	141853	4637	43690	43770	30.86%

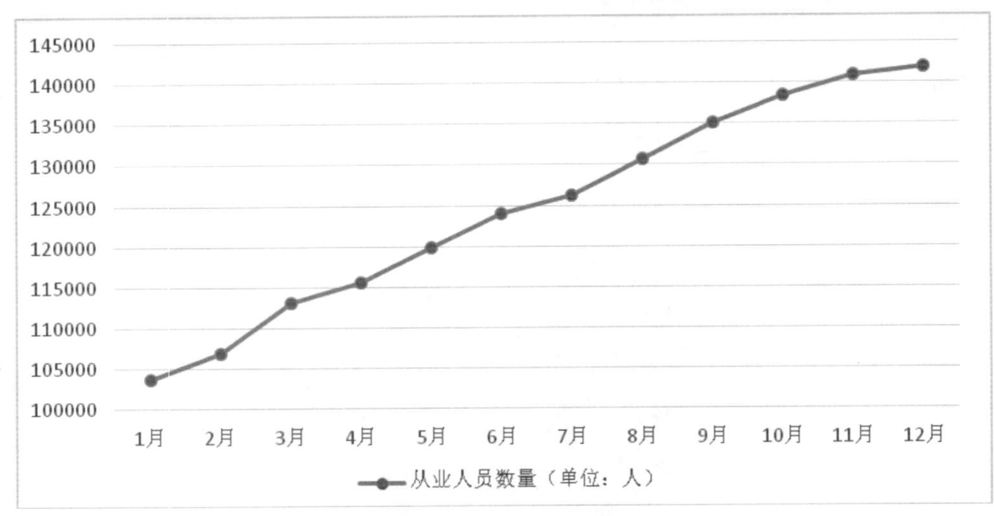

图 –8 市持证机构从业人员数量趋势图

表 –10 从业人员数量全市前 10 位的持证机构

机构名称	员工数量	机构性质	所在区
中视科华有限公司	2365	国有控股企业	海淀
乐视网信息技术（北京）股份有限公司	2106	民营企业	海淀
优酷信息技术（北京）有限公司	1307	民营企业	海淀
北京惠赢天下网络技术有限公司	1020	民营企业	海淀
北京墨水心影视传媒有限责任公司	1010	民营企业	朝阳
北京国艺传承互联网科技有限公司	1010	民营企业	朝阳
北京星潮在线文化发展有限公司	1000	民营企业	海淀
北京百度网讯科技有限公司	1000	民营企业	海淀
金银岛（北京）网络科技股份有限公司	953	民营企业	海淀
车伯乐（北京）信息科技有限公司	943	民营企业	朝阳

（北京市新闻出版广电局传媒机构管理处）

新媒体

2017年北京市网络传播视听节目服务管理情况综述

在互联网视听节目监督志愿服务行动启动仪式上，向社会监督员颁发聘书

2017年，北京市新闻出版广电局深入学习贯彻习近平新时代中国特色社会主义思想和党的十九大精神，牢固树立“四个意识”，牢牢坚持正确的政治方向、宣传导向和价值取向，一手抓行业监管，一手抓精品扶持，保持了北京网络视听节目服务行业健康快速发展的态势。

一、引导网络新媒体坚持正确导向

北京市124家网络视听节目持证网站将迎接、宣传、学习、贯彻党的十九大作为头等大事来抓。超前谋划部署，集聚资源力量，全力以赴推进，以宣传党的十八大以来党和国家历史性变革为主线，紧紧围绕喜迎十九大的主题，在首页首屏纷纷开辟专区专栏，制作专题节目、推出原创作品，集中推送反映十八大以来改革发展辉煌成就以及全党全社会喜迎十九大生动局面的节目，形成网上迎接宣传十九大召开的热潮。其中“喜迎十九大”专区，访问人数近4亿人次，专区节目点击量达12亿次，专区节目总观看时长达6500万小时。十九大开幕会当天，本市重点视听节目网站转播十九大开幕实况的节目总播放量达1.8亿次，总访问人数9800万次。十九大召开后，各网站突出“六个聚焦”，深化主题主线宣传，唱响时代主旋律。坚持结构化编排、逻辑化链接、亮点化聚合，全面系统开展宣传阐释，推动习近平新时代中国特色社会主义思想深入人心，特别是在重大主题宣传中与传统主流媒体相辅相成、同频共振，作用凸显。让党的主张成为时代最强音，网络视听新媒体成为传播党的声音的重要阵地。

另外，圆满完成“一带一路”国际合作高峰论坛、庆祝香港回归20周年、朱日和阅兵、金砖国家领导人厦门会晤等重大宣传任务，营造良好的网上舆论氛围。

二、推动精品节目创作和传播

按照全面落实中央关于繁荣发展社会主义文艺的意见和实施中华优秀传统文化传承发展工程的意见要求，以建设全国“四个中心”的首都城市战略定位，聚焦中国梦主题，贯彻新发展理念，不断加强网络原创视听节目规划建设和管理，按照“扶优、扶强、扶原创、出精品”的原则，积极引导支持优秀内容的创作生产，推动北京网络视听文艺快速有序发展。

加大优秀网络视听节目的扶持和奖励力度。重新修订《北京市影视出版创作基金优秀网络视听节目项目实施细则（试行）》，将单部优秀网络剧奖励标准由原来最高25万元提高到100万元。其他优秀网络视听节目由原来最高奖励10万元提高到奖励20万元。奖励幅度之大位居全国之首。

继续开展优秀网络视听节目征集评选活动。推出一批体现中华文化精神、反映当代中国价值观念、反映中国人审美追求、反映新时代新气象的优秀网络视听作品。此次活动主要面向本市124家网络视听节目服务持证网站和部分广播电视节目制作经营机构开展征集，征集作品196部。《法医秦明》《特种兵王2：使命抉择》《最美中国第一季》《了不起的匠人第二季》等46部优秀网络视听作品获得北京影视出版创作基金奖励，奖励总金额640万元，奖励额度创2013年以来新高。

加大优秀网络视听作品宣传推广。组织优酷、爱奇艺、搜狐、乐视等12家重点持证网站，开展2017年北京市优秀网络视听节目展播活动。展播专题于2017年12月25日上线，到2018年2月25日结束。经过三个月的展播，专题页面点击量突破1亿次，独立访客956万次。其中，点击量过千万次的作品4部，过百万次的作品7部。展播作品获得广大网民的认可和喜爱。

完成国家新闻出版广电总局2017年“弘扬社会主义核心价值观·共筑中国梦”主题原创网络视听节目征集推选和中国网络视听节目服务协会优秀网络视听节目推选工作。《法医秦明》《了不起的匠人第二季》《根儿》等16部作品获得总局2017年度网络视听节目内容建设专项资金扶持，资金总额109万元。北京泡泡海洋文化有限公司创作的网络纪录片《水下中国》入选国家新闻出版广电总局2017年网络视听精品创作传播工程，获得扶持资金15万元。

三、整治网络视听有害信息

创新监管手段、扩大监看范围，建立健全网络视听违规节目快速处置机制。充分发挥北京市新闻出版广电局信息网络视听节目传播监管中心、外聘专业监看团队和慈善义工等网络视听节目社会监督员三支力量作用，扩大监看范围，强化社会监督，确保发现问题及时处理。同时加强与网信、公安、通管和文化行政执法等部门快速联动机制建设，在处理问题网站上形成监管合力，态度坚决，措施得力，舆情平稳、效果明显。

加大对社交平台、直播平台和短视频平台的管理，开展调查摸底，对从事相关业务的网站，在政策准入、备案履行、弹幕管理和主持人资质等方面提出要求和规范管理。

北京市新闻出版广电局坚持主体管理与内容管理同步推进，督促北京市持证网站切实履行企业主体责任，强化健全平台管理制度，推行网络视听节目服务网站播放违规内容责任追究制度，确保网络视听节目传播安全。做好视频网站首页、首屏和“两微一端”管理。重点加强对新闻、资讯、社会、纪录片、娱乐、自媒体等频道、UGC和聚合节目的管理，严格执行国家新闻出版广电总局“限娱令”“禁丑令”“禁奢令”“限童令”的要求，遏制肆意炒作明星绯闻、炫富享乐、低俗、庸俗和媚俗等视听节目及行为。组织各网站开展自查自纠工作，完善应急预案，强化视听节目审核，全面防范有害视听节目在网上传播。

坚持日常监管与专项行动相结合，强化网络空间治理，先后开展“净网”“护苗”“秋风”、净化网上舆论环境、清理整治谣言和政治有害信息、云盘传播色情信息及直播平台整治、微博微信等网络社交平台整治、无证视听网站分类处理和非法网络电视接收设备治理等10多项专项整治工作。重点查处违规开展时政类视听节目，严肃处理淫秽色情、血腥暴力、低俗庸俗视听节目，大力清理“标题党”，严密盯防政治谣言和政治有害信息在互联网上的传播。全年共清理下线政治有害视听节目5万多条，清理色情淫秽、血腥暴力和低俗视频28万多条，关闭上传违规视听节目用户501个。约谈违规网站60家次，提交市文化市场行政执法总队查处凤凰网、ACFUN（Anime Comic Fun，简称A网站）、新浪微博、花椒、秒拍、梨视频等20多家视频网站、社交平台、直播平台和短视频平台。提交市通管局关闭无证视听网站31家。

四、网络视听节目行政审批

加强内容和质量把关，强化网络原创视听节目、网上境外引进剧管理。在工作创新和拓宽监管思路上下功夫，做好规划审核、专家评议、节目监看和文艺评论等工作。加强对2017年网站头部内容和特殊题材影视节目的全程跟踪和业务指导，确保作品政治方向、价值取向和审美导向正确，促进精品创作。2017年备案、审核网络剧357部、网络电影（微电影）5810部、网络综艺及其他专业类视听节目5553档。下线禁播网络原创视听节目233部，下线重编101部。积极鼓励符合条件的互联网视听节目服务网站引进播出内容健康、制作精良、弘扬真善美的境外影视剧，不断满足广大网民日益增长的精神文化需求。全年审核通过网上境外影视剧186部730集，不予通过17部30集。

坚持依法行政，严把审批关。全年审核上报“信息网络传播视听节目许可证”申请、增项、变更、延续等各类材料81份；审批“广播电视视频点播业务许可证（乙种）”申请和变更延续10项。截至2017年年底，全市124家机构持有“信息网络传播视听节目许可证”（含备案单位），23家机构持有“广播电视视频点播业务许可证（乙种）”，1家机构持有“广播电视视频点播业务许可证（甲种）”。

五、加强网站队伍建设

按照分层集中培训原则，分别举办持证视听节目服务网站总编辑、内容创作和节目审核人员培训班7次，受训人员600多人。开办《网编大讲堂》在线学习培训21期，组织442名网站审核员参加中国网络视听节目服务协会举办的审核员培训班。不断提高持证机构自身管理能力和从业人员政治素养和业务水平，逐步建立行业管理教育培训工作的长效机制。指导北京网络视听节目服务协会在加强行业自律、节目研讨和参观交流等方面做了一些有益的推动性工作。

（北京市新闻出版广电局网络视听节目管理处）

2017年北京市网络综艺节目发展情况

2017年，网络综艺节目（以下简称网综节目）迎来高速发展的一年，多家视频网站相继推出多款自制网综，在数量上飞速增长、质量上迅速提高，吸引大批互联网受众，亿级播放量节目层出不穷。全年全网（全国）新上线网综197档，同比增长53%。播放量超过552亿次，同比增长120%。全网（全国）网综节目投资高达43亿元，同比增长43%。全年总计3442期，播放总时长约107300分钟。

北京以爱奇艺和优酷最具代表性，两家持续加大对网综节目的投入力度，影响范围也在逐渐扩大。视频网站以自制网综节目为核心进行全产业链开发，推动网综市场逐步成熟。

一、爱奇艺网综节目情况

2017年，爱奇艺出品综艺节目共计30档，包含：真人秀类有《吃光全宇宙》《饭饭男友》《男子甜点俱乐部》《了不起的兽人族》《嘻哈来也》等，选秀类有《中国有嘻哈》《嗨到你红了》《天使之路》等，脱口秀类有《爱in斯坦》《奇葩大会》《奇葩说》《大学生来了》《超级故事会》《CSM中国职业脱口秀大赛》等，访谈类有《姐姐好饿》《摩登嘻哈秀》等，情景喜剧有《爱笑会议室》《欢脱定律》，通告类有《无与伦比的发布会》等内容，与2016年19档节目相比不仅节目量大幅增长。节目类型也全面覆盖，并在各个垂直领域持续深耕，更加重视在青年文化创新发展。

2017年，综N代（指电视台把收视率高的名牌节目进行再次开发的综艺节目）的持续发力，不仅有《姐姐好饿》第二季的改变原本搞怪、八卦的风格，走向温情催泪的分享。更有《奇葩说》系列的强势出击，在重视经济效益的同时，也更加关注社会效益。《奇葩说》第四季聚焦“未来”的同时与现实生活对接，既有“外星人”脑洞题也有直击养老的社会选题，受到年轻观众地好评。第九期聚焦养老难题“父母提出和老伙伴一起去养老院，你是支持还是反对”的话题，引发80、90后热议，面对高强度的抚养压力，引发“社会养老”的概念，属于当下年轻人的先锋观点，解决如何养老问题具有一定讨论价值。

二、优酷网综节目创作

2017年，优酷积极贯彻“一同三新”的新理念，围绕网络综艺与电视综艺“同一”审核标准，“新视听、新故事、新知识”“三新”展开新一轮创新，制作同时赢得口碑和流量的精品网综节目。在“一同三新”的理念下出品自制网络综艺24档。包含《火星情报局第二、三季》《晓说2017》《小手牵小狗》《超次元偶像》《好笑头条君第二季》等，其中不乏《你说的都对》《读书人》《圆桌派》等口碑和流量双收的正能量综艺节目。

《你说的都对》是一档由优酷和欢喜鱼文化联合出品的问答类节目。作为一档新形态的知识类节目，《你说的都对》以知识角度入题，邀请来自不同研究领域的嘉宾们，以深入浅出的话语，向观众诠释和科普生活中的知识点，以不一样的方式打开一部“生活百科全书”。来自不同研究领域的6位知识精英，围绕简单又接地气的议题，分别从经济学、心理学、生物学、脑科学、文史学等角度旁征博引，一边吸收网络的趣味式内容，一边整合脱口秀的娱乐性。他们的观点依托扎实的科学研究，使观众迅速从节目中获得大量知识和养分。人民日报海外版还刊发《你说的都对》专题文章，点赞节目用社会公共话题的外壳包裹爆炸式知识库的内核，助推年轻观众的学习热情，让知识本身成为大家关注的热点。

三、网综节目的制作与营销

平台网综战略布局逐渐明朗化，其中平台整合行业优质资源、主控内容方向和节目创新成为主要的发展方向。

爱奇艺内部建构网络自制和合作部门，研发与合作两条路线并行开展，其中iPARTNER计划成为与网络制作公司全面合作的亮点。爱奇艺网综节目的特点是品类多、自制强、容纳度高，代表作有《奇葩说第四季》《了不起的孩子》等。优酷创立网综自制工作室，通过自制网综和主控联合制作公司出品网综，全面布局网综市场。优酷网综的特点是少而精、直播真人秀居多，代表作有《胜利的游戏》《小手牵小狗》等。

网综平台营销方式更加多样化，形成包括口播广告、品牌冠名、进度条植入、台词植入、道具植入、量身定做固定环节等。受众调研显示情节植入、场景植入和花式口碑等软性灵活的广告更受欢迎。

四、网综节目的主要受众群体

在收看行为方面，用户平均每周观看视频15.6小时，超过85%的人每天会看视频一次以上，看视频已经从娱乐消遣变成生活伴随状态。在校学生是目前网综节目的第一大消费群体（占比28.9%）。

在收看选择方面，内容是最具吸引力的影响因素。网络综艺的题材、喜欢的明星以及和身边朋友的讨论也是促进受众主动收看网综的主要原因。娱乐、音乐和亲子类是受众最喜欢的网络综艺类型，也是产生现象级节目的主要领域。

五、网综节目存在的问题

政策红利终会消散，网综和电视综艺节目的监管逐渐趋于一致。网综原本是电视综艺节目的补充，满足网络用户部分群体多样化的娱乐需求。伴随着大量国外节目的引进与模仿、大明星的加入，很多网综与电视综艺节目区别度并不大，可以说是同类电视综艺的加长版、特供版。网综节目如果缺少网络文化的特色，很难有独立的发展。

在国内网综节目大投资、大发展之际，仍存在缺乏爆款、原创能力弱、IP价值不高的问题。很多节目都是观光走马一般，激起小范围水花。此外数据造假的问题仍待解决。

（北京市新闻出版广电局网络视听节目管理处）

2017年北京市网络剧发展情况

2017年，网络剧内容品质的提升经历由量变到质变的过程，网络剧的创作加速向专业化、成熟化、精品化迈进。一方面，总体格调健康，传播正能量，大多数网络剧的故事情节中呈现正义战胜邪恶、反映时代风貌、成长励志、亲情友情等向上向善的内容；另一方面，原创剧本带动创新，IP剧回归内容本身，不再一味依靠粉丝效应取胜。爱奇艺和优酷作为第一梯队中的两大北京市网站，因有充足的资金和资源支持、数量庞大的用户群体，成就多部爆款网络剧，占据大部分流量与关注度。

一、爱奇艺网络剧发展概况

2017年对于爱奇艺是网络剧走向精品化的重要一年，电影团队和传统制作机构的加盟，让网络剧呈现出电影级的制作水准。

爱奇艺自制剧《河神》《无证之罪》凭借电影级质感的制作水准，强情节、快节奏的表达风格，率先实现“美剧模式”落地，被誉为中国特色美剧表达的典范。采用“季播+周播”的排播模式，提升单集投资成本、重塑电影质感，创作回归好故事本质，已经成为中国纯网剧的风向标杆。《新京报》评论《河神》有好故事无需“大咖”一样能成功，网剧竞争早已从“以量取胜”跨越到“以质取胜”的阶段。《北京日报》在标题为《网剧逆袭的背后》的评论文章中称，爱奇艺网络自制剧《河神》，证明网剧也可以精致、大气、上档次。

爱奇艺《河神》《无证之罪》还发行至海外多个地区，在“纽约国际电视电影节”上斩获多个奖项。《河神》荣获“最佳视觉特效银奖”“最佳导演铜奖”“最佳剧集入围奖”；《无证之罪》获得“最佳犯罪剧集铜奖”“最佳原创音乐入围奖”。爱奇艺自制网剧的影响力辐射至海外更广阔的市场，助推中国自制内容走向世界。

二、优酷网络剧发展概况

响应国家新闻出版广电总局多出精品的指示，优酷创新剧集“一同三不同”模式（一同，即同一审核标准；三不同，即用户、排播媒介、商业模式各不相同），推出《军师联盟》《虎啸龙吟》《白夜追凶》《春风十里不如你》等15部精品剧，并且成功实现走向海外的文化输出。

《军师联盟》《虎啸龙吟》是由优酷、东阳盟将威等联合出品的三国历史剧，写剧本耗时4年，修改、打磨7稿以上，拍摄时长333天，美术部门工作时长17个月，从曹魏的全新视角切入，抒写魏国大军师司马懿跌宕起伏的传奇一生，展现波澜壮阔的后三国时代。该剧在创作层面为历史剧提供全新视角，在市场层面力促历史正剧回温，赢得年轻人互联网用户青睐，成为2017年备受认可的现象级品质剧。中国文艺评论家协会主席、著名文艺评论家仲呈祥认为《军师联盟》是中国电视剧史上历史题材电视剧的一次重要突破和创新，应该引起高度重视、给予肯定、总结经验，以进一步促进历史题材电视剧创作的健康繁荣。该剧获得优秀电视剧（历史题材）飞天大奖；获国家新闻出版广电总局“2017中国电视剧选集”优秀电视剧称号。

三、网络剧投资来源和制作公司

2017年在爆款网剧背后，有两大资本来源。一是上市公司或是出品方本身为影视上市公司、或有其他行业上市公司入股。二是大财团、资本管理中心、有限合伙基金等。有些资本方自影视公司诞生之初就一直陪伴左右，也有些新公司出身贫寒，一路打拼，最后获得资本方青睐，成功融资多轮。如：欢瑞世纪、慈文传媒（禾欣股份）、鹿港科技、华策影视、当代东方。

四、网络剧的现存问题与建议

网络剧普遍存在三大问题：一是网络剧顾此失彼，追风逐利。网络剧的走强与危机都因对受众的迎合，与此同时缺少对永恒的人性的关怀。二是对用户数据的分析为网络剧“算”出精确的用户喜好，让不少创作者产生创意惰性，缺乏内容创新。三是网络剧准入门槛较低、不少网络剧为博眼球，其内容低俗暴力或封建迷信。

形成优秀团队，制作网络剧精品是促进网络剧发展的措施之一。精品的生产离不开优秀的制作队伍，只有实现剧本策划、生产制作、营销推广等整个产业链优秀，才能使网络剧超越传统电视剧，用创意和专业征服观众。其次，加强版权保护。合理的版权管理制度是提高网络剧原创能力、增强网络剧制作者工作热情的重要保障。国外有相对成熟的版权保护经验可资借鉴，再结合中国实际国情，建立网络剧版权保护机构，颁布网络版权保护的法律法规，对网络剧健康发展十分有必要。此外，形成政府监管、网站审查和社会监督三位一体的监督体系，以保证行业在强烈的竞争中保持良性发展。

（北京市新闻出版广电局网络视听节目管理处）

2017 年北京市网络电影发展情况

2017 年，网络电影发生巨大的变化，在经历一年多的快速发展后进入瓶颈期。全年，网络电影总播放量达 76.30 亿次，同比下降 61.6%。数据下降的背后是进入洗牌期后市场去泡沫化和数据更加真实的结果，市场开始朝着更加健康的方向发展。让人印象深刻的网络电影作品越来越多。点击量超千万次的网络电影超过 100 部，分账额度超过千万元的也有数十部之多。中国网络电影市场正愈发成熟，同时也存在更多波动因素。以爱奇艺、优酷为代表的北京市多家网站，对网络电影生态的培育取得突破性进展。

一、网络电影发展概况

网络电影市场进入更激烈的专业化、结构化升级和洗牌期。“头部内容”成为行业领头羊，收益持续创造高峰；制作精良、定位精准的“腰部内容”成为行业主力军；投机、低俗、粗制滥造等“尾部内容”持续被高频淘汰迭代。

2017 年，爱奇艺上线 1321 部网络电影。此外，这一年也成为传统电影公司争相布局网络电影市场的元年。慈文传媒、本山传媒直接参与制作、出品，如口碑佳作《哀乐女子天团》即是爱奇艺联合慈文传媒出品；华谊兄弟、欢瑞世纪则通过开设或收购新媒体子公司布局网络电影领域。此外，大地电影、索尼影视、光线传媒、山影集团、China 3D、华策影视等传统院线电影公司也在这一年开始重视网络电影市场，在传统影视娱乐市场之外，开始积极尝试纯网络发行电影模式。

2017 年，优酷平台共播出网络电影 252 部，题材涉及动作、悬疑、都市、青春、爱情、喜剧、古装、动画、玄幻、科幻、奇幻、魔幻等十多种类型。在网络电影分账模式改革、网络电视台联动和网络院线联动、网络电影生态培育、落实平台主体责任等方面取得突破性进展。4 月，优酷携手阿里文学、阿里影业共同投入 10 亿元资源，启动“HAO”（Hope、Art、Open）计划，提供包含开放的平台、IP 和资源在内的一站式服务。 阿里文学提供开放的 IP，在充分尊重作者意志的前提下进行全版权签约，免除作者的后顾之忧；联动作者与内容提供商的版权代理，为 IP 找到最为优质的孵化渠道。阿里影业娱乐宝提供开放的资源，将从项目融资、广告植入、衍生授权和整合营销四个方面为网络电影赋能。优酷则通过提供开放的平台，从内容的源头到融资、商务的开发、宣传营销再到播放平台，保障整条产业链路的支持和资源，推动网络电影市场积极健康的正向发展。

二、网络电影制作、资本与宣发情况

相较于院线电影，网络电影仍然属于低成本制作创作。二者的主要区别在于，网络电影故事叙述比较简单，编剧准入门槛低，编剧来源多样，创作环境较为宽松，剧本创作时间短；但其局限在于剧本创作不成熟、水平不高，优质剧本成为市场上的稀缺资源。

北京市网络电影主要有四类融资渠道：网络电影宣发公司、视频网站、众筹平台和第三方公司。据统计，网络电影的制作成本100至300万元体量居多，最高可达1500万元。网络电影制作依然集中在头部内容公司。2017年，网络电影投资成本水涨船高，低投入高回报已不会再有。

由于资金的限制，网络电影前期的营销基本靠“片名、海报、前六分钟”。其中包含借助热点话题、利用低俗或暴力等元素来刺激观众观看。但随着网络电影生产数量和制作资金的增长，制作方也逐渐意识到营销活动的重要，通过传统媒体宣传和创新营销方法吸引观众。

三、网络电影播放平台和盈利模式

视频网站虽然参与到网络电影的出品发行环节，但播映平台仍是视频网站在网络电影产业链中扮演的首要角色。2017年，爱奇艺以57.01%的份额夺下播映冠军，较2016年上升30.17%；优酷占比达12.45%，名列第三。2017年4月，优酷携手阿里文学、阿里影业共同投入10亿元，为网络电影创作者们提供开放平台、开放IP、开放资源。2017年，网络电影大多选择独播方式，12月份独播影片数所占份额高达99.49%。

网络电影的盈利分为三个部分，第一类是分成收入，即根据点击量与视频网站进行分账，这是网络电影收入的主要来源。第二类收入是植入广告收入。第三类则是衍生收入，这部分收入本质上看属于粉丝经济。

四、网络电影出品

网络电影出品发行公司基本上有三种类型：第一类是之前从事过微电影、短视频、网络剧制作的新媒体影视公司（以淘梦网、映美传媒、奇树有鱼等纯网络内容公司为代表）；第二类是传统影视制作公司（以华谊兄弟、华策影视集团、博纳影业为代表）；第三类则是爱奇艺为首的视频网站。

2017年，网络独播成为“头部内容”的主导发行模式。在此背景下，出现网络电影公司的两极分化，一部分头部公司开始浮现，成为这个领域的强势力量，而与此同时大量的公司也逐渐退出网络电影领域。

五、存在问题

网络电影的发展伴随着“互联网+”浪潮的兴起与消弭。随着互联网进入下半场，网络电影的热度同样开始减退，整个市场开始回归理性。网络电影存在六个主要问题：内外困境明显，内部竞争日益加剧，外部受众观影习惯发生改变、其他剧种带来竞争；吸引眼球的题材难以实现长久发展；制作水平有待提高，这也是未来一段时间内解决网络电影市场内部面临的问题与困境所在；演员阵容捉襟见肘；宣传发行渠道单一；网剧发展对网络电影市场造成影响。

（北京市新闻出版广电局网络视听节目管理处）

2017年北京市信息网络视听节目服务单位一览表

序号	许可证号（备案号）	开办单位	网站名称	登录地址
1	0105094	北京华奥星空科技发展有限公司	华奥星空	www.sports.cn
2	0103032	中广亚广播信息网络有限公司	中广网	www.catv.net
3	0103028	北京广播电视台	北京网络广播电视台	www.brtn.cn
4	0104056	北京千龙新闻网络传播有限责任公司	千龙新闻网	www.qianlong.com
5	0104053	北京在线九州信息技术服务有限公司	天天在线	www.116.com.cn
6	0104054	北京歌华有线电视网络股份有限公司	歌华宽带	www.gehua.net
7	0105081	北京歌华文化发展集团	新视界	www.dvod.com.cn
8	0105087	北京联合网视文化传播有限公司	联合网视	www.uitv.com.cn
9	0105097	乐视网信息技术（北京）股份有限公司	乐视网	www.letv.com
10	0105093	北京雷霆万钧网络科技有限责任公司	tom网	www.tom.com
11	0108231	北京光线易视网络科技有限公司	E视网	www.ewang.com
12	0108272	网乐互联（北京）科技有限公司	看吧宽频	www.kan8kan.com
13	0107195	中共北京市委干部理论教育讲师团	“宣讲家”网站	www.71.cn
14	0108246	北京优朋普乐科技有限公司	优朋影视	www.voole.com
15	0108296	北京网尚文化传播有限公司	网尚文化	www.vv8.com
16	0108251	北京网罗天下生活科技有限公司	100度享乐网	www.100du.com
17	0108267	酷溜网（北京）信息技术有限公司	酷6网	www.ku6.com
18	0108275	北京青年报网际传播技术有限公司	北青网	www.ynet.com
19	0108270	北京时越网络技术有限公司	悠视网	www.uusee.com
20	0108258	迈视（北京）网络传媒技术有限公司	迈视网	www.maxtv.cn
21	京备2008015	北京市大兴区广播电视台	中华兴网	www.zhhxw.com
22	0108259	北京搜狐互联网信息服务有限公司	搜狐网	www.sohu.com
23	0108290	北京风行在线技术有限公司	风行网	www.fun.tv
24	0108283	合一信息技术（北京）有限公司	优酷网	www.youku.com
25	0108268	北京六间房科技有限公司	六间房	www.6.cn
26	0108308	北京华艺汇龙网络科技有限公司	艺通网	www.etoote.com

（续表）

序号	许可证号（备案号）	开办单位	网站名称	登录地址
27	0110536	北京偶偶网络科技有限公司	偶偶网	www.ouou.com
28	0108265	北京动艺时光网络科技有限公司	时光网	www.mtime.com
29	0108284	北京万方数据股份有限公司	万方数据	www.wanfangdata.com.cn
30	0108278	北京智汇游信息技术有限公司	17173视频	www.17173.com
31	0108271	新传在线（北京）信息技术有限公司	新传宽频	www.nubb.com
32	0108274	北京搜房科技发展有限公司	房天下	www.fang.com
33	0108291	北京捷报互动科技有限公司	捷报网	www.jeboo.com
34	京备2008014	北京市顺义区广播电视台	顺广传媒	www.bjsytv.com
35	0108298	暴风集团股份有限公司	客户端软件名称：暴风影音	60.28.15.175
36	0108292	北京中视互动科技发展有限公司	中视互动网	www.citv.cn
37	0110516	北京百度网讯科技有限公司	百度	www.baidu.com
38	0108309	北京勤能通达科技有限公司	勤能影视圈	www.tvquan.cn
39	0108319	北京晨报社	北京晨报	www.morningpost.com.cn
40	0108330	北京三纪讯通科技股份有限公司	天使网	www.zgangel.com
41	0109404	北京和讯在线信息咨询服务有限公司	和讯网	www.hexun.com
42	0109359	北京华星互联文化传播有限公司	如意影视网	www.165tv.com
43	0109343	同方股份有限公司	清华同方学堂	www.edu−sp.com
44	0108325	北京摩苍科技发展有限公司	摩视网	www.shanlink.com
45	0110549	粉娱（北京）科技发展有限公司	粉娱网	www.fenyucn.com
46	0109388	赛尔网络有限公司	校园梦网	www.cdream.com.cn
47	0109368	北京三进宇通通信设备有限公司	三进宇通音乐网	www.rock3g.cn
48	0109360	北京互动百科网络技术股份有限公司	互动在线	www.hudong.com www.hoodong.com
49	0109362	北京酷我科技有限公司	酷我音乐网	www.kuwo.cn
50	0109376	北京天空世纪信息技术有限公司	天空宽频	www.tvsky.tv
51	0109379	北京空中信使信息技术有限公司	空中网	www.kongzhong.com

（续表）

序号	许可证号（备案号）	开办单位	网站名称	登录地址
52	0109389	北京卡酷传媒有限公司	北京卡酷动画卫视	www.kaku.tv
53	0109377	北京文国网络技术有限责任公司	文国网	www.veduchina.com
54	0110427	掌中微视（北京）科技有限公司	微视网	www.kinpower.com.cn
55	0109380	华友世纪通讯有限公司	哈哇网	www.hawa.cn
56	0109390	中传视友（北京）传媒科技有限公司	视友网	www.cuctv.com
57	0110515	北京汉高华网络科技有限公司	欢喜首映	www.huanxi.com
58	0110576	原上草网络信息技术（北京）有限公司	原上草	www.igroot.com
59	0109405	北京华通京信通信技术有限公司	腾空网	www.tengkong.com
60	0109500	北京飞宇电脑技术有限公司	飞宇网	www.feiyu.com.cn
61	0109406	北京网高科技股份有限公司	财界网	www.17ok.com
62	0110517	北京北纬通信科技股份有限公司	北纬30度	www.bw30.com
63	京备2009016	北京市昌平区广播电视台	昌平广播电视网	www.cprt.com.cn
64	0110533	共青团北京市委员会信息中心	青檬网络	www.qmoon.net
65	0110525	北京中录国际文化传播有限公司	中录宽频	www.zlvod.cn
66	0110524	金银岛（北京）网络科技股份有限公司	金银岛	www.315.com.cn
67	0110542	北京中润互联信息技术有限公司	中润网	www.8169.com
68	0110556	北京新媒视讯科技有限公司	新频道	www.xinpindao.com
69	0110545	北京掌讯远景数码信息技术有限公司	北京掌讯	www.handinfo.cn
70	0110563	游艺星际（北京）科技有限公司	哈啪咪	www.hapame.com
71	0110538	北京小唱科技有限公司	小唱	www.xiaochang.com
72	0110534	北京科普兰德科技有限公司	颐家家居	www.e-jjj.com
73	0110551	优活联盟（北京）科技有限公司	优活联盟	www.yoholm.com
74	0110531	北京新东方迅程网络科技股份有限公司	新东方在线	www.koolearn.com
75	0110543	北京易车信息科技有限公司	易车网	www.bitauto.com
76	0110553	北京车之家信息技术有限公司	汽车之家	www.autohome.com.cn

（续表）

序号	许可证号（备案号）	开办单位	网站名称	登录地址
77	0110554	北京富华创新科技发展有限责任公司	金融界投资理财网	www.jrj.com
78	0110418	北京豆网科技有限公司	豆瓣网	www.douban.com
79	0110544	北京爱奇艺科技有限公司	爱奇艺	www.iqiyi.com
80	0110484	北京红番茄联众通信技术有限公司	艺人网	www.300hu.com
81	0110552	北京智德典康电子商务有限公司	爱卡汽车网	www.xcar.com.cn
82	0110583	北京瑞奥视科技有限公司	瑞网	www.today365.com.cn
83	0111605	工控网（北京）信息技术股份有限公司	工控网	www.gongkong.com
84	0110446	北京天方金码科技发展有限公司	天方听书网	www.tingbook.com
85	0110461	北京宇晨亿荣网络科技有限公司	酷燃网	www.krcom.cn
86	0110557	北京艾斯凯国际民族文化传播有限公司	中民网视	www.cewtv.com
87	0110428	北京康隆盛科技有限公司	乐看	www.lekan.com
88	0110550	北京新网视信传媒科技有限公司	橙果网	www.chengo.com.cn
89	0110569	北京赛鸽天地广告有限公司	赛鸽天地	www.rpw.com.cn
90	0110535	北京华思维泰克科技有限公司	维洱	www.v2to.com
91	0110562	北京雷盟盛通文化发展有限公司	V族网	www.vzuu.com
92	0110568	北京一天连讯信息技术有限公司	画娱网	www.hydiy.cn
93	0110537	北京梦之窗数码科技有限公司	糖豆网	www.tangdou.com
94	0110582	北京联想调频科技有限公司	联想阳光在线	www.lenovo.net
95	0110581	北京万企科技有限公司	北京万企科技有限公司网站	www.cew.cn
96	0110588	北京清大世纪教育投资顾问有限公司	清大学习吧	www.eee114.com
97	0110453	大地时代文化传播（北京）有限公司	大地传播	www.dadifilm.com
98	0110587	完美世界（北京）网络技术有限公司	完美时空	www.wanmei.com
99	0110416	北京库客音乐股份有限公司	库客数字音乐图书馆	www.kuke.com
100	0110426	北京凯铭风尚网络技术有限公司	YOKA时尚网	www.yoka.com
101	0110437	北京太极国际体育发展有限责任公司	太极体育网	www.21tjsports.com
102	0110460	北京君合百纳通信技术有限公司	亮了网	www.liangle.com

（续表）

序号	许可证号（备案号）	开办单位	网站名称	登录地址
103	0110413	北京宽客网络技术有限公司	音悦网	www.yinyuetai.com
104	0110475	北京天天宽广网络科技有限公司	酷米网	www.kumi.cn
105	0110438	北京世纪超星信息技术发展有限责任公司	超星图书馆	www.superlib.com
106	0110567	北京优视米网络科技有限公司	优米网	www.umiwi.com www.youmi.cn
107	0110424	芝麻开门网络数字技术（北京）有限公司	芝麻开门网	www.zmkm.org.cn
108	0110448	北京德法利投资有限公司	中彩网	www.zhcw.com
109	0110452	北京中童联合资讯服务有限公司	中童在线	www.looklook.cn
110	0110471	北京《瑞丽》杂志社	瑞丽网	www.rayli.com.cn
111	0110594	中体彩彩票运营管理有限公司	竞彩网	www.sporttery.cn
112	0111612	华录出版传媒有限公司	东东007	www.dongdong007.com
113	0111614	新星出版社有限责任公司	声动网	www.singdoo.com
114	0111622	国家大剧院	国家大剧院官方网站	www.chncpa.org
115	0111624	北京荣信天诚科技有限公司	看视界	www.1iptv.com
116	0113658	北京卓众出版有限公司	第一工程机械网	www.d1cm.com
117	0112632	北京市可持续发展科技促进中心	北京科技视频网	www.bjscivid.net
118	京备2012012	北京市房山区广播电视台	房山广电传媒网	www.funhillmedia.com
119	0108269	京华时报社	京华网	www.jinghua.cn
120	0114665	北京广播公司	菠萝网	www.bolo.cn
121	京备2014013	北京市通州区广播电视台	大运通州网	www.dayuntongzhou.com
122	1110559	北京中期移动传媒有限公司	都市宽频	www.361cc.com
123	京备2016018	北京市怀柔区广播电视台	怀柔电视台	www.huairtv.com
124	0105136	第一视频通信传媒有限公司	第一视频网	www.v1.cn

（北京市新闻出版广电局网络视听节目管理处）

2017年北京市审核网站引进境外电视剧和电影情况

2017年北京市审核网站引进境外电视剧情况一览表

序号	中文片名	集数	分钟/集	产地	引进单位	许可证号	核发日期
1	真实的人类瑞典版(第一季)	10	58	瑞典	乐视网信息技术(北京)股份有限公司	(京)剧审网字(2017)第0002号	2017/1/24
2	12只猴子(第二季)	13	45	美国	合一信息技术(北京)有限公司	(京)剧审网字(2017)第0003号	2017/1/24
3	心伤疗者(第一季)	10	45	美国	合一信息技术(北京)有限公司	(京)剧审网字(2017)第0004号	2017/1/24
4	蓝海暮色(第一季)	13	45	美国	合一信息技术(北京)有限公司	(京)剧审网字(2017)第0006号	2017/1/24
5	无间道(第二季)	12	45	中国香港	北京爱奇艺科技有限公司	(京)剧审网字(2017)第0007号	2017/1/24
6	真实的人类瑞典版(第二季)	10	58	瑞典	乐视网信息技术(北京)股份有限公司	(京)剧审网字(2017)第0008号	2017/2/3
7	瑞灵顿街惊魂	3	60	英国	合一信息技术(北京)有限公司	(京)剧审网字(2017)第0010号	2017/2/15
8	我的母亲和那些陌生人们	5	60	英国	合一信息技术(北京)有限公司	(京)剧审网字(2017)第0011号	2017/2/15
9	仲夏夜之梦	2	45	英国	合一信息技术(北京)有限公司	(京)剧审网字(2017)第0013号	2017/2/17
10	在黑暗中	4	60	英国	合一信息技术(北京)有限公司	(京)剧审网字(2017)第0014号	2017/2/17
11	魔术师(第一季)	13	45	美国	合一信息技术(北京)有限公司	(京)剧审网字(2017)第0017号	2017/3/8
12	血族(第三季)	10	45	美国	北京搜狐互联网信息服务有限公司	(京)剧审网字(2017)第0021号	2017/3/8

（续表）

序号	中文片名	集数	分钟/集	产地	引进单位	许可证号	核发日期
13	古战场传奇（第二季）	13	60	美国	北京搜狐互联网信息服务有限公司	（京）剧审网字（2017）第0022号	2017/3/8
14	胡迪尼与道尔(第一季)	10	45	美国	北京搜狐互联网信息服务有限公司	（京）剧审网字（2017）第0026号	2017/3/8
15	无间道(第三季)	12	45	中国香港	北京爱奇艺科技有限公司	（京）剧审网字（2017）第0028号	2017/3/8
16	城寨英雄	28	45	中国香港	合一信息技术（北京）有限公司	（京）剧审网字（2017）第0029号	2017/4/7
17	真实的人类（第二季）	8	45	英国	乐视网信息技术（北京）股份有限公司	（京）剧审网字（2017）第0033号	2017/4/18
18	至亲血统(第二季)	10	62	美国	北京搜狐互联网信息服务有限公司	（京）剧审网字（2017）第0064号	2017/5/10
19	梅格雷探案	2	90	英国	合一信息技术（北京）有限公司	（京）剧审网字（2017）第0065号	2017/5/10
20	开荒岛民(第一季)	10	30	美国	北京搜狐互联网信息服务有限公司	（京）剧审网字（2017）第0066号	2017/5/10
21	EU超时任务	22	45	中国香港	合一信息技术（北京）有限公司	（京）剧审网字（2017）第0067号	2017/5/11
22	绿野血踪(第一季)	10	45	美国	合一信息技术（北京）有限公司	（京）剧审网字（2017）第0078号	2017/5/19
23	憨豆先生	14	30	英国	合一信息技术（北京）有限公司	（京）剧审网字（2017）第0079号	2017/5/19
24	黑松镇(第一季)	10	45	美国	北京风行在线技术有限公司	（京）剧审网字（2017）第0093号	2017/5/27
25	伦太郎医生	10	50	日本	北京风行在线技术有限公司	（京）剧审网字（2017）第0094号	2017/5/27
26	花咲舞不会沉默2	11	50	日本	北京风行在线技术有限公司	（京）剧审网字（2017）第0095号	2017/5/27
27	黑镜(第三季)	6	60	英国	北京爱奇艺科技有限公司	（京）剧审网字（2017）第0097号	2017/6/12
28	校阅女孩河野悦子	10	50	日本	北京风行在线技术有限公司	（京）剧审网字（2017）第0098号	2017/6/15

（续表）

序号	中文片名	集数	分钟/集	产地	引进单位	许可证号	核发日期
29	我们这一天	18	43	美国	北京爱奇艺科技有限公司	（京）剧审网字（2017）第0101号	2017/6/15
30	盲侠大律师（第一季）	14	41	中国香港	北京爱奇艺科技有限公司	（京）剧审网字（2017）第0105号	2017/6/20
31	亲亲我好妈	20	45	中国香港	合一信息技术（北京）有限公司	（京）剧审网字（2017）第0106号	2017/6/27
32	乘胜狙击	28	45	中国香港	合一信息技术（北京）有限公司	（京）剧审网字（2017）第0107号	2017/6/27
33	盲侠大律师（第二季）	14	41	中国香港	北京爱奇艺科技有限公司	（京）剧审网字（2017）第0118号	2017/7/18
34	反黑	30	45	中国香港	合一信息技术（北京）有限公司	（京）剧审网字（2017）第0121号	2017/7/26
35	美国罪恶 (第二季)	10	43	美国	北京搜狐互联网信息服务有限公司	（京）剧审网字（2017）第0127号	2017/8/24
36	罗家 (第一季)	6	25	澳大利亚	合一信息技术（北京）有限公司	（京）剧审网字（2017）第0128号	2017/8/24
37	生活大爆炸(第十季)	24	20	美国	北京搜狐互联网信息服务有限公司	（京）剧审网字（2017）第0129号	2017/8/24
38	明日传奇 (第二季)	17	45	美国	北京搜狐互联网信息服务有限公司	（京）剧审网字（2017）第0137号	2017/9/5
39	福斯特医生(第二季)	5	50	英国	合一信息技术（北京）有限公司	（京）剧审网字（2017）第0141号	2017/9/7
40	翡翠酒店	8	45	英国	北京爱奇艺科技有限公司	（京）剧审网字（2017）第0142号	2017/10/9
41	黑松镇 (第二季)	10	45	美国	北京风行在线技术有限公司	（京）剧审网字（2017）第0157号	2017/10/23
42	异人族	8	60	美国	北京爱奇艺科技有限公司	（京）剧审网字（2017）第0158号	2017/10/23
43	花戒指	26	45	泰国	北京爱奇艺科技有限公司	（京）剧审网字（2017）第0170号	2017/11/24
44	不懂撒娇的女人	28	45	中国香港	合一信息技术（北京）有限公司	（京）剧审网字（2017）第0171号	2017/11/29

（续表）

序号	中文片名	集数	分钟/集	产地	引进单位	许可证号	核发日期
45	冰血暴(第三季)	10	45	美国	北京搜狐互联网信息服务有限公司	（京）剧审网字（2017）第0181号	2017/12/14
46	吃素的小爸(第一季)	12	30	中国香港	北京爱奇艺科技有限公司	（京）剧审网字（2017）第0182号	2017/12/14
47	吃素的小爸(第二季)	12	30	中国香港	北京爱奇艺科技有限公司	（京）剧审网字（2017）第0183号	2017/12/14

说明：合计 47 部 591 集

（北京市新闻出版广电局网络视听节目管理处）

2017 年北京市审核网站引进境外电影情况一览表

序号	中文片名	时长（分钟）	产地	引进单位	许可证号	核发日期
1	黑马	85	英国	北京爱奇艺科技有限公司	（京）剧审网字（2017）第0001号	2017/1/24
2	时间脱离者	120	韩国	暴风集团股份有限公司	（京）剧审网字（2017）第0005号	2017/1/24
3	我是贝尔法斯特	84	英国	北京爱奇艺科技有限公司	（京）剧审网字（2017）第0009号	2017/2/8
4	比海更深	117	日本	北京爱奇艺科技有限公司	（京）剧审网字（2017）第0012号	2017/2/15
5	阿迈阿戴找女友（网聘女伴）	85	美国	北京爱奇艺科技有限公司	（京）剧审网字（2017）第0015号	2017/2/17
6	濑户内海	76	日本	北京爱奇艺科技有限公司	（京）剧审网字（2017）第0016号	2017/2/17
7	咖啡公社	96	美国	北京爱奇艺科技有限公司	（京）剧审网字（2017）第0018号	2017/3/8
8	爱无7限	145	泰国	暴风集团股份有限公司	（京）剧审网字（2017）第0019号	2017/3/8
9	电击少女	115	泰国	暴风集团股份有限公司	（京）剧审网字（2017）第0020号	2017/3/8

（续表）

序号	中文片名	时长（分钟）	产地	引进单位	许可证号	核发日期
10	打破陈规	121	美国	北京爱奇艺科技有限公司	（京）剧审网字（2017）第0023号	2017/3/8
11	只是世界尽头	96	法国	北京爱奇艺科技有限公司	（京）剧审网字（2017）第0024号	2017/3/8
12	腊肠狗	87	美国	北京爱奇艺科技有限公司	（京）剧审网字（2017）第0025号	2017/3/8
13	女王与国家	115	英国	北京爱奇艺科技有限公司	（京）剧审网字（2017）第0027号	2017/3/8
14	隐藏人物/NASA无名英雄	129	美国	北京爱奇艺科技有限公司	（京）剧审网字（2017）第0030号	2017/4/7
15	大展猴威	93	加拿大	北京爱奇艺科技有限公司	（京）剧审网字（2017）第0031号	2017/4/18
16	飞狗巴迪	98	加拿大	北京爱奇艺科技有限公司	（京）剧审网字（2017）第0032号	2017/4/18
17	宝藏猎人久美子	104	日本	北京爱奇艺科技有限公司	（京）剧审网字（2017）第0034号	2017/4/18
18	赌侠之人定胜天	87	中国香港	北京爱奇艺科技有限公司	（京）剧审网字（2017）第0035号	2017/4/18
19	勇犬大栗：中央公园的英雄	86	加拿大	北京爱奇艺科技有限公司	（京）剧审网字（2017）第0036号	2017/4/18
20	萌犬好声音	91	加拿大	北京爱奇艺科技有限公司	（京）剧审网字（2017）第0037号	2017/4/18
21	婚宴桌牌19号	83	美国	北京爱奇艺科技有限公司	（京）剧审网字（2017）第0038号	2017/4/18
22	大展猴威2：滑板高手	87	加拿大	北京爱奇艺科技有限公司	（京）剧审网字（2017）第0039号	2017/4/18
23	大展猴威3：宝贝智多猩	87	加拿大	北京爱奇艺科技有限公司	（京）剧审网字（2017）第0040号	2017/4/18
24	悭钱家族	101	中国香港	北京爱奇艺科技有限公司	（京）剧审网字（2017）第0041号	2017/4/18

（续表）

序号	中文片名	时长（分钟）	产地	引进单位	许可证号	核发日期
25	飞狗巴迪2：金牌接球员	90	加拿大	北京爱奇艺科技有限公司	（京）剧审网字（2017）第0042号	2017/4/18
26	神犬小巴迪	79	加拿大	北京爱奇艺科技有限公司	（京）剧审网字（2017）第0043号	2017/4/18
27	飞狗巴迪3：飞狗家族	83	加拿大	北京爱奇艺科技有限公司	（京）剧审网字（2017）第0044号	2017/4/18
28	飞狗巴迪4：第七局获胜	93	加拿大	北京爱奇艺科技有限公司	（京）剧审网字（2017）第0045号	2017/4/18
29	飞狗巴迪5：排球健将	87	加拿大	北京爱奇艺科技有限公司	（京）剧审网字（2017）第0046号	2017/4/18
30	影帝美猴王	82	加拿大	北京爱奇艺科技有限公司	（京）剧审网字（2017）第0047号	2017/4/18
31	威尔逊	90	美国	北京爱奇艺科技有限公司	（京）剧审网字（2017）第0048号	2017/4/18
32	当男人变成女人	92	中国香港	北京爱奇艺科技有限公司	（京）剧审网字（2017）第0049号	2017/4/18
33	贱精先生	106	中国香港	北京爱奇艺科技有限公司	（京）剧审网字（2017）第0050号	2017/4/18
34	呖咕呖咕对对碰	88	中国香港	北京爱奇艺科技有限公司	（京）剧审网字（2017）第0051号	2017/4/18
35	谈情说爱	90	中国香港	北京爱奇艺科技有限公司	（京）剧审网字（2017）第0052号	2017/4/18
36	见习黑玫瑰	90	中国香港	北京爱奇艺科技有限公司	（京）剧审网字（2017）第0053号	2017/4/18
37	困兽	91	中国香港	北京爱奇艺科技有限公司	（京）剧审网字（2017）第0054号	2017/4/18
38	亿万神犬	88	加拿大	北京爱奇艺科技有限公司	（京）剧审网字（2017）第0055号	2017/4/18
39	生死夏令营（反攻）	107	美国	北京爱奇艺科技有限公司	（京）剧审网字（2017）第0056号	2017/4/18

（续表）

序号	中文片名	时长（分钟）	产地	引进单位	许可证号	核发日期
40	弗兰兹	109	法国	北京爱奇艺科技有限公司	（京）剧审网字（2017）第0057号	2017/4/18
41	天才少女	100	美国	北京爱奇艺科技有限公司	（京）剧审网字（2017）第0058号	2017/4/18
42	猛犬摔跤王	91	加拿大	北京爱奇艺科技有限公司	（京）剧审网字（2017）第0059号	2017/4/18
43	金刚归来	84	加拿大	北京爱奇艺科技有限公司	（京）剧审网字（2017）第0060号	2017/4/18
44	魔力月光	97	美国	北京爱奇艺科技有限公司	（京）剧审网字（2017）第0061号	2017/4/18
45	我家乐翻天/哈哈大少	127	泰国	暴风集团股份有限公司	（京）剧审网字（2017）第0062号	2017/4/18
46	无理之人	94	美国	北京爱奇艺科技有限公司	（京）剧审网字（2017）第0063号	2017/4/18
47	恋爱行星	118	中国香港	北京爱奇艺科技有限公司	（京）剧审网字（2017）第0068号	2017/5/11
48	男上女下	93	中国香港	北京爱奇艺科技有限公司	（京）剧审网字（2017）第0069号	2017/5/11
49	阿孖有难	96	中国香港	北京爱奇艺科技有限公司	（京）剧审网字（2017）第0070号	2017/5/11
50	黑山匪帮	89	泰国	暴风集团股份有限公司	（京）剧审网字（2017）第0071号	2017/5/11
51	爱4狂潮	127	泰国	暴风集团股份有限公司	（京）剧审网字（2017）第0072号	2017/5/11
52	青蛙公主	90	泰国	暴风集团股份有限公司	（京）剧审网字（2017）第0073号	2017/5/11
53	金山匪帮	105	泰国	暴风集团股份有限公司	（京）剧审网字（2017）第0074号	2017/5/11
54	超快感	120	泰国	暴风集团股份有限公司	（京）剧审网字（2017）第0075号	2017/5/11

（续表）

序号	中文片名	时长（分钟）	产地	引进单位	许可证号	核发日期
55	双猴记	113	泰国	暴风集团股份有限公司	（京）剧审网字（2017）第0076号	2017/5/11
56	情书	109	泰国	暴风集团股份有限公司	（京）剧审网字（2017）第0077号	2017/5/11
57	擅离职守的猫咪	113	泰国	暴风集团股份有限公司	（京）剧审网字（2017）第0080号	2017/5/19
58	九龙皇后	96	中国香港	北京爱奇艺科技有限公司	（京）剧审网字（2017）第0081号	2017/5/19
59	娱乐之王	95	中国香港	北京爱奇艺科技有限公司	（京）剧审网字（2017）第0082号	2017/5/19
60	麻辣女教师	112	泰国	暴风集团股份有限公司	（京）剧审网字（2017）第0083号	2017/5/19
61	五月八月	87	中国香港	北京爱奇艺科技有限公司	（京）剧审网字（2017）第0084号	2017/5/19
62	高考人生	95	泰国	暴风集团股份有限公司	（京）剧审网字（2017）第0085号	2017/5/19
63	影子敌人	92	中国香港	北京爱奇艺科技有限公司	（京）剧审网字（2017）第0086号	2017/5/19
64	音为爱	130	泰国	暴风集团股份有限公司	（京）剧审网字（2017）第0087号	2017/5/19
65	为什么是他	108	美国	北京爱奇艺科技有限公司	（京）剧审网字（2017）第0088号	2017/5/19
66	旧伤	103	泰国	暴风集团股份有限公司	（京）剧审网字（2017）第0089号	2017/5/19
67	亚李　爸爸 两个大盗	99	中国香港	北京爱奇艺科技有限公司	（京）剧审网字（2017）第0090号	2017/5/27
68	三天两夜/从周六夜晚到周一清晨	115	泰国	暴风集团股份有限公司	（京）剧审网字（2017）第0091号	2017/5/27
69	悲恋三人行	90	泰国	暴风集团股份有限公司	（京）剧审网字（2017）第0092号	2017/5/27

（续表）

序号	中文片名	时长（分钟）	产地	引进单位	许可证号	核发日期
70	从曼谷到曼德勒	95	泰国	暴风集团股份有限公司	（京）剧审网字（2017）第0096号	2017/5/27
71	孔舞者/孔剧人生	115	泰国	暴风集团股份有限公司	（京）剧审网字（2017）第0099号	2017/6/15
72	季节变幻	117	泰国	暴风集团股份有限公司	（京）剧审网字（2017）第0100号	2017/6/15
73	奥利最开心的一天	91	芬兰	北京爱奇艺科技有限公司	（京）剧审网字（2017）第0102号	2017/6/15
74	薪水超人	116	泰国	暴风集团股份有限公司	（京）剧审网字（2017）第0103号	2017/6/15
75	真爱旋律	97	泰国	暴风集团股份有限公司	（京）剧审网字（2017）第0104号	2017/6/15
76	30+单身贩售	115	泰国	暴风集团股份有限公司	（京）剧审网字（2017）第0108号	2017/6/27
77	打雀英雄传	93	中国香港	北京爱奇艺科技有限公司	（京）剧审网字（2017）第0109号	2017/6/27
78	赌侠2002	97	中国香港	北京爱奇艺科技有限公司	（京）剧审网字（2017）第0110号	2017/6/27
79	砵兰街大少	92	中国香港	北京爱奇艺科技有限公司	（京）剧审网字（2017）第0111号	2017/6/27
80	笑吧杀手笑吧	100	美国	暴风集团股份有限公司	（京）剧审网字（2017）第0112号	2017/6/27
81	拥抱	118	泰国	暴风集团股份有限公司	（京）剧审网字（2017）第0113号	2017/6/27
82	创始人	115	美国	北京爱奇艺科技有限公司	（京）剧审网字（2017）第0114号	2017/6/27
83	我们这种叛徒	107	英国	北京爱奇艺科技有限公司	（京）剧审网字（2017）第0115号	2017/6/27
84	下一站，说爱你/曼谷轻轨恋曲	126	泰国	暴风集团股份有限公司	（京）剧审网字（2017）第0116号	2017/6/27

（续表）

序号	中文片名	时长（分钟）	产地	引进单位	许可证号	核发日期
85	派恩维尔抢劫案	80	美国	暴风集团股份有限公司	（京）剧审网字（2017）第0117号	2017/7/18
86	觉醒	95	美国	北京风行在线技术有限公司	（京）剧审网字（2017）第0119号	2017/7/18
87	车库拍卖神秘案件 1	120	美国	北京风行在线技术有限公司	（京）剧审网字（2017）第0120号	2017/7/18
88	从不关门的杜兰特餐厅	80	美国	暴风集团股份有限公司	（京）剧审网字（2017）第0122号	2017/8/23
89	擦枪走火	83	美国	暴风集团股份有限公司	（京）剧审网字（2017）第0123号	2017/8/23
90	年度教师	82	美国	暴风集团股份有限公司	（京）剧审网字（2017）第0124号	2017/8/23
91	曲象丛生	90	美国	暴风集团股份有限公司	（京）剧审网字（2017）第0125号	2017/8/23
92	车库拍卖神秘案件3–秘密房间	83	美国	暴风集团股份有限公司	（京）剧审网字（2017）第0126号	2017/8/23
93	为什么猫都叫不来	103	日本	北京爱奇艺科技有限公司	（京）剧审网字（2017）第0130号	2017/8/24
94	车库拍卖神秘案件4–结婚礼服	83	美国	暴风集团股份有限公司	（京）剧审网字（2017）第0131号	2017/8/24
95	百万元与苦虫女	121	日本	北京爱奇艺科技有限公司	（京）剧审网字（2017）第0132号	2017/8/24
96	西谎极落：太爆太子太空舱	90	中国香港	北京爱奇艺科技有限公司	（京）剧审网字（2017）第0133号	2017/9/5
97	租赁猫	110	日本	北京爱奇艺科技有限公司	（京）剧审网字（2017）第0134号	2017/9/5
98	小猪教室	109	日本	北京爱奇艺科技有限公司	（京）剧审网字（2017）第0135号	2017/9/5
99	舞女	108	法国	北京爱奇艺科技有限公司	（京）剧审网字（2017）第0136号	2017/9/5

（续表）

序号	中文片名	时长（分钟）	产地	引进单位	许可证号	核发日期
100	无名女孩	113	比利时	北京爱奇艺科技有限公司	（京）剧审网字（2017）第0138号	2017/9/5
101	母与女	90	美国	暴风集团股份有限公司	（京）剧审网字（2017）第0139号	2017/9/5
102	孤独但并不孤独	103	美国	北京风行在线技术有限公司	（京）剧审网字（2017）第0140号	2017/9/5
103	小学生	105	法国	北京爱奇艺科技有限公司	（京）剧审网字（2017）第0143号	2017/10/9
104	超级鲍勃	82	美国	暴风集团股份有限公司	（京）剧审网字（2017）第0144号	2017/10/9
105	纽约夜	90	美国	暴风集团股份有限公司	（京）剧审网字（2017）第0145号	2017/10/9
106	黑暗势力	98	美国	北京风行在线技术有限公司	（京）剧审网字（2017）第0146号	2017/10/9
107	南方	92	美国	暴风集团股份有限公司	（京）剧审网字（2017）第0147号	2017/10/9
108	真相	88	美国	暴风集团股份有限公司	（京）剧审网字（2017）第0148号	2017/10/9
109	幽灵船	90	美国	暴风集团股份有限公司	（京）剧审网字（2017）第0149号	2017/10/9
110	新小屁孩日记	93	美国	北京爱奇艺科技有限公司	（京）剧审网字（2017）第0150号	2017/10/9
111	突然20岁	120	泰国	北京爱奇艺科技有限公司	（京）剧审网字（2017）第0151号	2017/10/9
112	爱医生/恋爱诊疗中	125	泰国	暴风集团股份有限公司	（京）剧审网字（2017）第0152号	2017/10/9
113	亲爱的伽利略	130	泰国	暴风集团股份有限公司	（京）剧审网字（2017）第0153号	2017/10/9
114	家：爱 幸福 记忆	136	泰国	暴风集团股份有限公司	（京）剧审网字（2017）第0154号	2017/10/9

（续表）

序号	中文片名	时长（分钟）	产地	引进单位	许可证号	核发日期
115	拳霸2	98	泰国	暴风集团股份有限公司	（京）剧审网字（2017）第0155号	2017/10/9
116	长梦不醒	103	泰国	暴风集团股份有限公司	（京）剧审网字（2017）第0156号	2017/10/9
117	嫌疑人	105	哥伦比亚	北京风行在线技术有限公司	（京）剧审网字（2017）第0159号	2017/10/24
118	女王神剑	89	荷兰	北京爱奇艺科技有限公司	（京）剧审网字（2017）第0160号	2017/10/24
119	姆明谷的彗星来袭	72	美国	暴风集团股份有限公司	（京）剧审网字（2017）第0161号	2017/10/24
120	姆明仲夏夜狂想曲	88	美国	暴风集团股份有限公司	（京）剧审网字（2017）第0162号	2017/10/24
121	私事	90	以色列	北京风行在线技术有限公司	（京）剧审网字（2017）第0163号	2017/11/16
122	很抱歉，如果我叫爱情	120	西班牙	北京风行在线技术有限公司	（京）剧审网字（2017）第0164号	2017/11/16
123	坦途	96	美国	北京风行在线技术有限公司	（京）剧审网字（2017）第0165号	2017/11/17
124	改变未来	95	美国	北京风行在线技术有限公司	（京）剧审网字（2017）第0166号	2017/11/17
125	车库拍卖神秘案件2–金玉其外	87	美国	北京风行在线技术有限公司	（京）剧审网字（2017）第0167号	2017/11/17
126	烂人小说/痞客青春	124	泰国	暴风集团股份有限公司	（京）剧审网字（2017）第0168号	2017/11/17
127	极乐净土/香巴拉	113	泰国	暴风集团股份有限公司	（京）剧审网字（2017）第0169号	2017/11/17
128	平行时空	89	美国	暴风集团股份有限公司	（京）剧审网字（2017）第0172号	2017/12/4
129	一部喜剧	89	美国	暴风集团股份有限公司	（京）剧审网字（2017）第0173号	2017/12/4

（续表）

序号	中文片名	时长（分钟）	产地	引进单位	许可证号	核发日期
130	轮回现实	101	美国	暴风集团股份有限公司	（京）剧审网字（2017）第0174号	2017/12/4
131	相爱一天	129	泰国	暴风集团股份有限公司	（京）剧审网字（2017）第0175号	2017/12/4
132	午夜巴黎	100	西班牙	北京爱奇艺科技有限公司	（京）剧审网字（2017）第0176号	2017/12/4
133	修补生活	111	美国	暴风集团股份有限公司	（京）剧审网字（2017）第0177号	2017/12/14
134	杀陷	92	美国	北京风行在线技术有限公司	（京）剧审网字（2017）第0178号	2017/12/14
135	将来的事	102	法国	北京爱奇艺科技有限公司	（京）剧审网字（2017）第0179号	2017/12/14
136	脑火	95	加拿大	北京爱奇艺科技有限公司	（京）剧审网字（2017）第0180号	2017/12/14
137	三只流浪狗	100	泰国	暴风集团股份有限公司	（京）剧审网字（2017）第0184号	2017/12/14
138	佳媞的幸福	105	泰国	暴风集团股份有限公司	（京）剧审网字（2017）第0185号	2017/12/14
139	母女大战	104	美国	北京爱奇艺科技有限公司	（京）剧审网字（2017）第0186号	2017/12/14

说明：合计139部139集（每部电影均为1集）

（北京市新闻出版广电局网络视听节目管理处）

2017 年北京市广播电视新媒体发展情况

2017 年，北京市广播电视新媒体通过股权转让，资源整合，合作创新，推动数字付费电视、移动电视、城市电视、地铁电视、鼎视电视、手机电视、网络广播电视以及高清交互电视和家庭宽带等业务的发展。通过新媒体节目栏目改版创新，技术系统构建升级，营销模式多元化多渠道发展，进一步拓宽新媒体传播渠道和影响力。在全面实现数字化的基础上，创新“采、编、播、存、用”制播流程，推动高清化及全媒体发展，制播能力全面提升。在推进有线网络数字化、双向化、高清化及地面无线覆盖的基础上，开展三网融合试点工作，加强新媒体新业务服务支撑能力建设。

一、北京电台新媒体发展情况

北京电台有 16 套广播节目接入北京广播网（网址：www.rbc.cn），全球听众都可以在线实时收听到北京电台 16 套广播节目。

2017 年发展情况：

宣传报道。北京电台充分利用新媒体平台和技术手段，做好各项宣传报道。北京广播网全年推出“北京市两会”“一带一路”“市十二次党代会”“十九大时光”“广播过大年”“上海车展”等网络专题报道 27 个，共计发布图、文、视频稿件 1340 篇；北京电台官方微博《北京电台 RBC》，累计发布博文 3000 条，总阅读量 930 万。建立北京两会、十二次党代会、人民之托等多个微话题。“十九大时光”微话题，累计阅读量 35 万，单条最高阅读量 9.7 万，互动 750 条；北京电台微信公号中，《北京交通广播》粉丝数 327241 人，推文《首都机场高速遇上这个，要小心！》阅读数最高，达到 172217 次。

媒体融合及渠道完善。搭建由北京广播网、微信公众号、微博、APP 及其他媒介组成的台、网、微、端立体内容发布网；搭建微信矩阵第三方运营平台，一期已完成并投入使用；开发微信“小程序”“建外十四号”移动产品，实现 16 路广播的音频微信直播；与凤凰新闻、今日头条、腾讯企鹅媒体号、一点资讯等开展音视频、图文的全方位推广合作。为广告客户打造多维度多平台的增值服务，如“首汽 GO FUN”线上线下直播；与某直播平台签署合作协议，搭建北京电台“不止于声”视频直播矩阵，最多一场有 1000 多万人次。现在矩阵中已有 35 个电台各频率、节目账号；打通与一点资讯和今日头条的微信接口，同步抓取北京电台多个微信账号，并在一点资讯初步形成“不止于声”矩阵；将视频作为媒体融合突破口，建立阿里云视频直播平台，全年在“北京时间”平台播出 1000 余小时，移动直播 20 余场。首次打造“网络视频 + 广播音频”双媒介同步交互直播；借短（微）视频，在秒拍平台开设电台官方账号“不止于声”，同步微博，为官方微博充实视频原创内容。截至 2017 年年底，秒拍“不止于声”用户约 19 万人，共上传视频 383 段，总播放量为 200 万次，其中，单条最高播放量 17 万次。

网络安全。利用阿里云提升网站及新媒体平台安全防护水平，启动最高等级的阿里云盾服务并采用阿里云缓存防篡改功能，将网站缓存静态化。

（北京人民广播电台）

二、北京电视台新媒体发展情况

2017 年北京电视台信息网络管理部依托互联网成熟技术，结合广告监播业务的实际情况，自主研发广告自动监播系统。

广告自动化监播系统利用智能图像识别技术，结合智能音频识别技术，建立以视音频识别为基础的智能识别能力平台。同时，根据不同的应用场景，在此平台的基础之上建立相应的应用模块以应用于节目互动、广告自动识别、自动广告监播等社会化服务。系统核心技术“CDVS”是一个国际最新图像识别技术标准，在 2016 年，信息网络管理部创客组尝试将此技术应用于电视节目互动，研发一款 APP“拍一拍”。2017 年借助之前的研究成果，进一步实验如何将此技术用于台内节目互动和其他领域（如广告业务等），改进节目与观众的互动渠道，提升影响力，探索新兴领域的商业模式，已产生增值服务效果，为北京电视台创收。

2017 年，北京电视台内容生产服务平台二期项目上线，根据一期、二期系统的统计，全年累计保障生产内容 110054 条，总时长达到 25187 小时，平均日生产量 459 条，103 小时。生产量是去年同期的 235%。

2017 年北京 IPTV 播控平台轮播与点播业务量大幅度增长，嘉攸体育、乐视频道与芒果 TV 等多个 CP 方的合作带来大量内容的 CP 引入，同时内容生产二期系统完成对 4K 片源的编辑及转码工作，截至 2017 年年底，已完成 29102 条（14892 小时）节目内容引入；北京 IPTV 平台完成全国范围内首次 IPTV 体系 4k 频道直播实验，直播时长达 4 小时；年内该平台上线淘 BABY、淘 DOG 频道、淘精品、淘体育等共 9 个测试频道。现有自办频道数量已达到 14 个，其中付费频道 5 个。

2017 年北京电视台开展“融合新闻业务系统建设项目”工作。该平台定位于全台核心业务、技术支撑平台，汰换老旧制播网，加速推进电视制播业务云端化，打造融合媒体业务支撑能力，实现多源汇聚、共平台生产、多渠道发布、大数据运营。

11 月 11 日，在卫视节目中心“双十一”直播特别节目中运用声音水印技术，达成电视节目现场与移动客户端之间的实时联动，是广播电视台融合媒体互动技术在北京电视台的应用。

（北京电视台）

三、北京新媒体（集团）有限公司建设情况

北京新媒体（集团）有限公司（以下简称北京新媒体集团）由北京广播电视台新媒体业务板块剥离转制，与北京市文化投资发展集团有限责任公司出资共同组建。2016 年 4 月 12 日北京新媒体集团旗下的北京时间网站和新闻客户端同步上线，这是北京市探索新媒体与传统媒体融合发展的统一新媒体平台。

2017 年发展情况：

运营情况：2017 年 4 月，北京新媒体集团成立一周年时，北京时间门户网站日均访问用户数达 6000 万、日均页面浏览量达 4 亿、用户每天在北京时间停留的阅读时达 48 分钟；北京时间移动端人工运营 16 大版块与机器算法相结合，实现“头部共性内容人工推荐、长尾个性内容机器推荐”的人机结合模式，发稿时效跻身互联网第一梯队，北京时间 APP 要闻推送多次时效排在全网前五名。下载用户数突破 800 万，月活跃峰值超过 200 万；北京时间直播场次达日均 150 场，场均直播时长 30 分钟，直播频道访问人数日均突破 480 万；政府部门纷纷入驻北京时间、开通时间号，发布官方声音。截至 2017 年年底，已开通政务时间号 30 个，包括北京市组织部以及北京十六区组织部、国家大剧院、市网信办网评处、平安北京、安贞医院等政府和

市属机构入驻北京时间。

节目情况。北京时间主打具有北京时间独特属性的短视频产品，北京时间主时间号周播放量超过1.5亿次，其内容经常被人民网、新华网等主流媒体网站以及腾讯、搜狐、今日头条等商业门户及平台转载，产生了巨大的媒体影响力，同时，每天均有至少一条短视频在微博、微信等其他平台分发时获得累计百万播放量。

（北京广播电视台）

四、歌华有线公司高清交互数字电视新媒体发展情况

截至2017年年底，歌华有线公司累计推广超过500.66万户高清交互数字电视机顶盒，依托“全媒体应用聚合云服务平台”，开展与互联网电视牌照方平台的对接工作，不断推陈出新教育、健康、文化等领域精品内容。公司坚持“做优做强做大高清交互数字电视新媒体”的核心战略，加快新媒体产业布局，打造集政府信息平台、行业应用平台、文化共享平台、便民服务平台、用户娱乐平台于一体的高清交互数字电视新媒体。

2017年，新增中央电视台财经频道等十套高清频道入网播出。截至2017年年底，传输187套数字电视节目（含标清数字电视频道140套、高清数字电视频道47套）；回看频道共计121套频道（含高清频道38套），数字广播节目18套，将热门回看节目通过电视剧、综艺专区进行归集。在线视频点播类节目数量突破13万小时，其中高清节目超7万小时。歌华导视频道平均每日首播节目6小时，累计制作14档栏目共计超过1500小时节目内容。公司服务市委市政府，上线《央视报道》新闻栏目，设“新闻”和“专题”两个分区，随时更新中央电视台有关北京的建设成就报道，每周更新新闻节目超过2000分钟。

6000余节微课程上线工作。健康专区推出北京医改、基层诊疗等39个宣传专题。文化专区“电视图书馆”2.0改版上线，在线图书超过100万册。歌华游戏累计在线运营240款，总注册用户数超过350万人次。基于歌华导视频道的“增强电视”功能上线，实现导视频道与电视院线的内容联动。广场舞项目上线工作，首次将电视端和手机端相结合。

歌华全频道应急播出滚动字幕进入常态化运行，全年全网发布“空气重污染预警”等提示信息2400余次。推进“美丽东城”“湖光山色门头沟”项目升级改版和“美丽智慧乡村信息服务平台”建设。

北京歌华有线电视网络股份有限公司“北京美丽智慧乡村信息服务平台”页面

实现广告收入超过1亿元。益网广告公司正式运营，探索开辟广告专区。

联合筹备成立“视听传媒大数据联合实验室”。与河北、天津联合制作《京津冀有线电视收视数据报告》，全年共制作报告44期。

与百视通、未来电视（CNTV）、华数、南方传媒、芒果TV五家互联网电视牌照平台播控方对接，开展试运营工作。

截至2017年年底，已与近20家影视传媒机构签订版权内容合作协议，并扩大手机电视业务覆盖范围。

电视院线业务在全国28家省级有线网络公司37个前端落地，覆盖高清交互用户数

3390 万。

（北京歌华有线电视网络股份有限公司）

五、数字付费电视

数字付费电视由北京北广传媒数字电视有限公司运营。自 2003 年 7 月成立以来已播出付费电视频道 11 套，数字音频广播 2 套，节目内容涉及教育、影视、娱乐、休闲、房产家居等领域。搭建了国内领先、国际先进的数字电视节目播出平台。提供数据电视节目信息服务。2017 年通过歌华有线电视网络上载播出的数字电视频道及有线广播节目信息共 204 套。

2017 年发展情况：

频道运营。2 月，公司经国家新闻出版广电总局批准，将考试在线频道更名为教育・就业频道，频道定位为素质教育和职业教育频道。

节目制作。北京北广传媒数字电视有限公司中标北京市福利彩票发行中心 2017 年度“公益北京”系列节目制作项目。全年制作并播出彩民竞技综艺节目《彩票大家玩》第二季(26 期)、福彩资讯节目《彩讯及时通》(100 期）、福彩发行 30 周年专题节目《京彩 30 年》(30 集）、社区文化公益活动《福送万家》（30 场）和福彩双色球派奖广告片。

获奖情况。2017 年，北京北广传媒数字电视有限公司联合北京市医药卫生文化协会，推出院前急救系列公益宣传片《现场急救・你学得会》。其中，《心肺复苏篇》被评为国家新闻出版广电总局 2016 年度广播电视公益广告扶持项目三类作品，北京市新闻出版广电局 2016 年度广播电视公益广告扶持项目一类作品。

（北京北广传媒数字电视有限公司）

六、移动电视

北京移动电视由北京北广传媒移动电视有限公司运营。每天播出 17 小时，主要栏目 36 个，利用北京 DS － 48 和 DC−22 单频网发射两套无线数字信号，实现地面数字设备实时接收电视节目。公司建设一主三辅 4 个数字发射机站，形成有效覆盖北京市区六环内的数字单频网，接收公交终端车辆数为 10994 辆，屏幕数量 21826 块，日覆盖受众超过 1300 万人次。

2017 年发展情况：

频道运营。北京北广传媒移动电视有限公司与委办局合作项目化运作，与 29 家合作方协议签署。截至 2017 年年底，安装 32 寸显示屏车辆约 4，000 辆。32 寸显示屏下屏广告支持手动分组，可将客户广告精确到以线路为单位进行投放。

节目制作。公司策划拍摄制作新春宣传片、“5.28”活动主题公益宣传片、体育文化节宣传片、重阳节宣传片等公益宣传片项目。全年共制作播出品牌与公益宣传片 61 条。公司把“网络直播”项目作为独立的栏目组设立，截至年底，共进行直播 81 次，总收看人数 2019 万人次，参与量达到 30 万人次的共计 26 期，2 期参与量突破 50 万人次。其中《解读新交规・撞死碰瓷者咋办》一期参与量达到 60 万人次。制作二十四节气和节日应景图片。

安全播出。媒体播控中心、单频网运行顺畅，安全播出零事故。全年共实现公交电视频道安全播出 6025 小时，城市电视频道安全播出 5295 小时，地铁电视频道各安全播出 6205 小时，完成春晚、两会、还看今朝特别节目、党的十九大、热门体育赛事、新闻联播延时等各项转播工作共 104 次，累计转播时长 125 小时。

技术服务输出。参加北京市新闻出版广电局政府采购项目的招标，最终中标媒资共享平台和行政村发射站运维两个项目。截至 2017 年底，完成全部 571 个行政村发射站的巡检工作，全年累积行驶里程 63000 多公里，累计巡检次数达到 1169 次。转播站运维共完成机房巡检 40 余次。

（北京北广传媒移动电视有限公司）

七、城市电视

北京北广传媒城市电视有限公司成立于 2004 年 12 月 16 日，是北京市属开发运营电视新媒体的专门机构之一，主要从事楼宇电视和户外大屏电视的经营管理。运营楼宇电视联播网及户外大屏电视联播网。其中楼宇电视平台终端安装数量达 6500 屏；大屏联播网有 8 处 8 块 LED 户外大屏，包括中汇大屏、富力大屏、天阶大屏、工美大屏、来福士大屏、春平大屏、望京大屏、丰联大屏。其中望京凯德 Mall 户外大屏为一处全新自建大屏，2017 年 5 月正式播出。在播栏目 17 个，每天自 7 点至 22 点，连续 15 小时播出。

2017 年发展情况：

频道运营。2017 年，北京北广传媒城市电视有限公司扩大在北京市各级委办局、政府机关、高档写字楼等重点渠道的媒体布局，截至 2017 年年底，与市一级政府机关、委办局达成合作的有 27 家，全网政务渠道安装屏幕达 2535 屏，楼宇电视联播网政府渠道由 2016 年底的全网 33% 提升至 39%；引进短视频内容，更符合城市电视户外媒体定位的播出形式；实现楼宇终端 B 屏多栏目整体大幅改版，提升栏目可看性与吸引力；开发楼宇终端屏 B 屏栏目商业化潜力，达成与牛栏山、丰台区委宣传部、华夏银行等的合作；针对新增竖形屏（望京凯德 Mall 屏）开发多种全新版式，使时钟、天气预报、图片、视频、多媒体等可自由组合播出。同时利用动图充实望京大屏的公益宣传内容。

节目制作。2017 年城市电视在十九大期间对开、闭幕式进行全网全程直播，十九大相关宣传内容播放时长总计 1300 小时，并制作播出 631 套、上千张十九大口号及宣传图片；在“一带一路”国际合作高峰论坛、全国两会期间，进行直播以及口号、政策解读等内容的全网播出；完成“国企开放日”全网大型户外直播及“北京榜样 · 国企楷模”全网宣传；首次利用现场演播室与户外直播相结合的方式对马术世界杯大赛进行全程转播；改进《装个文化人儿》栏目选题，不仅涵盖识字读文，还结合当下热点新闻实事，中国传统节日、纪念日，时下流行趋势等囊括成为栏目选题内容。

安全播出。城市电视 2017 年全年安全播出无事故。尤其是在“一带一路”高峰论坛和党的十九大期间，各大屏及大屏终端机房安排人员每日值守，切实保障重点安全播出。

获奖情况。北京北广传媒城市电视有限公司在第十四届户外传播大会中荣获中国十大市区 LED 大屏媒体企业、中国市区综合媒体公司 20 强，旗下世茂天阶大屏获“北京地标媒体”称号；在第二届户外场景营销案例评选中，城市电视举办的“超级月亮慢直播”活动荣获“十大经典案例”及“第二届户外场景营销案例评选全场大奖”；在第 17 届 IAI 国际创享节中获“年度广告传播媒体”称号；在第十二届亚洲品牌盛典中荣获“亚洲品牌 500 强”及“中国品牌最具影响力户外媒体”奖项。公司董事长罗艳红于第七届“北京影响力”中获得“最具影响力的十大企业家”奖项。

（北京北广传媒城市电视有限公司）

八、地铁电视

地铁电视由北京北广传媒地铁电视有限公司负责运营。自 2007 年以来公司以强大的交通运营和传媒资源为依托，努力把地铁电视打造成为政府公共信息平台、城市应急预警平台、乘客生活资讯平台和企业广告宣传平台。

地铁电视节目播出时间与地铁运营时间

同步，每天播出达到18.5小时，主要是通过在北京市地铁运营有限公司具有运营权的地铁线路上的列车车厢、站台和站厅内的电视终端上接收、播放节目和广告。地铁电视公司在歌华大厦投资建设独立的节目播控中心，策划、制作、发布地铁电视节目并独家经营地铁电视广告业务。

2017年发展情况：

运营情况。由于2016年11月公司与原广告商终止代理协议，经过招标和竞争性谈判均未能找到符合要求的新广告代理商，2017年为尽快使公司恢复正常广告经营，公司制定自营广告方案以及代理招商两个方案，并制定临时广告经营方案，便于广告散单经营。在公司找到新的代理商及确定最终经营方案前，运管部签订部分散单广告，实现部分收入。由于市场变化等种种原因，截至12月底，公司尚未实现地铁电视广告的正常经营。

节目制作与宣传。在《新闻地铁报》栏目中设置专题板块，重点宣传十九大会议精神；增设《砥砺奋进的五年》《喜迎十九大》《十九大特别节目》《十九大时光》4档专题节目；新增《光影大世界》《医学微视频》《京城美食秀》三档节目。全年播出各类宣传片一、二套节目共计54版、 22000分钟。连续7年在大年三十、初一晚上转播中央、北京春节晚会的节目。

全年审看和上载外来节目819期，总时长3885分钟；迁移外来节目819期；审看推送节目618期，总时长3090分钟；审看宣传片42期，总时长3255秒；更改信号源1287个；提交节目单429个；发现节目、宣传片等错误27个；制作集成新闻196期；制作各类集成节目392期。

安全播出。公司组织维护单位对1、2号线地铁电视系统进行全线设备清扫四次，并对1、2号线公司所辖所有电视终端进行牢固度检查，确保安全。更换显示终端2块，处理换功放单元故障8次，处理电视终端故障12次，处理分屏器故障9次，处理光故障5次，处理其他临时故障16次。

对1、2、13号线和八通线四条线路的电视系统维修维护及巡查。全年累计巡视车组5313列，巡查总屏数达227028块。处理黑屏、蓝屏等故障显示终端7000余块。对地铁八通、13号、1号线电视终端及相关配件进行更换，保障安全播出。全年共计更换117组列车的车载电视系统设备。

（北京北广传媒地铁电视有限公司）

九、鼎视数字电视

鼎视传媒股份有限公司为全国性数字付费电视节目集成运营机构，自2005年12月成立以来，为数字电视内容供应商提供专业的技术服务和营销服务，主营业务包括传输加密业务、付费频道销售业务、电视购物频道发行业务。

2017年发展情况：

运营情况。截至2017年年底，鼎视传媒股份有限公司共集成传输20套数字付费电视频道、13套高标清同播的高清卫视频道、8套购物频道、代理发行5套购物频道。付费频道销售业务直接签约合作网络公司共计250家。累计数字电视用户总数为14304.92万户，占全国现有付费数字电视用户21000（15993）万户的68%，电视购物频道发行共计落地120个地区，累计机顶盒用户达到8126万户。

节目传输。传输28套数字标清节目。其中包括20个数字付费频道：《教育·就业》《车迷》《优优宝贝》《环球旅游》《新娱乐》《收藏天下》《央广健康》《百姓健康》《四海钓鱼》《证券资讯》《快乐宠物》《电子体育》《休闲指南》《家庭理财》《中国气象》《音像世界》《人物》《财富天下》《家政》《美食天府》；并为8个数字电视购物频道提供集成传输及发行服务，包括《快乐购物》《央广购物》《优购物》《时尚购物》《风尚购物》《家有购物》《家家购物》《环球购物》。传输13套数字高标清同播的高清卫视频道，包括北京卫视、湖南卫视、金鹰纪实、深圳卫视、广东卫视、黑龙江卫视、山东卫视、湖北卫视、北京纪实高清、辽宁高清、三沙卫视、厦门卫视、福建东南卫视。

（鼎视传媒股份有限公司）

十、中广传播

北京中广传播有限公司成立于2009年，成立之初主要以CMMB手机电视为主营业务，2017年公司推进媒体融合发展，业务从单一的北京地区移动多媒体广播电视的建设运营，到基本形成分布在北京主要社区的政务公共融合平台户外传播（公共电子阅报栏屏建设工程）、香山二十四小时新华书店（实体书店建设工程）、以故宫文化元素为主线，以中国优秀传统文化为传承的主题文创产品、太原高铁列车全媒体立体传播平台、宣武医院远程医疗救治专网、红色记忆系列专题片节目制作、中央领导公务用车车载电视服务等文化产业发展的战略布局，基本实现从网络运维服务到媒体服务再到文创产品销售转变，建立起内容、技术、载体三位一体发展模式，初步完成了“调转升”的任务。

2017年发展情况：

政务公共融合平台（公共电子阅报栏屏）建设。在北京市海淀、门头沟、石景山、通州、昌平、顺义、房山区等城乡主要街道、公共场所、社区等人流密集地点，设置政务公共融合平台户外传播（公共电子阅报栏屏）综合文化服务智能终端300个，提供实时融合社会服务、民生信息、医疗健康等多种产业形态核心内容资源的精神文化服务和便民服务。初步与国有大型企业及社会公司签署十年合作协议，并完成相关合同签署流程。

网络融合和智慧广电业务。北京中广传播有限公司基于现有网络资源与传统业务，探索无线广播单向网与无线双向交互网的融合并存发展模式，联合国家脑卒中中心、宣武医院、中信数字技术、IBM（中国）等单位，共同建立智慧远程医疗专网，用于脑卒中的预防与治疗。2017年成功中标北京市科委脑卒中急救及移动诊疗项目。

太原高铁列车项目。初步建成全方位、立体化、多内容的全媒体立体传播载体。与铁道影视中心等五家单位，构建以高铁出行方式为基础，舆论宣传为主导的晴彩北京高铁电视、《列车生活》杂志专刊、“英雄儿女”冠名列车等系列载体，初步实现全方位、立体化、多内容的高铁传播平台和载体建设。

（北京中广传播有限公司）

北京电台推广使用“讯听云”系统

北京人民广播电台“讯听云”页面

北京电台经过几年探索，实现“全媒体微信矩阵”“青年广播全频可视化直播”、音频客户端“听听 FM”、线下产品“诵读小站”“讯听云”等新媒体技术的多点开花，多媒体融合。

“讯听云”系统是北京电台推进“智慧广电”战略的具体实践，是北京电台打造独具特色的“中央厨房”融合型节目制播云平台工程的重要组成部分。由北京电台技术中心牵头，北京广播公司旗下北京讯听网络技术有限公司进行研发。2017 年 4 月 18 日，“讯听云”系统上线运行。

“讯听云”系统核心拥有三个终端产品：讯听云融合生产平台、讯听云移动采编审系统和讯播系统，项目可实现内外网打通、文稿系统升级、移动互联网状态下的及时编辑、审核，通过移动智能终端便捷移动采编审、资源云存储、直播间即点即播等。

一、讯听云融合生产平台

讯听云融合生产平台以“云桌面”的形式呈现，通过各个独立的功能板块入口集纳云采编、内容中心、素材管理、讯播播单、微信矩阵、线索库、选题库、指挥调度、宣传精神、传播效果分析、生产数据统计等众多功能。

融合生产平台每一个功能板块都依据调研需求设置，解决业务部门的实际诉求。融合生产平台打破办公网的束缚，在互联网环境下就可以登录进行工作。由于系统部署在私有云上，保障了整个系统运行的数据安全。新闻会商、宣传精神传达等涉及电台信息安全的诸多渠道都逐步向讯听云转移。

“云采编”板块可以满足编辑人员制作稿件及栏目串联单的业务需要。“内容中心”可以引用来自新华社等多渠道的稿件素材，并且可以及时跨部门了解稿件及串联单信息。“素材管理”上传本地素材并进行云端管理，还可以一键发送制作网，极大提高工作效率。“线索库”“选题库”及时共享来自新闻热线、微信公众号的爆料信息，管理者方便分发，记者便于领取任务。“排班表”“节目评选”响应一线工作实际需求。

另外，语音转文字、文字转语音、图片识别、视频抓音轨、文稿对比等为制作人员提供实用的辅助工具。

二、讯听云移动采编审系统

讯听云移动采编审系统即“讯听云”APP版首页由“录音、拍照、摄像、写稿”四个基本功能板块入口组成，辅以“素材、稿件、工作台、内容中心、消息” 五大功能入口。可以支持记者在移动环境中采集创建多种报道素材，包括音频、照片、视频和稿件等，能将采集到的素材快速上传至云端、发送给同事，实现“采、审、商”三大功能。

采：通过移动采编审系统可以实现在移动终端进行音频的采集、剪辑、媒资管理，可以将音频一键发送到台内的音频制作网或者同事；实现移动环境下文字写稿的同时，可以插入音频发送审核，实现文字音频同审；还可以通过移动终端可以进行拍照、摄像等，实现云端同步，以及各类采编辅助功能。

审：通过移动采编审系统可以完成稿件的移动审核，需要修改的内容可以通过语音、文字的形式方便及时的注解。通过“内容中心”可以跨频率看各台报道内容，时时观看电台节目视频直播。

商：讯听云系统拥有自己的私有云，保障系统内的信息安全。宣传精神传达、新闻会商和讯听云融合生产平台信息同步，实现移动环境下及时便捷沟通。并且通过移动采编审系统还可以进行指挥调度，实现选题管理、选题定制等。

三、讯播系统

讯播系统为主持人贴心打造，部署在电台直播间，是一套先进的直播辅助系统。可接入“讯听云”音频素材、文稿内容、云歌库及微信互动语音等。只要在互联网环境下主持人登录系统，制作内容并完成预排单，可以快速将音频素材发至直播间，在直播间打开系统就可以实现即点即播。

通过讯播系统可以实现“讯听云”系统个人音频素材、稿件中音频、已审串联单中音频内容的高效播出。实现直播间CD机、效果器、点歌机功能。提供海量云歌库。实现微信互动语音快速编辑、播出。支持远程制作播单，一键同步讯播系统。

“讯听云”系统三个终端产品各具特色，各自成就，又相互融合。运用互联网思维实现电台融合型制播体系建设，构建集采编、制作、存储、发布、安全管控、运营于一体的广播电台融合型节目制播云平台，建设广播制播公有云、私有云，确保信息传输和系统安全。重塑北京台业务生产流程，实现“音频播出网与办公网的安全互通”“移动场景采编”“一个平台统一生产，多个渠道同步分发”这三项目标。“讯听云”系统即是行业媒体融合之所需，更是走出一条符合地方特色、突出广播特点的融合之路。

（北京人民广播电台）

2017年顺义广电中心新媒体发展情况

2017年，顺义广电中心在媒体融合方面开展了如下工作：

一、新型广播电视移动媒体平台全新上线

2016年末，顺义广电中心通过多方调研并结合该区新闻传播特点，设计、搭建完成顺义广电中心新型广播电视移动媒体平台，该平台经过近6个月的预上线测试，于2017年7月1日正式投入使用。新型广播电视移动媒体平台是将两个平台（顺广传媒微信、手机客户端）和一个网站（顺广传媒网）深度融合，形成一次采集、多种生成、多点分发的工作模式，打造一个基于“传统媒体和新媒体内容统一发布平台，海量信息采集、发布管理平台，互动交流服务管理平台”的跨媒体融合平台。

新平台实现顺义电视台、顺义人民广播电台的节目信号网络、移动端直播点播。受众可通过顺广传媒微信公众平台、手机APP、顺广传媒网观看顺义电视台全网直播的电视节目，还可按照时间、栏目、关键字等信息检索，点播电视台、电台的历史单条、单类节目内容。同时，通过新平台，在微信端实现全区各委办局等相关单位的“微矩阵”聚集功能，实现“一号全通”的良好功能体验。

二、移动媒体平台云直播车建设情况

顺义广电中心充分利用2017年区财政专项资金，特别设计筹划移动媒体平台云直播车项目。移动媒体平台云直播车是一套车载的新型直播系统，针对新媒体场景下的应用，可满足快速响应、云端分发、观众互动等需求，其中包括1台多讯道新媒体直播车、2套移动视频采集系统、3套移动视频推流系统、1套视频接收系统、1套现场导播系统、1套移动审片系统、1年云端导播服务、1年视频分发服务、1台图文工作站、1年云端管理服务。

移动媒体平台云直播车具备可适应各种现场、各种天气、各种网络环境，直播流经过现场包装、切换后通过专线或者网线传输至云端，直接通过云端CDN加速后分发至观众手中等特点。移动媒体平台云直播车项目经过前期调研、可研评审、公开招标等环节，已于2017年12月中旬完成验收。

（北京市顺义区广播电视中心）

技 术

2017 年北京市广播电视技术工作综述

北京市新闻出版广电局组团参加全美广播电视展览会（NAB）的展台

一、科技管理

开展 8K 超高清转播试点工作。北京局积极组织北京广播电视台、国家新闻出版广电总局（以下简称总局）广播科学研究院等单位共同开展 8K 超高清转播试点工作。到亦庄经济技术开发区调研京东方公司 8K 超高清显示面板发展情况，并与国家新闻出版广电总局广播科学研究院、市经信委、京东方公司进行座谈，共同研究推动 2022 年北京—张家口冬季奥运会赛事 8K 超高清转播事宜及 8K 超高清显示产业发展的政策措施。组织市广电单位专家参加市经信委 8K 超高清专家研讨会，了解 8K 超高清发展现状。组织广科院、北京电视台、歌华有线公司召开“8K 超高清转播试点工作部署会”，研究建立 8K 超高清转播工作组，并编制 8K 超高清转播工作组第一次会议纪要。

组织开展市广播电视节目技术质量优秀作品评选活动。对来自全市广播电视播出单位的 13 个广播节目、38 个电视节目进行客观测试和主观评价，分别评选出 2016 年度广播节目技术质量优秀作品和电视节目技术质量优秀作品。邀请行业专家对评选出的优秀作品进行点评，为全市广电节目制作人员搭建一个交流学习的平台。组织参加中国广播电影电视社会组织联合会 2017 年度广播影视科技创新奖申报工作。

开展广播电视技术能手竞赛，推荐参加总局竞赛。组织“2017 年北京市广播电视（有线电视网络系统）技术能手竞赛培训”，邀请中国传媒大学有关专家按照总局竞赛复习大纲要求，对全市广电系统 30 余名技术人员进行为期 3 天的理论知识培训，并组织考试竞赛选拔。推荐歌华有线公司两位选手参加 2017 年全国广播电视（有线电视网络系统）技术能手竞赛。根据市广播电视监测中心的推荐意见，推荐北京广播电视监测中心一位选手参加2017年全国广播电视（监测系统）技术能手竞赛。

梳理完成科技相关行政审批事项清单，进入市政务服务中心，并到市政务服务中心对行政审批窗口受理人员开展培训工作。开展有线电视工程验收行政许可事项。截至12月底，共受理并审批完成134项有线电视工程验收行政许可事项。

二、安全播出

安全播出体系建设。北京市新闻出版广电局成立安全保障领导小组，将广播电视安全播出、网络安全和安全保卫纳入大安全保障体系，统一部署、统筹协调。北京市新闻出版广电局实施行业监管、广播电视台实施专业技术管理、区文委属地负责、保障单位负责主体实施的安全管理体制。与市网信办、公安局、经信委等部门形成横向的监管会商机制。与总局监管中心、区文委等建立纵向的信息通报、监测预警机制。全市形成“体系完整、责任明确、沟通顺畅、处置有力”的安全保障管理体系。北京市新闻出版广电局组织召开全市新闻出版广电系统安全保障动员会，杨烁局长与安全播出单位主要负责人签订安全保障责任书。

安全检查。根据总局大检查和北京市新闻出版广电局两次安全检查发现的36个主要问题印发全市新闻出版广电单位，建立问题台账。通过专题会等形式推进问题整改。已完成整改35个问题，未整改的1个问题已经制定措施并请专家进行检查鉴定，能够确保安全。

网络安全。积极与总局、市公安局联系协作，对歌华有线公司、北京新媒体集团等五家重点单位进行网络安全评估和信息系统测评检查，并指导整改，全市共有40个信息系统完成安全等级保护备案，共计投资金4000余万元。同时，聘请总局、公安部等专家举办3次培训，参训人员达300余人次。各单位完善网络安全和信息化领导小组，并成立相应的网络安全办事机构，建立健全制度机制，网络安全意识明显增强。北京市新闻出版广电局牵头组织无线信号干扰应急处置、安全播出应急演练、网络安全防护演练和有线网络传输抢修应急演练四次应急演练，320人参加，全面提升安全保障能力。

IPTV监管。依照《广播电视安全播出管理规定》（总局62号令），将IPTV纳入安全播出管理体系，在已建立的各种相关制度管理的基础上，根据现有条件和实际情况，协调市通信管理局和北京联通公司，在北京市新闻出版广电局科技处、监测中心分别安装一个IPTV用户终端，由北京广播电视监测中心负责安排人员每天进行巡检，查看IPTV节目技术质量和安全播出状况，增加IPTV监管的技术手段，基本可保证监管工作。

相关地下管线隐患排查。北京市新闻出版广电局按照市委市政府统一部署，履行广电行业地下管线的监督管理责任，督促广电行业地下管线权属单位全方位排查自身结构性隐患，建立工作规范和隐患问题台账。组织制定相关管理制度，对权属单位工作开展自查情况进行抽查。

处理两起重大安全播出事故。北京市新闻出版广电局充分利用约谈、通报等多种行政手段，严抓严管，使全市安播单位安全保障工作由原来的被动应付上升为主动作为。

三、公共服务保障

开展转播站、行政村发射站以及媒资共享平台运行维护检查，提高节假日及重要保障期的检查力度，不断提高运维水平，保证广播电视安全播出。开展中央广播电视节目无线数字化覆盖工程建设项目验收，查找施工工艺不足，严把质量关，保证各台站设备保质保量交付使用，为北京市山区群众提供形式多样的广播电视公共文化服务。开展北京电视节目无线数字化覆盖工程勘察设计，为下一步开展北京节目地面数字电视建设打下基础；开展转播站覆盖情况测试，全面掌握各转播站覆盖情况，不断提高转播站覆盖质量；开展北京市广播电视无线覆盖管理体系设计，及时、动态掌握各广播电视台站设备维修维护情况，提高运维管理规范化水平。

开展北京市应急广播工程建设方案编制。研究确定北京市应急广播工程建设技术方案，为开展北京市应急广播工程建设提供依据及指导。

推进高清交互数字电视推广工作。北京市新闻出版广电局以政府购买服务的方式，2017 年继续开展高清交互数字电视普及工作。截至 12 月底，北京高清交互数字电视用户已达 500.66 万户，北京市高清交互用户数量位居全国各大城市首位。

高清交互数字电视机顶盒的升级改造。北京市新闻出版广电局以政府购买服务的方式为百姓提供高清交互数字电视服务，鼓励企业进行机顶盒的升级换代，提高用户体验感受和信息传播服务效果，完成新型机顶盒定型上线工作，逐步探索实施老款机顶盒的置换更新工作。

四、三网融合推广

三网融合业务推介活动。8 月 25 日，北京市新闻出版广电局牵头，会同市经信委、市通管局组织召开“北京市广电媒体与通信企业三网融合业务推介活动”。北京市广电媒体和通信行业 6 家优秀企业，就各自在三网融合进程中面向政府、面向用户应用新技术、研发新产品、开拓新业务的实际案例以及各项创新成果进行演讲。北京市三网融合协调小组成员单位及市属各委办局、各区政府有关部门主管领导和负责人 100 余人参加此次推介会。

电信和广电业务双向进入。5 月 17 日，北京电视台和北京电信签署 IPTV 合作战略协议，共建包括“内容、渠道、平台、服务”在内的互联网生态系统，共同推动“北京 IPTV”的发展，为百姓提供更加丰富多彩的更加有保障的一流的文化娱乐与互联网服务，合力打造互联网化的家庭交互全媒体平台。截至 2017 年 12 月底，北京市 IPTV 用户达到 170.5 万余户，有线电视网络个人宽带用户达到 56.9 余万户，歌华飞视用户达到 35 余万。

IPTV 集成播控平台升级。北京 IPTV 集成播控平台向用户提供直播、轮播、点播、回看和增值服务等多种业务功能和交互服务。北京 IPTV 集成播控平台与北京联通、北京电信下游运营商对接，为北京地区 IPTV 用户提供服务。

歌华有线公司积极开展下一代广播电视网络 NGB 融合创新研究。完成 NGB 融合业务平台实验室建设、云平台服务项目以及家庭多业务终端高清交互机顶盒的开发工作，开通 FTTH 的试点接入网，开展基于有线电视网的互联网接入业务、互联网数据传送增值业务等。截至 12 月底，歌华有线电视双向网覆盖用户 620 万户。此外，歌华有线公司建成互联网、数据传送、IP 电话、数据中心（IDC）等服务平台，具备为各类用户提供三网融合解决方案及数据、语音、视频和新技术综合信息服务的能力。

五、重大活动服务保障

建立健全服务保障体系。成立“北京市新闻出版广电局有线和卫星电视服务保障及广电系统网络安全保卫工作领导小组”，局党组书记、局长杨烁担任组长；副局长戴维、杨培丽任执行组长；局科技处、传媒机构管理处处长，东城、西城、朝阳、海淀区文委主任，北京广播电视台技术部主任，歌华有线公司和瑞特影音贸易公司主要领导担任副组长；成员由局相关处室、相关文委、北京广播电视台、相关服务保障单位有关人员组成。确立“行业主管、综合协调、属地保障、企业主责”的工作总原则。在服务保障期间，各区文委要对本辖区内有线电视传送和卫星电视接收承担协调、监督和管理责任，督导协助相关接待酒店解决存在的问题；北京广播电视台对所属单位网络安全、有线电视传送和卫星电视传送负有指导、监督和管理责任；北京新媒体集团、歌华有线公司、瑞特影音贸易公司和相关接待酒店作为技术保障主责企业，要真正做到制度体系健全，应急方案切实有效，落实有力到位。

召开保障十九大代表驻地电视接收任务动员部署会。相关区文委、接待酒店、北京广播电视台、歌华有线公司、瑞特影音贸易公司等单位参加会议。会上提出具体要求，并现场与相关单位签订责任书。北京市新闻出版广电局与区各级相关部门组成联合检查组加强跟踪问效，领导亲自带队到歌华有线机房等督促检查，确保有线电视和境外卫视接收传输安全，为党的十九大胜利召开提供优质服务保障。10 月 18 日，十九大开幕式转播过程中，杨培丽副局长坚守在北京广播电视监测中心，各单位主要领导在岗带班， 全市一线在岗保障人员约4000余人，全力以赴，确保播出、传输与发射各环节安全，保证会议代表驻地、机关单位、居民用户收听收看电视节目的安全，为全市收听收看十九大开幕式打下良好的基础。

“一带一路”国际合作高峰论坛服务保障。从 4 月 28 日起，北京市新闻出版广电局建立值班和零报告制度，每日收集 37 家贵宾接待酒店电视接收情况和 5 个重点保卫目标网络安全情况，向公安部和城市运行及环境保障组报告。同时，在北京市新闻出版广电局安全监管微信公众号和微信工作群上发布多期关于“一带一路”高峰论坛安全生产工作相关信息，加强市区两级部门工作沟通交流和要求的传达。5 月 3 日下午，局党组书记、局长杨烁组织专题会议听取服务保障工作情况汇报。杨烁及分管副局长戴维、杨培丽先后带队，分别到北京电视台、北京人民广播电台、歌华有线公司、瑞特影音贸易公司、部分贵宾接待酒店、媒体驻地进行实地检查，并对落实好安全责任制、满足与会元首境外节目个性化需求、防止非法插播、提高应急处置能力等方面提出明确要求。北京市新闻出版广电局主动与“城市运行和环境保障组”沟通协调，将卫星电视保障工作纳入保障工作体系；向市通信管理局发函协调解决部分酒店的有线电视保障管路的问题；与市委宣传部、市旅游委协调落实中宣部关于开通中国国际电视台 5 套外语频道节目问题。5 月 5 日，北京市新闻出版广电局组织召开“‘一带一路’国际合作高峰论坛电视接收和重点目标网络安全保卫工作动员部署大会”，进行阶段性总结，部署下一步工作；邀请市国家安全局相关负责同志对接收境外卫星电视节目涉及国家安全工作提出要求；并现场与东城、西城、朝阳、海淀区文委和北京广播电视台等单位签订《2017 年“一带一路”国际合作高峰论坛有线电视和卫星电视服务保障责任书》。

六、推动企业“走出去”

4 月 24 日至 28 日，北京市新闻出版广电局依托全美广播电视展览会（NAB）国际推广平台，组织北京中科大洋科技发展股份有限公司、北京捷成世纪科技股份有限公司、北京中视广信科技有限公司等9家北京企业，携最新产品和技术参展。其中，捷成世纪的Puppeteer 虚拟工厂、DBC−1300 系列数字直播调音台等产品得到与会观众的重点关注。

在 NAB2017 期间，举办“中国北京广播影视科技新品发布会”，重点推介北京广播影视技术企业的创新产品和技术。根据企业统计，NAB 展会中捷成世纪与中科大洋公司直接签约额达 630 万元人民币，另外几家参展企业与客户达成签约意向金额约为 1.2 亿元人民币，充分体现本次活动为企业拓展海外市场提供的平台支撑作用。

（北京市新闻出版广电局科技处）

2017 年北京电视台新技术发展与应用情况

2017 年是北京电视台技术的更新与整体战略相结合发展的关键一年，北京电视台技术发展应用情况如下：

北京电视台数字地面电视频道开播。4 月 4 日，正式关闭北京电视台原有 D27 模拟地面频道，更新改造中央发射塔上北京电视台节目发射机，采用 AVS 编码方式播出覆盖北京地区的地面数字频道。在原有 D27 频点上播出北京卫视高清、BTV 科教、BTV 财经、BTV 卡酷、BTV 青年标清数字地面频道；在原有 D14 频点上播出 BTV 纪实高清和 BTV 新闻高清地面数字频道。北京地区的电视观众可以通过带有中国数字地面接收标准的电视机或设备收看到北京电视台上述数字电视频道。

制定《北京电视台十三五技术规划》。在充分学习研究国家新闻出版广电总局、北京市新闻出版广电局“十三五”规划的基础上，全面调研北京电视台各技术部门实际情况，完成并发布《北京电视台技术系统“十三五”科技规划》。按照规划要求到 2020 年，北京电视台安全播出综合评分和停播率等关键指标继续保持全国领先水平，信息安全保障综合效能进一步提高。建成适应业务发展需求的融合制播平台。在全面高清化基础上，推进超高清节目规模化生产，为 2022 年冬奥会提供保障。全面实现现有 12 套电视节目的高清播出，同时尝试播出 4K 超高清节目。这一规划对统筹北京电视台各技术环节的协调发展具有重要意义，是下一步北京电视台技术系统建设的重要依据。

北京电视台高标清同播频道统一下变换方式。北京卫视高清、文艺高清节目（3 月 22 日开始）、新闻高清节目（5 月 18 日开始）在标清频道播出的下变换方式调整为 16：9 方式，有效提升同播节目标清播出的质量。

根据国家新闻出版广电总局下发的《关于加强电视节目音频响度管理的通知》组织自查和整改，积极落实总局要求，提升观众的收视质量。

（北京电视台）

2017 年歌华有线公司广播电视新技术开发及应用情况

2017 年，北京歌华有线电视网络股份有限公司围绕有线电视安全传输和网络信息安全、高清交互数字电视新媒体平台建设和全媒体聚合云服务平台建设，加强新技术开发及应用创新。

IP 进程，云平台融合业务。完成统一门户系统、融合应用商店系统、IP CDN 系统子系统建设上线工作；完成云飞视服务切换为静态出口工作；落实流化应用加载子系统升级、扩容，对存量终端交互服务全流化支持研发工作；完成云平台 DMZ 安全区部署上线、云平台出口防火墙优化升级、高清交互出口防火墙整合、替换工作；完成云平台负载均衡设备功能加固方案实施。

加强云平台内容聚合管理能力，内容聚合子系统进一步增加内容资源。通过日常新增和从 VODCDN 缺失资源的补充，资源数量从 30 万余条增加至 42 万条。通过新增的 BO 元数据补全接口，媒资数量从 12 万条增加至 26 万余条。

有线无线融合网试点。国家新闻出版广电总局科技司批复同意公司开展有线无线融合业务实验网建设及试点工作。结合北京市的实际需求，公司计划在 2022 年北京冬奥会延庆赛区及周边高速沿线（平原区域）搭建有线无线融合业务实验网，并适时开展北京城市副中心、北京新航城以及其他出京主干道路的有线无线融合网试点工作，开发基于有线无线一体化的广播电视融合网业务应用，开展技术研究和业务试点，为总局有线无线融合网项目提供试点经验。

终端研发维护工作。对部分老旧高清交互机顶盒进行去除中间件，运用云平台交互应用流化能力，完成机顶盒功能优化的软件研发。对全部型号机顶盒的各个新版本软件的验收测试；招标机顶盒验收测试；对机顶盒进行稳定性测试验收并汇总测试结果，确认测试故障根源并进行终端侧的修改；测试歌华导视频道编码格式调整的终端适配。

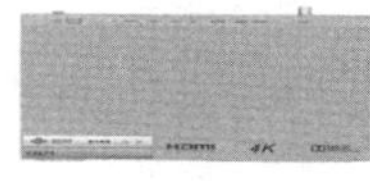

图为歌华有线研发推出的新型智能终端：4K 多媒体、4K DVB+IP、4K 纯 IP 机顶盒

CA 字幕应急广播播发系统。对 CA 字幕应急广播播发系统进行升级，满足公司新终端产品实现歌华有线 CA 字幕应急广播系统的新需求。梳理永新 CA 系统的应急信息播发的端到端方案，进行了新系统端到端测试。

（北京歌华有线电视网络股份有限公司）

2017 年延庆区广电中心高清电视系统等建设情况

2017 年，延庆广播电视中心完成以下技术系统工程的建设：

一、高清电视设备综合制作网项目

该项目于 6 月 20 日搭建完成。该制作网含非编工作站 13 个，配音工作站 2 个，数据库、存储管理、流程管控、传输接口服务器各 2 台，并实现与新闻制作网、新闻媒资系统、北京电视台媒资系统终端、播出网互联互通。支持高清格式（1920×1080/50i）的节目需求，并且能够实现高标清兼容的制作需求。做到 4 层 100Mb/s 高清码流的实时编辑处理。新建媒资系统含数据库、媒资 web、媒资基础、媒资归档、媒资上载、媒资编目服务器各 2 台。在线盘阵容量 48 块 2TB 硬盘共计 96TB，可容纳百兆码率文件 2000 小时。光盘盘阵容量 61 盘 1.5T 的光盘盒共 91.5TB，可容纳百兆码率文件2000小时，并具备后期扩展能力，最多可展至740TB容量。此媒资系统与北京电视台媒资系统链接，实现两个平台的数据交互，使数据能够通过原有媒资系统提交到北京电视台新闻节点。

二、高清电视演播室（三楼）建设项目

该项目于12月初搭建完成。系统包括一套6讯道视音频系统、一套灯光系统。演播室面积为220平方米，具有可分隔的演播室和导控室，拥有可容纳80余名观众参与节目录制的观众席。该演播室主要完成综艺、访谈等类型节目的录制。6讯道视音频系统共安装6台索尼高清摄像机，其中1台安装在摇臂上，可以实现多角度节目录制的功能；一个演出调音台可以控制演播室内音频设备的视听效果；一个灯光控制台可以控制演播大厅内所有的灯光效果以及舞台的泡泡机和烟雾机；21平方米的大屏可以显示各类动态和静态素材。导播控制室可以实现对演播室内所有视音频的控制，包含两台高清非编采集工作站，一个独立于演出调音台的播出调音台、一个大屏显示控制器、一个切换台、8块55寸高清监看大屏以及周边机箱设备，技术人员和节目后期人员在导播控制室完成节目录制的设备调试和采集工作。11月30日，三楼演播室声学装修（天花板）和演播室空调系统改造项目完工。该工程解决空调噪声对节目录制的影响。

高清电视设备三楼演播室灯光系统施工现场

三、多功能综合监控系统工程投入使用

6月初，开始进行系统设备的招投标工作，6月中下旬签订合同，11月初开始正式实施，12月底，多功能综合监控系统工程搭建并调试完成。该项目建成后主要是对全台制作、播出系统工作流程进行监控；对播出系统硬件设备进行监控；对无线发射设备运行状态和发射信号进行监控；对播出机房和发射机房环境进行监控；对制作、播出、发射机房的使用情况进行监控。通过监控有助于进一步提高系统故障定位的效率，减少各个业务系统、环境等因素对于电视台业务的影响。

（北京市延庆区广播电视中心）

电 影

2017 年北京市电影发展情况综述

2017 年，北京市新闻出版广电局深入贯彻落实习近平总书记在文艺座谈会和中国文联十大、中国作协九大开幕式上的讲话精神，坚持以人民为中心的创作导向，坚定文化自信，始终把社会效益放在首位，以满足人民群众精神文化需求作为出发点和落脚点，坚持顶层设计、法治思维、改革创新、体系建设，着力促进北京电影产业健康繁荣发展。

一、重要基础数据

据统计，2017 年北京受理电影立项报备 2529 部，占全国受理总量 49%。年审影片 350 部，同比去年增长 11.11%。其中，年审故事影片 317 部，占全国总量 39.7%。全市电影票房收入 33.95 亿元，同比增长 12.1%。2017 年全国 6 部票房过 10 亿的国产影片中，冠亚军《战狼 2》《羞羞的铁拳》均为北京创作生产作品，贡献票房 78.95 亿元，占 6 部国产影片总票房的 58.7%，占全国国产影片总票房的 26.23%，为拉动全国票房和观众增长及国产影片占比发挥了决定性作用。

2017 年，国产票房前 10 名中有北京出品制作的影片 4 部（《战狼2》《羞羞的铁拳》《三生三世十里桃花》《英伦对决》）。《战狼 2》创造了主旋律电影新模式，刷新了中国电影多项纪录；《羞羞的铁拳》等影片以良好的口碑赢得观众认可。这两部电影成为年度国产影片票房冠亚军。在第十四届“五个一工程”奖评选中，《战狼 2》等 3 部影片也包括重点扶持的《百团大战》获奖，占获奖影片的 36.4%。

二、主要工作情况

（一）实施文化精品工程，勇攀全国电影创作高峰

按照“扶优、扶强、扶原创”的原则，把创作生产优秀作品作为文艺工作的中心环节，紧扣社会主义核心价值观和中国梦主题，充分利用首都丰厚的创作资源和人才优势，围绕完善机制、强化保障，深入实施文化精品工程，利用北京影视出版创作基金，发挥政府引导激励作用，不断整合市场资源、激发创作活力，推出了《非凡任务》《喜欢 · 你》《嫌疑人 X 的献身》《记忆大师》《八月》《中国推销员》《冈仁波齐》《战狼 2》《龙之战》《我是马布里》《大护法》《闪光少女》《英伦对决》《羞羞的铁拳》《相爱相亲》《进皇城》《红海行动》等一批优秀影片，产生了良好社会反响。

（二）坚持正确价值导向，提升电影作品社会效益

以社会主义核心价值观为标准，以审查要求为准绳，坚持正确的价值导向，自觉抵制不分是非、颠倒黑白的错误倾向，自觉摒弃低俗、庸俗、媚俗的低级趣味，自觉反对拜金主义、享乐主义、极端个人主义的腐朽思想，严格做好电影备案和审查工作。一是2017 年北京受理电影立项报备 2529 部，占全国受理总量 49%。年审影片 350 部，同比去年增长 11.11%。其中，年审故事影片 317 部，占全国总量 39.7%。二是强化审查人员和审委的政治意识、导向意识、保密意识和管理意识，在工作量巨大的客观条件下，时刻牢固政治意识和服务意识，由体制内思维向体

系内思维转变，既坚守电影备审的原则和底线，又维护制片者及相关人员的合法权益，既鼓励电影作品的创作创新发展，又根除表现内容与形式的各种糟粕，确保积极向上的社会效益。

（三）加强电影行业监管，扩大电影市场经济效益

不断加强电影市场的引导和监管，创新影院放映模式，强化政策引导，激发市场活力，助推影院均衡发展；落实放映展映，营造良好宣传氛围，进行常态化安全检查，确保影院安全经营。一是组织全市25家院线公司和200家影院，围绕贯彻落实《电影产业促进法》，规范电影市场秩序，繁荣首都电影市场进行了培训。针对3月份总局通报全国261家票房违规影院情况，积极配合市文化执法总队对我市米瑞酷影院票房造假问题进行了查处，在业内引起了很大反响。二是继续推动“北京市特色影院”建设，加强对先期确立的5家特色影院放映“艺术电影”、“经典电影”和“儿童电影”主题影片的管理和指导。三是完成了《北京市多厅影院建设补贴管理办法》的修订，扶持我市新建、改扩建影院，重点扶持五环路以外城区影院、高技术影厅、远郊区乡镇影院和北京城市副中心影院建设。四是组织全市开展了“庆祝中国人民解放军建军八十周年影片展映”“庆祝党的十九大胜利召开优秀国产影片展映”等主题放映活动，为各类展映活动营造良好思想舆论和社会文化氛围。五是组织开展了影院检查。全年共分3批次，对65家影院进行了拉网式检查，针对影院是否建立安全应急预案、安全培训、安全巡视等相关工作展开督促检查。

（四）创新市场改革形式，放大公益放映普惠效应

坚持民生导向，采取影片自选、场次自调、方式自定等措施，实行按需对接，坚持进乡村、进社区、进工地、进校园、进福利院所、进军营，大幅提升北京农村电影公益放映质量和数量，缩小城乡居民的电影文化差距，让农村群众切实享受电影红利。一是全年放映17.1184万场，观影人次774.73万余人，超额完成年度放映任务近6000场。二是完成2017年北京农村电影放映工程、农村公益放映监控平台系统管理服务项目招投标工作。三是采取集中授课、经验交流、现场答疑、座谈讨论逐区上门培训等形式，组织完成16个区共13批次国家电影数字节目中心流动放映平台系统、北京农村公益放映监控平台系统培训，共计480余人次参加培训。四是完成2017年北京农村电影市场化实施方案。利用歌华电视院线系统，在基层街道、乡镇开设12个样板影院。在通州城市副中心，组织了5套智能点播影院设备试点，采取发放电子消费券的形式，拓展了公益放映新形式。

（五）坚持对外开放理念，提升电影节展交流品质

通过电影节展活动，建立了政府间的协调和合作机制，大力宣传北京文化，扩大北京电影业在境外的影响力。一是在市政府代表团的领导和指导下，组团赴塞尔维亚进行电影合作交流，与塞尔维亚文化和媒体部等政府部门就电影合作交流进行了深入广泛洽谈，举办了电影展览和电影展映活动，签署了政府间合作的《电影合作谅解备忘录》，达成了三部电影合作意向，为我市加强与外国政府间电影合作交流积累了经验。二是加强对北京大学生电影节、青少年公益电影节、青年电影展、北京体育电影周等境内国产电影展映活动的服务和指导，精选各类优秀影片200余部进行全方位多形式的展映，大力传播社会主义核心价值观。三是做好在北京举办的15个（次）国家（地区）电影展映活动的审批和监管，审查影片126部，展映影片115部。四是组织北京电影代表团参加美国电影交易市场推介活动，举办国产影片、北京主题日、电影研讨会、洽谈交易、北京国际电影节宣传等活动，为北京“电影走出去”搭建平台，不断扩大北京的国际知名度和影响力。

（六）发挥政府管理职能，做好电影节的协调工作

第七届北京国际电影节主竞赛单元“天坛奖”共收到来自59个国家和地区的424部影片报名参评；北京展映设置17个主题，在全市31家影院展映500部中外影片佳作1000余场次；电影市场签约重点项目56个，签约额达到174.58亿元，较上届提升6.9%，项目创投板块收到712个报名项目，较上届提高5.6%，均创历史新高；来自50余个国家和地区、300余家中外电影机构的1.5万名中外嘉宾，100余万人次各界群众参加电影节各项活动；445家境内外媒体、近1600名记者参与采访报道。北京国际电影节推动了中国电影产业健康快速可持续发展，服务首都国家文化中心建设。

三、存在的突出问题和困难

在我国电影产业快速发展的过程中，特别是大量资本的涌入和地区电影产业政策的差异，使电影产业出现了一些新情况、新问题。主要表现在：一是电影数量和质量反差较大。存在产能过剩，优秀影片不足，审查中较多影片存在格调低俗、血腥暴力、人性丑恶、封建迷信等价值观明显不妥内容；二是各种资本的进入成为电影产业发展的“双刃剑”，在为影视行业的发展起到一定积极作用的同时，也带来了包括跨界风险、高溢价收购以及票房造假等诸多问题，非专业的投资方对电影创作的过度干预，也使电影质量大打折扣。三是电影市场不规范。由于影院完全市场化经营，对票房的依赖性强，受利益驱动和经营压力影响，偷漏票房问题仍然存在。在其他资本进入的情况下，又催生了虚假排片、注水票房等问题，电商网购电影票强势进入，打破了传统的购票方式，对电影票务管理带来难度，电影市场秩序仍待加以规范。四是上海、浙江和新疆霍尔果斯等地的电影产业扶持政策优厚，吸引部分北京影视企业外迁或在上述省市注册子公司，影响了北京地区影视企业的数量、项目及票房。

（北京市新闻出版广电局电影管理处）

2017年北京市农村电影放映情况

一、主要成绩及做法

一是完成2017北京农村电影放映工程、农村公益放映监控平台系统管理服务项目招投标工作。调整放映场次和设备数量，放映场次核定为16.5229万场，播放器数量为3989台，更加符合北京农村电影放映实际需求。一至十二月，播放各类题材影片550余部，16.8889万场，其中近两年生产的影片60%以上，观影人次731.707万余人，发现异常放映播放器107套，异常放映场次487场，异常放映率0.29%。顺义区16个校区将公益电影放映纳入校本课程，每年为2万余名中小学生，免费放映爱国主义、科教、艺术等题材影片6400余场，平均每个学生每年可观看20场左右优秀影片。门头沟文委坚持开展“3D电影进乡村”活动，自费购置两套3D

电影放映设备，深入乡村免费为群众巡回放映。

二是启动“迎接党的十九大、共圆小康中国梦”、庆祝建党96周年、建军90周年、反邪教等主题放映活动。其中，迎接党的十九大主题放映活动，选定百部主题影片，历时6个月，4部公益影片，55部主题影片，共放映5万余场，营造了浓厚的迎接、庆祝、学习十九大氛围。顺义区的“看经典影片、唱红色歌曲”、怀柔区“流金岁月露天电影放映季”、平谷区“军民鱼水情放映季”、通州区“七夕文化节经典爱情影片展播季”、密云区“重阳敬老影片展播”“民俗旅游公益电影放映活动”都开展得有声有色。

三是放映管理严格高效。第一，充分发挥监管平台作用。2017年10月25日，“北京农村公益放映监控平台系统”项目得到专家高度认可和积极评价。一致认为，该平台通过了国家应用软件产品质量检测检验中心、北京软件产品质量检测检验中心的检测，严格以政府采购招投标规则和国家技术标准为准则，以使用需求为本，广泛使用具有前瞻性的功能设计和新技术，既满足了从院线管理者到执行者再到基层放映者多层次全链条的使用需求，又从技术层面在全国率先实现了中央平台与地方平台的精准对接，使各层级的公共服务管理部门都有了监管抓手，满足了北京市农村电影放映工程的实时监管要求，具有全国推广意义。从平台下载、分析各类放映数据300余万条，开展解锁卡107套次。第二，坚持基层影片自选、场次自调、方式自定、建设GPS/GPRS监管平台、少量多批定片、定时定点放映、开展解卡锁卡业务等举措，异常放映场次率为0.29%，远低于全国平均水平。绩效考核成绩84.8分，居全市公共文化服务类项目首位，发放调查问卷368份，群众满意度达到87%以上。第三，全年共40余次至各区参加活动，调查检查指导工作，共计67个村庄社区、30余个乡镇街道，掌握到大量第一手材料。第四，坚持不懈抓安全。共4次下发转发安全通知，3次到各区各放映点检查安全，发现安全共性问题5类13项，每条都提出针对性的解决意见。

五是撰写完成2017年北京农村电影市场化实施方案。全市共开设乡镇商业影院39家、二级市场商业影厅40余家。利用歌华电视院线系统，在基层街道、乡镇开设12个样板影院。在通州城市副中心，试运行7套智能点播影院系统，观众可以从片库4500余部影片中实现菜单式选片，片库每周还可更新20部左右影片。发放电子观影券，拓展了公益放映形式。

二、存在问题及困难

一是观影人次呈下降趋势，公益放映社会效益减弱。从大环境来看，北京农村的经济面貌和社会结构发生了巨大变化，城镇化速度加快、青壮年向城市流动、农村群众文化娱乐方式也日益多样，公益电影放映受有线、网络、手机等观影方式冲击较大。此外，电影放映缺乏有效宣传和主动推广。

二是数字放映设备老化、故障率高。数字电影流动放映设备没有进行集中更换，设备故障率高，银幕亮度降低、投影仪光通量减小等老化情况严重，影响了放映的质量和观影效果。

三是安全放映工作亟待加强。有的单位没有成立安全组织，没有明确安全员，没有制定统一的农村电影放映安全管理规定，有的影厅没有悬挂张贴安全管理制度及安全、禁烟标识；有的没有开展经常性的安全教育，没有组织安全防范演练，放映员缺少必备的安全防范技能；绝大多数放映车行驶10年以上，故障隐患多；有的影厅堆积杂物，电源线路老化凌乱。

四是推进农村电影市场化工作亟待深化。农村电影市场化是大势所趋，经多方论证，反复完善方案，仍有一些问题，需要下功夫研究解决。

2017 年北京市电影公益放映情况一览表

序号	区县	场次（场）			观影人数（人）	放映影片部数
		固定影厅	流动放映	小 计		
1	东城区	0	860	860	23093	82
2	西城区	0	301	301	10602	45
3	朝阳区	787	650	1437	39982	46
4	海淀区	2697	460	3157	70412	116
5	丰台区	3565	1035	4600	139750	50
6	石景山	0	1528	1528	41339	87
7	房山区	17735	1465	19200	863515	133
8	门头沟	10853	648	11501	905133	142
9	延庆区	15021	896	15917	909882	79
10	昌平区	12110	910	13020	493825	73
11	平谷区	11207	947	12154	464108	67
12	大兴区	20635	950	21585	195944	88
13	通州区	16909	864	17773	540555	134
14	密云区	15059	1154	16213	989700	110
15	怀柔区	11398	902	12300	243961	188
16	顺义区	16162	1181	17343	1385269	204
合 计		154138	14751	168889	7317070	1644

2017 年北京市电影院一览表

按：截至 2017 年年底，北京市拥有电影院线 25 条，新增影院 26 家，影院总数达 209 家（停业影院 6 家）；新增银幕 211 块，银幕总数达 1420 块，人口银幕比和人均观影次数居全国首位，影院票房继续保持全国城市领先地位；新增观影座位 2.14 万个，座位总量达 20.4 万个，IMAX 影厅 17 个。全年累计放映电影 273.71 万场，比上年增加 45.36 万场，比上年同期增长 19.86%；观影人次 7636.31 万人次，比上年增加 763.49 万人次，比上年同期增长 11.11%；电影票房收入 33.95 亿元，比上年增加 3.67 亿元，比上年同期增长

12.12%。全市影院名称、地址、订票电话或联系电话等情况列表如下：

东城区

序号	影院编码	电影院名称	地址	座位数	订票电话或联系电话	银幕数（块）
1	11010661	北京耀莱成龙国际影城王府井店	东城区王府井大街301号新燕莎金街购物广场地下一层MB124	622	65273227	9
2	11014501	北京横店影视电影城	东城区王府井大街253号王府井百货（北京市百货大楼）北馆8F	528	65231588	6
3	11015502	北京UME国际影城（安贞）	东城区安贞桥环球贸易中心三期商场一层	1532	58257733	12
4	11010301	中影恒乐新世纪影院	东城区东长安街1号东方广场地下一层BB65	831	85185399	6
5	11011101	金宝汇百丽宫影城	东城区金宝街88号金宝汇6层-7层	808	85221977	5
6	11040501	百老汇影城国瑞购物中心店	东城区崇文门外大街18号国瑞城首层、地下一层、二层	1018	67171338	8
7	11010101	新东安影城	东城区王府井大街138号六层	975	65281988	8
8	11010201	北京东环电影城	东城区东中街9号东环广场B座地下一层	376	64185949	4
9	11011001	当代MOMA百老汇电影中心	东城区东直门香河园路1号当代MOMA北区4号楼	394	84388258	3
10	11010703	东四工人文化宫	东城区隆福寺街47号	772	64031596	4
11	11040401	北京搜秀影城	东城区崇外大街40号搜秀城9层	686	51671226	5
12	11010803	东图影剧院	东城区交道口东大街85号	521	64042764	1
13	11012201	北京站电影院	东城区北京站内	106	51019999	1
14	11010841	北京市东城区青春光线影院	东城区和平里东街11号76号楼东区	66	64142287	1
15	11011031	北京市东城区传奇奢华影城	东城区东打磨厂7号	684	67086545	10

西城区

序号	影院编码	电影院名称	地址	座位数	订票电话或联系电话	银幕数（块）
1	11020542	剧空间剧场	西城区新街口北大街74号	371	63194412	1
2	11030101	大观楼电影院	西城区前门大栅栏街36号	507	63030878	4

（续表）

序号	影院编码	电影院名称	地址	座位数	订票电话或联系电话	银幕数（块）
3	11030401	广安门电影院	西城区白广路8号	769	63522737	4
4	11026801	北京耀莱成龙影城（马连道店）	西城区马连道路25号楼5层F510号、6层F610号商铺	825	63252722	7
5	11020603	地质礼堂	西城区西四羊肉胡同30号	1300	66178928	4
6	11021201	首都电影院大悦城店	西城区西单北大街131号大悦城10层	2005	66062266	14
7	11028801	首都电影院金融街店	西城区金融大街18号地下一层	504	66222046	6
8	11020503	国宾菁英影院	西城区月坛南街24号	532	68583461	4
9	11030703	北京市工人俱乐部	西城区虎坊路7号	1432	63533121	4
10	11030201	首都电影院中华店	西城区天桥南大街3号	471	56928100	4
11	11021141	北京市西城区保利国际影城北京天安门店	西城区廊房头条13号院-1到-2层	1119	63015188	9
12	11021241	北京市西城区中都影城	西城区万博苑7号楼五层F5-12	348	83556610	6
13	11020802	青年宫电影城	西城区西直门南小街68号		停业	5

朝阳区

序号	影院编码	电影院名称	地址	座位数	订票电话	银幕数（块）
1	11050621	北京大地影院十里河铭泽店	朝阳区周庄嘉园东里32楼101内五层1号	849	87156732	7
2	11050611	北京大地影院垡头永辉店	朝阳区垡头翠成馨园甲401号地下一层	423	56350596	5
3	11055101	北京耀莱成龙国际慈云寺店	朝阳区慈云寺北里209号楼二层北侧部分及三层	1220	65980898	8
4	11052101	北京博纳优唐国际影城	朝阳区三丰北里2号楼悠唐生活广场B1层	1186	59775660	7
5	11056201	北京市朝阳区完美世界影城比如店	朝阳区京顺路111号比如世界购物中心1层	423	64304175	4
6	11051801	北京传奇时代电影城	朝阳区朝阳公园路6号蓝色港湾国际商区SA—42号	1091	59056868	8
7	11059401	新影联华谊兄弟影院	朝阳区广顺北大街16号	1737	57620488	20
8	11059901	北京橙天嘉禾凤凰城影城	朝阳区曙光西里甲5号院24号楼L311、L312	656	56383227	5

（续表）

序号	影院编码	电影院名称	地址	座位数	订票电话	银幕数（块）
9	11051601	世纪东都国际电影城	朝阳区东四环中路195号华腾新天地（法国天地）5层	1100	87952964	7
10	11051901	北京UME影城双井店	朝阳区东三环中路65号5-6层	1712	59037171	10
11	11068901	北京17.5影城管庄店	朝阳区京通苑30号楼L307号	780	85377718	6
12	11057701	北京市望京DMC国际影城	朝阳区望京新城A3区宝星生活广场5层1号	1130	64139608	6
13	11051001	北京枫花园汽车电影院	朝阳区亮马桥路21号	1400	64329884	6
14	11051401	北京万达CBD店	朝阳区建国路93号万达广场B座三层	1409	59603399	9
15	11056601	中国科技馆	朝阳区北辰东路五号中国科技馆	828	59041542	2
16	11058801	CGV星星国际影城	朝阳区湖景东街11号	1172	84372280	8
17	11059201	北京北苑保利国际影城	朝阳区清河营南街7号院3号楼-1层-101、-102	1118	84870622	6
18	11059601	北京红星太平洋影院	朝阳区七圣中街12号院	1476	84240610	9
19	11056801	北京百丽宫影院	朝阳区建国门外大街1号国贸商城三期地下一层3B120	623	85351808	5
20	11050402	朝阳剧场	朝阳区东三环北路36号	1769	65071818	8
21	11057401	北京沃美影城	朝阳区朝阳北路17号4层	1265	56857007	8
22	11057601	金鸡百花影城	朝阳区北三环东路22号	910	64207759	7
23	11055002	世界城星美国际影城	朝阳区金汇路8号地下102室	1408	85907677	11
24	11050601	北京市劲松电影院	朝阳区劲松中街404楼	923	67767028	6
25	11055501	卢米埃北京芳草地影城	朝阳区东大桥路9号楼地下二层LG2-26单元	459	56907679	5
26	11056701	大地数字影院——北京望京麒麟新天地	朝阳区阜安西路11号楼合生麒麟新天地2层大地数字影院	564	57389734	6
27	11052001	北京金逸影城双桥	朝阳区双桥路3号东星时尚广场5层	822	85527920	8
28	11062001	美嘉影城三里屯店	朝阳区三里屯北路19号三里屯太古里B1	1597	64176118	8
29	11050202	中国木偶剧院	朝阳区安华西里甲一号	818	64243697	3
30	11050101	紫光影城	朝阳区蓝岛大厦西区五、六层	1055	65992229	10

（续表）

序号	影院编码	电影院名称	地址	座位数	订票电话	银幕数（块）
31	11058701	鲁信影城北京立水桥店	朝阳区立清路7号院地下一层	525	84671861	6
32	11059301	北京金逸影城（朝阳大悦城店）	朝阳区朝阳北路101号大悦城8层	1411	85517099	8
33	11051202	北京剧院	朝阳区安慧里三区十号楼	1179	64929491	7
34	11055301	北京星环影城	朝阳区汤立路201号院6号楼1层F-102、F-103	203	64127668	3
35	11057301	北京新影联天宝国际影城	朝阳区祁家豁子路8号健翔大厦地下一层	1635	82994949	15
36	11058301	k酷影城	朝阳区北苑路42号四层	627	84929466	6
37	11058401	北京希杰星星国际影城有限公司将台分店	朝阳区酒仙桥路18号4、5层	975	84260800	7
38	11059801	北京嘉华国际影城姚家园路活力东方店	朝阳区姚家园路甲1号汽车交易市场20号楼四层	1108	51193399	9
39	11051703	中国电影博物馆	朝阳区南皋路9号	1191	51654567	6
40	11050741	卢米埃北京长楹天街IMAX影城	朝阳区常通路2号院1号楼5F-Z9/5F-Z21	2137	85095626	10
41	11050761	北京朝阳区艾米影城世茂店	朝阳区工体北路13号3号楼三层0301内B329、B330号商铺	82	15210267622	2
42	11050801	北京市朝阳区保利国际影城东坝店	朝阳区东坝中路38号金隅佳品MALL5层	1171	65771288	7
43	11050911	北京市朝阳区耀莱成龙国际影城华贸店	朝阳区建国路89号院18号楼L02	73	13910297021	18
44	11050941	北京朝阳米瑞酷影城日坛店	朝阳区神路街39号10幢-01层（-1）-107 内	512	85306797	5
45	11050951	北京朝阳华谊兄弟电影汇影城	朝阳区新源南路甲2号华谊兄弟	136	65858855	5
46	11050971	北京市朝阳区奥兰环球影城	朝阳区来广营西路5号院地下一层	1093	53317458	13
47	11050981	北京市朝阳区东融国际影城西直河店	朝阳区十八里店乡西直河商业中心甲9号	679	87151902	8
48	11051091	北京市朝阳区米高梅影城	朝阳区工体北路21号永利国际购物中心地下一层104内01-03号	499	58010588	6
49	11051111	北京市朝阳区世贸天阶中影星美国际影城	朝阳区光华路9号1号楼-1商业内B110-B112-B118-B119号	805	52061071	12

（续表）

序号	影院编码	电影院名称	地址	座位数	订票电话	银幕数（块）
50	11051151	北京市朝阳区明星时代影城梦秀店	朝阳区望京西路41号楼1至7层101内五层5-05号、六层6-01	546	64725856	5
51	11051181	北京市朝阳区金泉港国际影城	朝阳区大屯里318号楼4层	2767	59655857	27
52	11051211	北京市朝阳区泰禾影城立水桥店	朝阳区安立路3号1幢1层106、2层202	850	84818788	10
53	11051221	北京市朝阳区百誉朗克影城	朝阳区林萃西里16号华创生活广场1-4层	583	57761726	6
54	11051231	北京市朝阳区三克影院盈科店	朝阳区工人体育场北路甲2号B栋等3幢裙房1层138、153、155、156、157、162、163单元	87	65392868	3
55	11051311	北京市朝阳区寰映影城合生汇店	朝阳区西大望路甲22号院1号楼商业部分5层11/12号、6层12/13号	1189	59603399	9
56	11059702	北京市朝阳区垡头地区文化中心	朝阳区垡头西里44号		停业	2
57	11055602	17.5北京苹果派影院	朝阳区黄渠东路2号院14号楼1层		停业	4

海淀区

序号	影院编码	电影院名称	地址	座位数	订票电话	银幕数（块）
1	11060561	北京世茂国际影城	海淀区市辖区羊坊店路18号光耀东方广场4层	1448	57536166	8
2	11064201	耀莱成龙国际影城五棵松店	海淀区复兴路69号6号楼卓展购物中心5层耀莱成龙国际影城	3555	68188877	17
3	11061501	美嘉影城中关村店	海淀区中关村广场购物中心津乐汇3层	1614	59863777	8
4	11061801	北京金逸国际影城	海淀区中关村大街19号新中关B2层	868	82486800	7
5	11063601	UME国际影城（华星）	海淀区双榆树科学院南路44号	1508	82115566	8
6	11060103	北京五道口电影院	海淀区成府路23号	683	62313623	3
7	11063401	北京嘉禾万柳影城	海淀区巴沟路2号华联万柳购物中心五层	1117	82565511	6
8	11069701	北京橙天嘉禾吉彩影城	海淀区玉海园五里22号配套商业楼（玉兴园）地下1层、地上1-4层	1309	62904234	7

（续表）

序号	影院编码	电影院名称	地址	座位数	订票电话	银幕数（块）
9	11071201	北京橙天嘉禾影城上地店	海淀区上地华联购物中心4层	871	62667799	5
10	11069901	博纳国际影城万寿路店	海淀区复兴路51号北亚国际中心四层04-06，五层05-19	810	88178880	6
11	11060501	中影影院	海淀区新外大街25号	484	62263455	3
12	11061601	星美金源店	海淀区远大路1号金源时代购物中心五层	1968	88878696	9
13	11020901	北京市海淀区1+X电影生活空间今典花园店	海淀区文慧园北路9号今典花园9号楼一层	424	62228452	6
14	11063301	北京17.5影城今日家园店	海淀区西翠路5号今日家园8号楼F101室	200	88283458	4
15	11068201	北京市海淀区完美世界影城四道口店	海淀区四道口2号三层北侧	953	62115539	7
16	11062101	海淀中间艺术园-中间影院	海淀区西杉创意园1区6号楼	1057	62858257	7
17	11069001	国图影院	海淀区中关村南大街33号	1085	68485462	2
18	11067401	华影国际影城	海淀区花园路甲13号院7号楼-102	181	82257047	2
19	11065701	大地数字影院——北京西三旗物美影院	海淀区悦秀路99号通厦公元99	499	60603728	4
20	11060202	北京海淀剧院	海淀区中关村大街28号	1234	82533588	3
21	11060303	海淀工人文化宫	海淀区万柳华府北街2号	662	82567215	5
22	11065801	北京金逸新都店	海淀区建材城中路6号新都购物广场1层	860	82936951	6
23	11068801	新华国际影城大钟寺店	海淀区北三环西路甲18号	1232	82511616	8
24	11066701	北京嘉华国际影城学清路店	海淀区学清路甲8号商业楼	1407	82732228	7
25	11068701	CGV星聚汇影城（北京清河店）	海淀区清河中街68号华润五彩城购物中心二期项目L648号、L701号、L801号	1285	82816767	7
26	11069801	新华国际影城宝盛店	海淀区宝盛北里西区28号楼五层、六层	813	62905220	5
27	11060691	北京天幕新彩云影城	海淀区北三环中路67号25号楼1-3层	1143	58092222	7
28	11060721	北京万画四季青影城	海淀区西四环北路117号金四季购物中心中段三层	524	88493114	6

（续表）

序号	影院编码	电影院名称	地址	座位数	订票电话	银幕数（块）
29	11060961	北京市海淀区耀莱成龙国际影城温泉镇店	海淀区温泉镇北部文化中心D座	547	62452939	6
30	11061121	北京市海淀区万画影城田村店	海淀区田村路43号环京现代物流设施项目一段地上二层A-2F-001	593	88179880	7
31	11061171	北京市海淀区魔影国际影城	海淀区远大路1号B座四层西侧	874	88878912	9
32	11061191	北京市海淀区太平洋影城中关村店	海淀区科学院南路2号院1号楼（融科资讯中心）-1层-101号	1188	62508172	9

丰台区

序号	影院编码	电影院名称	地址	座位数	订票电话	银幕数（块）
1	11075101	丰青剧场	丰台区丰台路96号丰台青少年剧场	898	63810206	3
2	11079901	中影国际影城北京千禧街店	丰台区靛厂路千禧购物街4号楼F1-F3	2301	88177970	17
3	11077901	博纳国际影城方庄店	丰台区蒲黄榆路28号	1263	67699909	11
4	11076101	北京阳光星美影院	丰台区南三环东路成寿寺路2号2-3层	1090	67698585	9
5	11078801	保利北京马家堡影城	丰台区南三环西路16号1号楼五层	1391	87578551	7
6	11078501	北京星博正华影城	丰台区政馨园三区5号楼底商	481	87688666	10
7	11073601	华谊兄弟影院洋桥店	丰台区马家堡东路101号院10号楼F6	1625	4000009009	13
8	11071101	北京保利万源影城	丰台区东高地万源北路航天万源广场五层	678	68198833	5
9	11070791	北京市丰台区中影国际永旺店	丰台区丰葆路88号院1号楼4层	1357	88177970	9
10	11070811	北京市丰台区大地影院大红门店	丰台区果园8号楼六层6016	486	87882365	7
11	11070891	北京市丰台区DMG影城悦秀店	丰台区开阳路8号悦秀城6层	891	63580090	5
12	11070991	北京市丰台区东融国际影城草桥店	丰台区草桥东路1号上品折扣3层	1133	87887846	10
13	11071041	北京市丰台区恒业国际影城六里桥店	丰台区万丰路68号院5楼501	1307	63268070	8

（续表）

序号	影院编码	电影院名称	地址	座位数	订票电话	银幕数（块）
14	11071051	北京丰台区莱纳恒泰影城	丰台区丰台北路18号院恒泰广场E座6层	1348	63836886	10
15	11071061	北京市丰台区万达国际影城槐房店	丰台区槐房南路6号院万达广场4楼	1928	67966599	12
16	11071081	北京市丰台区万达国际影城丰台店	丰台区丰科路6号万达广场6层	2421	83890606	14
17	11071131	北京市丰台区中影国际影城北京石榴中心店	丰台区市辖区北京市丰台区榴乡路88号院	604	56762345	7
18	11071161	北京市丰台区泛影城京港城店	丰台区石榴庄西街232号6-801	698	53556920	12
19	11071271	北京市丰台区耀莱成龙国际影城花乡店	丰台区市辖区南四环西路76号北京花乡奥莱村第16号楼3层4层	1010	83711556	8
20	11071331	北京市丰台区万达影城西铁营店	丰台区南苑乡西铁营中路1号西铁国际大厦七层	1551	59603399	13
21	11071321	北京市丰台区北京西站电影院	丰台区莲花路118号北京西客站内三楼环廊东二号场地	80		1
22	11070101	幸福蓝海影城公益桥店	丰台区角门19号院2号楼4层		停业	7

石景山区

序号	影院编码	电影院名称	地址	座位数	订票电话	银幕数（块）
1	11090531	保利万和国际影城（北京苹果园店）	石景山区市辖区阜石路300号三层309-1	1372	53021058	7
2	11071001	北京万达石景山店	石景山区石景山路乙18号院4号楼3层	1607	68663399	10
3	11070601	古城电影院	石景山古城南路15号	730	68874790	4

门头沟区

序号	影院编码	电影院名称	地址	座位数	订票电话	银幕数（块）
1	11100591	北京熙旺国际影城	门头沟区双峪路35号院1号楼601室	683	69862078	6
2	11100571	幸福蓝海国际影城（门头沟店）	门头沟区冯石环路6号院3号楼L201号	500	69806180	5
3	11080402	门头沟电影院	门头沟区新桥大街12号	927	69842686	1

房山区

序号	影院编码	电影院名称	地址	座位数	订票电话	银幕数（块）
1	11081801	北京市房山区环球国际影城	房山区兴房大街38号华冠欢乐城四楼	517	61375512	6
2	11080702	北京市燕山影剧院	房山区燕山岗南路3号北京燕山影剧院	945	69331001	4
3	11080602	北京市良乡影剧院	房山区良乡拱辰大街31号	748	69352415	1
4	11080601	新华国际影城	房山区北关西路14号	512	69351155	4
5	11086701	北京燕山文化活动中心	房山区燕山岗南路东一巷2号	915	69341151	1
6	11110711	幸福蓝海国际影城北京房山店	房山区广阳新路9号院1号楼中粮万科半岛广场3层	1538	50923706	9
7	11110751	北京SFC上影国际影城房山店	房山区拱辰街道天星街1号院7号3F-18	1030	52802652	7
8	11110921	北京市房山区DMG国际影城良乡店	房山区良乡拱辰南大街1号	907	69388300	6
9	11111101	北京市房山区乐糖影城	房山区长阳镇长政南街1号院5F-01、5F-06	229	50875258	4

大兴区

序号	影院编码	电影院名称	地址	座位数	订票电话	银幕数（块）
1	11140651	北京耀莱成龙国际影城西红门店	大兴区西红门镇欣旺大街8号鸿坤广场6层	1609	59542699	10
2	11140631	北京金逸影城荟聚IMAX店	大兴区欣宁大街15号7-03-122-C1荟聚购物中心	2209	60200870	11
3	11082801	新华角川国际影城	大兴区黄村东大街火神庙商业中心E座5层	1229	81297050	7
4	11085501	北京大料国际影院	大兴区亦庄经济开发区文化园东路6号	1161	67859009	6
5	11081102	北京市大兴区影剧院	大兴区黄村西大街15号	1432	69252566	3
6	11089901	星美国际影城西红门店	大兴区西红门镇京良路10号3F-006号	1445	80258288	8
7	11083501	北京保利国际影城绿地缤纷城店	大兴区黄村镇金星西路3号及3号院3号楼4层07商铺	1355	80255600	8
8	11085901	北京嘉华美映影院	大兴区旧宫镇小红门路39号地下一层	774	58310538	6
9	11140671	北京唐阁影院	大兴区荣华中路8号院1号楼四层F4-01	975	52595199	7

（续表）

序号	影院编码	电影院名称	地址	座位数	订票电话	银幕数（块）
10	11140731	北京玫瑰之约影院	大兴区魏善庄镇半壁店东大路53号院	155	89236102	3
11	11140831	北京市大兴区最影城	大兴区黄村镇百联清城购物中心三层北区最影城	339	69266605	4
12	11140861	北京市大兴区中传国际影城亦庄店	大兴区科创五街38号C座3层F3-C3006	1808	87227162	9
13	11140881	北京市大兴区卢米埃北京住总万科影城	大兴区忠凉路1号院1号楼五、六层L5001+L6001号	854	50927566	6
14	11140901	北京市大兴区SFC上影北京大兴龙湖店	大兴区永兴路7号院1号楼3F-2Z	1555	60276011	8
15	11140931	北京市大兴区CGV星聚汇影城亦庄店	大兴区荣华南路2号院9号楼F3-316	1144	67896008	7
16	11141281	北京市大兴区明星时代影城	大兴区开羊路18号院1号楼3层301	158	50925264	3

通州区

序号	影院编码	电影院名称	地址	座位数	订票电话	银幕数（块）
1	11080581	北京万达影城通州广场店	通州区新华西街58号万达广场1号楼5、6层	1931	50931111	12
2	11080551	北京银兴乐天影城	通州区翠景北里21号京通罗斯福广场五层	1282	80556767	7
3	11081701	北京市通州区米瑞酷影城乔庄店	通州区运河西大街132号	402	4000986865	4
4	11082201	大地数字影院——北京米拉家园	通州区新海东路1号楼6层	552	80897926	5
5	11089801	北京博纳国际影城通州店	通州杨庄北里天时名苑14号楼F4-01	612	56351916	5
6	11070702	通州电影院	通州区西塔胡同1号	641	69542229	4
7	11084201	百尚影城	通州区马驹桥镇兴华中街北侧（潼关三区）9号	131	15311968955	2
8	11080771	博纳国际影城土桥店	通州区梨园镇砖厂南里华远铭悦好天地5号楼301	966	61510188-800	7
9	11080821	北京市通州区耀莱成龙国际影城临河里店	通州区临河里33号楼3层301	1107	81588918	8
10	11080961	北京市通州区东融国际影城月亮河店	通州区芙蓉园513号楼	2653	80850020	15
11	11081071	北京市通州区天合国际影城	通州区台湖镇定海园二里15号楼新城商厦4004	510	68868858	6

顺义区

序号	影院编码	电影院名称	地址	座位数	订票电话	银幕数（块）
1	11088801	北京博纳顺景国际影城	顺义区新顺南大街18号	1218	60406018	10
2	11080202	北京市顺义区影剧院	顺义区新顺北大街3号	1141	89472733	2
3	11089701	CGV星聚汇影城北京顺义店	顺义区新顺南大街8号1幢华联金街购物中心4层	1056	61490988	7
4	11120641	北京橙天嘉禾祥云影城	顺义区临空经济核心区安泰大街9号院7号	1673	57648166	8
5	11120681	北京大地影院顺义隆华店	顺义区仁和镇新顺南大街11号601室	983	89472732	8
6	11121001	北京市顺义区华彩恐龙主题影城	顺义区后沙峪双裕街45号九重汇商厦8层	1022	80498699	8
7	11121201	北京市顺义区恒华国际影城	顺义区牛栏山镇恒华西街2号院3号楼4层401	802	60440260	7

平谷区

序号	影院编码	电影院名称	地址	座位数	订票电话	银幕数（块）
1	11080502	北京市平谷影剧院	平谷区府前街3号	1007	69962434	2
2	11160851	北京市平谷区华联国际影城	平谷区迎宾街1号院22号楼五层F5-13	1261	56867748	7

怀柔区

序号	影院编码	电影院名称	地址	座位数	订票电话	银幕数（块）
1	11083801	北京传奇瑞丽电影城	怀柔区青春路15号	446	69627035	5
2	11151011	北京市怀柔区汇影鑫环球国际影城	怀柔区泉河园二区乙2号楼一层	275	69622766	5
3	11151251	北京市怀柔区米珈尼有渔影城	怀柔区南大街3号1幢101室	259	69681660	7
4	11151261	北京市怀柔区唐阁影城星东天地店	怀柔区开放东路13号院2号楼1层01	1568	60686280	8
5	11151341	北京市怀柔区万达影城怀柔店	怀柔区府前西街1号院1号楼万达广场7层	1416	69603939	10
6	11085801	北京市怀柔影院	怀柔区富乐大街8号		停业	1
7	11150871	北京市怀柔区米珈尼电影城	怀柔区雁栖湖东岸2幢一层101室		停业	1

密云区

序号	影院编码	电影院名称	地址	座位数	订票电话	银幕数（块）
1	11080302	北京市密云大剧院	密云区鼓楼西大街1号	1125	69041575	2
2	11171021	北京市密云区瑞嘉影城	密云区鼓楼南大街瑞嘉商场4层	549	61090321	5
3	11171291	北京市密云区博纳国际影城	密云区滨河路178号四层L4-01Y	1081	53951168	7

昌平区

序号	影院编码	电影院名称	地址	座位数	订票电话	银幕数（块）
1	11010521	北京沃美影城回龙观店	昌平区回龙观同成街华联购物中心4楼	1439	4006819819	8
2	11081401	北京市昌平区华联影院回龙观店	昌平区回龙观镇西大街111号华联商厦三层	1011	80771188	6
3	11083701	昌平保利影剧院	昌平区鼓楼南街佳莲时代广场4层	642	60700001	4
4	11082101	首都电影院昌平店	昌平区南环路10号院1号楼金隅华科广场地上八层L8001号	1264	60749493	10
5	11089201	保利国际影城北京龙旗广场店	昌平区回龙观镇黄平路19号院3号楼三层F3-001	1342	82694321	7
6	11081601	中影国际影城（北清路永旺店）	昌平区北清路1号永旺国际商城购物中心	1343	80700847	8
7	11086501	大地数字影院——北京莱岭假日	昌平区昌崔路203号莱岭假日广场四楼	963	80100211	5
8	11081301	北京万达天通苑店	昌平区立汤路186号龙德广场五层万达影城	2017	84844742	9

延庆区

序号	影院编码	电影院名称	地址	座位数	订票电话	银幕数（块）
1	11086801	大地数字影院——北京金锣湾	延庆区延庆镇妫水北街39号1幢H座一层	523	60165114	3

电视剧

2017 年北京电视剧（含电视动画片、纪录片）制作发行情况综述

2017 年北京纪实影像周宣传海报

2017 年北京电视剧（含电视动画片、纪录片）创作生产在国家新闻出版广电总局和市委宣传部的领导下，全面贯彻落实党的十九大和习近平总书记系列重要讲话精神，紧密围绕“中国梦”主题，坚持“二为”方向、“双百”方针和以人民为中心的创作导向，充分发挥首都地缘、人才、资源优势，电视剧质量显著提高，涌现出一批思想性、艺术性、观赏性相统一的精品佳作。

一、基本情况

截至 2017 年年底，北京市有影视制作机构 7479 家，其中持电视剧制作许可证（甲种）的单位 17 家。全年电视剧备案公示 359 部 15078 集；受理电视剧变更事项 163 部次，其中，集数变更 86 部次，剧名变更 27 部次，制作单位变更 50 部次；受理境外人员参与电视剧拍摄请示 60 部 188 人次；取得电视剧制作许可证（乙种）的电视剧 109 部 4918 集，电视剧制作许可证（乙种）变更 13 项；取得发行许可证的电视剧 75 部 3210 集，占全国的 24%。

在取得发行许可证的 75 部剧中，现实题材 44 部，占 58.7%。其中，当代题材 42 部占 56%（当代都市题材 31 部，当代军旅题材 2 部，当代农村题材 1 部，当代青少题材 2 部，当代其他题材 4 部，当代涉案题材 2 部），现代题材 2 部 2.7%（现代军旅题材 1 部，现代都市题材 1 部）；历史题材 31 部占 41.3%。其中，近代题材 24 部占 32%（近代革命题材 7 部，近代传奇题材 11 部，近代其他题材 5 部，近代传记题材 1 部），古代题材 7 部占 9.3%（古代传奇题材 5 部，古代其他题材 1 部，古代神话题材 1 部）。

电视动画片备案公示 37 部 1773 集 30913 分钟。取得发行许可证的动画片 22 部 680 集 6321 分钟。审查通过的动画片中，童话题材 13 部，神话题材 2 部，科幻题材 2 部，其他题材 2 部，教育题材 1 部，历史题材 1 部，

现实题材 1 部。

2017 年，分四个季度向国家新闻出版广电总局推荐 4 批共 60 部国产纪录片，其中 17 部获得“季度优秀作品”。《红军不怕远征难》《广府春秋 I》《绝境求生》《寻找手艺》《传家本事(第二季)》《贡嘎》《摇摇晃晃的人间》等获得较好的社会效益和经济效益。

二、组织相关活动推进剧目生产

1. 北京电视节目交易会

3 月 19 日至 3 月 22 日，2017 年春季“北京电视节目交易会”（以下简称春交会）在北京会议中心举办。在国家新闻出版广电总局大力支持和北京市委宣传部直接领导下，坚持以习近平总书记系列重要讲话精神为指引，以推动文化产业供给侧改革为契机，以推进全国文化中心建设为目标，突出迎接党的十九大胜利召开主题，集中展示党的十八大以来北京电视剧发展成果，隆重表彰优秀电视剧制作机构，紧密结合北京大运河、长城、西山永定河三个文化带建设核心战略布局，着力凸显北京元素、京味文化剧目，作品发布精彩纷呈，意向交易额再创新高，取得满意效果。春交会共吸引海内外电视节目制作机构及相关产业机构超 440 家 2300 余人，电视节目制作播出机构 170 家近 500 人，海外来宾 22 家 31 人参会。推介电视节目 900 余部。春交会的主论坛由北京市新闻出版广电局与中国电视剧编剧委员会联合主办，以“确立工匠精神，讲好中国故事”为题，汇聚百余名电视剧编剧和著名导演、文艺评论家。著名编剧刘和平、赵冬苓、兰晓龙，著名导演刘江，专家学者尹鸿分别从不同角度解析工匠精神在电视剧创作中的必要性和重要性。“北京影视著作权专家鉴定委员会”借力交易会平台正式揭牌启动，由此开启中国影视版权建设的规范化、法制化。同时举行的 20 场专场推介活动，内容涉及影视产业园区推介、电视剧制作相关产业及网络文学推介等。

9 月 27 至 29 日，2017 秋季北京电视节目交易会（以下简称秋交会）在北京会议中心举办。吸引海内外电视节目制作机构及相关产业机构 480 家近 2700 人、电视节目制作播出机构 150 余家 500 余人、海外来宾 27 家 55 人参会洽谈合作，与会嘉宾、新闻记者和非注册参会专业人士 300 余人，参会人员超 3500 人。秋交会共推介电视节目超 1100 部，网络剧 96 部 2540 集，电影、网络电影 18 部 19 集，纪录片、电视栏目 45 部 11209 集，动画片 31 部 1835 集，海外剧目 18 部 344 集，网络文学作品 50 部。秋交会特设“十九大献礼剧”及“北京电视剧五年成果”主题展览，举办“春华秋实”2012—2017 北京优秀电视剧五年成果表彰活动，首次表彰首都优秀电视剧制作机构，为十九大的胜利召开营造良好的文化氛围。本届秋交会的 3 场业务论坛，以极强的产业引导性备受业内关注。秋交会主论坛以“中华优秀传统文化与影视创作的融合”为题，邀请北京大学教授、知名编剧作主题演讲。分论坛聚焦“论影视著作权纠纷问题的产生和解决”，结合经典案例探讨影视著作权纠纷问题的产生及解决途径。“制片人专项论坛”围绕“后 IP 时代”全产业链开发和网剧发展等热点行业话题进行深度讨论。同时还举办 10 余场涵盖电视剧制作全产业链的专项推介会。

2. 北京纪实影像周

11 月 24 日至 28 日，首届北京纪实影像周举办。该活动由中国广播电影电视社会组织联合会纪录片工作委员指导，北京市新闻出版广电局、北京市朝阳区人民政府主办，首都纪录片发展协会、北京朝阳国家文化产业创新实验区管理委员会、北京市朝阳区广播电视新闻中心承办。11 月 24 日，“2017 北京纪实影像周”在北京市朝阳规划艺术馆隆重开幕。“纪实影像周”是北京市宣传文化系统学习贯彻党的十九大精神的实际举措之一，是首都及全国纪录片行业的一次盛会。影像周围绕“纪实+”专业理念，设置“纪实·盛典”“纪实·论坛”“纪实·交易”“纪实·影像”“纪实·乐活”“纪实·京味”六大活动板块，组织开幕式及开幕影片首映、3场主题行业论坛、10余场纪实影像和设备展、1场签约发布活动、3场纪实网络直播，37部国内外优秀纪录片在8家院线、6家城市文化艺术空间及高校展映121场次，12家机构达成9个项目合作，签约额近9000万元。首届北京纪实影像周融思想性、艺术性、观赏性于一体，科学整合首都纪录片重要资源、国内纪录片主要资源和国际纪录片主流资源，囊括专业论坛、展播展映、项目洽商、京味文化展示等多种形态，专业性强、业内参与广泛、社会反响积极，80余家纪录片机构近3000人参加主会场活动，逾百家新闻媒体参与活动报道。

3. 走出去工程

4月3日至7日，北京市新闻出版广电局带队参展法国戛纳电视节。从2008年起至2017年，市新闻出版广电局已连续10年组织北京地区的影视机构组成北京影视代表团参加戛纳电视节，并在电视节上设置“北京联合展台”。本次“北京联合展台”总面积90平方米。分别设置专属展位和公用展位。展出海报30幅，设置放映设备5套，组织16家公司近30人携30部近1000集电视剧、动画片、纪录片参展。参展期间，与戛纳春季电视片交易会组委会合作举办MIP Drama展映买家交流会，有来自30多个不同国家和地区的350余位受邀买家和100多位媒体记者参加交流会；组织展商项目推介酒会，酒会吸引大批的外方代表；代表团与戛纳电视节组委会电视部总监和高级销售经理进行交流活动，洽谈深度合作；应约接受新华社驻巴黎分社的采访，简要介绍此次北京的参展情况。

6月，组团参加法国昂西动画电影节，宣传推介北京优秀影视动画作品，扩大首都文化海外影响力和传播力。北京代表团在展会上积极开展多种形式的对外合作交流，促进中法动画行业合作沟通。向国际动漫产业展示中国、北京近年来大力发展文化创意产业，大力发展动画动漫原创领域的一些成果和作品，增进动漫产业国际的相互交流；为北京动画制作机构借鉴学习国际动画前沿技术和理念、促进国内外动画行业人才合作搭建平台。

4月，市新闻出版广电局委托首都纪录片发展协会组成北京纪录片代表团，赴加拿大多伦多参加HOTDOCS国际纪录片节。代表团由北京三多堂传媒股份有限公司、环球瑞都（北京）文化传播有限公司、东方良友影视传媒（北京）有限公司、北京爱奇艺科技有限公司、中视金桥国际传媒集团有限公司等13家纪录片制作机构的26名代表组成。代表团成员单位均为市属纪录片行业领军企业，业务范围覆盖纪录片投资、制作、发行、版权运营、广告代理以及节展组织等全产业链。北京代表团在节展期间独立主办4项，联合举办2项，受邀参与1项节展活动，与来自全球纪录片同行建立良好合作意向，成功将中国和北京优秀纪录片推向世界舞台。

三、评选优秀节目，推动精品生产

3月，评选2016年影视出版创作基金扶持的优秀广播电视节目，经过初评、复评及基金理事会终评，最终确定电视剧、动画片、纪录片扶持奖励项目21个，总金额5200万元。其中包括《深海利剑》《外科风云》《花儿与远方》等12个电视剧项目，《冰雪冬奥村》等5部动画片，以及《大西山》等4部纪录片。

其中，医疗题材电视剧《外科风云》已经在北京卫视和浙江卫视播出，并获得良好口碑和收视。献礼建军90周年的建军题材电视剧《深海利剑》，于7月28日在北京和浙江两家卫视播出。反映新疆生产建设兵团战士艰苦创业、献身边疆的电视剧《花儿与远方》在安徽、山东卫视播出。北京特色电视剧《情满四合院》在北京卫视播出，并取得良好口碑和收视。

修订北京影视出版创作基金优秀广播电视文艺作品项目实施办法，细化扶持标准，并正式启动2017年北京影视创作出版基金优秀广播电视节目的征集评选工作。经过资格核验、专家初评、复评以及基金理事会终评，有29个项目进入公示阶段。

（北京市新闻出版广电局宣传管理处）

2017年北京市电视剧和动画片发行许可证情况

2017年北京市电视剧发行情况一览表

序号	剧名	集数（集）	每集长度（分钟）	制作单位	题材	发行许可证号	发证日期
1	爱情没有暂住证	41	45	海润影视制作有限公司	当代都市	（京）剧审字（2017）第001号	2017/1/10
2	主妇也要拼	36	45	原画（北京）影业投资有限公司	当代都市	（京）剧审字（2017）第002号	2017/1/18
3	舒克的桃花运	47	45	海润影视制作有限公司	当代都市	（京）剧审字（2017）第003号	2017/1/18
4	御姐归来	36	42	北京翰威文化艺术有限公司	当代都市	（京）剧审字（2017）第004号	2017/1/18
5	遇见最好的我们	16	45	北京东王文化发展有限公司	当代青少	（京）剧审字（2017）第005号	2017/1/23
6	警字一号	36	45	中视博升（北京）影视文化传媒有限公司	当代涉案	（广剧）剧审字（2017）第005号	2017/1/26
7	最美不过初相见	36	45	北京云端文化传媒股份有限公司	当代都市	（京）剧审字（2017）第006号	2017/2/6

（续表）

序号	剧名	集数（集）	每集长度（分钟）	制作单位	题材	发行许可证号	发证日期
8	骑士的手套	42	45	北京龙世文化集团有限公司	近代传记	（京）剧审字（2017）第007号	2017/2/7
9	憨媳从军	32	45	北京美丽海影视文化艺术有限公司	近代革命	（京）剧审字（2017）第008号	2017/3/2
10	热血尖兵	28	41	星美影业有限公司	当代军旅	（京）剧审字（2017）第009号	2017/3/22
11	小情人	40	45	北京金影环球文化传播有限公司	当代都市	（京）剧审字（2017）第010号	2017/3/22
12	我的太阳	27	42	北京东方美亚影视传媒有限公司	当代其他	（京）剧审字（2017）第011号	2017/3/23
13	外科风云	44	45	得闲影业（北京）有限公司	当代都市	（京）剧审字（2017）第012号	2017/3/27
14	花儿与远方	50	45	北京唐德国际文化传媒有限公司	近代其他	（京）剧审字（2017）第013号	2017/3/29
15	小五当官	42	41	北京金牌伙伴影视传媒有限公司	近代其他	（京）剧审字（2017）第014号	2017/4/5
16	囧女翻身之嗨如花	35	40	华视盛典影业（北京）有限公司	当代都市	（京）剧审字（2017）第015号	2017/4/12
17	诚中堂	47	45	北京华晟泰通传媒投资有限公司	近代其他	（京）剧审字（2017）第016号	2017/5/2
18	大客栈	46	45	北京佳人乐国际影视投资有限公司	近代传奇	（京）剧审字（2017）第017号	2017/5/3
19	高兴遇见你	40	45	北京紫禁城影业有限责任公司	当代都市	（京）剧审字（2017）第018号	2017/5/17
20	男管家	48	45	中视星娱国际文化传媒（北京）有限责任公司	近代其他	（京）剧审字（2017）第019号	2017/5/22
21	加油！小茉	37	45	海疆时代（北京）影视制作有限公司	当代都市	（京）剧审字（2017）第020号	2017/6/8

（续表）

序号	剧名	集数（集）	每集长度（分钟）	制作单位	题材	发行许可证号	发证日期
22	上下五千年系列情景剧之姥姥教我弟子规	30	25	中鼎国艺（北京）影视文化有限公司	当代青少	（京）剧审字（2017）第021号	2017/6/20
23	一路繁花相送	41	45	北京领骥影视文化发展有限公司	当代都市	（京）剧审字（2017）第022号	2017/6/21
24	北京地铁	31	41	北京演艺集团有限责任公司	当代都市	（京）剧审字（2017）第023号	2017/6/28
25	复合大师	46	45	北京时代东华影视传媒有限公司	当代都市	（京）剧审字（2017）第024号	2017/6/30
26	人生若如初相见	50	45	完美时空（北京）文化传媒有限公司	近代传奇	（京）剧审字（2017）第025号	2017/6/30
27	计中计	45	41	北京唐德国际文化传媒有限公司	近代革命	（京）剧审字（2017）第026号	2017/6/30
28	超级翁婿	40	40	北京中视精彩影视文化有限公司	当代都市	（京）剧审字（2017）第027号	2017/7/3
29	兄弟厨子兵	28	45	北京金英马影视文化有限责任公司	近代传奇	（京）剧审字（2017）第028号	2017/7/3
30	好久不见	42	45	北京华谊兄弟娱乐投资有限公司	当代都市	（京）剧审字（2017）第029号	2017/7/5
31	深海利剑	34	45	北京鑫宝源影视投资有限公司	当代军旅	（京）剧审字（2017）第030号	2017/7/13
32	暗刃	46	41	德丰天翔文化传媒（北京）有限公司	近代传奇	（京）剧审字（2017）第031号	2017/7/13
33	平凡岁月	44	43	北京派格华创影视传媒有限公司	当代都市	（京）剧审字（2017）第032号	2017/7/21
34	极光之恋	59	45	北京中视礴广文化传媒有限公司	当代都市	（京）剧审字（2017）第033号	2017/7/27
35	津门飞鹰	40	45	北京京奇非凡影视文化有限公司	近代革命	（京）剧审字（2017）第034号	2017/7/27

（续表）

序号	剧名	集数（集）	每集长度（分钟）	制作单位	题材	发行许可证号	发证日期
36	神犬小七3	43	45	北京完美影视传媒有限责任公司	当代都市	（京）剧审字（2017）第035号	2017/7/27
37	乱世情缘	42	45	第九区（北京）国际传媒有限公司	近代传奇	（京）剧审字（2017）第036号	2017/7/27
38	警花与警犬之再上征程	46	45	北京国爱影视文化传媒有限公司	当代其他	（京）剧审字（2017）第037号	2017/8/1
39	沙海老兵	31	45	星美影业有限公司	现代军旅	（京）剧审字（2017）第038号	2017/8/3
40	我的小姨	56	45	北京时代光影文化传媒股份有限公司	当代都市	（京）剧审字（2017）第039号	2017/8/3
41	花谢花飞花满天	66	45	北京东方飞云国际影视股份有限公司	古代其他	（京）剧审字（2017）第040号	2017/8/17
42	月满梧桐	44	45	北京京都世纪文化发展有限公司	近代传奇	（京）剧审字（2017）第041号	2017/8/22
43	二毛驴传奇	42	45	中视星娱国际文化传媒（北京）有限责任公司	近代传奇	（京）剧审字（2017）第042号	2017/8/25
44	硬骨头之绝地归途	50	45	北京时代典范文化传媒有限公司	近代革命	（京）剧审字（2017）第043号	2017/8/25
45	那些年，我们正年轻	47	40	北京慈文影视制作有限公司	当代其他	（京）剧审字（2017）第044号	2017/8/29
46	凡人的品格	43	45	北京小马奔腾壹影视文化发展有限公司	当代都市	（京）剧审字（2017）第045号	2017/9/14
47	一见不倾心	45	45	北京金天地影视文化股份有限公司	当代都市	（京）剧审字（2017）第046号	2017/9/28
48	特化师	42	45	立卓兴宇影视传媒广告（北京）有限公司	当代都市	（京）剧审字（2017）第047号	2017/9/22
49	儿科医生	42	45	大悦瀚辰（北京）影业投资有限公司	现代都市	（京）剧审字（2017）第048号	2017/9/28

（续表）

序号	剧名	集数（集）	每集长度（分钟）	制作单位	题材	发行许可证号	发证日期
50	猎豺狼	44	42	北京广电影视传媒有限公司	近代革命	（京）剧审字（2017）第049号	2017/9/29
51	忘情歌	38	45	北京北广传媒影视股份有限公司	近代传奇	（京）剧审字（2017）第050号	2017/10/12
52	第一声枪响	46	45	北京时代光影文化传媒股份有限公司	近代革命	（京）剧审字（2017）第051号	2017/10/12
53	乡亲乡爱	40	45	第九区（北京）国际传媒有限公司	当代农村	（京）剧审字（2017）第052号	2017/10/17
54	打土匪	47	45	北京福佐文化传播有限公司	近代其他	（京）剧审字（2017）第053号	2017/10/24
55	大北京小保安	30	45	北京北角娱乐股份有限公司	当代都市	（京）剧审字（2017）第054号	2017/10/24
56	天下长安	68	45	阿宝（北京）文化传媒有限公司	古代传奇	（京）剧审字（2017）第055号	2017/10/31
57	平安扣	35	45	北京金牌伙伴影视传媒有限公司	当代涉案	（广剧）剧审字（2017）第024号	2017/11/13
58	东方球王	40	45	大前门（北京）文化艺术有限公司	近代传奇	（京）剧审字（2017）第056号	2017/11/20
59	凤求凰	52	45	华夏视听环球传媒（北京）股份有限公司	古代传奇	（京）剧审字（2017）第057号	2017/11/20
60	福星盈门	46	45	北京御喜影视传媒股份有限公司	当代都市	（京）剧审字（2017）第058号	2017/11/27
61	巴清传	72	45	北京唐德国际文化传媒有限公司	古代传奇	（京）剧审字（2017）第059号	2017/12/1
62	和平饭店	42	45	北京主题传奇文化传媒有限公司	近代传奇	（京）剧审字（2017）第060号	2017/12/4
63	班长“殿下”	36	45	北京海润新力量影视制作有限公司	当代都市	（京）剧审字（2017）第061号	2017/12/4

（续表）

序号	剧名	集数（集）	每集长度（分钟）	制作单位	题材	发行许可证号	发证日期
64	东山晴后雪	40	45	北京春秋风云影视策划有限公司	当代都市	（京）剧审字（2017）第062号	2017/12/14
65	烈火如歌	52	45	北京喜悦嘉行影视文化有限公司	古代传奇	（京）剧审字（2017）第063号	2017/12/15
66	如若巴黎不快乐	48	45	北京国龙影业投资股份有限公司	当代都市	（京）剧审字（2017）第064号	2017/12/20
67	小楼又东风	46	45	北京天星亿源影视文化传播有限公司	当代其他	（京）剧审字（2017）第065号	2017/12/21
68	幸福，近在咫尺	24	42	和力辰光国际文化传媒（北京）股份有限公司	当代都市	（京）剧审字（2017）第066号	2017/12/21
69	天乩之白蛇传说	60	45	阿宝（北京）文化传媒有限公司	古代神话	（京）剧审字（2017）第067号	2017/12/22
70	爱在星空下	48	45	北京青春你好文化传媒有限公司	当代都市	（京）剧审字（2017）第068号	2017/12/25
71	宣武门	60	45	康曦影业（北京）有限公司	近代传奇	（京）剧审字（2017）第069号	2017/12/25
72	加油老大	43	45	北京天地智慧影视传媒股份有限公司	当代都市	（京）剧审字（2017）第070号	2017/12/27
73	夜天子	52	45	北京东仑国际文化传媒股份有限公司	古代传奇	（京）剧审字（2017）第071号	2017/12/29
74	浴血十四年	40	46	北京天沐文化传媒有限公司	近代革命	（京）剧审字（2017）第072号	2017/12/29
75	我的亲爹和后爸	40	40	北京国立常升影视文化传播有限公司	当代都市	（京）剧审字（2017）第073号	2017/12/29

说明：合计 75 部 3210 集，其中含总局终审的 2 部 71 集。

（北京市新闻出版广电局宣传管理处、规划发展处）

2017年北京市国产动画片发行情况一览表

序号	片名	集数（集）	每集时长（分钟）	片长（分钟）	制作机构	许可证号
1	鹿精灵（26—52集）	26	13	338	梦东方电影有限公司	（京）动审字（2017）第001号
2	太极小子	26	8.5	221	北京密贴夏国际影视传媒有限公司	（京）动审字（2017）第002号
3	星游记–风暴法米拉（上）	3	22	66	北京全擎娱乐文化传媒有限公司	（京）动审字（2017）第003号
4	大吉成长记第三部（1—33集）	33	9	297	北京三六三影视传媒有限公司	（京）动审字（2017）第004号
5	猪迪克之古怪岛大冒险Ⅱ	26	13	338	北京电视台	（京）动审字（2017）第005号
6	京剧猫之信念的冒险	52	13	676	北京璀璨星空文化发展有限公司	（京）动审字（2017）第006号
7	爱力巴巴之正能量之旅	26	10	260	北京启慧动漫科技有限公司	（京）动审字（2017）第007号
8	无敌小鹿（1—24集）	24	4	96	北京爱奇艺科技有限公司	（京）动审字（2017）第008号
9	幸福四合院之京味趣玩儿2	26	6	156	北京燕清联合文化产业发展中心	（京）动审字（2017）第009号
10	图腾领域2	52	12	624	光盒力量（北京）动漫科技有限公司	（京）动审字（2017）第010号
11	开心森林（第一季）	12	7.5	90	北京爱原创科技有限公司	（京）动审字（2017）第011号
12	开心森林（第二季）	38	5.5	209	北京爱原创科技有限公司	（京）动审字（2017）第012号
13	快乐集结号	58	10	580	北京电视台	（京）动审字（2017）第013号
14	超变武兽	26	25	650	北京中视万象文化传媒有限责任公司	（京）动审字（2017）第014号
15	愚公移山	30	13	390	北京誉佳文化传媒有限公司	（京）动审字（2017）第015号
16	当当牛	20	10	200	密贴夏国际影视传媒有限公司	（京）动审字（2017）第016号
17	酷杰的科学之旅—森林探险	16	5	80	中国科学技术出版社	（京）动审字（2017）第017号
18	无敌小鹿儿歌篇（1—100集）	100	4	400	北京爱奇艺科技有限公司	（京）动审字（2017）第018号
19	无敌小鹿（25—48集）	24	4	96	北京爱奇艺科技有限公司	（京）动审字（2017）第019号

（续表）

序号	片名	集数（集）	每集时长（分钟）	片长（分钟）	制作机构	许可证号
20	神明之胄（第二季）	12	10	120	北京爱奇艺科技有限公司	（京）动审字（2017）第020号
21	泰极熊（1–26集）	26	13	338	北京妙音动漫文化股份有限公司	（京）动审字（2017）第021号
22	无敌小鹿（49–72集）	24	4	96	北京爱奇艺科技有限公司	（京）动审字（2017）第022号

说明：合计22部680集6321分钟。

（北京市新闻出版广电局宣传管理处、规划发展处）

部分电视剧制作机构作品一览表

北京紫禁城影业有限责任公司

剧名	集数（集）	出品单位	联合摄制单位（全部）	制片人	编剧	导演	主要演员
高兴遇见你	38	北京紫禁城影业有限责任公司	星映亚艺影视传媒有限公司 北京京视传媒有限责任公司	梁国勇	刘小卡	苏　平	杨　玏 徐　璐

北京北广传媒影视股份有限公司

剧名	集数	出品单位	联合摄制单位	制片人	编剧	导演	主要演员
复婚前规则	40	北广传媒影视股份有限公司、艺照天下（北京）影视传媒有限公司、上海星雅影视传媒有限公司	艺照天下（北京）影视传媒有限公司、上海星雅影视传媒有限公司	刘国华	马广源	刘家成	朱雨辰 高　露
忘情歌	38	北京北广传媒影视股份有限公司、北京众悦天成文化发展有限公司	北京众悦天成文化发展有限公司	刘国华 韩　天	陈惠妍	文　杰	娄艺潇 何晟铭 刘恩佑
鼓楼外	40	北京北广传媒影视股份有限公司、浙江东阳震之影视文化有限公司	浙江东阳震之影视文化有限公司	刘国华	王之理	于　震	于　震 边潇潇

海润影视制作有限公司

序号	剧名	集数(集)	出品单位	联合摄制单位	制片人	编剧	导演	主要演员
1	和平饭店	42	海润影视制作有限公司、北京主题传奇文化传媒有限公司、海宁壹线影视文化有限公司、上海新海润文化发展有限公司	北京主题传奇文化传媒有限公司	朱洪波	张　莱	李　骏 白　涛	陈　数　雷佳音 李光洁
2	探戈	40	海润影视制作有限公司、北京主题传奇文化传媒有限公司、黑莓影视制作（内蒙古）有限公司	北京主题传奇文化传媒有限公司	朱洪波	朱洪波 肖杰心	刘　誉 张　旗	李东学　董　旋 高云翔　王　新 马灿灿
3	陪读妈妈	46	海润影视制作有限公司、上海亮眉侠文化传媒有限公司、霍尔果斯橙子映像影业有限公司、重庆萌梓影视传媒股份有限公司	上海新海润文化发展有限公司	蒋译霆	亮眉侠 高　飞 黄　芬 袁　野 李岱恩	陈　畅	梅　婷　许亚军 郭君梅　曾　黎 胡先煦　张兆辉 郝　洋　奚美娟 王全有　丁志勇 王文轩　董成明 水　晶
4	新六指琴魔	38	海润影视制作有限公司、耳东影业（北京）有限公司、华视网聚、横店影视制作有限公司	浙江海润影视制作有限公司	孙　金 郭博旭	王　晶 韩今谅	王　晶 郭　虎	陈浩民　胡　然 刘俊孝　沈　瑶 叶项明　杨旻咏 郑　鹏　马倩倩 卢　易　马　赛
5	米露露求爱记	48	海润影视制作有限公司、霍尔果斯中联传动影视文化有限公司、重庆萌梓影视传媒股份有限公司、苏州传视影视传媒股份有限公司	无锡中联传动影视文化传播有限公司	郭江喜	赵嬿琼 王言菲	冯自立 薛志鹏	袁姗姗　蒋劲夫 沈　瑶　何建泽
6	萍踪侠影	40	海润影视制作有限公司、霍尔果斯观自在传媒有限公司、鹿港互联影视（北京）有限公司、北京银博国际影业有限公司、捷成华视网聚（常州）文化传媒有限公司、北京大运影视文化有限公司	北京银博国际影业有限公司	唐　烜	赵志坚	鞠觉亮	马　可　王晓晨 付辛博　贾　青 黄圣依　赵文瑄 吕良伟

北京鑫宝源影视投资有限公司

剧名	集数（集）	出品单位	联合摄制单位（全部）	制片人	编剧	导演	主要演员
深海利剑	34	北京鑫宝源影视投资有限公司	海军政治部电视艺术中心、北京电视台、北京鑫宝源影视投资有限公司、星梦工场文化传媒有限公司、北京完美影视传媒有限公司联合出品	唐　静 陆振华 丁　芯	冯　骥 尚　伟 黄小玮	赵宝刚	高昊睿　刘　璐 王　阳　金禹伯 徐　洋　王佳宇 周　放
利刃出击	45	北京鑫宝源影视投资有限公司	中国人民武装警察部队政治工作部电视宣传艺术中心、上海在扬影视文化传播股份有限公司、北京鑫宝源影视投资有限公司、上海上象星作娱乐（集团）股份有限公司、嘉会文化传媒有限公司。	仝敬明	刘　猛 翟小乐 魏笑宇 黎江伟 王鹏义	刘　猛	杨　烁　牟　星 范　雷　翟小兴 张　进　吴京安 李　飞　张童欢 焦　娜

北京东方飞云国际影视股份有限公司

剧名	集数（集）	出品单位	联合摄制单位（全部）	制片人	编剧	导演	主要演员
请赐我一双翅膀	60	北京东方飞云国际影视股份有限公司、北京长江文化股份有限公司	北京东方飞云国际影视股份有限公司、北京长江文化股份有限公司	白彩云	王　婕 徐贝贝 张　颖 姚　然	赖水清 国建勇	鞠婧祎　炎亚纶 韩　栋　张予曦 米　热　朱圣祎 谢君豪　王艺瞳 王　艳　陶慧敏 元　华　邱心志 寇振海　蒋　恺 修　庆

北京国立常升影视文化传播有限公司

剧名	集数	联合摄制单位	制片人	编剧	导演	主要演员
《我的亲爹和后爸》	40	浙江常升影视制作有限公司、山东影视制作股份有限公司、海润影视制作有限公司、新沂安禾影业有限公司、鄂尔多斯金牌伙伴影视传媒有限公司	马保华 靖　雷 陈国辉	赵冬苓	陈国星	张国立 张　译 李建义 买红妹

大唐辉煌传媒有限公司

剧名	集数	出品单位	联合摄制单位（全部）	制片人	编剧	导演	主要演员
警犬来啦	48	大唐辉煌（霍尔果斯）传媒有限公司、大唐辉煌传媒有限公司、珠海市公安局、公安部金盾影视文化中心	无	李玉晶	郁　苇 佳　妮 舒韵桥	谷锦云	杨　蓉 贾景晖
桔子街的断货男	52	大唐辉煌（霍尔果斯）传媒有限公司、大唐辉煌传媒有限公司、北京九乾影视文化传媒有限公司、	中国广播影视出版社	李　氢	吴亚桥 王　子 山海鲸	潘　越	王耀庆 车　晓 杨　玏

书报刊出版

2017年北京市广播影视书报刊一览表

公开出版物

类别	报刊名称	主管单位	主办单位
周报	《北京广播电视报》	北京广播电视台	北京广播电视报社
周刊	《北广人物》周刊	北京广播电视台	北京广播电视报社
周报	《新广播报》	北京人民广播电台	北京人民广播电台
年刊	《北京广播影视年鉴（2017）》	《北京广播影视年鉴》编委会	北京市新闻出版广电局
年刊	《北京电视台年鉴（2017）》	北京电视台	北京电视台

类别	书 籍 名 称	主管单位	作 者	出版单位
图书	《北京广播影视发展研究文集（2016年）》	北京市新闻出版广电局	北京广播电影电视研究中心汇编	北京出版社 出版时间： 2017.11

内部出版物

类别	报刊名称	主管单位	主办单位
月刊	《北京广播影视》	北京市新闻出版广电局	北京市广播影视学会
半月刊	《听众反映专辑》	北京人民广播电台	北京人民广播电台总编室
月刊	《电视文摘》	北京电视台	北京电视台研发部
月刊	《影博·影响》	中国电影博物馆	中国电影博物馆
月刊	《北京广播影视决策参考》	北京市新闻出版广电局	北京广播电影电视研究中心
月刊	《锐》	北京电视台	北京电视台研发部

2017 年北京市广播影视书报刊简介

《北京广播电视报》

《北京广播电视报》创刊于 1979 年 9 月，是面向家庭，以导听导视为主的全方位的生活服务型周报。2017 年《北京广播电视报》进一步加大对北京电台的报道，专门成立北京电台报道小组，推出多期热点报道、评论文章，从多方面对北京电台各频道进行报道，使得《北京广播电视报》的广播部分名副其实；贯彻北京广播电视台媒体融合战略，为两届“天涯共此时‘一带一路’”行动撰写综述文章；开辟读者版面，成立读者摄影爱好者俱乐部，落实开门办报精神，加强广电报的互动性和服务性 。8 开 52 版。

（北京广播电视报社）

《北京广播电视报》2017 年第 34 期封面

《北广人物》周刊

《北广人物》周刊创刊于 2016 年 4 月，由原《北京电视》杂志更名而来，是一本面向广大中老年读者，以报道广播电视节目中的人物和人物中的新闻，用故事解读人生，在人生中寻觅故事，用真善美的情操感染人，以奋斗进取的精神鼓励人的杂志。2017 年《北广人物》周刊加强选题策划，推出了一批既有较强策划感，又有较强新闻性，写作水平也较高的封面文章，进一步夯实刊物的厚重感、权威感和品牌感。8 开 44 页。

（北京广播电视报社）

《北广人物》周刊 2017 年第 48 期封面

《北京广播影视年鉴（2017）》

《北京广播影视年鉴（2017）》是由北京广播影视年鉴编委会编纂（北京市广播电影电视局主持，北京广播电视台、北京人民广播电台、北京电视台、中国电影博物馆、区县文委及广电中心等协编）的一部资料工具书，创刊于2005年，每年编纂一卷，由中国广播影视出版社公开出版发行。

《北京广播影视年鉴》以马克思列宁主义、毛泽东思想、邓小平理论、“三个代表”重要思想、科学发展观、习近平新时代中国特色社会主义思想为指导，坚持实事求是的编辑方针，贯彻“贴近实际，贴近生活，贴近群众”的编纂原则，全面反映北京市广播影视的基本情况和发展变化风貌，客观记述上一年全市广播影视业的新情况、新资料，为广播影视研究、决策服务，为广播影视大发展大繁荣服务。

2017年《北京广播影视年鉴》版为第12卷，共有21个栏目：图片、特载、专项纪事、概况、大事记、频率频道、节目栏目、产业发展、新媒体、技术、电影、电视剧、书报刊出版、受众调查、组织机构、获奖作品、典型经验、交流合作、统计、人物、索引等。全书65.8万字，发行1200册。国内书号：ISBN 978-7-5043-8106-4。

（局史志办）

《北京广播影视》

《北京广播影视》是由北京市新闻出版广电局主办、北京市广播影视协会编印的内部资料性出版物，创于1988年。原称《北京广播电视研究》（季出），1994年更名为《北京广播电视》（双月出），2007年1月改版为《北京广播影视》（月出）。

《北京广播影视》围绕中心，服务大局，及时反映北京市新闻出版广电局以及北京市广播影视行业，在北京市委市政府的正确领导下，推动北京市广播影视大发展大繁荣的新举措、新作为、新成果和新经验。多角度报道广大北京广播影视从业者的工作实践和时代风采，及时反映北京市广播影视节目创优创新的新探索、新成绩，充分发挥了行业的指导、经验交流和学术探讨的作用。

2017年《北京广播影视》全年共编印12

期，每月1期，彩色印刷，大16开76页，刊登稿件300余篇，照片800余张，总字数百万余字。

2017年学刊加强了对电影、电视剧创作和市场方面的关注，加大了宣传力度。北京国际电影节依然是学刊报道的重点，共刊登8篇文章。北京春、秋季电视节目交易会，都派出编辑全程跟踪，及时反映活动进展情况及理论探索成果。学刊继续关注媒体融合的发展，全年刊登相关文章30多篇。在新媒体发展令人目不暇接的形势下，传统媒体人在逆境中勇于探索，学刊对此给予了高度关注，《媒介管理》《业者探究》栏目刊登了相关文章60多篇。《声屏华彩》栏目对优秀广播电视节目进行了充分展示，全年刊登文章15篇。对区属广电媒体的探索与实践学刊也及时反映，每期至少刊登1篇稿件。党的十九大的召开，是中国人民政治生活中的一件大事，《北京广播影视》开辟专栏进行了重点报道。

2018年，《北京广播影视》将一如既往，大胆创新，积极发挥业界交流平台的作用，为北京市广播影视的发展做出自己的努力。

（北京市广播影视学会）

《新广播报》

《新广播报》是北京人民广播电台投资出版的一份周报。主要报道听众关心的北京电台动态消息、重要活动，推介重点广播节目，介绍广播技术、新发展，讲述广播人台前幕后的故事，刊登听众对广播节目、活动的互动评议，以及依托广播节目内容的生活服务资讯等。

《新广播报》全彩印刷，8开24版，每周日出版。在北京五环路内200余家中石化、中石油加油站等处免费赠阅，并辅以电话订阅送报上门。

（北京人民广播电台）

《宣传业务》

《宣传业务》是由北京人民广播电台总编室主办，旨在促进台内外业务学习、交流的内部刊物。创刊于1992年1月15日，半月刊、标准16开，2016年1月起改为月刊。刊物下设栏目：专稿、专家评议、业务漫谈、探索与研究、体会与心得、听众论坛、业务动态等。

《宣传业务》作为北京人民广播电台的内部业务刊物，既是业务交流的园地，也是学术、理论探讨的阵地。办刊20年来，北京电台广大采、编、播人员及各相关职能部门紧密联系工作实际，全方位开展业务交流、学术探讨，撰写了许多优秀的理论文章。

（北京人民广播电台）

《听众反映专辑》

《听众反映专辑》由北京人民广播电台总编室主办，听众服务中心负责编辑出版，是北京电台反馈听众意见的内部刊物。该刊于1994年1月创刊，半月刊（“听评月”活动期间可增刊）、标准16开。截止到2017年12月31日，累计出刊786期。2017年《听众反映专辑》全年出刊45期。

该刊遵循“精说成绩、细挑毛病、多提意见、建言献策”的方针，客观反映听众意见，刊载听众对北京电台的意见和感受，为北京电台与听众沟通起到了桥梁作用，为北京电台调整节目、提高节目质量提供了积极、客观的参考。

2017年，刊物以专业广播分类设置有“新闻广播”“城市广播”“故事广播”等栏目，同时还不定期设有“综合评议”“听众服务热线摘编”“短信精选”“微信公众平台摘编”及“正音正字”“听友交流”“北京广播网”等栏目，并定期编印《听评月专刊》和《广播评议员专刊》。

（北京人民广播电台）

《电视文摘》

《电视文摘》杂志创刊于1998年1月1日，是北京电视台主管、研发部主办的内部刊物，办刊宗旨是紧扣传媒热点、聚焦发展态势、荟萃信息精华、浓缩真知灼见，通过业界信息交流更好地服务全台工作。

刊物的栏目主要分为以下几个类别：

热点话题类——根据近期传媒热点，围绕一个主题，精选多篇文章进行深度分析；

业界观察类——对传媒界重要会议、各台重大改革举措、频道经营管理以及新媒体发展等方面的动态信息进行集中呈现；

理论研究类——包括频道、栏目、电视剧、广告与收视等方面的理论文章、媒体发展战略研究以及专家学者对电视发展的建议和评论等；

业务指导类——爆款节目策划、选题、运作等方面的经验总结；

人物访谈类——电视从业人员的成长过程、心路历程和观点分享；

海外信息类——世界各国电视行业的发展现状、机构设置、管理模式及最新节目动态。

《电视文摘》为月刊，大16开，64页，每期印制500册。如今，封二封三的图片展示已成为我台重点栏目和品牌活动的一个重要的宣传窗口。

（北京电视台）

《锐》

内部刊物《锐》创刊于2007年，原名《欧美电视节目样态》，双月刊；2009年更名为《锐》。截至目前，《锐》已经内部出版一百余期。发放范围为台领导、总编室、广告部和各节目中心。

《锐》刊物内容主要依托于研发部每年向境外机构订购的国外电视节目发展趋势及国外主流媒体最新节目样片等相关信息。从2011年起，《锐》的“观察与专题”版块容纳了研发部与中国传媒大学电视与新闻学院合作对国内、国际最新电视节目的相关成果。

2017年《锐》杂志主动策划“跨年晚会调查报告专题”“网络直播对传统电视的影响”“新型主流媒体建设如何从‘相加’走向‘相融’”“全新视听环境下媒体融合的趋势与特点”“美食类节目比较分析与创新研究”“家装类节目比较分析与创新研究”等针对媒体融合以及节目模式研发升级的专题。2017年4月戛纳春季电视节后，《锐》杂志与国内外电视研究团队沟通、组稿，形成“从戛纳电视节看电视节目发展趋势及特点”和“2017年戛纳电视节竞技类节目特点分析”。

（北京电视台）

《影博·影响》

《影博·影响》（中国电影博物馆馆刊）是中国电影博物馆主办的电影类综合性内部刊物，其宗旨是传播电影文化，拓展博物馆公共文化职能，开展社会教育，服务观众和行业人士，为观众和业界搭建交流渠道。

2017年《影博·影响》调整为双月刊，继续突出学术性、专业性定位。共出刊6期，每期印数2000册。其中1期为馆展览大纲修订专辑，系统介绍了馆修纲工程总体情况，收集了有关专家对修纲的宝贵意见和建议。其余5期重点报道了我馆“探寻电影之美高峰论坛‘一带一路’电影发展与全球电影新格局”活动、中国电影国际巡展、第八届少年儿童配音大赛、国际电影周、“影博·影人”专题展、国内电影专题展映等活动；重点报道了《乘风破浪》《冈仁波齐》《明月几时有》《战狼2》《嘉年华》等国产影片，报道了第七届北京国际电影节、第20届上海国际电影节等国内重要电影活动；围绕年度重点主题，分别策划了回顾2016中国电影市场、艺术院线发展模式与思考、国产类型电影本土化的发展与探索、“影博·影人”专题展等5期专题；重点报道了程耳、梅峰、袁卫东、施秋荣、范俭等影人的艺术创作和近况。

（中国电影博物馆）

《北京广播影视决策参考》（月刊）

《北京广播影视决策参考》月刊是由北京市新闻出版广电局主管、北京音像资料馆（北京广播电影电视研究中心）主办的新闻出版广播影视研究性期刊，内部刊物。本刊紧围绕“行情守望、信息管家、决策要参”的功能定位，设立“动态与趋势”“创作与生产”“运营与管理”“监管与服务”“观察与思考”“特别刊载”“政策解读”“域外视点”等栏目。

（北京广播电影电视研究中心）

《北京广播影视发展研究文集（2016年）》

《北京广播影视发展研究文集（2016年）》，是由北京市新闻出版广电局主管、北京音像资料馆（北京广播电影电视研究中心）汇编、北京出版社出版的理论研究性图书。2016年的文集共征用了45篇文章20万字，优选编辑了来自局、集团、两台一馆和区县广电中心的优秀研究成果及重大课题，分为管理篇、广播篇、影视篇、新媒体网络篇等。

（北京广播电影电视研究中心）

受众调查

2017年北京广播市场竞争态势调查分析

一、调查背景

报告数据源自索福瑞北京地区广播收听数据，数据通过测量仪连续365天不间断收集，样本数量1200人。

二、北京广播市场发展情况

（一）北京广播市场整体收听率有所回升

根据索福瑞测量仪北京地区收听数据显示，北京广播市场2017年整体收听率攀升至3.894%，较2016年上涨0.186个百分点，涨幅超过5%。

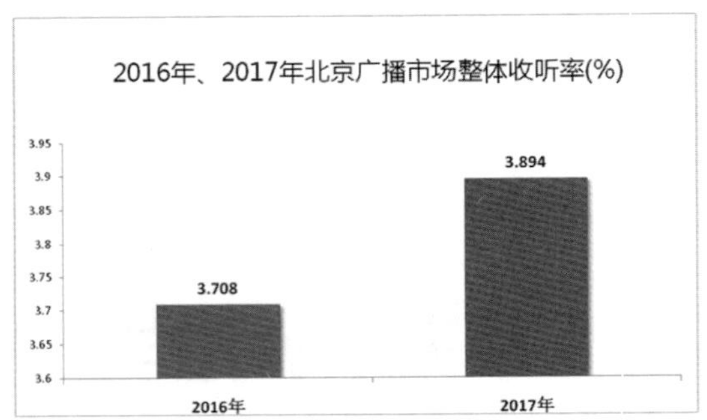

数据来源：索福瑞测量仪北京地区广播收听数据

（二）听众规模、收听时长均有下降，既留听众忠实度上升、收听行为碎片化

2017年听众规模、收听时长同比有所下滑。2017年北京全年累计有578万人收听过广播，比2016年减少24.7万人；虽然总体收听人数减少，但是平均每天收听广播的人数达到428.9万人，比2016年增加了42.3万人，涨幅为10.94%。在人均收听时长方面，2017年听众平均每天收听广播时长为75.8分钟，比2016年减少7.4分钟。听众忠实度从2016年的3.7上升至3.9，涨幅达5.41%。

虽然北京广播市场整体听众规模小幅萎缩，但是既留听众的收听行为更加活跃。从全年的收听行为来看，与2016年相比，单个听众全年收听广播的天数更多，意味着对广播这一媒介的使用依赖性增强；从每日收听行为来看，听众收听的段数更多，平均每段收听时长更少，收听行为趋于碎片化。听众的移动互联网使用模式在一定程度上向广播收听场景渗透，更多选择、更少耐心、快进快出，成为他们广播收听的行为特点，向广播快速吸引听众、留住听众、沉淀听众的能力提出挑战。

2016年、2017年北京地区广播市场全天收听表现

单位	2016年	2017年	2017年比2016年差值	2017年比2016年涨跌幅
平均到达率（000）	3866	4289	423	10.94%
到达率（000）	6027	5780	−247	−4.10%
人均收听时长（听众）[分钟]	83.2	75.8	−7.4	−8.89%
忠实度	3.7	3.9	0.2	5.41%
人均收听段数	3	5	2	66.67%
平均每段收听时长（分钟）	27.9	14.8	−13.1	−46.95%

数据来源：索福瑞测量仪北京地区广播收听数据

（三）分时段收听情况：早高峰收听率大幅上升，其他时段较为平稳

从 2017 年北京广播市场 24 小时分时段情况来看，全天依然保持“双高峰”的收听走势。2017 年较 2016 年早高峰 06:00—08:30 时段收听率上涨明显，各时段均有 1 个百分点以上的净值增长；晚间 19:30—24:00 时段收听率小幅上涨；其他各个时段收听率普遍同比持平或有小幅下降，较为平稳。

数据来源：索福瑞测量仪北京地区广播收听数据

三、北京广播市场三大台竞争情况

（一）市场份额：北京台、国际台上升，中央台小幅下滑

2017 年北京电台的市场份额达到 68.057%，同比提升 0.319 个百分点，稳中略升。中央台 2017 年市场份额同比下滑 0.702 个百分点，降至 25.358%。国际台市场份额同比上升 5.7%，是三大台中增幅最大的，市场份额达到 6.411%。

2017年北京广播市场主要电台平均市场份额

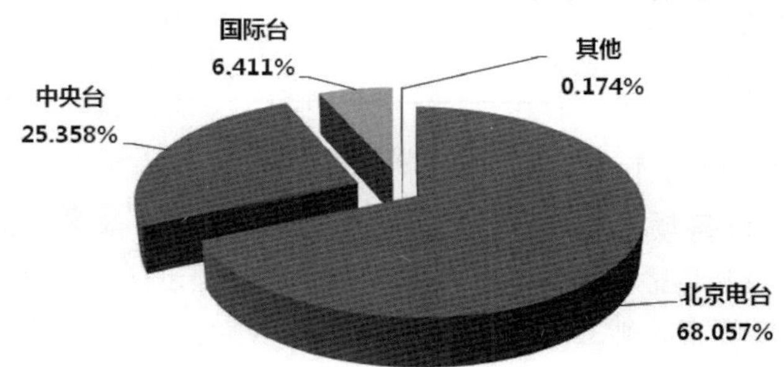

数据来源：索福瑞测量仪北京地区广播收听数据

（二）三台听众规模均有下滑

在 2017 年北京广播市场整体听众规模同比走低的大环境下，三大台听众规模均有下滑。2017 年北京台全年累计听众为 577.5 万人，同比下降 25.2 万人，降幅为 4.18%；中央台听众规模为 570.6 万人，同比下降了 23.5 万人，降幅达到 3.96%；国际台听众规模从 2016 年的 543.8 万人下降到 2017 年的 505.1 万人，下降幅度超过 7%，降幅在三大台中最大。

2017 年北京广播市场人均收听时长走低，三大台中除国际台逆市提升外，其他两台人均收听时长均有所下滑。北京台、中央台 2017 年收听分钟数分别为 66.5 分钟和 55.4 分钟，同比下降幅度分别为 9% 和 7%；国际

台人均收听时长比2016年增加3.7分钟，为53.2分钟。

从整体的收听率和市场份额表现来看，北京台收听率和市场份额同比均有提升，收听率上涨5.49%，至2.65%，市场份额上涨0.47%，至68.057%；中央台收听率为0.987%，同比有2.17%的小幅上涨，但涨幅不及整体市场增幅，市场份额同比下降2.69%，降至25.358%；国际台依靠收听时长提升的推动作用，收听率上升11.11%，至0.25%，市场份额也有5.7%的明显提升，涨至6.411%。

单位	频道	2016年	2017年	2017年较2016年差值	2017年较2016年涨跌幅
收听率%	北京台	2.512	2.65	0.138	5.49%
	中央台	0.966	0.987	0.021	2.17%
	国际台	0.225	0.25	0.025	11.11%
市场份额%	北京台	67.738	68.057	0.319	0.47%
	中央台	26.06	25.358	−0.702	−2.69%
	国际台	6.065	6.411	0.346	5.70%
到达率（千人）	北京台	6027	5775	−252	−4.18%
	中央台	5941	5706	−235	−3.96%
	国际台	5438	5051	−387	−7.12%
平均到达率（千人）	北京台	2983	3329	346	11.60%
	中央台	1405	1488	83	5.91%
	国际台	394	392	−2	−0.51%
人均收听时长（听众）[分钟]	北京台	73.1	66.5	−6.6	−9.03%
	中央台	59.7	55.4	−4.3	−7.20%
	国际台	49.5	53.2	3.7	7.47%

数据来源：索福瑞测量仪北京地区广播收听数据

四、北京广播市场各频率竞争态势

2017年北京电台交通广播牢牢占据市场份额第1的位置，市场份额达到31.96%，较2016年上涨了2.643个百分点，进一步扩大了领先优势，目前领先市场第2位17.546个百分点。

文艺广播依然稳居市场份额排名第2的位置，市场份额下降1.914个百分点，降至14.414%。

中国之声市场份额同比上涨2.835个百分点，达到10.321%，涨幅高达38%，市场份额排名超越新闻广播，从第4攀升至第3位。值得注意的是，文艺广播份额明显下降和中国之声份额迅猛上涨双向作用，使第3位的中国之声与第2位文艺广播的市场份额差距从2016年的8.842个百分点缩小至4.093个百分点。新闻广播2017年虽然跌出前三，退至第4位，但市场份额提升了0.416个百分点，涨幅为5%，达到9.13%。北京音乐广播2017年份额同比稳中略升，至6.458%，排名不变，仍列第5位。

音乐之声市场份额下降了1.504个百分点，下降幅度超过25%，至4.456%，仍列第6位；环球资讯市场份额上涨0.702个百分点，排名上升 1 位，至第 7 位；中国交通广播市场份额下降 1.384 个百分点，排名下降 1 位，列第 8 位；文艺之声市场份额上升 0.623 个百分点，排名上升 1 位，至第 9 位；经济之声市场份额下降 0.521 个百分点，至 2.844%，排名下降 1 位，列第 10 位。

劲曲调频排名上升 2 位，列第 11 位；体育广播排名下降 1 位，列第 12 位；经典音乐广播排名下降 1 位，至第 13 位；故事广播、外语广播排名各上升 1 位，分列第 16、17 位；轻松调频排名下降 2 位，列第 18 位；青年广播 2017 年 6 月下旬开播（在此统计 2017 全年数据，涵盖开播前原爱家广播的部分表现），与 2016 年爱家广播全年情况相比，市场份额下滑 0.116 个百分点，排在第 21 位；其他频率排名保持不变。

2016、2017年北京广播市场22个频率市场份额（%）变化情况

频道	2017年	2016年	差值	2017年排名	2016年排名	排名变化
北京人民广播电台交通广播(FM103.9/CFM95.6)	31.96	29.317	2.643	1	1	→
北京人民广播电台文艺广播(FM87.6/CFM93.8)	14.414	16.328	-1.914	2	2	→
中央人民广播电台第一套节目中国之声	10.321	7.486	2.835	3	4	↑
北京广播电台新闻广播(FM100.6/AM828/CFM90.4)	9.13	8.714	0.416	4	3	↓
北京人民广播电台音乐广播(FM97.4/CFM94.6)	6.458	6.425	0.033	5	5	→
中央人民广播电台第三套节目音乐之声	4.456	5.96	-1.504	6	6	→
中国国际广播电台环球资讯广播FM90.5/AM900	4.36	3.658	0.702	7	8	↑
中央人民广播电台中国交通广播	3.209	4.593	-1.384	8	7	↓
中央人民广播电台第九套节目文艺之声	2.846	2.223	0.623	9	10	↑
中央人民广播电台第二套节目经济之声	2.844	3.365	-0.521	10	9	↓
中国国际广播电台劲曲调频(CRI HIT FM)	1.766	1.626	0.14	11	13	↑
北京人民广播电台体育广播(FM102.5)	1.412	2.052	-0.64	12	11	↓
中央人民广播电台经典音乐广播	1.238	1.746	-0.508	13	12	↓
北京人民广播电台动听调频(Metro Radio Fm94.5)	1.108	1.539	-0.431	14	14	→
北京城市广播FM107.3/AM1026/CFM91.9	1.054	0.846	0.208	15	15	→
北京人民广播电台故事广播AM603/FM95.4/CFM89.1	0.532	0.416	0.116	16	17	↑
北京人民广播电台外语广播AM774/FM92.3/CFM97.8	0.289	0.394	-0.105	17	18	↑
中国国际广播电台轻松调频(CRI EASY FM)	0.285	0.782	-0.497	18	16	↓
中央人民广播电台娱乐广播	0.221	0.377	-0.156	19	19	→
中央人民广播电台中国乡村之声	0.16	0.227	-0.067	20	20	→
北京人民广播电台青年广播AM927/FM98.2/CFM92.7	0.062	0.178	-0.116	21	21	→
中央人民广播电台第十套节目老年之声	0.061	0.082	-0.021	22	22	→

数据来源：索福瑞测量仪北京地区广播收听数据

2017 年市场份额排名前五的频率是：交通广播、文艺广播、中国之声、新闻广播、音乐广播。这 5 个频率占据了 72.283% 的市场份额，这与 2016 年的 68.27% 相比，又提升了 4.013 个百分点，市场集中度进一步上升。剩下不足三成的市场份额由余下 17 个频率瓜分。

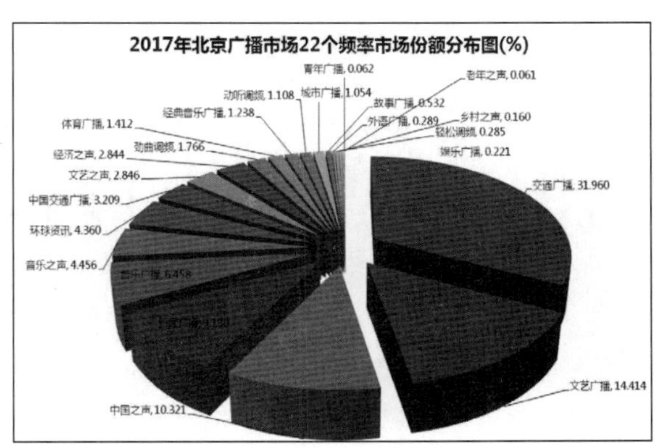

数据来源：索福瑞测量仪北京地区广播收听数据

五、北京台听众构成：性别、年龄均衡，中高收入比例稳步提升，公务员和白领为主要听众

北京电台 2017 年男女听众比例分别是 54.8%、45.2%，同比更趋均衡，男性听众比例相对 2016 年有所降低，女性听众比例相对有所上升，目前北京台男女比例是三大台中最为均衡的，其他两台男女比例均在 6 ∶ 4 左右。

年龄方面，北京台 30 岁以下、31—50 岁、51 岁以上三个群体比例为“2、4、4 分布”是三大台中最为均衡的，31—60 岁的社会消费活跃人群占总体听众的六成以上。20 岁以下听众比例为 5.1%，同比基本持平，21—30 岁听众比例下滑 2.6 个百分点，降至 13.8%；31—40 岁听众比例为 22.1%，同比基本持平；41—50 岁听众比例上升 2.7 个百分点，达到 19.7%；51—60 岁听众比例下降 6.1 个百分点，与此同时，60 岁以上听众比例上升了 5 个百分点，51 岁以上中老年听众比例稳中有降。

听众收入构成基本稳定，逐渐优化，低收入听众比例继续下降，中高收入听众比例有所提升。个人月收入 3000 元以下的听众比例占比仅为 23.4%，同比有小幅下降；个人月收入 5001—8000 元、收入 10000 元以上的中高收入群体占比各上升 1.2、0.7 个百分点，分别达到 18.6%、3.6%，个人月收入 5000 元以上的听众比例达到 25.3%，同比稳步上升。

职业构成方面，公务员和白领阶层成为稳定收听北京电台的主力人群。2017 年公务员和白领比例同比上升 14.9 个百分点，达到 48.7%，已经逼近半数。工人、自由职业听众比例各下降 4.1、6.9 个百分点，分别达到 6.6%、6.4%，其他各职业类别构成稳定。

2016 年、2017 年北京台听众构成（%）变化

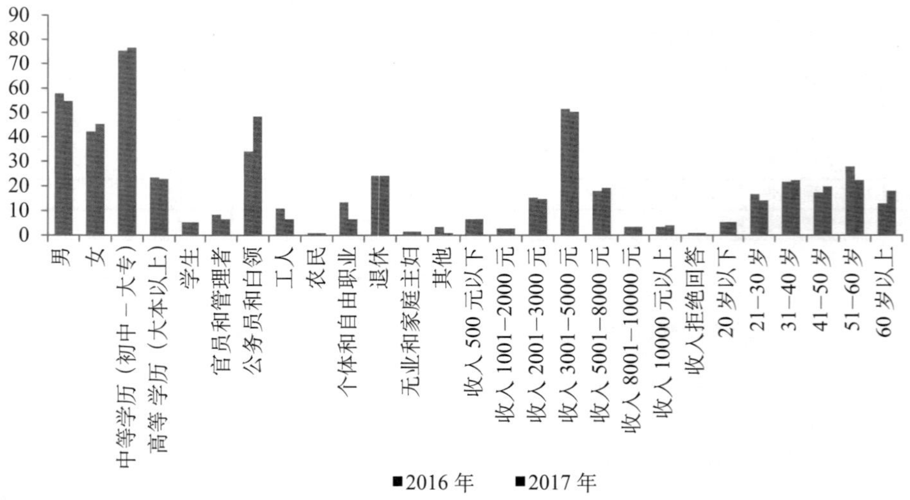

数据来源：索福瑞测量仪北京地区广播收听数据

2017 北京电视台收视调查

全国电视市场整体情况

一、人均每日收视时长逐年走低

从 CSM 全国 71 城市数据来看，2017 年，人均收视分钟数为 143 分钟，较 2016 年减少 16 分钟。电视观众人均每日收视时长从 2014 年的 268 分钟降至 262 分钟。

二、各年龄段观众收视量下降明显

从各年龄段受众人均每日收视时长来看，每个各年龄观众收视时长均有不同程度下降。其中，45—54 岁下降最为明显，2017 年较 2016 年下降 21 分钟；35—44 岁和 25—34 岁人群同比分别下降 18 分钟、17 分钟。

三、省级卫视整体份额略有下滑

从全国 71 城市数据表现来看，省级上星频道、地面频道市场份额分别由 2016 年的 31.0%、21.10% 下降至 29.50%、19%，央视频道组在全国市场份额则有所上升，2017 年市场份额为 29.8%，与省级卫视差距进一步缩小。

北京电视市场整体情况

一、北京地区电视开机率持续下降

对比近三年北京地区电视开机率变化，无论是全天时段还是晚间时段（18:00—23:00），开机率都延续下降态势。2017 年，全天时段电视开机率为 11.13%，晚间时段为 26.59%，同比下降幅度均在 7% 左右。

二、北京电视台继续保持领先优势

2017 年，北京地区各级频道竞争格局基本延续上一年态势，北京电视台继续保持领先优势，全天市场份额为 33.60%，晚间时段份额为 38.29%。中央电视台全天和晚间市场份额分别为 28.64%、25.72%，省级卫视全天和晚间时段份额分别为 20.59%、21.20%。

三、北京电视台分周走势相对平稳

从全年分周各台组份额走势来看，北京电视台市场份额分周多数低于去年同期，但走势相对平稳，在第 29—30 周、第 42—44 周和第 46—50 周有冲高表现；中央台自第 34 周直至年尾，单周市场份额表现基本完全超过去年同期。

四、北京电视台午间晚间优势明显

对比 2017 年三大台组全天收视走势来看，北京台组早间、午间和晚间收视优势较为明显，在上午和下午时段以及 22:30—24:00 的后黄和深夜时段落后于中央台和省级卫视。中央台组在白天时段收视基本保持稳定，整体收视走势和数值与 2016 年相近，晚黄时段收视则有一定下滑。省级卫视上午时段收视呈现一定增长，晚间 19:30—21:30 时段收视同比有所提升。

五、北京卫视、影视频道在北京地区继续领跑

对比近两年北京地区所有频道排名来看，2016 年，北京电视台全天时段共有 7 个频道进入排名前 20，北京卫视、影视频道收视率在北京地区领先。

六、北京卫视省级卫视 35 城排名连续五年保持第四

从全国 35 城市数据来看，北京卫视全天和晚间份额连续五年保持增长态势，2017 年，市场份额分别增至 2.166%、2.362%，全天排名保持第四，晚间排名保持第三。

七、卡酷少儿频道全国收视提升显著

2017 年，北京电视台卡酷少儿频道收视份额稳中有升，35 城全众收视率 0.1085%，市场份额 1.0545%，与 2016 年相比排名提升 3 位，进入全天时段省级卫视排名前 10。在 4–14 岁分众收视表现上，卡酷少儿频道 2016 年 35 城收视率 0.4051%，市场份额 5.1187%，排名上升 1 位，位列省级卫视第 2 位。

组织机构

北京市新闻出版广电局（市版权局）

（统计截至 2017 年年底）

领导成员：

党组书记、局长：杨烁

党组成员、副局长：王野霏

党组成员、副局长：戴维

副局长：杨培丽

党组成员、副局长：胡东

党组成员、副局长：张苏

党组成员、市纪委市监委驻局纪检监察组组长：邹立华（2017 年 4 月任）

副巡视员：卞建国

副巡视员：董明

内设机构：

办公室、政策法规处、规划发展处（产业促进处）、公共服务处（安全监管办公室）、综合审批服务处、新闻报刊管理处、出版管理处（古籍整理出版规划办公室）、数字出版处、印刷发行处、出版物市场管理处、宣传管理处、电影管理处、传媒机构管理处、网络视听节目管理处、版权管理处、科技处（三网融合协调处）、财务处、人事处、机关党委、工会、驻局纪检组监察组

部门领导：

办公室：

主任：王志；副主任：卢川、洪华中

政策法规处：

处长：赵红仕；副处长：王东迎

规划发展处（产业促进处）：

处长：王伟；副处长：李国新

公共服务处（安全监管办公室）：

处长：王亦君；副处长：刘民武（2017 年 11 月免）

综合审批服务处：

处长：贾丁丁

新闻报刊管理处：

处长：丁梅；副处长：张俊杰

出版管理处(古籍整理出版规划办公室)：

处长：冯献省；副处长：丁惠

数字出版处：

处长：马德献；副处长：桑润勤

印刷发行处：

处长：李国荣；副处长：王春平、邓勇

出版物市场管理处：

处长：冷文波

宣传管理处：

处长：韩云升；副处长：石东正

电影管理处：

处长：韩方海；副处长：王海楠

传媒机构管理处：

处长：喻萍；副处长：谢杰

网络视听节目管理处：

副处长：夏斐、许立国

版权管理处：

处长：卢志鹏；副处长：邢芳英、满向伟

科技处（三网融合协调处）：

处长：张春彦；副处长：安凭

财务处：

处长：荣学良

人事处：

处长：单志忠；副处长：张秋生

机关党委：

专职副书记：解楠（2017 年 12 月任职）
工会副主席：姜威
驻局纪检组监察组：
副组长：刘学文、马峥

地址：北京市东城区朝阳门内大街 55 号
邮编：100010
电话：010−64081079
网址：www.bjrt.gov.cn

北京市新闻出版广电局直属机关工会

领导成员：

工会主席：王野霏
工会副主席：姜威
经审委主任：刘国军
女工委主任：路梅
第一届工会委员会委员：王野霏、苗本长、刘国军、谢杰、满向伟、路梅、程玉生、林芳建、赵晨、马妍
工会其他组成人员：
组织委员：苗本长、刘国军、林芳建
宣传委员：程玉生、王 珏
文体委员：满向伟、赵晨、马妍
生活委员：黄景兰
福利委员：谢杰
经审委委员：张秋生、刘若昕、于娟娟、彭焘
女职工委员：安凭、赵鹤、刘思思、姚佳

下属工会单位：

北京联合出版公司工会
地址：北京市东城区朝阳门内大街 55 号
邮编：100010
电话：010−64081907
邮箱：15010166966@163.com

北京市广播电影电视局离退休人员管理服务中心

领导成员：

主　任：钱富奎
副主任：郑兵

地址：北京市东城区朝阳门内大街 55 号
邮编：100022
电话：010−64081125

北京市广播电影电视局后勤服务中心

领导成员：

副主任：邵顺荣、杨子君

内设机构：

综合科、房管科、保卫科、车管科
地址：北京市朝阳区建外大街甲 14 号
邮编：100022

电话：010－64081266　　传真：010－64081878

北京市广播电影电视局信息中心

领导成员：

主　任：郑新梅

副主任：路梅

地址：北京市朝阳区建外大街甲 14 号

邮编：100022

电话：010－65157503

北京市广播电视监测中心

领导成员：

主　任：魏利明

副主任：朱祥锋、吉春

内设机构：

综合科、监测科、安播科、技术科、网管科

地址：北京市朝阳区建外大街 14 号

邮编：100022

电话：010－65155241

北京音像资料馆（北京广播电影电视研究中心）

领导成员：

副馆长：韩浩（兼研究中心副主任）

副馆长：段燕燕（兼研究中心副主任）

内设机构：

办公室、资料部、制作部、研究部、史志部

地址：北京市东城区安乐林路 18 号

邮编：100075

电话：010－87258004

北京市广播影视作品审查中心

领导成员：

主　任：智黎明

副主任：周红颜、刘文东

内设机构：

办公室、电视剧审查科、电影审查科、网上境外引进影视剧审查科（筹）

地址：北京市朝阳区建外大街 14 号

邮编：100022

电话：010－85012245

北京市广播影视协会

（第六届理事会）

领导成员：

会长：杨淑琴

副会长：何桂芝、宋春华

常务副会长兼秘书长：智黎明

副秘书长：周红颜

监事长：王立平

监事：秦华、石鸿印

内设机构：

秘书处、《北京广播影视》编辑部

部门领导：

《北京广播影视》主编：杨淑琴、张晓爱

执行主编：胡亚利

地址：北京市朝阳区建外大街 14 号 704 室、711 室

邮编：100022

电话：010–85012430

010–85012429

北京电影协会

领导成员：

会　长：刘洪鹏

副会长：于冬、贺文进、邓永红、高军、刘明、刘敏、刘晖、孙瑞雪

秘书长：闫于京

监事长：刘学文

地址：北京市朝阳区建外大街甲 14 号

邮编：100022

电话：010–85012204

中国电影博物馆

领导成员：

馆长、党委副书记：王海平（2017 年 4 月到龄免职）

党委书记、副馆长：陈志强

党委副书记、纪委书记：李米莉

副馆长：李志斌、王健

内设机构：

办公室、财务部、组织人事部、保障部、保卫部、研究部（馆刊编辑部）、技术部（网络信息中心）、藏品部、社会教育部、活动管理部、展陈部、影院部、开发部（基本建设办公室）

部室主任：

活动管理部：
主任：王宁
组织人事部：
主任：冯雪梅
社会教育部：
主任：许鹰；副主任：齐英
研究部（馆刊编辑部）：
主任：苏志军；副主任：高宁
藏品部：
主任：张树新
财务部：
副主任：马懿
展陈部：
副主任：王小华
开发部（基建办公室）：
副主任：白俊峰
办公室：
副主任：孙丽
保障部：
副主任：林青
技术部（网络信息中心）：
副主任：赵晓清

影院部：
副主任：谢野
地址：北京市朝阳区南影路 9 号
邮编：100015
电话：010−64311588（办公室）
010−84355959（总机）
010−51654567（服务咨询电话）
传真：010−64311588（办公室）
网址：www.cnfm.org.cn

北京广播电视台

领导成员：

党委书记、台长兼北京电视台党委书记、台长：李春良

党委副书记、副台长、总编辑兼北京人民广播电台党委书记、台长：赵卫东

纪委书记、工会主席：王伟

副台长兼北京歌华有线电视网络股份有限公司党委书记、董事长：郭章鹏

副台长：苏仁先

副台长：窦晓东

内设机构：

党委办公室、办公室、研究发展部、运营管理部、媒体管理部、技术部（技术资源运行中心）、法律事务部、财务部、纪检监察部、审计部、人力资源部、工会办公室

部门领导：

党委办公室：
主任：杨秀英；副主任：蔡廷杰
办公室：
主任：张常珊；副主任：李增明、李剑（2017 年 10 月免职）
研发部：
副主任：石群峰
运营管理部：
主任：陈乐天；副主任：曹军（正处级）
媒体管理部：
主任：张冬林；副主任：耿雪梅、李洪兴（兼团委书记）、喻琳（副处级干部）
技术部：
主任：王建

法律事务部：暂无

财务部：

主任：孙成刚（2017 年 4 月任职）；

副主任：姜春海

纪检监察部：

主任：侯召国；副主任：林松雪

审计部：

主任：刘惠

人力资源部：

主任：孟庆存；副主任：刘晓辉

工会办公室：

主任：罗霄

地址：北京市朝阳区建外大街 14 号

邮编：100022

电话：010−85012020

传真：010−65157259

网址：www.bmn.net.cn

北京人民广播电台

领导成员：

党委书记、台长：赵卫东

党委副书记、总编辑：王秋

党委副书记、常务副台长：陈晓红

纪委书记：赵泽勤

副总编辑：陈晓海、李秀磊

副台长：边建、李健（任职自 2017 年 4 月 24 日）、秦晓天（2017 年 4 月 24 日退休）

总工程师：李晓晖

台长助理兼节目制作中心主任：李捷

内设机构：

办公室、总编室（播音主持管理部）、党委办公室、纪检监察审计办公室、人力资源部、计划财务部、广告管理部、工会、技术中心（总工办）、网络媒体中心（计算机中心）、八零四发射台、广播发展研究中心、媒体资料和版权部、产业发展部、品牌传播部、节目制作中心、新闻广播、城市广播、故事广播、体育广播、音乐广播、文艺广播、交通广播、外语广播、爱家广播、青年广播

注：网络媒体中心和计算机中心、技术中心和总工办、播音主持管理部和总编室合署办公

部门领导：

办公室：

主任：牟燕文；副主任：张秋萍（聘期自 2017 年 5 月 27 日）、徐学军、吴曦（援藏）、梁磊、陈博

总编室：

主任：孙巍；副主任：刘莹、谢先进、陈雪瑾（播音主持管理部副主任兼任总编室副主任）

党委办公室：

主任：许秀玲；副主任：平建学、游良婕（任职自 2017 年 9 月 26 日）、马兴（至 2017 年 9 月 26 日）

纪检监察审计办公室：

纪委副书记兼主任：陈云；副主任：王辉

人力资源部：

主任：周燕玲；副主任：马兴（任职自 2017 年 9 月 26 日）、马玉章、王浩洁（试用期自 2017 年 6 月 16 日）、游良婕（至 2017 年 9 月 26 日）

计划财务部：

主任：陈春梅；副主任：李淼、吕放

广告管理部：

副主任：陆彤（主持工作）、罗燕萍、张秋萍（至 2017 年 5 月 27 日）

广告经营中心：

主任：秦学刚；行政总监（副主任）：李康；副主任：殷宗林、张睿（试用期自 2017 年 6 月 16 日）、方乐（试用期自 2017 年 6 月 16 日）

工会：

主席：范晓茜；副主席：任怀珠、张苹（任职自 2017 年 2 月）、张丽（至 2017 年 2 月 17 日）

技术中心：

主任：张旭；副主任：刘爽、谷会敏、高素萍

网络媒体中心：

主任：郑金诗；副主任：边江、刘彤

八零四发射台：

台长：张国强；副台长：邓亚程、王春平

广播发展研究中心：

主任：王伟（任职自 2017 年 7 月 11 日）；副主任：王伟（主持工作，至 2017 年 7 月 11 日）、崔海丰

媒体资料和版权部：

主任：纪烈鸿；副主任：孙超、邢立新（试用期自 2017 年 6 月 16 日）

节目制作中心：

副主任：吕雪瑞、张友信（聘期自 2017 年 2 月 9 日）、王金成、陈彦旭（试用期自 2017 年 6 月 16 日）、牛力（至 2017 年 1 月 6 日）

新闻广播：

党支部书记：罗湘萍（至 2017 年 11 月）；台长：罗湘萍（至 2016 年 12 月 8 日）、景兵；副台长：张红力、宋梓祯、李哲勇（至 2017 年 1 月 6 日）

城市广播：

台长：李革；副台长：张延红

故事广播：

台长：孟庆煜；副台长：李琳

体育广播：

台长：蔡明可；副台长：焦钰辉（试用期自 2017 年 6 月 16 日）、张友信（至 2017 年 2 月 9 日）

音乐广播：

台长：陈京英

文艺广播：

台长：许秀玲（聘期自 2017 年 6 月 6 日）、李唯唯（至 2017 年 2 月 21 日）；副台长：牛力（聘期自 2017 年 1 月 6 日）

交通广播：

台长：唐琼；副台长：罗霄兵、延安、李哲勇（聘期自 2017 年 1 月 6 日）

外语广播：

台长：张晶宇（任职自 2017 年 7 月 11 日）；副台长：张晶宇（主持工作，至 2017 年 7 月 11 日）、曹军生

爱家广播：

副台长：伍洲彤（主持工作）

产业发展部：

主任：陈晖；党支部书记兼广播公司党支部书记：郑海涛；副主任：杨雯静、张蓉

品牌传播部：

副主任：陈炳岩、张丽（聘期自 2017 年 2 月 17 日）、郑晓慧（聘期自 2017 年 5 月 27 日）

地址：北京市朝阳区建外大街 14 号

邮编：100022

电话：010-65159125

网址：www.rbc.cn

北京电视台

领导成员：

党委书记、台长：李春良

党委副书记、总编辑：王珏

党委副书记、常务副台长：韦小玉

党委副书记、纪委书记：彭司海

党委委员、总工程师：田方

副总编辑：李岭涛（2017年3月任该职务）、艾冬云、徐滔

副台长：王澎、秦华（2017年3月任职）

内设机构：

党委办公室、办公室、总编室、研究发展部、监察审计办公室、工会办公室、人事部、计划财务部、行政部、离退休干部办公室、保卫部、广告部、基建办公室、经营管理部、总工程师办公室、制作部、播出部、动力部、技术设备管理部、转播传送部、信息网络管理部、卫视节目中心、新闻节目中心、文艺节目中心、科教节目中心、影视剧中心、财经节目中心、体育节目中心、生活节目中心、青少年节目中心、海外节目中心、动画节目中心、纪实频道节目中心、北京国际电影节运行中心

内部机构：

办公室——史志办、监察审计办公室——招投标办公室

注：青少年节目中心、海外节目中心，在台内合并为青少·海外节目中心

部门领导：

党委办公室：

主任：郝洪；副主任：孙书明

办公室：

副主任：王昕、李晗

总编室：

主任：史椰森；副主任：高鎬、刘虎

副总工程师：毕江

总工程师办公室：

主任：林平；副主任：王立冬、徐志军

研究发展部：

主任：秦新春；党支部专职书记：马克燕；副主任：刘晓隽

监察审计办公室：

主任：周久兰；副主任：周志豪

工会办公室：

主任：宗昊；副主任：陈冬

人事部：

主任：杨建忠；副主任：高扬

计划财务部：

主任：余维杰；副主任：汪红、王京梅

行政部：

主任：王晶；副主任：纪勇、卢英锁；主任助理：李雅涛

保卫部：

主任：钟强；副主任：马世飞

广告部：

副主任：姚大禹（主持工作）、张红

基建办公室：

主任：冯平；党支部专职书记：张宇青；副主任兼招投标管理工作领导小组办公室主任：朱晓宇

经营管理部：

主任：孙洪斌；副主任：戴巧玲、买剑平

卫视节目中心：

主任：马宏；副主任：李利影、程军、邵晶、郑蓉（试用）

新闻节目中心：

主任：张庆；副主任兼新闻编辑部主任：丁晓阳；编辑部副主任：王毅；副主任兼要闻采访部主任：徐京玲；要闻采访部副主任：张晓鲁；社会新闻采访部副主任：袁朴；副主任兼新闻评论部主任：刘民；副主任兼新闻专栏部主任：黄瑨；综合管理部主任：李大功

青少年节目中心：

主任：袁子勇；副主任：陈晔、张苏

文艺节目中心：

主任：潘全心；党总支书记：李兰；副主任：齐建彤、庄小红

科教节目中心：

主任：杜研；副主任：岳民、张宾、王勇

影视剧中心：

主任：张恒；副主任：郭跃进、严澍、朱礼庆

财经节目中心：

主任：宗燕红；副主任：李迎军、赵波、白平

体育节目中心：

主任：焦少波；副主任：邱大卫、宋健生、王少华

生活节目中心：

主任：赵彤；副主任：任友红、白艳军、齐学耕

动画节目中心：

主任：张帆；副主任：史月光、周方

纪实频道节目中心：

主任：严崴（试用）；副主任：周永萍

北京国际电影节运行中心：

副主任：崔岩（主持工作）

播出部：

副主任：刘宏亚、金强

制作部：

主任：郑星；副主任：王浩、孙海峰

转播传送部：

主任：朱雨稼；副主任：韩士聪

动力部：

主任：王晓龙；副主任：刘颖、侯宏炜

技术设备管理部：

主任：刘晓光

信息网络管理部：

主任：周旭辉；副主任：李湧、李程

移动云架构多通道录制系统项目组：

组长：王方

老干部办公室：

主任：刘绍芬；副主任：孟传妍

北京电视产业发展集团：

总经理：刘方平

北京京视卫星传媒有限责任公司：

董事长：牛振青

北京京视电广传媒有限责任公司：

董事长、总经理：赵峥铮

新纪实（北京）传媒投资有限公司：

董事长、总经理：曹征

北京紫禁城影业有限公司：

总经理：许建海

援疆干部：翟涛（副处级）

借调干部：马国颖（副处级）

地址：北京市朝阳区建国路甲 98 号

邮编：100022

电话：010−85336688（总机转）

传真：010−85338000

网址：www.btv.com.cn

北京歌华文化集团

领导成员：

党委书记、总经理：李丹阳

党委副书记：姜建秋、苏春华

纪委书记：肖红

副总经理：葛立智、陈工、张莉、黄春雷（集团党委委员）、王昱东、李斌

总经理助理：石海燕、高颖、秦玉良（集团党委委员）、蒋南风（集团党委委员）、戴迎春

内设机构：

党委办公室、集团办公室、企业管理办公室、资产运营办公室、人力资源办公室、计划财务办公室、研究宣传办公室、纪检监察审计部

部门领导：

党委办公室：

主任兼集团工会主席：杨志华（代理）；副主任兼工会副主席：汪健；副主任：周静

集团办公室：

主任：李丹；副主任：佟芳；安保总监：周金起

企业管理办公室：

主任：李雪；副主任：纪赢

资产运营办公室：

主任：王利；总监：周卫东

人力资源办公室：

主任：朱会东；副主任：黄月欣；总监李文武

计划财务办公室：

主任：李峰；副主任：苏京

研究宣传办公室：

主任：陈工（兼）；副主任：范颖

信息部：

主任：孙树公

纪检监察审计部：

主任：肖红（兼）

直属机构：

北京歌华文化中心有限公司：

董事长、党总支书记：黄春雷（兼）

总经理：岳进

办公室主任：张滨

北京歌华文化科技创新中心有限公司：

董事长：王昱东（兼）

总经理：刘冰

办公室主任：安雅洁

北京歌华大型文化活动中心有限公司：

董事长、党总支书记：秦玉良（兼）

总经理：高颖

办公室主任：来欣

地址：北京市东城区北小街青龙胡同1号歌华大厦14层

邮编：100007

电话：010—84186060

传真：010—84186001

网址：www.gehua.com

北京歌华有线电视网络股份有限公司

领导成员：

党委书记、董事长：郭章鹏

党委副书记、副董事长、

总经理：卢东涛

党委副书记、纪委书记、工会主席、

副董事长、常务副总经理：马健

董事、总会计师：胡志鹏

副总经理：何拥军、康朝晖、吴铭（2017年4月21日离职免职）、唐文伟

董事、副总经理、董事会秘书：梁彦军

总工程师：曾春

总经理助理：姜宏志、韩霁凯

内设机构：

战略投资部、党群工作部、纪检监察部、办公室、行政部、人力资源部、财务部、营帐中心、规划设计部、计划建设部、维护管理部、重要用户保障部、物资管理部、传送部、网管中心、信息部、集团客户部、市场营销部、新媒体中心、媒资部、大样本数据中心、稽核管理部、总工办、播控部、法务部、安全保卫部26个直属部门。

另设：城中、朝阳、海淀、丰台、石景山、门头沟、房山、大兴、通州、顺义、昌平、怀柔、密云、平谷、延庆15个分公司；北京歌华有线工程管理有限责任公司、歌华有线数字媒体公司、北京歌华益网科技发展有限公司、涿州歌华有线电视网络有限公司、歌华有线投资管理有限公司、北京歌华视讯文化有限公司、燕华时代科技发展有限公司7个一级控股子公司；北京歌华益网广告有限公司、北京歌华有线客户服务信息咨询有限公司2个二级控股子公司。

部门领导：

副总工程师：吴建林、石江明、王厚信、卢春梅（2017年12月4日退休免职）、沈文

副总经济师：田秋

副总会计师：王琰

党群工作部：

主任：黄卫京；副主任：赵国庆（2017年9月30日退休免职）、杨云、李洁（2017年3月23日任）

纪检监察部：

常务副主任：余孝纬

稽核管理部：

主任：傅蕾红；副主任：乔晓欢

办公室：

副主任：丁颖磊，倪超（2017年3月23日任）

行政部：

主任：张宁；副主任：张为尧、郁建明（2017年3月23日任）

人力资源部：

主任：方丽；副主任：王晓芳、张宇航

法务部：

副主任：朱瑞明

财务部：

主任：吴春燕（2017年11月8日离职免职）；副主任：居冬辉、李铭、杨启薇

信息部：

主任：沈文（兼）；副主任：孙灵芝、王霍南

市场营销部：

主任：韩霁凯（兼）；副主任：马麟祥、仉福江、孙国维（2017年3月23日任）

规划设计部：

主任：黄枫；常务副主任：黄国安；副主任：顾志强、刘光

传送部：

主任：王厚信（兼）；常务副主任：汤军；副主任：徐长江、李军炜

播控部：

主任：黄美莹；副主任：赵宇、李清、陈森

物资管理部：

主任：吴铭（兼；2017年4月21日离职免职）；常务副主任：史言；副主任：白莹、杨楠

安全保卫部：

主任：李洪；常务副主任：曲伟

计划建设部：

主任：黎江；常务副主任：孟宇明；副主任：满全安、夏鹏

维护管理部：

常务副主任：刘建平；副主任：于金生、李航（2017年1月24日任）

重要用户保障部：

主任：赵宏伟；副主任：马刚

战略投资部：

主任：黄铁军；常务副主任：于铁静；副主任：李昂

集团客户部：

主任：成锐；副主任：时晨阳、庄永、葛原

新媒体中心：

主任：姜宏志（兼）；副主任：赵文、胡佚、丁晓旭

媒资部：

主任：张婕；副主任：张俭、李雷

大样本数据中心：

主任：姜宏志（兼）；常务副主任：刘晓杰（2017年11月8日离职免职）；副主任：吉钰丽

营帐中心：

主任：孙景红（2017年9月30日免职）；副主任：李燃

网管中心：

主任：卢春梅（兼；2017年12月4日退休免职）；副主任：魏柏林、周捷、樊京胜（2017年1月24日任）

总工办：

主任：曾春（兼）；常务副主任：沈彤；副主任：林霖、董原（2017年1月24日任）、黄超（2017年1月24日任）

城中分公司：

总经理：潘铭；副总经理：贾文杰、石连成

朝阳分公司：

总经理：鞠维铭；副总经理：李秀珍、范雪峰、江庆红

海淀分公司：

总经理：刘宇明；副总经理：马鑫、王星

丰台分公司：

总经理：王军；副总经理：叶海星、刁立军

石景山分公司：

总经理：陈慕风；副总经理：王彬、周晓平

大兴分公司：

总经理：田秋（兼）；常务副总经理：赵寿强；副总经理：代国平

房山分公司：

总经理：郑林；副总经理：李云鹏

通州分公司：

总经理：石江明（兼）；常务副总经理：宋宝贵

门头沟分公司：

总经理：吴建林（兼）；常务副总经理：王艽军

延庆分公司：

总经理：王国庆；副总经理：王芳

顺义分公司：

总经理：王志亚；常务副总经理：李庆江；副总经理：王晓光

昌平分公司：

总经理：高巍；常务副总经理：刘芳

怀柔分公司：

总经理：缐继东；副总经理：黄宇东

平谷分公司：

总经理：李明生；常务副总经理：权晓宇

密云分公司：

总经理：郭国林；副总经理：王小明、周继旺

北京歌华有线工程管理有限责任公司：

董事长：唐文伟（兼）；总经理：王刚；副总经理：卓志祥、沈德忠；党支部副书记：朱慧珍

北京歌华有线数字媒体有限公司：

董事长：梁彦军（兼）；总经理：刘光华（2017 年 2 月 27 日离职免职）；常务副总经理：刘严；副总经理：郭伟（2017 年 3 月 23 日任）、赵宇绯（2017 年 3 月 23 日任）

涿州歌华有线电视网络有限公司：

董事长：唐文伟（兼）；总经理：周彭生；常务副总经理：贺磊；副总经理：赵守礼（2017 年 12 月 5 日离职免职）、孙广智

北京歌华有线客户服务信息咨询有限公司：

董事长：康朝晖（兼）；总经理：钱正；常务副总经理：闫宝利、邹玉华；副总经理：何琦（2017 年 3 月 23 日任）、杨治义（2017 年 3 月 23 日任）

北京歌华益网科技发展有限公司：

董事长：韩霁凯（2017 年 4 月 21 日兼任）、吴铭（兼；2017 年 4 月 21 日离职免职）；总经理：王刚（兼）；副总经理：刘昕（2017 年 5 月 25 日兼任）

东方嘉影电视院线传媒股份公司：

董事长：姜宏志（兼）；副总经理：王琰；财务总监兼综合管理中心总监：王琰（兼）；产品技术中心总监：刘夫涛；工程维护中心总监：钟军；院线运营中心总监：李兰

北京歌华益网广告有限公司：

董事长：姜宏志（2017 年 4 月 21 日兼任）、吴铭（兼；2017 年 4 月 21 日离职免职）；总经理：张晓耕；副总经理：胡佚（兼）、周轩

地址：北京市东城区北小街青龙胡同 1 号歌华大厦 7 层

邮编：100191

电话：010−96196

网址：www.bgctv.com.cn

歌华有线电视网络股份有限公司旗舰营业厅一览表

序号	营业厅名称	联系地址	联系电话
1	东城小街桥	东城区东直门北小街青龙胡同1号歌华大厦一层	59260846
2	东城夕照寺	东城区夕照寺街东玖大厦B座101（绿景馨园13号楼101）	59260848
3	西城南小街	西城区西直门南小街133号101（西派国际公寓底商）	59260847
4	西城南华里	西城区南横东街南华里10号楼底商	59260849
5	朝阳团结湖	朝阳区水碓子北里2号楼西侧底商（朝阳区地方税务局第二税务所对面）	59260842
6	朝阳劲松	朝阳区南磨房路16号院禧福汇底商7-3（平乐园路口向西200米路南）	59260841
7	朝阳管庄	高碑店街道朝阳路67号院财满街8号楼三层0301室	59260840
8	朝阳香河园	朝阳区柳芳北里12号楼东侧底商	59260843
9	朝阳望京	朝阳区望京街道望京西路首开知语城312号楼底商	59260845
10	朝阳亚运村	朝阳区慧忠北路慧忠里231号底商	57698522
11	海淀清河	海淀区清河小营桥（G6辅路）向北500米第一个路口向东100米，福美苑小区底商	59260400 59260401
12	海淀花园村	海淀区车公庄西路花园村社区8号楼1层（花园桥往东500米左右，京颐商场对面，过街天桥下路南）	59260427 59260854
13	海淀五棵松	海淀区万寿路街道西四环中路39号万地名苑底商39-6	59260438 59260439
14	海淀海淀路	海淀路50号北大资源楼东楼一层1117室（北京大学南门东侧）	59260468 59260469
15	丰台方庄	丰台区方庄紫芳园六区4号楼2-106（“方庄6号”底商）	59260860
16	丰台云岗	丰台区长云路2号院珠江御景（北门）底商10-17号	59260836
17	丰台马家堡	丰台角门18号枫竹苑2区1号楼103、203室	59260835
18	丰台科技园	丰台区育仁南路1号院4号楼204，205室（诺德中心三期16号楼2层底商）	59260861
19	丰台卢沟桥	丰台区小屯西路109号院6号楼底商	59260837
20	石景山古城	石景山区古城大街75号院3号楼底商（古城地铁站向西路口西北角塔楼底商）	59260862
21	昌平天通东苑	天通苑东二区1号楼15门（农行东侧）	57698520
22	大兴黄村	大兴区黄村镇兴华南路25号	59260867
23	房山良乡	房山区长虹西路63号	59260870
24	门头沟	门头沟区绿岛水岸小区底商	59260873

（续表）

序号	营业厅名称	联系地址	联系电话
25	顺义	顺义区拥军路2号	1490036、81492546
26	怀柔	怀柔区红乐园小区1号楼	59260877
27	延庆	延庆区东外大街57号	59260879
28	密云	密云区果园西路42号	59260872
29	平谷	平谷区文乐胡同12号	59260871
30	通州富河园	通州区安顺路301号富河园碧水明珠底商4-110	59260869、69555780

北京电视艺术中心有限公司

领导成员：

董事长兼总经理：张平

副总经理：沈然

艺术总监：郑晓龙

创作总监：李晓明

内设机构：

总经理办公室、计财部、宣发中心、策划部、技术部、导演工作室、制片人工作室、编剧工作室

下属单位：北京电视艺术中心音像出版社有限公司

地址：北京市海淀区皂君庙甲 2 号

邮编：100098

电话：010−62127625

传真：010−62115814

网址：www.btac.cn

公众微信号：beiyi1982

北京广播电视报社

领导成员：

社长：李浩

总编辑：张彪

副社长、工会主席：宋杰

副总编辑：张震

内设机构：

办公室（含组织人事部、研发部）、财务部、总编室、《北京广播电视报》编辑部、《北广人物》周刊编辑部、经营中心（含经营一部、经营二部、经营三部、新媒体中心）

地址：北京市东城区安乐林路 18 号

邮编：100075

电话：010−67117161

传真：010−67134365

网址：www.bgtv.com.cn

北京音像公司

领导成员：

总经理：颜丙利

内设机构：

企划出品部、节目制作部、技术工程部、财务部、办公室

地址：北京市东城区安乐林路 18 号

邮码：100075

电话：010－67262518

传真：010－87268961

电子信箱：bavc@bavc.com.cn

网址：www.bavc.com.cn

北京瑞特影音贸易公司

领导成员：

总经理：何公明

市场总监：顾炜

工程总监：秦磊

财务总监：孟春敏

办公室主任：赵丽艳

内设机构：

办公室、财务部、市场部、工程部

地址：北京市朝阳区建外大街 14 号一层

邮编：100022

电话：010－65155284－620~627

传真：010－65155285

网址：http：//www.ruite.cn/

北京广播电视台服务中心

领导班子：

党支部书记、主任：郭长征

副主任：常斌、张业京

总工程师：于进军

内设机构：

办公室、人事部、财务部、房屋产权管理部、后勤服务部、维修部、设备动力部、安全保卫消防部、职工食堂部

下属企业：北京广视华融经贸中心、北京声屏苑培训中心

地址：北京市朝阳区建国门外大街 14 号

邮编：100022

电话：010－85012302

传真：010－85012365

北京北广传媒数字电视有限公司

领导成员：

董事长、总经理：何公明（兼北京瑞特影音贸易公司总经理）

副总经理：艾禾、梁自珍、梁燚

内设机构：

节目部、市场部、数据部、播出部、财务部、办公室

地址：北京市海淀区皂君庙甲2号

邮编：100098

电话：010-56317887

传真：010-56317980

网址：www.bjdtv.com

北京北广传媒移动电视有限公司

领导成员：

董事长、总经理：罗晓军

副总经理：许新德

内设机构：

办公室、资产财务部、广告管理部、节目部、播出部、技术研发部、品牌部、党群工作部

地址：北京市东城区北小街青龙胡同1号歌华大厦A座809室

邮编：100007

电话：010-59260500

传真：010-59260501

网址：www.bj-mobiletv.com

北京北广传媒影视股份有限公司

领导成员：

总经理：刘国华

副总经理：张光北

内设机构：

办公室、财务部、项目部、文学部、制作部、发行部

地址：北京市东城区北小街青龙胡同1号歌华大厦B座821室

邮编：100007

电话：010-59260180

传真：010-59260181

邮箱：bamc_tv@bamc.com.cn

北京北广传媒城市电视有限公司

领导成员：

董事长、总经理：罗艳红

副总经理：李伟

总经理助理：崔娟娟

内设机构：

行政部、财务部、媒体运营部、媒体开发部、广告部、技术部

地址：北京市东城区东直门北小街青龙胡同1号歌华大厦A801室

邮编：100007

电话：010-59260088-8000

传真：010-59260066

客户专线：4007000086

网址：www.citytv.com.cn

微信服务号：bj-citytv

北京北广传媒地铁电视有限公司

领导成员：

董事长：周宇清

总经理：王军

副总经理：王莹

内设机构：

办公室、财务部、技术部、运营管理部、节目部、党群工作部

地址：北京市东城区北小街青龙胡同1号歌华大厦B座818室

邮编：100007

电话：010-81486139

传真：010-84186139

鼎视传媒股份有限公司

领导成员：

总经理：蔡恒平

常务副总经理：王健

副总经理：秦敏

技术总监：曾平

总经理助理：马宁、柳铁

董事会秘书：王文旭

内设机构：

销售部、客户服务部、传输业务部、财务部、技术部、行政人力部

地址：北京市东城区东直门北小街青龙胡同1号B820室

邮编：100007

电话：010-59260099

传真：010-59260138

邮编：100007

网址：www.topv.com.cn

北京北广置业有限公司

领导成员：

执行董事：周宇清（北京歌华传媒集团有限责任公司副总经理兼）

总经理：裴成虎

副总经理：张克英

内设机构：

办公室、财务部、前期部

授权管理单位：

北京影视城管理中心

北京现代电视艺术发展公司

北京东方艺苑物资仓储服务中心

地址：北京市朝阳区崔各庄乡南影路2号小白楼

电话：010-64325207

传真：010-64321062

邮箱：sr6567@163.com

北京中广传播有限公司

领导成员：

总经理：丁文辉

内设机构：

党务综合部、财务部、业务部、技术运维部

地址：北京市朝阳区南皋路129号4号楼

邮编：100015

电话：010-65900262

传真：010-65900262-8099

北京紫禁城影业有限责任公司

领导成员：

董事长：赵多佳

总经理、书记：许建海

内设机构：

办公室（财务部）、电影部、电视剧部、演艺经纪部

地址：北京市西城区北三环中路乙6号伦洋大厦901室

邮编：100120

电话：010-62019597、62014931

传真：010-62019597、62014931

网址：www.fcmovie.com

北京新媒体集团

领导成员：

总经理、党支部书记：金鹏

常务副总经理：蒋虎

副总经理：赵志成

财务总监：程丽君

内设机构：

党办、行政部、财务部、人力资源部、政府事务部、战略发展部、IPTV 管理部、市场及公共关系部、技术管理部以及版权部

下设子公司：

北京时间新闻媒体有限公司

北京时间股份有限公司

地址：北京市海淀区西三环北路 3 号

邮编：100089

电话：010−68102122

传真：010−68102129

网址：www.btime.com

北京市东城区文化委员会

领导成员：

党委副书记、主任：王伟东

党委书记、副主任：张恩东

副主任：郑亚东、骆桦、魏瑞峰、戚家勇

纪委书记：杨春兰（2017.11 调出）

工会主席：付东亮

行政执法队队长：杨勇

内设机构：

党委办公室、办公室、公共文化事业科、文化市场管理科（安全生产科）、文物管理科、综合审批科、演艺产业发展促进科、人事科、财务科

所属单位：

北京市东城区文化委员会行政执法队、北京市东城区第一文化馆、北京市东城区第二文化馆、北京市东城区第一图书馆、北京市东城区第二图书馆、北京市东城区文物管理所、北京市袁崇焕祠文物保管所、北京市文天祥祠文物保管所、北京市东城区第一图书馆会议中心、北京市钟鼓楼文物保管所、北京王府井古人类文化遗址博物馆、北京市东城区羊市口文化站、北京市东城区花市电影院、北京市东城区天坛南里文化娱乐中心、北京市东城区文化馆剧场、北京燕京评剧团、北京包装资料馆、北京东方国际文化交流中心

地址：北京市东城区崇文门外大街 7 号第二文化馆

邮编：100062

电话：010−67091091、67091092

传真：010−67091090

邮箱：dcqwhw@163.com

北京市西城区文化委员会

领导成员：

主任、副书记：孙劲松（兼区委宣传部副部长）

调研员：贾文静

副主任：吕丹、徐晓辉、古杨利、王顺、侯志伟

工会主席：王来明

行政执法队队长：董伟民

内设机构：

办公室、政策法规科、公共文化科、非物质文化遗产科、文化产业科、文化市场管理科、文物科、财务审计科、党群工作办公室、人事科

直属机构：

行政执法队、西城区第一文化馆、西城区第二文化馆、西城区第一图书馆、西城区第二图书馆、西城区青少年儿童图书馆、西城区文物保护研究所、西城区文物管理处、北京宣南文化博物馆管理处（北京长椿寺管理处）、西城区非物质文化遗产保护中心、北京历代帝王庙管理处、北京李大钊故居管理处、西城区社会文化管理所

地址：北京市西城区后广平胡同 26 号

邮编：100035

电话：66561230

传真：66561231

网址：wenhua.bjxch.gov.cn

北京市朝阳区文化委员会

领导成员：

党委书记、主任：高春利（2017 年 2 月 17 日任命党委书记）

副主任：潘小俪、马骏、田红梅（2017 年 8 月 4 日挂职一年）

纪委书记：吕玫（2017 年 5 月 19 日调出）

纪检组组长：刘建芳（2017 年 5 月派驻）

行政执法队队长：李冬

内设机构：

办公室、文化科、文物管理科、出版发行管理科、电视音像管理科、组宣人事科、财务基建科

下属执法机构：区文化委行政执法队

下属事业单位：北京市朝阳区文物管理所、北京市朝阳区文化馆、北京市朝阳区图书馆、北京民俗博物馆、北京朝阳京剧文化艺术中心、北京市朝阳区垡头地区文化中心、北京市朝阳区香河园地区文化中心、北京朝阳剧场、北京市紫光影城、北京市劲松电影院、北京国声京剧文化艺术中心

地址：北京市朝阳区东三环北路 36 号

邮编：100026

电话：010−65014855

传真：010−65086844

网址：http：//whw.bjchy.gov.cn/

北京市海淀区文化委员会

领导成员：

书记：刘建朝（2017 年 3 月退休）

主任：陈静（2017 年 10 月任党组书记）

副主任（行政执法队队长）：邱文忠（2017 年 5 月不在担任队长）

纪检组组长：张树杰（2017 年 12 月调出）

副主任：柳阑

行政执法队队长：卫东（2017 年 8 月任职）

内设机构：

办公室、组织宣传科、公共文化科、审批管理科、法制督察科、文物科、监察科（2017 年 8 月监察科撤销，人员转隶区纪委）

下属执法机构：文化行政执法队

下属事业单位：文化馆、图书馆、文物保护中心（博物馆）

地址：北京市海淀区颐和园路 12 号区政府综合办公楼

邮编：100080

电话：010–82617811

网址：whw.bjhd.gov.cn

北京市丰台区文化委员会

领导成员：

书记：史文彬

主任：王虹（2017 年 7 月免）、樊维（2017 年 9 月任）

副主任：刘颖

副主任：韩天顺

副主任：胡丽

行政执法队长：李正平

内设机构：

办公室（安全科）、文化科、文物科、文化市场管理科（出版发行科、版权科）、组织人事科

所属行政执法机构：文化行政执法队（下设办公室、一分队、二分队、三分队）

下属事业单位：文物管理所、图书馆、文化馆

地址：北京市丰台区西四环南路 64 号

邮编：100071

电话：010–83811361

传真：010–83811360

北京市石景山区文化委员会

领导成员：

党委副书记、主任：王亚迅

党委副书记：刘跃华

党委委员、副调研员：郑彬

副主任：郭明（文联主席兼）、杨光、王浩、白晓

执法队队长：郝卫华

副调研员：贾卫平

内设机构：

办公室、文化科、文物科、市场科、组织人事科

地址：北京市石景山区石景山路 18 号

邮编：100043

电话：010−68607158

传真：010−88680857

北京市门头沟区文化委员会

主要领导：

党组书记：曲书法

党组副书记、主任：常蓉

纪检组组长：董国岭　（2017 年 9 月 18 日免）

副主任：巩旭东（2017 年 12 月调离）、马骐、管瑞华

执法队队长：李军朝

副处级调研员：张银星

内设机构：

电话：69843315　传真：69860988

办公室、文化科、文物科、文化市场科、计划财务科、政策法规科、纪检监察科、文化行政执法队（含信息举报中心、行政执法一分队、行政执法二分队、行政执法三分队）

下属事业单位：

文化馆、博物馆、图书馆、影剧院、电影发行放映服务中心、文物事业管理所、文化创意产业促进中心

地址：门头沟区门头沟路 8 号

邮编：102300

电话： 69843315

传真： 69860988

北京市房山区文化委员会

领导成员：

党组书记、主任：冀显江

副主任：刘开平、韩民东、谭瑾

行政执法队队长：苏文江

内设机构：

办公室、文物科、文化科、市场科、行政执法队

地址：北京市房山区良乡西潞南大街甲 12 号

邮编：102488

电话：010−69352012、69352106

传真：010−69352106

网址：www.bjfsh.gov.cn

北京市大兴区文化委员会

领导成员：

区委宣传部副部长、党组书记、主任：王健

党组成员、副主任：石铭远、郝泽宏

党组成员、行政执法队队长：周武军

党组成员、副调研员：周静

工会主席：张洁

副处级调研员：于泉

内设机构：

办公室、人事教育科、文化文物科、文化市场管理科、内审科、行政执法队

下属单位：

图书馆、文化馆、文物所、北京市大兴区文化活动服务中心（北京市大兴区电影发行放映管理中心）、新华书店

地址：北京市大兴区兴华大街3段15号行政服务中心16层

邮编：102600

电话：010–81296733

传真：010–81296752

网址：www.dxwh.gov.cn

北京市通州区文化委员会

领导成员：

主任、书记：王立生

副主任：杨根萌、林长春、马俊艳

执法队长：彭绍常

内设机构：

办公室、文化市场管理科、公共文化科、政工科、财务科、非物质文化遗产保护科、文化行政执法队（下设法制科、执法一队、执法二队）

直属单位：

通州区文化馆、通州区图书馆、通州区博物馆、通州区文物管理所、通州区电影管理中心、新华书店

地址：北京市通州区中仓街道车站路27号

邮编：101100

电话：010–80574354

传真：010–80574413

北京市顺义区文化委员会

领导成员：

书记、主任：马朝龙

副主任：赵保东、白桦、王辉

党组成员：袁树旺、赵保东、白桦、王辉、

张永山、孟云会

工会主席：杭志强

内设机构：

办公室、政工科、计划财务科、文化文物管理科、文化市场管理科、著作权（广播电影电视）管理科

所属单位：

文化委行政执法队（副处级）、文化馆、图书馆、文物管理所、北京焦庄户地道战遗址纪念馆、电影放映服务中心、影剧院、新华书店

地址：北京市顺义区光明南街拥军路

邮编：101300

电话：010−69443669

传真：010−69443757

网址：www.wenhua.bjshy.gov.cn

北京市平谷区文化委员会

领导成员：

主任：王文忠

书记：胡九军（2017 年 2 月离任）、陈梦慧（2017 年 2 月—2017 年 7 月）、王文忠（2017 年 7 月任）

党组副书记：陈梦慧（2017 年 7 月任职）

纪委书记：张东胜（2017 年 7 月离任）

副主任：逯艳敏、王振红

工会主席：张东伟

执法队长：闫建华（2017 年 12 月离任）、赵海东（2017 年 12 月任职）

内设机构：

办公室、政工科、文化文物科、审批科（安全生产综合管理科）

直属单位：

文化行政执法队、图书馆、文化馆、博物馆、文物管理所、上宅文化陈列馆、文化发展服务中心、影剧院、新华书店

地址：北京市平谷区府前西街 1 号

邮编：101200

电话：010−69962871

邮箱：bgs2871@163.com

北京市怀柔区文化委员会

领导成员：

主任：夏占利

书记：陈宝明

副主任：郭大鹏、田正科、王冠蘅

执法队长：曾春根

工会主席：武学兵

副调研员：钟宏城、鲍云贤

内设机构：

办公室、政工科、财务审计科、文化科、演艺活动服务中心、行政许可和服务科、行政执法队

直属企、事业单位：

文化馆、图书馆、博物馆、电影发行放映服务中心、文物管理所、新华书店、北京炫影丽声电影放映有限公司、栖湖艺术团

地址：北京市怀柔区迎宾北路 7 号

邮编：101400
电话：010-69623483
传真：010-69633250
网址：www.hrwh.gov.cn

北京市昌平区文化委员会

领导成员：

主任、书记：刘全新
副书记：贾月林
副主任：杨广文、李爱武、胡南
工会主席：史功岐
执法队队长：刘庆华

内设机构：

办公室、市场科、文化科、文物科、文化执法大队

机关内设科室：政工科、安全办、工会、创建办

直属单位：

文化馆、图书馆、文物管理所（博物馆）、影剧院、新华书店

地址：北京市昌平区府学路 10 号
邮编：102200
电话：010-69742257
传真：010-80110182
网址：cpwhw.bjchp.gov.cn

北京市密云区文化委员会

领导成员：

党组书记、主任：郝加瑞
党组副书记：邓德喜
文化行政执法队长：李卫革
副主任：李冬雨
副主任：胡书英
工会主席：柴军

内设机构：

党政办公室、文化活动指导科、文化市场管理科、法制科、文化行政执法队

直属单位：

文化馆、图书馆、文物管理所、大剧院、电影中心、新华书店、博物馆

地址：北京市密云区西门外大街 2 号
邮编：101500
电话：010-69041925
传真：010-69085706

北京市延庆区文化委员会

领导成员：

书记 主任：叶东

副主任：刘满利、节红霞、祁明东

调研员：王燕青

副调研员：曾小军

内设机构：

政办室、财务审计科、文化科、文物科、文化市场管理科、文化行政执法队

直属单位：

文化馆、图书馆、公益电影放映中心、文物管理所、后勤服务中心、新华书店

地址：北京市延庆区高塔街 57 号

邮编：102100

电话：010−69182354

北京经济技术开发区社会发展局

领导成员：

开发区工委委员、管委会副主任：沈永刚

社会发展局局长：常宸

社会发展局副局长：张小戎

社会发展局文体广电科科长：王娜

社会发展局分管广电工作人员：李哲晖

地址：北京经济技术开发区荣华中路 15 号

邮编：100176

电话：010−67885647

传真：010−67880347

网址：http：//sfj.bda.gov.cn/cms/

北京市朝阳区广播电视新闻中心

领导成员：

中心主任：潘竞

党委书记：孙帅

副主任：洪剑斌、李昕宇、梁雪琴

专职副总编：刘振山、王曦

内设机构：

办公室（保密科）、总编室、人事科、财务科、资料室、新闻科、电视采访科、电视摄像科、电视编辑科、电视技术保障科、报纸采访科、报纸编辑科

下属事业单位：

北京朝阳传媒中心、朝阳传媒影视技术服务中心

地址：北京市朝阳区六里屯西里 3 号

邮编：100026

电话：010−65025172

传真：010−65022498

网址：http：//www.chynews.cn

北京市海淀区新闻中心

领导成员：

书记、主任：王言敏

副主任：张庆洁、刘德兴、卫东

主任助理：关心、许虔

内设机构：

办公室、电视上载审核科、媒资室、要闻部、编辑制作部、新闻采访一部、新闻采访二部、专题部、技术播出部、播音主持部、动漫制作部、事业发展部、人事科、财务科、特刊部、新媒体事业部、政务网站运营科、网络监测指导科、全媒体指挥调度科

地址：北京市海淀区西四环北路11号海淀区政府第二办公区

邮编：100195

电话：010–88437116

传真：010–88487250

网址：www.bjhdnet.com

北京市丰台区广播电视中心

领导成员：

党组书记、主任：乔晓鹏（区委宣传部副部长兼）

党组成员、副主任：王慧平、卢劼、李三鹏、刘宇

内设机构：

办公室、人事科、财务科、总编室、新闻部、社会教育部、专题部、制作部、广告部、技术播出部、新媒体部、审播室

地址：北京市丰台区西四环南路64号

邮编：100071

电话：010–63821570

传真：010–63814362

网址：www.bjftrt.com.cn

北京市石景山区广播电视中心

领导成员：

主任、党总支副书记：王国强

党总支书记、副主任：刘长成

内设机构：

办公室、党务办公室、总编室、新闻部、节目部、技术播出部、广告部、财务部

地址：北京市石景山区古城大街61号

邮编：100043

电话：010–68840434

传真：010–68840434

北京市门头沟区广播电视新闻中心

领导成员：

党组书记、主任：宋奇

党组成员、副主任：王幸国、苏燕平、班书臣

党组成员：李鹏

内设机构：

办公室、财务室、总编室、电视新闻部、电视专题部、电视制作部、广告文艺部、电视播出部、广播电台、时报编辑部、时报采写部、时报美术部、网络管理部、网络宣传部、网络评论部

地址：北京市门头沟区新桥大街 36 号

电话：010−69843348

传真：010−69843348

邮编：102300

北京市房山区广播电视中心

领导成员：

区委宣传部副部长、党组书记、主任：路建华

党组成员、副主任、机关党委书记：朱惠强

党组成员、副主任、工会主席：马琳

副主任：武宏

内设机构：

办公室、总编室、时政要闻部、社会新闻部、电视专题部、电视文艺部、广告经营部、电台直播部、电台专题部、网络运营部、评审培训部、新媒体建设部、技术科、播出部、财务科、人事科、后勤事务部、安保部、事业发展部

地址：北京市房山区良乡西潞南大街 6 号

电话：010−69374235

传真：010−69370104

邮编：102488

邮箱：FTVbgs@163.com

北京市大兴区广播电视中心

领导成员：

区委宣传部副部长、党组书记、主任：巴洪栓

党组成员、党组副书记：侯晨侠

党组成员、副主任：杜桂玲、王冬梅

党组成员、总工程师：汪俊涛

内设机构：

办公室、电台、电视台、全媒体运营部、

总编室、技术发展部、播出部、内部审计科、人事教育科、财务管理科、广告管理部、媒资管理部

地址：北京市大兴区兴政街 7 号

邮编：102600

电话：010—69244977

传真：010—69244977

网址：www.zhhxw.com

邮箱：dxgd@bjdx.gov.cn

北京市通州区广播电视中心

领导成员：

党组书记：王志刚

主任：刘磊

副主任：王雪征

副主任：王小利

副主任：高玉强

内设机构：

办公室、政工科、总编室、新闻部、专题部、评论部、网络部、电台编辑部、技术科、播出部、财务科、广告部

地址：北京市通州区新华西街 1 号

邮编：101149

电话：010—69545860

传真：010—69545860

邮箱：tzgdbgsh@126.com

北京市顺义区广播电视中心

领导成员：

党组书记、主任：宋森

副主任：李素华（2017 年 11 月调离）、杨文武、张海泉（2017 年 11 月调离）、王会永（中心工会主席）、巫俊（2017 年 11 月任职）

内设机构：

中心：办公室、政工科、财务科

广播电台：综合部、新闻部、专题部、文艺部

电视台：新闻部、专题部、文艺部、总编室、技术部、新媒体部、广告部、媒资管理部

《顺义时讯》报社：办公室、采编部、事业发展部

地址：北京市顺义区拥军路 4 号

邮编：101300

电话：010—69466677

传真：010—69463670

邮箱：sytv1994@yahoo.cn

北京市平谷区广播电视中心

领导成员：

主任：龚士宏

党组书记：王久武

副主任：于刚、邱胜章、贾春节

内设机构：

办公室、政工科、财务科、总编室、新闻科、专题科、播音科、播出科、技术科、文艺科、广告科、后勤事务科

地址：北京市平谷区旧城街 8 号

邮编：101200

电话：010−69961255

传真：010−89983716

邮箱：guangdianzhongxing@163.com

北京市昌平区传媒中心

领导成员：

党委书记、主任：刘晓梅

党委委员、纪委书记：王洪（2017 年 8 月免）

党委委员、副主任、工会主席：刘大宾

党委委员、副主任：王纲、田东伟

总工程师：王少冲

内设机构：

办公室、宣传科、政工科、财务科、技术科、资源科、总编辑部

下设单位：

昌平广播电视台、平面媒体中心、新媒体中心、媒体制作中心，媒体采访中心 5 个正科级事业单位，成立昌平传媒公司和永安城影视传媒中心 2 个全资公司

地址：北京市昌平区南环东路 1 号

邮编：102200

电话：010−69746088

传真：010−69742578

网址：www.cprt.com.cn

北京市怀柔区广播电视中心

领导成员：

主任：刘剑

党组书记：常金壮

副主任：刘金凯、杨桂霞

工会主席：赵海清

内设机构：

办公室、政工科、监察科、总编室、编辑部、新闻部、外宣部、专题部、文艺部、电台部、广告部、广播影视制作部、技术部、播出部、汤河口分站、新媒体部、演播室运营部、信

息网络安全部（备注：2017 年 11 月 20 日，按照京怀编办字〔2017〕98 号批复，成立信息网络安全部，同时不再保留监察科。）

地址：北京市怀柔区府前街 19 号

邮编：101400

电话：010–69632646

传真：010–69644232

邮箱：gdzx@bjhr.gov.cn

北京市密云区广播电视中心

领导成员：

党组副书记、主任：孙明朝

党组书记、副主任：王慧平

党组成员、副主任：陈宝国、廖玉熊

班子成员、总编室主任：石晓访

党组成员、节目制作科科长：赵雪松

内设机构：

办公室、人事科、财务科、党办室、差转台、总编室、广播电台、节目制作科、技术科、新闻科、播音科、经济科、社教科、法制科、广告文艺科、音像资料室、行政事务科、“村村响”有线广播节目播出管理中心

地址：密云区西大桥路 18 号

邮编：101500

电话：010–89095645

010–89096037

传真：010–89095645

邮箱：guangdianzhongxin@126.com

北京市延庆区广播电视中心

领导成员：

书记、主任：郭东亮（任至 2017 年 7 月）、董喜延（2017 年 7 月任职）

党组成员、副主任：贺农林、胡玖梅、孙守锴

党组成员：卢书华

内设机构：

办公室、人事科、财务科、总编室、媒体融合科、新闻科、专题科、文艺科、广播科、社教科、广告科、技术科、播控科、纸媒采访科、纸媒编辑科

所属单位：

北京市延庆区电视转播站、北京市延庆区广播电视记者站、北京市延庆区广播电视服务部

内设科室：

基层报道部、基层新闻部、党建办、工会、食堂、内保科

地址：北京市延庆区高塔街 73 号

邮编：102100

电话：010–69103462

传真：010–69103462

邮箱：yqtv102100@sina.com

北京光线传媒股份有限公司

领导成员：

法人代表：王长田

内设机构：

总裁办、财务部、内审部、证券事务部、人力行政部、法务部、品牌部、采购部、项目部、发行部、宣传部、新媒体宣传组、视频组、营销中心、制片部、艺人经纪部、彩条屋影业、青春光线影业

地址：北京市东城区和平里东街 11 号航星科技园 3 号楼 3 层

邮编：100013

电话：010−64516000

传真：010−84222188

网址：www.ewang.com

华谊兄弟传媒股份有限公司

领导成员：

法人、董事长：王忠军

副董事长、总经理：王忠磊

内设机构：

影视娱乐板块：包括电影的制作、发行及衍生业务；电视剧网剧的制作、发行及衍生业务；艺人经纪及相关服务业务；影院投资、管理、运营等业务；电影票在线业务及数字放映设备销售业务等

品牌授权与实景娱乐板块：依托“华谊兄弟”品牌价值及丰富的影视作品版权储备，优选核心区位，结合地方特色文化打造覆盖全国主要城市的影视文旅实景项目

互联网娱乐板块：主要包含新媒体、互联网游戏、粉丝经济、VR 技术及其娱乐应用等互联网相关产品

产业投资板块：以主营业务相关、具备联动空间为核心原则，投资培育优秀企业，完善华谊兄弟主营业务矩阵，不断寻找新的业绩增长点，平滑主营业务业绩波动风险

地址：北京市朝阳区新源南路甲 2 号

邮编：100027

电话：010−65805888

网址：www.huayimedia.com

北京海润影业股份有限公司

领导成员：

董事长：刘燕铭

总裁：张晓建

副总裁：赵浚凯、张小军

总监级负责人：

董事会秘书：刘晖宇

制作总监：蒋晓梅
发行总监：常君艾、张培
文学总监：孙金
新媒体总监：张春雨
财务总监：武德民
人力资源总监：刘葳葳
法务总监：唐 凡
行政总监：王存林
宣传总监：于 莉
档案中心经理：宋兆文

内设机构：

总裁办、发行部、法务部、文学部、宣传策划部、财务部、新媒体事业发展部、信息档案管理中心、人力资源部、行政部

地址：北京市朝阳区安慧北里安园5号四层
电话：010—64897799
传真：010—64935440
邮编：100107
网址：www.hairunmedia.com

北京京都世纪文化发展有限公司

领导成员：

董事长：尤小刚
副总经理：董煊、王正华、尤文铮
人事行政总监：周敬淙

内设机构：

经营部、宣传部、演艺经纪部、影视基地、办公室、财务部

地址：北京市东城区广渠门外广渠家园名敦道商厦4号楼1206室
邮编：100022
电话：010—67110812
传真：010—67177299
网址：www.zjdtv.com

北京鑫宝源影视投资有限公司

领导成员：

总经理：丁芯
副总经理：王驿、刘霄红
财务总监：赵雅丽
艺人总监：刘红梅
新媒体中心：焦红艳

内设机构：

总经办、财务部、广告部、发行部、演艺部、新媒体中心、编辑部、制作部、法务部、行政部

地址：北京市朝阳区北苑路86号院311号楼
邮编：100101
电话：010—57805288
传真：010—57561288

北京东方飞云国际影视股份有限公司

领导成员：

董事长：白彩云

总经理：白月飞

副总经理：白絮飞、陈振斌

宣传部总监、艺人经纪部总监：安然

剧本策划部总监：侯璐

综合办公室总监：柯丽芳

财务部总监：尉赟

影视后期总监：郭洋

内设机构：

财务部、行政部、后期制作部、艺人部、宣传部

地址：北京市朝阳区北苑路 86 号院 311 号楼

邮编：100101

电话：010－57805288

传真：010－57561288

网址：www.dongfangfeiyun.com

北京东王文化发展有限公司

领导成员：

董事长：张晓武

总经理：范杰

办公室主任：于莉

内设机构：

发行部、宣传部、演艺经纪部、办公室、财务部

地址：北京市朝阳区朝外大街 3 号山水广场 B 座 1102

邮编：100020

电话：010－65516019（传真转 8002）

邮箱：dwwh2601@sina.com

网址：www.bjdwwh.cn

大唐辉煌传媒有限公司

领导成员：

董事长： 王辉

总经理：袁春雨

内设机构：

文学策划部、制作部、电影事业部、新媒体部、发行部、娱乐营销部、艺人经纪部、宣传策划部、影视基地、财务部、人力资源及行政部、法务部

地址：北京市朝阳区慧忠里 233 号中南文化大厦 3 层

邮编：100101

电话：010－82961395　010－82961399

传真：010－82961396

网址： www.dthh.com.cn

四达时代集团

领导成员：

董事长兼总裁：庞新星

内设机构：

董事会办公室、总裁办、大视频事业部、海外市场拓展中心、品牌市场部、技术中心、海外拓展支持部、终端事业部、研究院、项目管理办公室、技术支持事业部、媒体数字化事业部、技术中心、传媒事业部、海外事业部、投资管理部、项目融资部、运维中心、人力资源中心、财务中心、商务中心、战略采购办公室、信息中心、法务中心、监审部、行政中心、宣传部、公共事务部、合作伙伴关系部、定额与质量管理部、技术评审部、工程质量监理部、成本合约部、基建工程中心、秦皇岛管理部

地址：北京经济技术开发区科创十四街5号院

邮编：100176

电话：010－53012998

传真：010－53012997

网址： www.startimes.com.cn

北京国立常升影视文化传播有限公司

领导成员：

董事长：张国立

内设机构：

地址：北京经济技术开发区科创十四街5号院

邮编：100176

电话：010－53012998

传真：010－53012997

网址： www.startimes.com.cn

获奖作品

北京市广播影视协会 2016 年度优秀广播电视节目评选结果（151 件）

一、广播类作品

广播新闻（33 件）

短消息：北京现代沧州工厂竣工投产 京津冀最大产业协同项目落地

北京人民广播电台　戚天

短消息：全国首颗中学生参与研制的卫星升空

北京人民广播电台　吴思

长消息：通州出现世界首个现场整体 3D 打印房屋

北京人民广播电台　郭雅婧

长消息：中国元素和中国制造风靡里约

北京人民广播电台　王爽

长消息：曹文轩获国际安徒生儿童文学奖

北京人民广播电台　戴蔚然

连续及系列报道：政务 APP 大调查

北京人民广播电台　吴思、蔡贺涓

评论：“达成共识”不是制定政策的根本，采暖季治霾不能转嫁由百姓承担

北京人民广播电台　任雪娇

评论：民航法实施二十年后终修订，乘客与航空公司权责不对等

北京人民广播电台　王琛琛

新闻专题：告别清华园，老站房见证新京张

北京人民广播电台　肖若昕

新闻专题：民航“黑名单”——不合法理又如何有效

北京人民广播电台　肖若昕

社教专题：如何对校园欺凌说不

北京人民广播电台　高傲、秦天

新闻栏目：新闻大视野

北京人民广播电台　新闻广播集体

社教栏目：人物空间

北京人民广播电台　刘利、刘继彤、孟庆煜、李琳、李志南、白钢

新闻访谈：专访“陈满案”平反推动者程世蓉—— 一棵稻草的力量

北京人民广播电台　李锐

新闻访谈：外交官眼中的卡斯特罗——访中国前驻古巴大使徐贻聪

北京人民广播电台　郝爽、黄彦

新闻访谈：最好的告别——生前预嘱，我选择尊严离去

北京人民广播电台　刘彬、白琳、詹一

新闻编排：2016 年 12 月 22 日《交通新闻》早间版

北京人民广播电台　程艳

新闻编排：回眸 2016，收获温暖和幸福；展望 2017，放飞梦想与希望——《北京新闻》岁末特别报道

北京人民广播电台　王彦、郑晨

组织策划：“非遗时光”大型抢救性采访报道

北京人民广播电台　北京电台集体

组织策划：我的家风故事

北京人民广播电台　李锐、孙畅、刘慧、康利玻

长消息：荷兰足球教练到大兴区中学授课

大兴区广电中心　曹蕾、房晓鹏、靳石萌、杨颖

短消息：种林子卖空气

房山区广电中心　王小原、赵晶晶、陶枫、王磊

长消息：山崩脱险

房山区广电中心　张佳佳、汪学武、朱晶、王雨佳

长消息：强降雨导致流村镇南雁路多处路面塌陷 我区及时组织抢险救援

昌平区广电中心　张美鸾、李楠、杨志来、孙学进

专题：一对“80”后夫妻的田园梦

昌平区广电中心　张易柳、李楠、孙铭阳、郝金钰

社教专题：“环保奶奶”贺玉凤

延庆区广电中心　赵倩女、王晶、滕薇、吴佳羽

长消息：花彤蜂蜜在京津冀食品行业中第一个获得“生态原产地保护产品”品牌

密云区广电中心　黄晨昭、张晓娜、赵丽、段晓稳

新闻专题：张博研卖房救母彰显人间大爱

密云区广电中心　黄晨昭、石建新、张博研、孔亚青

系列报道：系列录音报道——《志愿者风采》

怀柔区广电中心　李晓红、冀莹、任欢、陈丽芸、王德林、姜春妍

长消息：泉河街道邻里节：台湾同胞与社区居民共享邻里盛宴

怀柔区广电中心　冀莹、吴晶晶、任欢、肖军

长消息：乡村来了淘宝店 村民买卖不犯愁

平谷区广电中心　张鳌、王焱

专题：吴秀英诠释母爱十一年

顺义区广电中心　集体

专题：延续历史文脉 留住城市副中心基因

通州区广电中心　集体

广播境外播出（4 件）

专题：水—— 一个村庄的命运

北京人民广播电台　曹军生、张悦、洪新

专题：三集系列专题——孙中山的北京足迹

北京人民广播电台　戴蔚然

专题：跨越时空的对话——纪念莎士比亚与汤显祖逝世 400 周年特别节目

北京人民广播电台　刘兴宇、左天驰、徐帅

专题：大交通提速美丽京津冀

北京人民广播电台　戴蔚然

广播播音与主持（11 件）

播音作品：时光唱片之《莉莉 · 玛莲》

北京人民广播电台　唐甜甜

主持作品：为古墓丝织品带来新生的闫丽

北京人民广播电台　刘思伽

主持作品：对话中国航天幕后的无名英雄

北京人民广播电台　李锐、孙畅

主持作品：远航是船长的方向——里约专访航海家郭川

北京人民广播电台　惠凡

主持作品：奥斯卡趣谈

北京人民广播电台　王异戈、Rose

播音作品：小清河上的“漂流族”

房山区广电中心　朱晶

播音作品：腊月，怀念一种花

昌平区广电中心　李楠

播音主持：6 月 20 日《延庆新闻》

延庆区广电中心　杨竣翔

播音主持：金色年华

怀柔区广电中心　李晓红

播音作品：长征——十送红军

顺义区广电中心　张雨欣

播音作品：不曾逝去的战友情

通州区广电中心　李凡凡

广播文艺（10件）

音乐节目：丝路传说

北京人民广播电台　张鹏飞、白钢

音乐节目：百鸟朝凤

北京人民广播电台　张欣、梁言、孟孟

音乐节目：小诺的歌

北京人民广播电台　关晓松、陈光、马笑宇

音乐节目：无处不爵士的新奥尔良

北京人民广播电台　常晓航

戏曲曲艺节目：一出戏救活一个剧种——回首昆曲《十五贯》排演历程

北京人民广播电台　尚远、张宏、闫乔锋

戏曲曲艺节目：旧时风物——说“堂会”

北京人民广播电台　尚远

长篇连播节目：红案白案

北京人民广播电台　张璐、梁言、胡汀兰、张蓉

综艺节目：长征——难忘的回忆

北京人民广播电台　张鹏飞、郭兆龙、李玲

广播剧：系列微广播剧（三部）

北京人民广播电台　徐然、李唯唯、郝卫群、王为、唐甜甜、郭楚函等

广播广告节目：放下手机 陪陪孩子

北京人民广播电台　王雪、董珂

二、电视类作品

电视新闻（57件）

长消息：生命的接力 25岁山东小伙捐献器官 有望挽救7人

北京电视台　田海燕、褚文胜

长消息：19厘米超长3D打印脊椎植入 救治恶性脊椎肿瘤患者

北京电视台　贾湧强

长消息：网民主动抵制谣言 为坚守者点赞传播正能量

北京电视台　贾元真、艾军

短消息：首条入京特高压输电通道配套工程全面完工 今夏北京将首用特高压电

北京电视台　叶红、王陆华

系列报道：寻踪长征路

北京电视台　集体

系列报道：关注出租车改革新政

北京电视台　陈晶磊、张辉

系列报道：快递行业火爆 包装垃圾去哪儿了

北京电视台　陈思如、韩鹏健

评论：“限塑令”为何名存实亡?

北京电视台　国培源、刘祺、杨玉卓、武奕

现场直播：应对强降雨 我们在行动

北京电视台　集体

专题：天使之约

北京电视台　邵晶、李潇、王晓晖、王迪

专题：北京城市副中心・考古进行时

北京电视台　集体

专题：网络直播探秘

北京电视台　沈澜、王策、李岩、张浩

专题：《征途》第四集

北京电视台　宋北光、李谦

专题：换房之痛

北京电视台　宋北光、周晓琳、马春梅、白磊

专题：《春潮》——习近平总书记 2.26 视察北京两周年第一集：两年回首

北京电视台　集体

栏目：《最北京》

北京电视台　集体

栏目：《四海漫游》

北京电视台　集体

栏目：《北京您早》

北京电视台　集体

新闻编排：12 月 6 日《法治中国 60’》

北京电视台　董炬光、冯旭、高婉梅

新闻访谈：韶山记忆——毛泽东 32 年后回家

北京电视台　王未央、白红洁、左博、曾珍

新闻访谈：《大家谈》第一季第一集——守护蓝天

北京电视台　刘民、张民、米红、李昂、吕雅堃、徐磊

组织策划：聚焦杭州 G20

北京电视台　集体

新闻专题：共享单车 助力绿色出行

新新传媒党建节目部　柳秀彬、王溪原、司文

新闻专题：忆延安荣誉军人学校往事（上、下）

新新传媒党建节目部　张维、邱虹程

新闻专题：“金手天焊”高凤林

新新传媒党建节目部　李超毅、张圆、杜宽

新闻专题：风口下的网红直播（上，下集）

新新传媒党建节目部　柳秀彬、魏宇泽、卫世雄

新闻专题：深山里的别样青春

新新传媒党建节目部　康宁、黄栋、邱虹程

新闻专题："幕"然回首——人艺回忆录

新新传媒党建节目部　王文辉、邱虹程、张永钱、康宁

系列报道：我的中国"芯"

新新传媒党建节目部　李超毅、王艾、张圆、姚禹彤

新闻专题：从严治党和广大群众有啥关系

新新传媒党建节目部　柳秀彬、魏宇泽、邱虹程、卫世雄

专题：梁会兰：在这里我有很多个家

北京北广传媒移动电视有限公司　刘军、侯超、闫新疆、薛霞

组织策划：G20 全景直播报道

北京新媒体（集团）有限公司　集体

新闻专题：电商来了！实体店老了？

北京新媒体（集团）有限公司　集体

现场直播：不容错过的神舟与日月同辉壮美升空

北京新媒体（集团）有限公司　宁文茹、姜力、桂哲

新闻访谈：永远的丰碑直播专题报道

北京新媒体（集团）有限公司　海伦、吴志勇、李晖、许佳鹏、杨静文、胡洲

新闻访谈：双十一剁了谁的手？

北京新媒体（集团）有限公司　集体

新闻专题：独家专访景海鹏父母

北京新媒体（集团）有限公司　宁文茹、戴元初、齐韫、颜赛赛

新闻访谈：《唐山 1926——2016 那城那人，涅槃重生》唐山大地震四十周年特别节目

北京新媒体（集团）有限公司　集体

长消息：冰雹突袭 大兴农业受灾严重

大兴区广电中心　王剑秋、王真、麻强、罗燕东

专题：千年古镇——长辛店

丰台区广电中心　赵剑、芦伟

长消息：窦店村："红"包年年有 今年又"厚"了

房山区广电中心　孙静、李晓鹏

连续报道：用爱心铺就快乐成长旅程

门头沟区广电中心　何硕文、耿伟、何依锋、康金洁

长消息：京西最大"吸水海绵"即将整体竣工

海淀区新闻中心　刘悦、贾宇航

消息：北京首例网络司法确认在昌平落地

昌平区广电中心　朱玉婷、李康、高云飞、赵利

电视专题：小鹿，快跑

昌平区广电中心　岳禹宁、王强、闻涛、刘洋

短消息：为了首都蓝天 延庆区严查大货车尾气

延庆区广电中心　古大鹏、张莹、付昂、杨铮

长消息：应对 8.12 强降雨，安全转移 3584 人无伤亡

密云区广电中心　田晓娟、梁斯钰、贾晓玉

短消息：新农合跨区域合作 怀柔山区农民看病更方便

怀柔区广电中心　杜治平、冀莹、刘学、张倩

长消息：精准扶贫让低收入村农民乐起来——林下经济示范项目助推精准扶贫政策落地开花

怀柔区广电中心　陈丽云、雷宇光、喻星、郭晓伟

系列报道：绿色生态怀柔：公共自行车投入使用

怀柔区广电中心　陈丽云、范静远、雷宇光、喻星、贾贤、崔丹

长消息：行走在田间地头的“科技保姆”

平谷区广电中心　张鏊、王焱

短消息：罗红摄影艺术馆 成学生环保课堂

顺义区广电中心　王杰庆、刘全军、李虹键

社教专题：尾菜制肥还田：“顺义模式”破解循环利用难题

顺义区广电中心　李朔峥、马祎、季笑然、刘立佳、方攀

长消息：奥运五环标志永久落户朝阳

朝阳区广电中心　集体

专题：相伴四十二载 用爱点亮丈夫的生命之路

通州区广电中心　王蕾、张嘉康、张斌、付涛

栏目：《百姓诵读》

石景山区广电中心　李仓卯、刘梦辰、穆青、王国强、贺启公

纪录片：我要去支教——郎庆荣

石景山区广电中心　集体

电视境外播出（3 件）

专题：中国梦 365 个故事——生命线

北京电视台　吴群、王宇、李淼

消息：跑步社交

北京电视台　张苏、张晓彦、吕敬、彭萌萌

专题：男旦传承面临挑战

北京电视台　张苏、张晓彦、吕敬　肖鹏

电视播音与主持（15 件）

主持作品：《跨界歌王》总决赛

北京电视台　张栗坤

主持作品：《跨越 2016》新闻直播

北京电视台　马迟

主持作品：“金头盔”是怎样炼成的（上）

北京电视台　邹晔纬

主持作品：冬季控压防“伤心”

北京电视台　刘洪悦

主持作品：毛泽东 32 年后回家

北京电视台　孙宇

主持作品：12 月 23 日《信息高速路》

门头沟区广电中心　杨央

主持作品：9 月 27 日《海淀新闻》

海淀区新闻中心　夏铭辰

播音主持：10 月 22 日《昌平新闻》

昌平区广电中心　李曦美

主持作品：11 月 2 日《魅力新农村》

延庆区广电中心　滕薇

主持作品：珍爱生命，远离毒品

密云区广电中心　杨威

播音主持：12 月 26 日《怀柔新闻》

怀柔区广电中心　庚佳

播音作品：12 月 29 日《平谷新闻》

平谷区广电中心　侯晓峰、王艳凤

播音作品：9 月 16 日《顺义新闻》

顺义区广电中心　袁俊杰、姜晶

主持作品：“追星”的孩子

朝阳区广电中心　董喆

主持作品：网约车合法化 几家欢乐几家愁

通州区广电中心　吴小强

电视文艺（17 件）

动画节目：最可爱的人

北京电视台　集体

综艺节目：跨界歌王

北京电视台　集体

综艺节目：2016 年北京电视台春节联欢晚会

北京电视台　集体

综艺节目：传承者之中国意象

北京电视台　集体

综艺节目："奥运之城 冰雪邀约"2017BTV 跨年环球歌会

北京电视台　集体

综艺节目：音乐大师课（第二季）

北京电视台　吴英东、张玲、曹扬、栗坤

纪录片：红军不怕远征难

北京电视台　集体

纪录片：大西山

北京电视台　王淳华

纪录片：融通之路

北京电视台　集体

纪录片：《瓷痴》（上、下）

北京电视台　钱丹丹、齐芳、马勇杰

纪录片：90 后的豆汁店

北京电视台　钱丹丹、宋小朋、何旭刚

文艺专题节目：第六届北京国际电影节开幕式

北京电视台　集体

科普节目："世界艾滋病日"特别节目

北京电视台　集体

文学节目：毛泽东诗词的故事

北京电视台　集体

广告节目：系好安全带，守住生命线

北京电视台　集体

电视艺术片：从前慢宣传片

北京北广传媒移动电视有限公司　阎絮、侯超、于雪颖、闫新疆、王琛

综艺节目：《竞技风云》银川站

北京北广传媒移动电视有限公司　集体

三、报刊类作品

《新广播》报（1 件）

通讯：直击暴雨十二小时

北京人民广播电台　薄莹

（北京市广播影视协会）

注：入选"2016 年度北京市优秀广播电视节目"作品名单不再在各单位获奖名单中体现。

北京市 2016 年度传播机构类公益广告扶持项目一览表

类别	序号	机构名称
一类	1	北京广播电视台
	2	北京市石景山区广电中心
	3	北京市大兴区广播电视中心
	4	北京市房山区广播电视中心
	5	北京市通州区广播电视中心
	6	北京市延庆区广播电视中心
二类	7	北京市昌平区广播电视中心
	8	北京市朝阳区广播电视新闻中心
	9	北京市顺义区广播电视中心
	10	北京爱奇艺科技有限公司
	11	北京市怀柔区广播电视中心
	12	北京市丰台区广播电视中心
	13	北京市密云区广播电视中心
	14	北京市门头沟区广播电视中心
	15	北京市平谷区广播电视中心
	16	北京市海淀区新闻中心
三类	17	北京百度网讯科技有限公司
	18	北京恒友联合咨询有限公司
	19	北京音像公司
	20	北京江达科技发展有限公司
	21	北京歌华有线电视网络股份有限公司
	22	祎珈传媒（北京）有限公司
	23	超维（北京）文化传播有限公司
	24	中传视友（北京）传媒科技有限公司

北京市 2016 年度广播类公益广告作品扶持项目一览表

类别	序号	作品名称	报送机构
一类	1	长征胜利80周年——丰碑篇	北京广播电视台
	2	文明上网 做文明网民	北京市延庆区广播电视中心
	3	诚信经营	北京广播电视台
	4	非遗保护文化遗产	北京广播电视台
	5	爱护小鸟	祎珈传媒（北京）有限公司
	6	嘘，小声点	北京广播电视台
二类	7	孝老爱亲 弘扬中华传统美德	北京市密云区广播电视中心
	8	惠农政策暖民心	北京市平谷区广播电视中心
	9	汇聚点滴爱心 传递世间温情	北京市昌平区广播电视中心
	10	美丽中国——绿色的声音	北京广播电视台
	11	瓷器	北京音像公司
	12	守护	北京市房山区广播电视中心
	13	敬老爱老——等一等父母	北京广播电视台
	14	走失的小山雀	北京广播电视台
	15	投资理财需谨慎	北京市延庆区广播电视中心
	16	好家风 代代传 能兴家 能兴国	北京妫川银羽广告设计工作室
三类	17	书写强军青春梦	北京广播电视台
	18	移风易俗 拒绝鞭炮	北京市延庆区广播电视中心
	19	给孩子留一片蓝天	北京广播电视台
	20	我的极品老妈	北京广播电视台
	21	姑娘，如果你不吸烟会更漂亮——身心健康的女人最美丽	北京妫川银羽广告设计工作室
	22	美丽中国——低碳的早晨	北京广播电视台
	23	家风育人 传承子孙	北京市密云区广播电视中心
	24	不要遗弃动物	北京江达科技发展有限公司
	25	不当低头族	超维（北京）文化传播有限公司
	26	长征胜利80周年——十送红军	北京广播电视台
	27	留守孩子的信	北京市平谷区广播电视中心
	28	保护知识产权我们在行动	北京市房山区广播电视中心
	29	星星的世界	北京广播电视台
	30	节约用水	北京中韩友谊跆拳道俱乐部

（续表）

类别	序号	作品名称	报送机构
	31	爸爸的新车	北京广播电视台
	32	世界无车日	北京广播电视台
	33	一水多用	北京恒友联合咨询有限公司
	34	人类的伙伴	北京音像公司
	35	不一样的风景	北京广播电视台
	36	敬老爱老——妈妈和我	北京广播电视台

北京市2016年度电视类公益广告作品扶持项目一览表

类别	序号	作品名称	报送机构
一类	1	珍爱生命带上安全	北京广播电视台
	2	现场急救你学得会系列片——心肺复苏篇1	北京广播电视台
	3	京绣匠心 代代传承	北京市房山区广播电视中心
	4	新二十四孝	北京广播电视台
	5	身边都是老街坊	北京市石景山区广播电视中心
	6	中华礼仪	超维（北京）文化传播有限公司
二类	7	弘扬社会主义核心价值观之诚信篇	北京市朝阳区广播电视新闻中心
	8	寻找曾经的年味儿	北京太合瑞视文化传媒有限公司
	9	拥抱	北京广播电视台
	10	《安全生产拍手歌》	北京市门头沟区广播电视新闻中心
	11	母亲节	恋美汐影视文化传媒（北京）有限公司
	12	信仰的力量	北京广播电视台
	13	人生如棋	北京市平谷区广播电视中心
	14	阅读 分享 快乐	祎珈传媒（北京）有限公司
	15	《爱到最美是陪伴》	北京市大兴区广播电视中心
	16	中国需要更多的匠人	北京音像公司
三类	17	海洋	北京恒友联合咨询有限公司
	18	《生命伞》	北京市门头沟区广播电视新闻中心
	19	弘扬社会主义核心价值观之深夜篇	北京市朝阳区广播电视新闻中心
	20	安全就在我们身边	北京市石景山区广播电视中心
	21	《传统美德儿歌篇》	天地升华（北京）国际文化传播有限公司

（续表）

类别	序号	作品名称	报送机构
	22	关注年迈父母	北京广播电视台
	23	礼让慢行 文明行车	北京文峰祥康文化传媒有限公司
	24	环保进课堂——中国犀牛	一品盛世文化传播（北京）有限公司
	25	传承	北京市石景山区广播电视中心
	26	保护地球——黑板粉笔画	北京江达科技发展有限公司
	27	建设北京城市副中心 今天看你们	北京市通州区广播电视中心
	28	我是中国人	北京广播电视台
	29	植树播绿	北京中智瀚金文化传媒有限公司
	30	《孩子，你在哪儿》	北京爱奇艺科技有限公司
	31	新年童谣公益广告	北京广播电视台
	32	《向榜样学习 两学一做》系列公益宣传片	北京广播电视台
	33	八旬老人 十六年助学路	北京市通州区广播电视中心
	34	关爱星星的孩子B	蓝海天扬影视文化有限公司
	35	为党和人民的事业增添正能量	北京广播电视台
	36	勇于对陌生人说不	北京广播电视台
	37	伸出双手 让爱一起飞	北京市昌平区广播电视中心
	38	《和谐生活文明延庆》	北京市延庆区广播电视中心
	39	最幸福的一天	北京广播电视台
	40	九九重阳	北京市丰台区广播电视中心
	41	健康素养	北京广播电视台
	42	《万物生长，和谐共存》	北京中视雅韵文化传播中心
	43	生态文明我先行2	北京创新联盟影视多媒体科技有限公司
	44	《燃气安全》系列动画4	顺义电视台
	45	《心灵的呼唤》	众和佳映（北京）文化传媒有限公司
	46	平安怀柔	北京市怀柔区广播电视中心

注：获得“2016年度广播、电视、传播机构类公益广告”扶持的作品名单不再在各单位获奖名单中体现。

（北京市新闻出版广电局传媒管理处）

2017 年北京影视出版创作基金奖励项目网络视听节目征集评选优秀作品名单

一、优秀网络剧（1 部）

《法医秦明》 搜狐视频

二、优秀网络电影（9 部）

1.《特种兵王 2 使命抉择》 爱奇艺
2.《老九门之二月花开》 爱奇艺
3.《屋顶上的猫》 优酷网
4.《逆时光》 汽车之家
5.《和你一样》 视友网
6.《逆风飞翔》 视友网
7.《对望》 视友网
8.《当琴谱被微风吹起》 视友网
9.《舒姐》 千龙网

三、优秀网络纪录片（10 部）

1.《最美中国》（第一季） 优酷网
2.《了不起的匠人》（第二季） 优酷网
3.《双城记》 优酷网
4.《正北偏北》 汽车之家
5.《老茶馆》 视友网
6.《柳说》 搜狐视频
7.《追梦》 搜狐视频
8.《朱祖延》 视友网
9.《我们》 视友网
10.《镌刻在雪域高原的忠诚》 乐视网

四、优秀网络动画（7 部）

1.《西游记的故事》 酷米网
2.《乐可音乐 +》 乐视网
3.《无敌小鹿儿歌篇》 爱奇艺
4.《阿狸布塔故事集》 酷米网
5.《大吉成长记第二季》 酷米网
6.《和女儿的日常》 酷米网

7.《无敌极光侠》 酷米网

五、优秀网络视听综艺节目（9 个）

1.《奇葩说》第四季第九期 爱奇艺
2.《读书人》第一季第一期 优酷网
3.《了不起的孩子》第二季第三期 爱奇艺
4.《谢谢你，伦敦》第九集 乐视网
5.《胜利的游戏》第一季第一期 优酷网
6.《好好吃饭吧》第二期 乐视网
7.《超次元偶像》 优酷网
8.《我要上蒙面》第一季第十期 乐视网
9.《星月私房话》第五季第十五期 乐视网

六、优秀专业类视听节目（10 个）

1.《青衣佐刀：冰山上的成人礼节》 优酷网
2.《你朋友圈里，最缺的一张旅行照片》 汽车之家
3.《我是博物馆讲解员》 优酷网
4.《跟着古诗 梦回丝路》 宣讲家网站
5.《行止无愧天地——记中国工程院院士陆钟武》 视友网
6.《天舟一号总调度贺勇：天舟一号任务他准备好了》 北京网络广播电视台
7.《“千龙微视”——4000 多名中外记者聚焦“一带一路”国际合作高峰论坛》 千龙网
8.《戛纳时光》第二期 时光网
9.《2016 乐坛新手上路指南》 音悦网
10.《4868 米无人区的守护，雪域天路尽头的“云端哨卡”》 北京网络广播电视台

注：获得“2017 年北京影视出版创作基金奖励项目网络视听节目征集评选优秀作品”的作品不再在各单位获奖名单中体现。

（北京市新闻出版广电局网络处）

2017年北京人民广播电台获奖作品一览表

奖项名称	获奖作品	届数	奖项等级	获奖部门及人员
北京新闻奖	“非遗时光”大型抢救性采访报道	第26届	组织策划	集体
北京新闻奖	长消息：梅葆玖先生的最后一次公开演讲	第26届	一等奖	王　博　连新元
北京新闻奖	新闻专题：告别清华园，老站房见证新京张	第26届	一等奖	肖若昕
北京新闻奖	新闻编排：回眸2016 收获温暖和幸福 展望2017 放飞梦想与希望——北京新闻岁末特别报道	第26届	一等奖	王　彦　郑　晨
北京新闻奖	评论：“达成共识”不是制定政策的根本，采暖季治霾不能转嫁由百姓承担	第26届	一等奖	任雪娇
北京新闻奖	专题（境外）：跨越时空的对话——纪念莎士比亚与汤显祖逝世400周年特别节目	第26届	一等奖	刘兴宇　左天驰　徐　帅
北京新闻奖	长消息：通州出现世界首个现场整体3D打印房屋	第26届	二等奖	郭雅婧
北京新闻奖	连续报道：政务APP大调查	第26届	二等奖	吴　思　蔡贺涓
北京新闻奖	新闻专题：民航“黑名单”——不合法理又如何有效	第26届	二等奖	肖若昕
北京新闻奖	新闻访谈：专访“陈满案”平反推动者程世蓉——一棵稻草的力量	第26届	二等奖	李　锐
北京新闻奖	短消息：全国首颗中学生参与研制的卫星升空	第26届	三等奖	吴　思
北京新闻奖	长消息：中国元素和中国制造风靡里约	第26届	三等奖	王　爽
北京新闻奖	长消息：曹文轩获国际安徒生儿童文学奖	第26届	三等奖	戴蔚然
北京新闻奖	评论：民航法实施二十年后终修订，乘客与航空公司权责不对等	第26届	三等奖	王琛琛
北京新闻奖	社教专题：如何对校园欺凌说不	第26届	三等奖	高　傲　秦　天
北京新闻奖	社教栏目：人物空间	第26届	三等奖	刘　利　刘继彤　孟庆煜 李　琳　李志南　白　钢

（续表）

奖项名称	获奖作品	届数	奖项等级	获奖部门及人员
北京新闻奖	新闻访谈：最好的告别——生前预嘱，我选择尊严离去	第26届	三等奖	刘　彬　白　琳　詹　一
中国新闻奖	广播访谈：专访“陈满案”平反推动者程世蓉———棵稻草的力量	第27届	二等奖：	李　锐
中国新闻奖	广播编排：12月31日 回眸2016，收获温暖和幸福；展望2017，放飞梦想与希望——《北京新闻》岁末特别报道	第27届	三等奖	王　彦　郑　晨
中国新闻奖	国际传播（广播专题）：跨越时空的对话——纪念莎士比亚与汤显祖逝世400周年特别节目	第27届	三等奖	刘兴宇　左天驰　徐　帅
中国广播新闻节目创优评析	新闻访谈节目：专访“陈满案”平反推动者程世蓉———棵稻草的力量	2016年度	一等奖	李　锐
中国广播新闻节目创优评析	新闻节目编排：2016年12月22日《交通新闻》早间版	2016年度	一等奖	程　艳
中国广播新闻节目创优评析	最佳新媒体传播：2016北京车展系列报道	2016年度	一等奖	集体
中国广播新闻节目创优评析	消息：梅葆玖先生的最后一次公开演讲	2016年度	二等奖	王　博　连新元
中国广播新闻节目创优评析	系列报道：奥运家书	2016年度	二等奖	集体
中国广播新闻节目创优评析	评论：民航法实施二十年后终修订，乘客与航空公司权责不对等	2016年度	二等奖	王琛琛
中国广播新闻节目创优评析	评论：交通疏堵也应注重民意疏导	2016年度	三等奖	连新元　石　悦
中国广播新闻节目创优评析	新闻访谈节目：看见了，就不能背过身去！——专访王选	2016年度	三等奖	于　浩
中国广播新闻节目创优评析	消息：中国元素和中国制造风靡里约	2016年度	三等奖	王　爽
中国广播新闻节目创优评析	新闻现场直播：《市民对话一把手·北京新表达》北京两会现场直播	2016年度	三等奖	张　锋　黄　彦　曹一楠　聂一晶　刘　冰　章　维　郝　爽　刘　聪
中国广播新闻节目创优评析	线下活动：“V蓝·北京——我的环保日记”互动传播公益行动	2016年度	优秀线下活动奖	集体

（北京人民广播电台）

2017年度北京电视台获奖作品一览表

奖项名称	获奖作品	届数	奖项等级	获奖部门及人员
中国新闻奖	“限塑令”为何名存实亡	第27届	三等奖	新闻
中国新闻奖	《中国梦365个故事》之《生命线》	第27届	三等奖	新闻
电视文艺“星光奖”	北京电视台2017年春节联欢晚会	第25届	电视综艺节目大奖	文艺
电视文艺“星光奖”	音乐大师课（第三季）	第25届	少儿电视节目大奖	卫视
电视文艺“星光奖”	传承者之中国意象（第二季）	第25届	电视文艺栏目大奖——提名作品	卫视
电视文艺“星光奖”	最可爱的人	第25届	电视动画节目大奖——提名作品	动画
北京新闻奖	“带本书给家乡的孩子”第四季之爱心长征路	第26届	组织策划奖	新闻
北京新闻奖	首条入京特高压输电通道配套工程全面完工，今夏北京将首用特高压电	第26届	一等奖	新闻
北京新闻奖	寻踪长征路	第26届	一等奖	新闻
北京新闻奖	天使之约	第26届	一等奖	卫视
北京新闻奖	《春潮》——习近平总书记2.26视察北京两周年第一集：两年回首	第26届	一等奖	新闻
北京新闻奖	《大家谈》第一季第一集——守护蓝天	第26届	一等奖	新闻
北京新闻奖	19厘米超长3D打印脊椎植入，救治恶性脊椎肿瘤患者	第26届	二等奖	新闻
北京新闻奖	《最北京》	第26届	二等奖	科教
北京新闻奖	《北京您早》	第26届	二等奖	新闻
北京新闻奖	中国梦365个故事——生命线	第26届	二等奖	新闻
北京新闻奖	生命的接力：25岁山东小伙捐献器官，有望挽救7人	第26届	三等奖	新闻

（续表）

奖项名称	获奖作品	届数	奖项等级	获奖部门及人员
北京新闻奖	网民主动抵制谣言，为坚守者点赞传播正能量	第26届	三等奖	新闻
北京新闻奖	“限塑令”为何名存实亡？	第26届	三等奖	新闻
北京新闻奖	应对强降雨 我们在行动	第26届	三等奖	新闻
北京新闻奖	北京城市副中心·考古进行时	第26届	三等奖	新闻
北京新闻奖	《征途》第四集	第26届	三等奖	财经
北京新闻奖	《法治中国60’》	第26届	三等奖	科教
北京新闻奖	韶山记忆——毛泽东32年后回家	第26届	三等奖	科教
北京市文学艺术奖	伟大的贡献	第八届	北京市文学艺术奖	卫视
北京市文学艺术奖	戚继光	第八届	北京市文学艺术奖	动画
北京市文学艺术奖	《狼图腾》	第八届	北京市文学艺术奖	
新闻科学技术奖	电视台网络安全监测系统建设技术白皮书	2017年	一等奖	毕　江　周旭辉　王立冬　李　程　张　伟　赵为纲　王燕清　何　晶　陈　厅　张　宁　胡　恺
新闻科学技术奖	电视台制播网运维管理研究	2017年	二等奖	毕　江　周旭辉　王学奎　李　湧　王立冬　栾　花　陈　奇　胡　凯　马晨阳　吕少鹏　王　宇
新闻科学技术奖	北京电视台智慧媒体云架构制播网络系统建设项目	2017年	二等奖	毕　江　李　湧　陈广鑫　张晓山　张晓涛　王　宇　尹习武　翟　林　郑　岩　唐冬梅　张　帆
新闻科学技术奖	基于高密度无线覆盖环境下的大型活动新媒体互动技术实现及应用	2017年	三等奖	周旭辉　李　程　冯新春　王燕清　苏　爽　罗　旭　张鹏宇　张益恺
新闻影视科技优秀论文	电视台信息安全工作的相关思考与尝试	2017年	一等奖	毕　江
新闻影视科技优秀论文	脉络与印记——关于电视台技术体系发展的思考与探索	2017年	一等奖	毕　江
新闻影视科技优秀论文	电视台信息技术系统运维服务管理体系研究与实践	2017年	二等奖	毕　江　王学奎　陈广鑫　栾　花　丁　辰
新闻影视科技优秀论文	北京电视台数据系统建设与应用实践	2017年	二等奖	毕　江　李　程　倪晨爽

（续表）

奖项名称	获奖作品	届数	奖项等级	获奖部门及人员
新闻影视科技优秀论文	高密度无线覆盖技术及其实现	2017年	二等奖	王燕清　李　程　苏　爽
新闻影视科技优秀论文	北京电视台云生产系统设计与实现	2017年	三等奖	陈广鑫　张晓山　王　宇
新闻影视科技优秀论文	高标清同播时期标清信号品质提升的技术探索与实践	2017年	三等奖	程　宏　王　麒　张德军
新闻影视科技优秀论文	体验超高清带来的改变——详解4K版纪录片《最后的沙漠守望者》	2017年	三等奖	赵新生　郭豪珺
科技进步奖	北京电视台智慧媒体云架构制播网络系统建设项目	第十届	二等奖	毕　江　李　湧　陈广鑫　张晓山　张晓涛　王　宇　尹习武　翟　林　郑　岩　唐冬梅
电视节目技术质量奖（金帆奖）	《北京新闻》	2017年度	一等奖	王　浩　宋　成　陈晓雷　冯红才
电视节目技术质量奖（金帆奖）	《特别关注》	2017年度	二等奖	王　江　曹　颜　彭智唯　靳红飞
电视节目技术质量奖（金帆奖）	《大西山》—京西流翠	2017年度	一等奖	孙海峰　赵宏伟　赵　博　张墨一
电视节目技术质量奖（金帆奖）	上菜	2017年度	二等奖	孙　略　刘　睿　武经纬　王顺林
电视节目技术质量奖（金帆奖）	2017BTV春节联欢晚会	2017年度	二等奖	郑　星　王　倩　张　宁　孙东燕　金　凯　罗　旭
电视节目技术质量奖（金帆奖）	2017BTV跨年环球歌会	2017年度	二等奖	邓　乐　祝子龙　王剑伟　张　民　刘燕伟　李　玥
电视节目技术质量奖（金帆奖）	职场是个技术活	2017年度	二等奖	王建业　唐　青　武文举　卢　薇　樊思津　刘　超
电视节目技术质量奖（金帆奖）	排球联赛	2017年度	二等奖	叶志云　安晓军　冉晓峰　刁　旭　周　旭　冯　婧
电视节目技术质量奖（金帆奖）	中国男子篮球职业联赛	2017年度	二等奖	韩士聪　谢　原　谢苏文　陈志军　刘　畅
电视节目技术质量奖（金帆奖）	《大西山》—京西流翠	2017年度	三等奖	姚银壮　吴　铮　余勇平　崔　雨
电视节目技术质量奖（金帆奖）	上菜	2017年度	二等奖	吴　铮　张志杰　范　强　张益恺
电视节目技术质量奖（金帆奖）	2017BTV春节联欢晚会	2017年度	三等奖	杨宣军　吴　铮　生　硕　季　民
电视节目技术质量奖（金帆奖）	2017BTV跨年环球歌会	2017年度	三等奖	吴　铮　杨宣军　刘　莘　万韵初

（续表）

奖项名称	获奖作品	届数	奖项等级	获奖部门及人员
电视节目技术质量奖（金帆奖）	排球联赛	2017年度	三等奖	姜世杰　黄　玮　李　鹏　白国涛
电视节目技术质量奖（金帆奖）	《大西山》——京西流翠	2017年度	二等奖	赵新生　冯中锋　宋　颖
电视节目技术质量奖（金帆奖）	瞰·北京	2017年度	二等奖	贺文林　郭豪珺　张兆媛
电视节目技术质量奖（金帆奖）	《长征》——红军不怕远征难	2017年度	二等奖	黄　锐　欧阳三明　王　宇
电视节目技术质量奖（金帆奖）	2017BTV春节联欢晚会	2017年度	一等奖	吴　波　张金秋　赵俊生
电视节目技术质量奖（金帆奖）	2017BTV春节联欢晚会	2017年度	二等奖	王　祎　杨　光　谭小颖
电视节目技术质量奖（金帆奖）	我是大医生	2017年度	三等奖	王一沫　杨　洋　孙红伟
电视节目技术质量奖（金帆奖）	2017BTV春节联欢晚会	2017年度	一等奖	陈　烁　李　伟　何　莹
电视节目技术质量奖（金帆奖）	2017BTV跨年环球歌会	2017年度	二等奖	吴秋辰　戴元殊　王　鹏
电视节目技术质量奖（金帆奖）	2017BTV春节联欢晚会	2017年度	一等奖	孙　游　李剑宇　薛　频
电视节目技术质量奖（金帆奖）	第七届北京国际电影节开幕式	2017年度	二等奖	石　悦　胡瑞芳　张远芳
电视节目技术质量奖（金帆奖）	播出技术质量	2017年度	一等奖	梁建华　安贵江　王　麒　李　良　李元序　张潇丹　张保军　刘顺平　梁　爽　蒋红艳　邹　斌　芮　浩　董时章　张来宝　张　焱
电视节目技术质量奖（金帆奖）	金帆综合大奖	2017年度	一等奖	毕　江　郑　星　刘晓光　朱雨稼　周旭辉　孙海峰　王立冬　侯宏炜　董秀琴
全国杰出影视科技工作者		2017年度		毕　江
全国优秀影视科技工作者		2017年度		刘晓光

（北京电视台）

2017 年度北京紫禁城影业有限责任公司获奖作品一览表

奖项名称	获奖作品	体裁	届数	奖项等级	获奖部门及人员
精神文明建设“五个一工程”奖优秀电影作品奖	《百团大战》	年代	第十四届	国家级奖项	出品方
北京市文学艺术奖	《狼图腾》	年代	第八届	市级奖项	出品方

（北京紫禁城影业有限责任公司）

2017 年度北京广播电视报社获奖作品一览表

奖项名称	获奖作品	届数	奖项等级	获奖部门及人员
中国广播电影电视报刊协会奖	《贴近生活还是贴近私生活——为电视剧限制低俗情色点赞》	2016年度	一等奖	《北京广播电视报》编辑部 夏茂平
中国广播电影电视报刊协会奖	《2016北京声屏新观感》	2016年度	一等奖	《北京广播电视报》编辑部 陈文
中国广播电影电视报刊协会奖	《“不忘初心再长征”在采写和传播中被震撼》	2016年度	一等奖	总编室 车丽军
中国广播电影电视报刊协会奖	《高速广播救婴行动》	2016年度	三等奖	《北京广播电视报》编辑部 陈文
中国广播电影电视报刊协会奖	《俞飞鸿：齐天大剩的日子很逍遥》	2016年度	三等奖	《北京广播电视报》编辑部 陈文
中国广播电影电视报刊协会奖	《民谣歌者李春波讲述歌曲背后的亲情故事》	2016年度	三等奖	《北广人物》周刊编辑部 邢大军
省级广播电视报好新闻奖	《〈北京广播电视报〉新闻关注4期4版》	26届	一等奖	总编室 车丽军
省级广播电视报好新闻奖	《贴近生活还是贴近私生活——为电视剧限制低俗情色点赞》	26届	二等奖	《北京广播电视报》编辑部 夏茂平
省级广播电视报好新闻奖	《“不忘初心再长征”在采写和传播中被震撼》	26届	二等奖	《北京广播电视报》编辑部 陈文
省级广播电视报好新闻奖	《高速广播救婴行动》	26届	二等奖	《北京广播电视报》编辑部 陈文

（续表）

奖项名称	获奖作品	届数	奖项等级	获奖部门及人员
省级广播电视报好新闻奖	《俞飞鸿：齐天大剩的日子很逍遥》	26届	二等奖	《北京广播电视报》编辑部 刘颖
省级广播电视报好新闻奖	《民谣歌者李春波讲述歌曲背后的亲情故事》	26届	二等奖	《北广人物》周刊编辑部 邢大军
省级广播电视报好新闻奖	《鞠萍：好心态成就好身体》	26届	三等奖	《北广人物》周刊编辑部 董岩
省级广播电视报好新闻奖	《发千只手环让老人不要走失》	26届	三等奖	《北京广播电视报》编辑部 程戈
北京新闻奖	《贴近生活还是贴近私生活——为电视剧限制低俗情色点赞》	26届/2016年度	二等奖	《北京广播电视报》编辑部 夏茂平
北京专业报刊新闻奖	《贴近生活还是贴近私生活——为电视剧限制低俗情色点赞》	26届/2016年度	一等奖	《北京广播电视报》编辑部 夏茂平
北京专业报刊新闻奖	《“不忘初心再长征”在采写和传播中被震撼》	26届/2016年度	一等奖	《北京广播电视报》编辑部 陈文
北京专业报刊新闻奖	《高速广播救婴行动》	26届/2016年度	二等奖	《北京广播电视报》编辑部 陈文

（北京广播电视报社）

2017 年度北京北广传媒数字电视有限公司获奖作品一览表

奖项名称	获奖作品	届数	奖项等级	获奖部门及人员
国家新闻出版广电总局2016年度公益广告电视作品	《现场急救·你学的会系列片——心肺复苏篇》	2016年度	三类扶持项目	北京北广传媒数字电视有限公司
中国广播电视数字付费频道行业2016年度创优评析节目评优	《黑坑遍中国》	2016年度	全国播出频道一等优秀栏目	北京北广传媒数字电视有限公司《四海钓鱼》频道
中国广播电视数字付费频道行业2016年度创优评析频道评优	北京北广传媒数字电视有限公司《四海钓鱼》频道	2016年度	行业优异频道	北京北广传媒数字电视有限公司《四海钓鱼》频道
中国广播电视数字付费频道行业2016年度创优评析节目评优	《鱼浪大鱼争霸赛》	2016年度	全国播出频道三等优秀栏目	北京北广传媒数字电视有限公司《四海钓鱼》频道

（北京北广传媒数字电视有限公司）

2017年度北广传媒移动电视获奖作品一览表

奖项名称	获奖作品	体裁	届数	奖项等级	获奖部门及人员
北京新闻奖	《梁慧兰：在这里我有很多个家》	新闻专题	第26届	二等奖	节目部：王 莹 刘 军 侯 超
首都女记协好新闻评比	《王丰：我想和伤友一起走出去》	新闻专题	第19届（2016年）	三等奖	节目部：王 莹 程 絮
首都女记协好新闻评比	《为盲人编织音乐梦想》	新闻专题	第19届（2016年）	三等奖	节目部：王 莹 薛 霞

（北广传媒移动电视）

2017年度北京市海淀区新闻中心获奖作品一览表

奖项名称	获奖作品	届数	奖项等级
中国旅游电视周优秀旅游电视节目	《美丽海淀系列宣传片》	第九届	好作品奖

（北京市海淀区新闻中心）

2017年度北京市丰台区广播电视中心获奖作品一览表

奖项名称	届数	奖项等级	获奖部门及人员
北京市安全生产月 “优秀新闻报道奖”	2017年	优秀新闻报道奖	徐 可

（北京市丰台区广播电视中心）

2017 年度北京市石景山区广播电视中心获奖作品一览表

奖项名称	获奖作品	奖项等级	获奖部门及人员
市委组织部党员电教片	《我要去支教》	一等奖	新闻部
市专项创作评比	《安全就在我们身边》	三等奖	广告部
市专项创作评比中	《我们安全全家幸福》	三等奖	广告部
市委组织部党员电教片	《社区党委书记——王学秀》	三等奖	新闻部

（北京市石景山区广播电视中心）

2017 年度北京市平谷区广播电视中心获奖作品一览表

奖项名称	获奖作品	奖项等级	获奖部门及人员
平谷区2011—2015法制宣传教育先进集体	平谷区广播电视中心《警法在线》栏目组	先进集体	《警法在线》栏目组
“京津冀广电媒体看兴隆” 采访活动三等奖		三等奖	平谷区广播电视中心
“北京市第十一届全民健身体育节优秀报道奖”		优秀报道奖	平谷区广播电视中心

（北京市平谷区广播电视中心）

2017 年度北京市密云区广播电视中心获奖作品一览表

奖项名称	获奖作品	体裁	届数	奖项等级	获奖部门及人员
北京新闻奖	《应对8·12强降雨，安全转移3584人无伤亡》	电视新闻类节目	2016—2017年度	优秀作品奖	密云广电中心 田小娟　梁斯钰 贾晓玉

（续表）

奖项名称	获奖作品	体裁	届数	奖项等级	获奖部门及人员
北京新闻奖	《张博研卖房救母彰显人间大爱》	广播新闻类	2016—2017年度	优秀作品奖	密云人民广播电台 黄晨昭　石建新 张博研　孔亚青

（北京市密云区广播电视中心）

2017年度华谊兄弟传媒股份有限公司获奖作品一览表

奖项名称	获奖作品	届数	奖项等级	获奖部门及人员
平遥国际电影节	电影《芳华》	第1届	开幕影片	浙江东阳美拉传媒有限公司 华谊兄弟电影有限公司 爱奇艺影业（北京）有限公司等
塞班国际电影节	电影《芳华》	第1届	最佳影片	浙江东阳美拉传媒有限公司 华谊兄弟电影有限公司 爱奇艺影业（北京）有限公司等
塞班国际电影节	电影《芳华》	第1届	最佳导演奖	冯小刚
塞班国际电影节	电影《芳华》	第1届	最佳女配角	杨采钰
塞班国际电影节	电影《芳华》	第1届	最佳新人奖	钟楚曦
塞班国际电影节	电影《芳华》	第1届	最佳剧本奖提名	严歌苓
塞班国际电影节	电影《芳华》	第1届	最佳摄影奖提名	罗攀
塞班国际电影节	电影《芳华》	第1届	最佳音乐提名	赵林
台湾电影金马奖	电影《芳华》	第54届	最佳美术设计提名	石海鹰
台湾电影金马奖	电影《芳华》	第54届	最佳造型设计提名	刘晓莉
台湾电影金马奖	电影《引爆者》	第54届	最佳动作设计提名	安万德
海峡两岸三地“十大华语电影”	电影《罗曼蒂克消亡史》	第5届	海峡两岸三地“十大华语电影”	华谊兄弟电影有限公司 英皇影业有限公司等
中国电影金鸡奖	电影《罗曼蒂克消亡史》	第31届	最佳美术	韩忠
中国电影金鸡奖	电影《罗曼蒂克消亡史》	第31届	最佳导演提名	程耳

（续表）

奖项名称	获奖作品	届数	奖项等级	获奖部门及人员
中国电影金鸡奖	电影《罗曼蒂克消亡史》	第31届	最佳摄制提名	杜杰
中国电影协会年度表彰大会	电影《我不是潘金莲》	第9届	年度影片	北京耀莱影视文化传媒有限公司、华谊兄弟传媒股份有限公司等
中国电影金鸡奖	电影《我不是潘金莲》	第31届	最佳故事片提名	北京耀莱影视文化传媒有限公司、华谊兄弟传媒股份有限公司等
中国电影金鸡奖	电影《我不是潘金莲》	第31届	最佳导演	冯小刚
中国电影金鸡奖	电影《我不是潘金莲》	第31届	最佳女主角	范冰冰
中国电影金鸡奖	电影《我不是潘金莲》	第31届	最佳男配角	于和伟
中国电影金鸡奖	电影《我不是潘金莲》	第31届	最佳编剧提名	刘震云
中国电影金鸡奖	电影《我不是潘金莲》	第31届	最佳录音提名	吴江
中国电影国际传播突出贡献	电影《摇滚藏獒》	2017年	中国电影国际传播突出贡献奖	华谊兄弟传媒股份有限公司漫动时空（香港）有限公司等
中国国际儿童电影节	电影《摇滚藏獒》	第13届	最佳动画片	华谊兄弟传媒股份有限公司漫动时空（香港）有限公司等
中国电影金鸡奖	电影《摇滚藏獒》	第31届	最佳美术片提名	华谊兄弟传媒股份有限公司漫动时空（香港）有限公司等
中国电影金鸡奖	电影《老炮儿》	第31届	最佳故事片提名	华谊兄弟传媒股份有限公司东阳向上影业有限公司等
中国电影金鸡奖	电影《老炮儿》	第31届	最佳编剧	管虎、董润年
中国电影金鸡奖	电影《老炮儿》	第31届	最佳导演提名	管虎
中国电影金鸡奖	电影《老炮儿》	第31届	最佳音乐提名	窦鹏

2017 年度海润影视制作有限公司获奖作品一览表

奖项名称	获奖作品	届数	奖项等级	获奖部门及人员
长沙 收视贡献奖	《雪地娘子军》			海润影视制作有限公司
剧能量·聚创新——电视剧南方盛典“优秀电视剧出品公司”		第13届	“优秀电视剧出品公司”	海润影视制作有限公司
收视贡献奖	《我叫苗金花》		收视贡献奖	海润影视制作有限公司
“多彩剧场”收视贡献奖	《我叫苗金花》	2016年度	收视贡献奖	海润影视制作有限公司
“收视王牌奖”	《致单身男女》	2016年度	“收视王牌奖”	海润影视制作有限公司
四川地区收视贡献奖	《东江英雄刘黑仔》	2016年度	收视贡献奖	海润影视制作有限公司
收视贡献奖	《地雷战》	2016年度	收视贡献奖	海润影视制作有限公司
2016’电视剧京榜年度贡献奖	《猎人》	2016年度	贡献奖	海润影视制作有限公司
年度广西卫视最佳合作公司		2017年度		海润影视制作有限公司

（海润影视制作有限公司）

2017 年度北京鑫宝源影视投资有限公司获奖作品一览表

奖项名称	获奖作品	届数	奖项等级	获奖部门及人员
飞天奖	《深海利剑》	第31届	“优秀电视剧”奖	北京鑫宝源影视投资有限公司
中美电影节金天使奖	《向往的生活》		最佳电视综艺节目	北京鑫宝源影视投资有限公司

（北京鑫宝源影视投资有限公司）

2017 年度大唐辉煌传媒有限公司获奖作品一览表

奖项名称	获奖作品	届数	奖项等级	获奖部门及人员
飞天奖	警花与警犬	第31届	优秀电视剧提名	大唐辉煌传媒有限公司
飞天奖	岁月如金	第31届	优秀电视剧提名	大唐辉煌传媒有限公司
“市场影响力贡献突出单位”		2016—2017年度	贡献突出单位	大唐辉煌传媒有限公司

（大唐辉煌传媒有限公司）

典型经验

北京电视台全面推进全国文化中心建设宣传报道工作

为加快推进全国文化中心建设，北京电视台认真研究《北京市加强全国文化中心建设重点任务清单》，结合各频道定位，2017年围绕全国文化中心建设展开丰富报道，其中包括系列报道、专题报道、动态报道、季播节目、纪录片、宣传片及品牌栏目制作特别节目等多种形式。

一、新闻报道常年推出系列文化报道和动态报道

一是在《北京新闻》栏目中开设《建设全国文化中心》专栏，系统呈现北京全国文化中心建设所取得的新成绩、新成就、新进展，其中包括：反映公共文化服务建设的《朝阳区文化馆：无门槛的社区文化公园》、反映北京老旧厂房改造情况的《从“厂”到“场”工业遗存走上复兴之路》等深度报道。

二是推出惠民文化消费季系列报道。2017年，北京举办第五届惠民文化消费季，《北京您早》《特别关注》《北京新闻》《都市晚高峰》等栏目推出系列报道。

三是各档新闻栏目针对北京国际音乐节、国家艺术院团演出季、北京喜剧周展演等大型文化展演做出相应系列报道。

四是关注文物文化等相关报道。结合相关纪念日和活动，新闻节目中心在各档新闻节目中，共播出涉及文化中心建设的新闻达300余条，其中包含中国文化遗产日、全国文化中心建设专题报道、北京国际图书博览会、北京文博会以及中轴线申遗系列报道等。

二、纪录片创作注重重大题材与文化内涵挖掘并重

《你从井冈山走来》成为建军90周年宣传最具特色的纪录片作品。由北京市委宣传部策划，《档案》栏目制作推出的6集大型系列纪录片《你从井冈山走来》，从2017年8月1日至8月3日每天21:18在北京卫视播出。这部大型主题纪录片历时八个月拍摄完成，包括实景拍摄、复现拍摄和摄影棚录制，邀请到周恩来总理的侄女周秉德、罗荣桓元帅之子罗东进将军、朱德元帅外孙刘建将军等17位井冈山红军人物后代担任特邀讲述人。

《这里是北京》推出系列文化专题节目。作为一档人文纪录片栏目，《这里是北京》推出系列专题《北通州的前世今生》《老城印象》《穿越龙脉》《老城秘境》《读懂北京城》等，深度发掘老城文化。栏目与北京市文物局、北京市地方志编纂委员会深度合作拍摄《擦亮金名片》《志说北京》等专题，梳理古今志书中与三个文化带相关的内容。

推出大型系列纪录片《通惠古今大运河》《京城之轴》。《档案》栏目为做好北京“一城三带”特别是对世界文化遗产大运河的宣传推广，在国庆期间推出6集大型系列纪录片《通惠古今大运河》，以“百姓档案，古今对话”为创作理念，展现大运河历史、地理、文化对首都城市发展的重要影响。还推出6集系列纪录片《京城之轴》，通过深入挖掘中轴线沿线历史人文故事，反映中轴线作为“北京古城的灵魂与脊梁”所蕴含的历史文化和对北京发展的特殊意义。

大型微纪录系列片《中国梦365个故事》第二季于2017年9月正式开播。《中国梦365个故事》，围绕创业创新、一带一路、城市副中心建设、疏解整治促提升、京津冀

协同发展、建设和谐宜居之都、文化传承、社会公益事业、社会主义核心价值观、“四个中心”定位等主题，以每周两次的频率在《北京新闻》首播，并在青年频道、生活频道、财经频道、纪实频道进行跨频道重播，同时节目的微信公众平台、一点账号、头条账号等自媒体账号也同步更新。

《文化京津冀系列专题片》在京津冀三地电视台同步播出。北京电视台联合天津电视台、河北电视台共同打造《文化京津冀系列专题片》。该系列专题片用纪实手法介绍文化活动、文艺演出、文化创意产业、非物质文化遗产、民俗旅游等，全方位立体化地对京、津、冀优秀传统文化挖掘展示。

《拾说什刹海》第二季开播。生活频道10月底播出的《拾说什刹海》艺术化记录“人、水、城”三者的关系，组织专家学者完成对北京山水城市根源的探寻、北京人文精神的总结及民间生活的记录留存。生活频道利用电视台、互联网、两微一端等各类宣传载体，统筹宣传、讲好北京故事，传播中国精神。

另外，纪实频道自制档栏目“影事”“昨天的故事”“时尚印象”“纪实天下”等关注传统文化，注重传承，播出《京城“板寸”王》《国礼诞生记——景泰蓝》《最后的铁匠》等一大批节目。

三、季播节目、品牌文化节目提高各频道收视及影响力

一系列现象级大型季播节目，传播正能量。

《跨界歌王》第二季全面释放现象级节目影响力，13 期节目全国 35 城市平均收视率 1.75%，最高单期收视 2.14%，刷新北京卫视节目收视新高。七期节目位列播出同时段的省级卫视第一名。节目视频全网累计播放量超过 20 亿。

《跨界冰雪王》是北京卫视在 2017 年策划推出的大型明星冰舞竞技节目。习近平总书记曾在 2015 年中英创意产业展上听取过该项目英国原版模式的介绍，卫视节目中心对原版模式进行本土化改造和升级，打造出具有北京卫视特色的《跨界冰雪王》，被国家体育总局和北京奥组委列为 2017 年至 2022 年的重点扶持项目。

《跨界喜剧王》第二季全新升级，作品更加贴近时代热点，更贴近百姓社会，跨界选手和助演嘉宾的表演有深度、有内涵，弘扬真善美的主旋律。

《音乐大师课》是北京卫视原创的音乐教育类公益节目，从 2015 年创办至 2017 年，走过 3 年时间，邀请 10 位老师，迎来 26 位著名音乐人和跨界专家，培养出 51 名孩子，唱响超过 300 首经典歌曲。这间音乐课堂成为中国电视独树一帜的文化清流和温暖源泉。

《但愿人长久》是全新原创的大型户外情感陪伴体验秀，由主持人悦悦首次跨界担纲总导演、制片人，在现代快节奏的生活中，这档走心、暖心、接地气又有烟火气的原创陪伴纪实节目，取得播出同时段全国第二的收视表现。

此外，卫视节目中心原创推出的《生活相对论》《签约歌手》《厉害了！我的歌》《我想见到你》《舞力觉醒》等一批周末大型季播节目，成为 2017 年北京电视台助力推进首都文化中心建设的亮点。

品牌文化节目宣传首都功能定位，助力北京城市发展。

策划大型文化创意节目《创意中国》。作为北京市委宣传部推进全国文化中心建设重点项目，《创意中国》发挥吸引全国优质文创项目、创意人才和资金汇聚北京，旨在为北京的科技创新和文化建设做出贡献。

策划大型评书栏目《北京评书大会》。北京卫视 2017 年 11 月以每周四期的排播推

出大型评书栏目《北京评书大会》。节目邀请刘兰芳、田连元、单田芳、连丽如等四位评书表演艺术家首度同台，王玥波、方清平等中青年评书演员和具有评书才艺的小朋友，以“老中青少”代际结合的方式，为观众带来评书表演，在文化的传承中探索创新。

原创文化体验类节目《非凡匠心》推动传承与交融。《非凡匠心》由张国立作为匠心体验引领者，每期邀请两位明星好友与他一起寻访中国瑰宝级文化与技艺，策划推动同领域的殿堂级大师和新兴青年创作团体两代巨匠巧匠之间的传承与交融，打造两代匠心交相辉映的惊世传奇之作。节目入选国家新闻出版广电总局 2017 年第一季度广播电视创新创优节目提名。

原创文化讲述类节目《中国故事大会》讲述百姓故事。《中国故事大会》通过展现社会生活百态，描绘百姓群像，深入挖掘文化内涵，传播社会正能量。是一幅当代中国的《清明上河图》。

演讲类品牌节目《我是演说家》第四季推出。《我是演说家》是北京卫视原创推出的大型演讲类季播节目，曾荣获广电总局评选的 2015 年年度全国创新创优节目，是北京卫视“讲好中国故事”的品牌节目。2017 年，卫视节目中心特别编排，将第四季《我是演说家》提前到十九大期间的 10 月 21 日开播。本季《我是演说家》在主题设计上全面围绕十九大精神展开，紧扣新时代主题，展现各行各业中国人面对新征程和新目标的努力实践和坚定信心。

一带一路主题户外探险秀《萌娃看动物》展现中外文化的交流与融合历程。2017 年 11 月 25 日起每周六 17:00 于卡酷少儿频道播出的《萌娃看动物》，以萌娃和“一带一路”上的动物为主角，通过各国萌娃的主题探险，展现“一带一路”上国家的风土人情，体现中国与友好邻邦的合作交流。

此外，还有很多节目依据栏目定位，坚持发掘具有北京特色展现北京生活的节目，如《最北京》《记忆》《军情解码》《食全食美》等。

四、以特色文化活动为出口，深化群众性精神文明创建活动，深化公共文明引导活动，将文明引导融入城市治理

第七届北京国际电影节传递北京金名片。由北京电视台承办的第七届北京国际电影节于 2017 年 4 月 16 日至 23 日举办。本届电影节举办主竞赛单元“天坛奖”评奖、开幕式、北京展映、北京策划·主题论坛、电影市场、电影嘉年华和闭幕式暨颁奖典礼七大主体活动，以及“注目未来”单元、纪录单元、“经典京剧电影”单元、网络电影单元、电影音乐会、电影沙龙及行业对话、新片发布等相关活动，活动总数超过 370 项。本届北京国际电影节主竞赛单元“天坛奖”共收到来自 59 个国家和地区的 424 部影片报名参评；北京展映设置 17 个主题，在全市 31 家影院展映 500 部中外影片佳作 1000 余场次；电影市场签约重点项目 56 个，签约额达到 174.58 亿元，较 2016 年提升 6.9%，项目创投板块收到 712 个报名项目，较 2016 年提高 5.6%；来自 50 余个国家和地区、300 余家中外电影机构的 1.5 万名中外嘉宾，100 余万人次参加电影节各项活动；445 家境内外媒体、近 1600 名记者参与采访报道。北京国际电影节的知名度、美誉度、国际影响力和传播力再次提升。

冬奥会主题的系列跨年盛典点燃冬奥激情。从 2017 年至 2020 年，卫视节目中心将与国家体育总局和北京冬奥组委合作，在每年的 12 月 31 日推出系列《BTV 环球跨年冰雪盛典》，为北京冬奥会的召开营造火热氛围。《2017 年 BTV 环球跨年冰雪盛典》由北京

电视台、河北广播电视台和黑龙江广播电视台联合制作。

"京张心连心"文艺演出继续举办。2017年7月，"京张心连心"大型文艺演出在河北张家口举办。演出融合京张联合申办2022年冬奥会和京津冀协同发展两大主题，汇集多位知名演员，打造一场弘扬主流价值观主题、展现群众心愿和风采的文艺演出。

《生活这一刻》推出特别板块和主题系列活动。《主播单车看北京》《聚焦养老·陪伴空巢老人一小时》《陪伴天使一小时》《文明旅游"袋"动中国》《北京礼物第二季》《太庙国学讲坛》等，弘扬社会主义核心价值观。

五、系列宣传片展现新北京，宣传文化自信

2017年，北京电视台自主策划制作《丁酉大吉》《我们的中国年》《2017北京阅读季》《2017北京书市》《北京之夜》《喜迎十九大·大美看北京》《砥砺奋进的五年》等公益宣传片。

（北京电视台总编室 王哲）

创新技术手段 革新管理理念 构建适应广电事业高速发展的大数据监管平台

2017年12月8日，习近平总书记在中共中央政治局第二次集体学习时强调"要运用大数据提升国家治理现代化水平。要建立健全大数据辅助科学决策和社会治理的机制，推进政府管理和社会治理模式创新，实现政府决策科学化、社会治理精准化、公共服务高效化"。

北京市新闻出版广电局对"收听收看大数据监管平台"采用大数据思维建设，初见成效。该平台运行两年来，共产生稿件数据20710篇，其中产生阅评稿件5858篇，舆情稿件14487篇，取证图片12676张2.5G，取证视频2691个达78G。平台集任务派发、节目监看、证据采集、稿件编辑、人员管理、数据汇总、节目预警、资料查询、安全保障和行政管理等十项功能于一体的大数据智能监管平台。该平台整合全网资源，采用网络爬虫、躁动值抓取、数据回归运用以及基于北京政务云的三层客户大数据行为安全认证体系等先进网络技术，经过57次系统更新搭建而成。通过技术方式将北京市新闻出版广电局意识形态责任制落实到日常宣传管理工作的方方面面。该项目，获总局2016年广播影视科技创新奖。

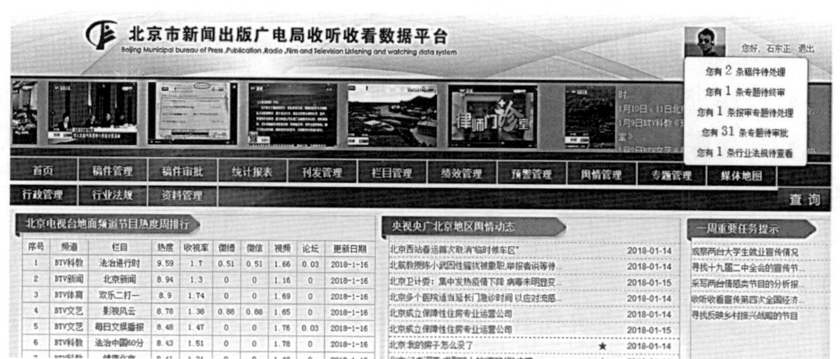

北京市新闻出版广电局收听收看数据平台界面

一、人工智能协助下的任务派发机制，确保宣传精神和问题节目处置落实到位

为确保将上级的指示精神落到实处，并且快速处理突发监管任务，在平台上采用人工智能协助下的任务派发机制，确保落实任务及时高效。

（一）采取“周重要任务提示”方法，将宣传任务拆解派发

每周五总局宣传精神传达后，北京市新闻出版广电局结合地域实际，对宣传精神进行消化、吸收、理解，并按照总局保密规定原则进行脱密处理后，拆解成单独的任务提示条，发布在系统首页的“一周重要任务提示”栏。阅评员可以根据自身状况“抢”任务，在规定时间之内监测电台和电视台落实情况，并采写《收听收看报告》。对涉密的宣传精神，相关部门人员会亲自办理，确保信息安全。

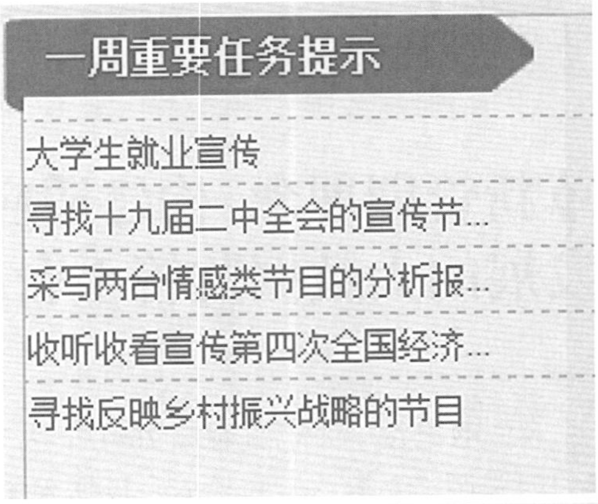

一周重要任务提示

大学生就业宣传
寻找十九届二中全会的宣传节...
采写两台情感类节目的分析报...
收听收看宣传第四次全国经济...
寻找反映乡村振兴战略的节目

序号	任务名	任务说明	任务状态	撰稿人	创建时间	操作
1	观察两台大学生就业宣传情况	关注相关广播和电视节目，对能真实反映就业形势，...	未预约		2018-01-16	查看 修改 删除 派发
2	寻找十九届二中全会的宣传节...	在十九届二中全会召开期间（1月18日19日），以及召...	未预约		2018-01-16	查看 修改 删除 派发
3	采写两台情感类节目的分析报...	请针对电台和电视台的情感类节目进行排查，发现高...	已派发	小山	2018-01-16	查看 修改
4	收听收看宣传第四次全国经济...	查找电台和电视台新闻报道中结合北京实际反映第四...	已预约	石头	2018-01-16	查看 修改
5	寻找反映乡村振兴战略的节目	从广播电台和电视台寻找反映乡村振兴战略的节目，...	未预约		2018-01-16	查看 修改 删除 派发

收听收看数据平台“周重要任务提示”界面

（二）采取基于躁动值报警下的人工智能任务分配体系

众所周知，目前有一定影响力的广播电视节目播出后，都会在视频和音频网站、微博、微信、贴吧等新媒体端进一步传播，但能形成互动数据的只能是新媒体端。所谓躁动值就是指运用互联网相关技术根据媒体传播特征，依照需求定期在特征性平台抓取用户互动数据，对于超出正常波动范围的数据，系统将会报警，这部分数据即为躁动数据，超出正常数据范围区间的数值即为躁动值。系统监测到躁动值后会形成报警任务条，并结合阅评员的技术指标按照系统大数据排序规则自动向阅评人员发送躁动值报警信息，同时在系统的个人登录页面提示报警信息。相关阅评员处理完预警信息后，提示信息自动消失。如北京新闻频道都市晚高峰出现躁动值报警，系统会根据栏目的新闻属性，向排在新闻阅评稿件采写第一名的小鱼儿编发报警信息，如再次出现新闻内容躁动值报警系

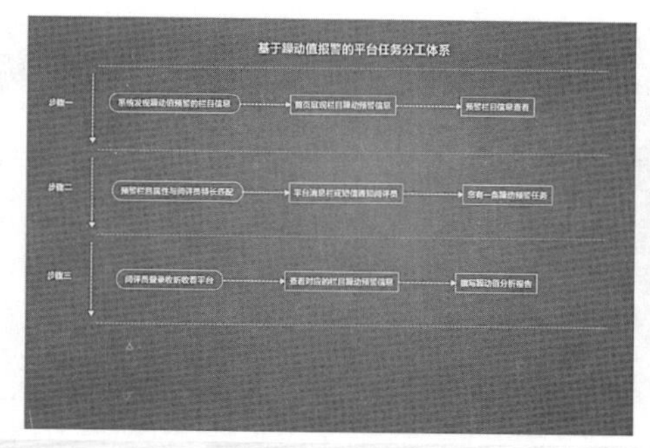

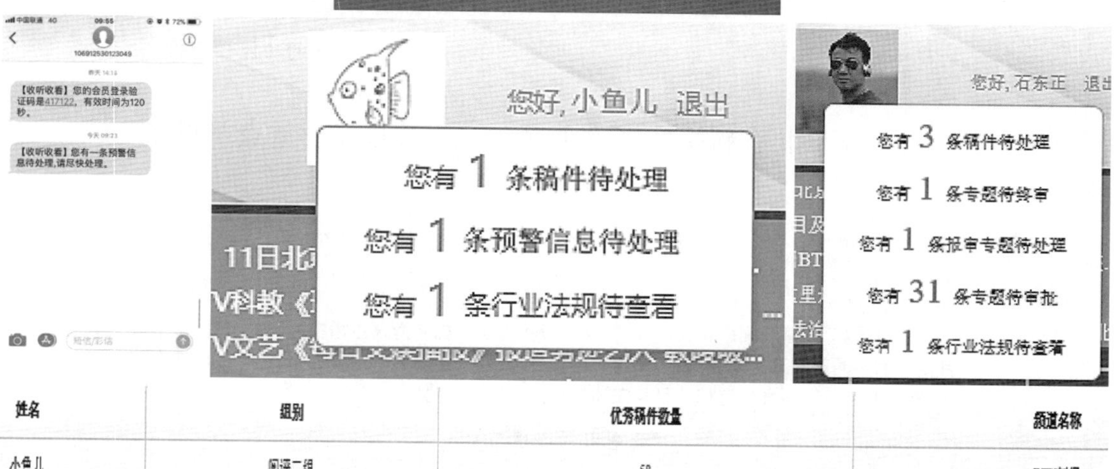

姓名	组别	优秀稿件数量	频道名称
小鱼儿	阅评二组	58	BTV新闻
小鱼儿	阅评二组	50	北京新闻广播
小鱼儿	阅评二组	16	BTV科教
小鱼儿	阅评二组	8	BTV卫视
小鱼儿	阅评二组	8	BTV文艺
小鱼儿	阅评二组	8	BTV生活

收听收看数据平台“躁动报警”界面

统将向第二名的刘日尹派发信息，依次类推，并以每月为单位轮回派送信息。

（三）利用网络爬虫和媒体地图，实现问题节目跟踪问责机制

2017年12月6日，总局下发《国家新闻出版广电总局关于进一步加强广播电视节目备案管理和违规处理的通知》（新广电发〔2017〕254号），通知规定各省局要切实强化重点节目备案管理，严肃违规节目处理处罚。依据此通知精神，迅速在大数据平台上增设了“节目备案”“节目投诉”“上级阅评管理”“问题节目追踪”等板块，通过平台的媒体地图对照备案信息迅速定位问题节目。“媒体地图”是采取靶样设计，靶内对应的节目，可以直接进入网络端，收听收看往期节目，靶外对应频道，可直接进入广播电视端，收听收看正在播出的节目。发现问题节目后，系统将迅速启动问题节目全网爬虫搜索，对发现的问题节目启动问责机制，确保总局该项法令落实到位。网络爬虫，是一种按照一定的规则，自动抓取互联网信息的程序或者脚本。

序号	节目名称	备案时间	处理时间	处理意见	操作
1	《第七届北京喜剧幽默大赛》	2018-01-03			修改 删除 处理意见
2	《2018北京新年音乐会》	2018-01-02			修改 删除 处理意见
3	2017北京榜样颁奖典礼	2018-01-01	2018-01-03	总局王亚奇通知 同意播出。	修改 删除 处理意见
4	《传承者之中国意向》第二季	2017-11-10			修改 删除 处理意见

媒体地图　　基于总局政策的功能栏

1月1日-8日北京新闻广播《主播在线》节目违反重点节目备案管理制度

问题与建议　修改　主播在线　提交时间：2018-01-09

撰稿人：笑笑（阅评二组）　稿件状态：审批通过刊发　汇总类型：优秀稿件-问题发现准确

关键词：违规播出

1月1日起，北京新闻广播在7:30-9:00时段播出了一档名为《主播在线》的节目，该节目是一档早间新闻直播节目，以“新闻正在发生，我们就在路上”为节目宗旨，至今已播出了9期。笔者收听后发现这档节目存在违规行为，具体情况如下：

被查出的违规节目

二、全网全时段大数据分析，初步实现广电问题节目提前预测和防范

一直以来，收听收看工作较容易对广播电视节目播出后实施监管，对播出过程中，尤其是播出前实现监管是一大难题。播前监管模式实际上就是实现基于大数据基础上的概率分析，通过对以往数据分析，能够将大概率出现的问题节目策划，提前计算出来，形成预警报告。我局利用全网全时段提供的监播数据，根据需求进行整合分析，定期向两台发布《时间维度问题节目预警分析报告》《重大事件维度问题节目预警分析报告》和《关键词云预警信息》从而帮助电台和电视台规避节目制作错误，防范风险，进一步提高节目质量。

收听收看数据平台会自动根据每档节目的阅评报告情况生成全年阅评曲线图，阅评人员结合全年大数据报告，按照时间节点梳理节目特色和问题，采写某档节目的《时间维度问题节目预警分析报告》。该报告一方面提醒栏目组避免在某时间段容易发生的问题，另一方面可以为阅评员按照时间维度实施监控提供内容参考。

以《法治进行时》和《法治中国60分》两档节目为例，通过全年大数据分析报告可知第一季度和第四季度为节目问题高发期，根据对《法治进行时》和《法治中国60分》2016年和2017年第一季度、第四季度的节目出现的问题进行分析，发现该时间段内栏目组或因年初节目审查松懈、年末争抢收视率等原因，存在暴露隐私、过细展示犯罪过程、价值导向错误等违背法制类节目制作宗旨的现象。如下图所示，在2017年12月11日至12月26日为期16天的随机样本中，10篇问题与建议稿件中有8次涉及泄露隐私问题，5次涉及过细展示犯罪过程，1次节目语言粗

俗等价值导向问题。根据数据北京市新闻出版广电局会在相应的时间节点提前干预节目，让他们杜绝此类问题再次出现。

（北京市新闻出版广电局 宣传管理处）

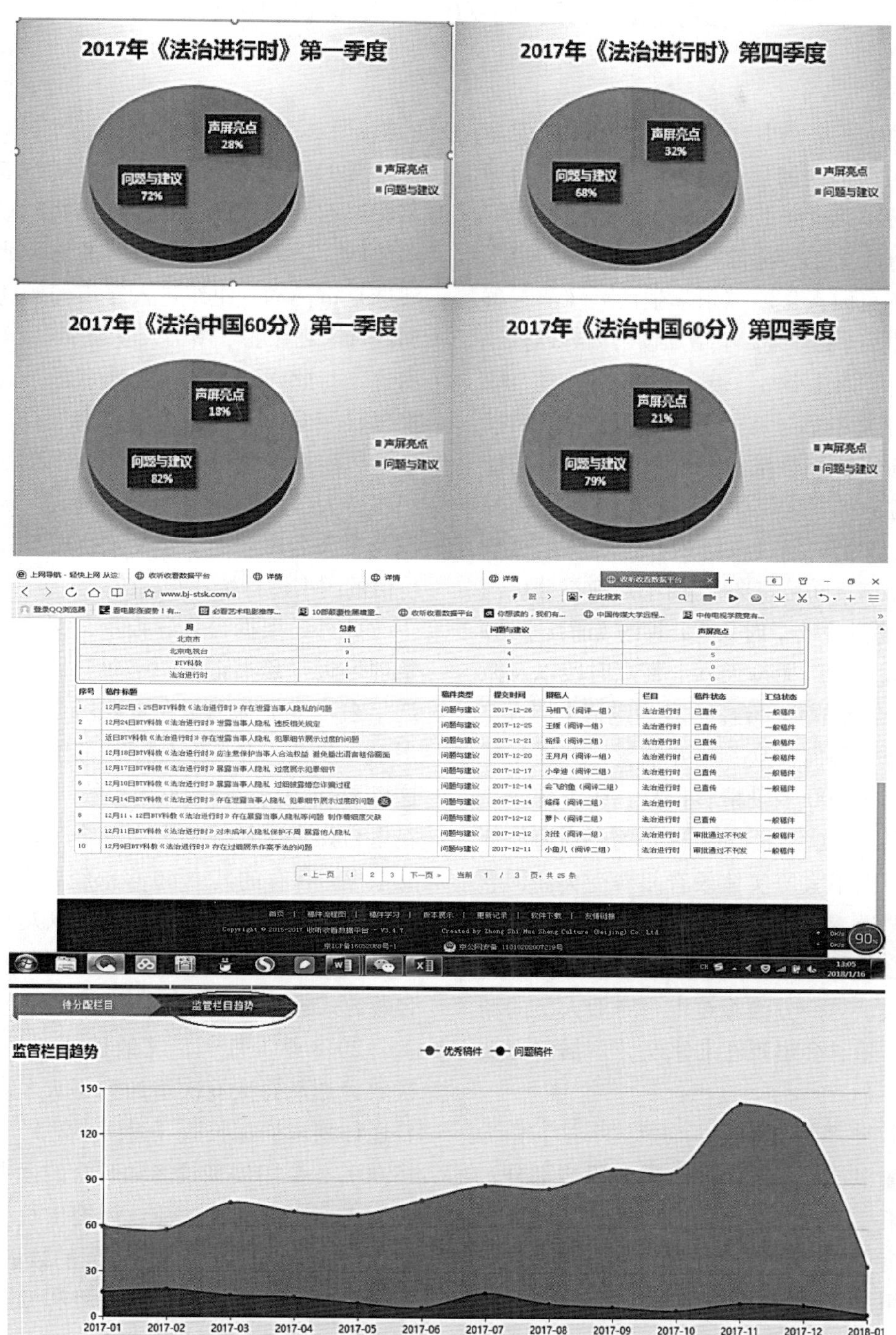

局	总数	问题与建议	声屏亮点
北京市	11	5	6
北京电视台	9	4	5
BTV科教	1	1	0
法治进行时	1	1	0

序号	稿件标题	稿件类型	提交时间	撰稿人	栏目	稿件状态	汇总状态
1	12月22日、25日BTV科教《法治进行时》存在泄露当事人隐私的问题	问题与建议	2017-12-26	马相飞（阅评一组）	法治进行时	已直传	一般稿件
2	12月24日BTV科教《法治进行时》泄露当事人隐私 违反相关规定	问题与建议	2017-12-25	王媛（阅评一组）	法治进行时	已直传	一般稿件
3	近日BTV科教《法治进行时》存在泄露当事人隐私 犯罪细节展示过度的问题	问题与建议	2017-12-21	络绎（阅评二组）	法治进行时	已直传	一般稿件
4	12月18日BTV科教《法治进行时》应注意保护当事人合法权益 避免播出[illegible]	问题与建议	2017-12-20	王月月（阅评一组）	法治进行时	已直传	一般稿件
5	12月17日BTV科教《法治进行时》暴露当事人隐私 过度展示犯罪细节	问题与建议	2017-12-17	小幸迪（阅评二组）	法治进行时	已直传	一般稿件
6	12月10日BTV科教《法治进行时》暴露当事人隐私 过细披露婚恋诈骗过程	问题与建议	2017-12-14	会飞的鱼（阅评二组）	法治进行时	已直传	一般稿件
7	12月14日BTV科教《法治进行时》存在泄露当事人隐私 犯罪细节展示过度的问题	问题与建议	2017-12-14	络绎（阅评二组）	法治进行时		
8	12月11、12日BTV科教《法治进行时》存在暴露当事人隐私等问题 制作精细度欠缺	问题与建议	2017-12-12	萝卜（阅评二组）	法治进行时	已直传	一般稿件
9	12月11日BTV科教《法治进行时》对未成年人隐私保护不周 暴露他人隐私	问题与建议	2017-12-12	刘佳（阅评一组）	法治进行时	审批通过不刊发	一般稿件
10	12月9日BTV科教《法治进行时》存在过细展示作案手法的问题	问题与建议	2017-12-11	小鱼儿（阅评二组）	法治进行时	审批通过不刊发	一般稿件

问题节目预测、防范提示界面

文艺广播创办“诵读小站”

北京人民广播电台文艺广播是2017北京阅读季系列活动的重要合作频率。2017年4月，为配合“第七届书香中国——北京阅读季”宣传任务，文艺广播除在现有栏目《知道不知道》《美丽人生》《乐享生活》《演艺群英会》《听听糖耳朵》中增加读书内容以外，还创办了“诵读小站”。

“诵读小站”是一个兼具线上传统广播播出、新媒体平台推送和线下实体互动功能的“三位一体”融媒体产品，2017年4月23日在北京文艺广播（包括FM87.6、微信公众号）和北京三联韬奋24小时书店海淀分店同步推出。线上部分，时长3分钟的《诵读小站》栏目嵌入文艺广播每天六个整点时段以及微信公众号等新媒体平台。内容为邀请主持人、名家和群众等向听众荐书并诵读，开播半年来已分享了800多段精彩作品。线下部分，先后设立的北京三联韬奋24小时书店海淀分店和北京图书大厦实体录音间备受关注，老百姓在“诵读小站”通过专业的录音设备录制自己心仪的文学作品，一方面可以自由分享给他人，另一方面经过电台专业人员的精心编辑，随时会出现在北京文艺广播的电波中。

2017年8月至9月，“诵读小站”作为北京广播电视台参展的一个重要组成部分，相继在第二十六届北京国际广播电影电视展览会和第十二届北京国际文化创意产业博览会上亮相，受到中宣部副部长、国家新闻出版广电总局局长聂辰席的重点关注，对北京电台“展示京城百姓声音、分享阅读收获”的创新形式给予充分肯定。

党的十九大期间，文艺广播是依托与北京阅读季共同推出的《诵读小站》栏目和活动团队，同时结合正在进行的书香北京系列评选复审活动，组织进入复审的候选推广人和候选家庭在北京图书大厦录制《诵读小站》内容。与此同时，了解到北京图书大厦专门推出喜迎党的十九大主题图书展台，“诵读小站”借这个契机推出相应的阅读活动，组织主持人、书香北京评选候选人、候选家庭以及名人名家一起朗读交流，选择具有主流价值的图书进行推荐和朗读。

此外，根据台领导指示，文艺广播正在整理习近平总书记的“书单”，初步统计，近年来习近平总书记在重要场合谈及的书不下130多本，古今中外涵盖范围非常广泛，这也是《诵读小站》题材内容的一笔巨大财富。在电台媒资版权部的大力配合下，已统计出北京电台保存的其中40多部经典作品录音，结合“总书记的读书单”主题以及阅读季评选活动，尝试首先通过《诵读小站》特有的包装方式进行制作和播出。

2018年1月起，《诵读小站》的播出次数计划从每天6次增加到每天8次，周六日还计划增加加长版《诵读小站》（14:00—15:00），集中展现读者和听众的读书故事以及阅读意义。此外，还计划推出统一标准，继续增加诵读小站实体录音间的数量和分布，同时开发运营诵读小站微信号和专属APP，探索文化元素IP化之路。

（北京人民广播电台）

用“萌”要素讲“大”主题

“一带一路”重大政治主题要怎么给孩子讲？孩子和动物两个难以控制但也是萌点满满的因素碰撞在一起有怎样的看点？北京电视台卡酷少儿卫视于2017年11月25日起每周六17:00推出的季播节目“一带一路”主题户外动物综艺秀《萌娃看动物》，就是在挑战用“萌”要素讲述“大”主题。开播首期在全国35城4−14岁目标核心受众收视份额直冲4.74%，最高达8.92%，在全国省级卫视同时段排名第二位。节目荣获广电总局“迎接十九大优秀少儿节目”二等奖。

《萌娃看动物》筛选了“丝绸之路”起点西安、枢纽青海、西域文化代表新疆等丝绸之路上面的重点地域，通过各地最具特色的野生动物，展现“一带一路”沿线地区的历史文化、风土人情，也传达爱护动物、保护大自然的理念。

一、见微知著 通过动物读“丝路”

《萌娃看动物》的前六期主要是探寻陆上“丝绸之路”的轨迹，陆上“丝绸之路”在中国境内涵盖西北和西南共九个省区市，节目组通过多次专家探访和录制踩点，行程7300多公里，甄选了陕西省的秦岭野生动物园和佛坪金丝猴自然保护区、青海省的青藏高原野生动物园和青海湖牦牛养殖区、新疆维吾尔自治区的天山野生动物园、库木塔格沙漠骆驼养殖区这6大野生动物保护区和动物养殖区，涉及骆驼、金丝猴、羚牛、松鼠猴、牦牛、蒙古马近20种动物。

选择这些动物不仅是出于好玩、好看，更是要通过这些动物折射出“一带一路”的风貌和意义。比如在2000年前一步一脚印帮助人类完成“丝绸之路”运输工作的沙漠之舟骆驼；“丝绸之路”上最具代表性的我国一级保护动物金丝猴；在古代以及现代牧民生活中有着不可替代作用的高原之舟牦牛；还有热带的鸵鸟、沼泽地区的白枕鹤等并不是“丝绸之路”原产动物品种的出现，这些都体现了“丝绸之路”的风貌和对沿途地区经济文化交流发展的重要作用。

节目让萌娃们真正行走在“一带一路”上，通过对动物的探寻，亲身体验“一带一路”沿线地区的历史、文化、经济、人文，以微见真，以点及面，生动诠释国家倡议。

二、亲密共处 在合作中求和谐

节目不仅是要通过动物来讲“一带一路”，也旨在通过“与动物亲密接触”的主题设定，用萌娃与动物的互动，启迪少年儿童的心智。每期节目都根据地域特点和动物习惯，为小朋友设定不同的主题任务，让他们通过和动物的接触、熟悉，让孩子领会人与自然和谐共处的意义。比如小嘉宾要学会记录金丝猴的生活特征；要照顾三个月大嗷嗷待哺的小狮子；要帮助长颈鹿刷脖子，防止它的毛被油脂粘连；还要帮助新疆女孩儿寻找骆驼。在这些经历中，小嘉宾从不敢、不想接近动物到尝试触碰再到和动物们成为好朋友，萌娃帮助了动物，动物给萌娃带来了快乐，这让孩子们知道互帮互助、和谐共处才是人与动物之间最好的相处方式。

三、寓教于乐 在探险中引思考

《萌娃看动物》在创作中坚持以寓教于乐的形式向少年儿童普及野生动物保护、湿地保护和自然保护的知识。节目根据儿童认知特点，通过“观察发现”“野外探险”“思考总结”三个环节，用循序渐进的方式逐步引导小朋友们形成“探索、思考”以至触类旁通的思维习惯。比如通过给小鸵鸟称重，为白枕鹤找食物，观察金丝猴，变身动物奶爸体验“实习饲养员”等活动，激发小朋友思考关于动物和自然现象的“十万个为什么”，让小朋友们和大朋友一起认识真正的动物和自然界，实现科普启蒙。

《萌娃看动物》的两个核心要素——孩子和动物，都是在拍摄过程中非常不好控制的因素，同时也是屏幕上最吸引收视的两大要素。卡酷少儿这次选择用孩子和动物来表现“一带一路”的重大主题，也是从卡酷少儿自身的频道定位出发，用孩子们喜欢的方式来讲述历史、讲述文化，让萌娃们成为保护野生动物的传播使者。节目之后还将走向海上丝绸之路，再次用萌娃的视角、动物的身姿，展现“一带一路”不同地区的文化魅力和地域特色。

（北京电视台卡酷少儿卫视）

北京电视台党的十九大宣传报道守正出新

2017 年，北京电视台推进党的十九大主题宣传。在内容上形成以新闻报道为龙头，纪录片 + 专题片 + 公益宣传片，影视剧 + 综艺节目 + 栏目为两翼的内容矩阵；在平台上，形成以北京卫视为龙头，地面频道 + 新媒体为两翼的平台矩阵；在报道基调方面，坚持正向引领，多维发声，用小故事做好大文章，以百姓梦共筑中国梦；在内容形态方面，主题报道、大型纪录片、新闻行动、优秀影视剧展播等异彩纷呈；在宣传节奏方面，把握时效节奏，做到“重大策划不断线，重要报道连成片”，做到会前预热营造气氛，会中密集报道全面快速，会后及时有效报道十九大精神贯彻落实情况，顺利圆满完成十九大报道任务，营造一波又一波舆论新高潮。

启动重大主题会商机制，“全台一盘棋”做好十九大宣传保障组织工作

北京电视台坚持党媒姓党、新闻立台、正向引领、多维发声，下好先手棋，打好主动仗，确保导向正确、亮点突出，彰显首都媒体的报道实力和个性风范。从年初开始，不断更新调整全台整体宣传报道方案，在北京广播电视台的框架内启动重大主题宣传会商联动工作机制，充分发挥“中央厨房”枢纽作用，“一把手”抓好安排部署，“一盘棋”抓好统筹协调，“一条龙”抓好组织保障。

为保证安全播出，北京电视台还制订刊播安全保障工作方案，开展安全生产大检查和系列培训，确保党的十九大宣传期各项工作安全有序进行。

守正出新彰显担当 新闻节目全方位多角度报道十九大

2017 年 5 月 28 日以来，北京电视台新闻节目提前进入“十九大时间”。全台各档新闻节目累计播发相关新闻超过 70 小时，各档新闻节目累计播发十九大新闻近 300 条次，包括开幕式直播、新闻、专题等累计播出时长超过 40 小时，采访党代表 30 多人次，采访各界党员干部群众超过 200 人次。

北京电视台《北京新闻》《特别关注》《北京您早》等栏目相继推出了《十九大代表风采》《砥砺奋进的五年》《喜迎十九大》《十九

大时光》等多个专栏，多角度、多侧面营造喜庆热烈、团结奋进的浓厚氛围；《首都经济报道》推出五个连续系列报道，着重展现普通市民在这几年间生活、工作发生的巨大变化，多维度全方位呈现北京的发展和成就。

提前安排，直播盛会社会效果好。10月18日，党的十九大胜利召开，当日7:00开始，在新闻节目中心精心谋划、周密组织的前提下，北京卫视和新闻频道连续7小时并机直播党的十九大开幕盛况，打响漂亮一仗，受到市委宣传部领导的表扬。

精心准备，果断应变，及时播出首都各界收听收看十九大盛会报道。开幕会当天，北京电视台派出40多路记者采访收听收看盛况。由于并机直播十九大开幕会，台领导果断决定，当天的《特别关注》栏目顺延播出。12点55分顺延播出的《特别关注》，及时播出了各界群众收听收看党的十九大开幕大会的新闻，整个报道长度超过50分钟。市委宣传部严力强副部长在看完《特别关注》后第一时间打来电话，提出表扬。

在北京卫视和新闻频道转播中央电视台《中国共产党第十九次全国代表大会开幕式特别节目》及在《特别关注》栏目播出《十九大特别报道》，当日北京卫视北京地区收视率3.86%，市场份额33.24%. 全国35城收视率达到0.36%，市场份额达到4.7%，在全国省级卫视35城市排名位列第一。以十九大为全部报道内容的《特别关注》当日取得收视率2.06%（北京地区），市场份额16.09%的突出收视效果，位列同时段各省级卫视35城市排名第一，央视和省级卫视中，北京电视台对大会盛况的跟进报道覆盖最全面，反应最迅速，内容最丰富，无论在规模体量还是质量上都名列前茅。国家新闻出版广电总局《收听收看日报》给予肯定。

推出“喜迎十九大·北京新篇章”大型航拍系列宣传报道。以空中视角全方位、立体化展示北京各区经济社会发展变化、历史人文景观和自然地理风貌。

全面报道北京代表团活动，重点展现基层代表风采。此次十九大报道，北京电视台及时派出高清卫星车解决素材回传难题，并克服上会记者少于往届的不利因素，全面完成了报道北京团相关活动的报道任务，同时将镜头更多地对准基层代表，采访制作了李萌、仉锁忠等代表的专题新闻报道，表现了他们为十九大报告提出的真知灼见，展现了他们拥有坚定的信仰和炽烈的赤子之心。

会后报道以新闻节目为主阵地，集中报道全市学习宣传贯彻落实十九大精神的热潮。10月24日，党的十九大顺利闭幕，北京电视台全体人员勠力同心，全身心投入到十九大会后报道中，以全面解读十九大报告精神为重心，力争将学习、宣传、贯彻、落实十九大精神推向高潮。

《北京新闻》开辟《学习贯彻落实十九大精神》《把十九大精神带回家》两个专栏；继续更新《十九大时光》专栏，保持宣传热度；开辟《全球热议十九大》专栏，继续报道国际舆论对十九大后中国发展方向的关注；评论节目《锐观察》推出特别访谈节目，让基层党代表、专家学者、资深媒体人等发出微观感受，凝聚最大共识，折射老百姓的收获和国家崛起的鲜明轨迹。

大型纪录片、专题片创作用大手笔做好首都文化的大文章

北京电视台策划推出多部主旋律大型系列纪录片，配合十九大报道。大型系列纪录片《你从井冈山走来》、系列纪录片《通惠古今大运河》，政论专题片《我的新北京》、系列节目《时代的号角——第十四届精神文明建设“五个一工程”入选作品专题系列节目》，全方位展现党的发展历程、多角度展

示北京的新故事。系列节目《志说北京——三个文化带》，详细介绍长城文化带、运河文化带、西山—永定河文化带；系列纪录片《京城之轴》深入挖掘中轴线沿线历史人文故事，见证时代变迁。此外，2017 年 6 月正式启动的微纪录片《中国梦 365 个故事》第二季和文艺频道会前和会中播出的 80 集系列片《文化京津冀系列专题片》，都是以小见大的精品制作。

品牌节目用多元化的节目形态，多角度讲好中国故事

北京电视台在节目创作上坚持“三贴近”的原则，用看得见露珠、听得到呼吸的百姓故事，塑造中国形象，传递中国声音，讲好中国故事。

在党的十九召开之际，北京卫视推出系列原创季播节目《我是演说家》第四季、《中国故事大会》大力弘扬社会主义核心价值观；《生命缘·生命的礼物》、季播节目《创意中国》紧扣新时代主题，讲好中国故事；《北京评书大会》弘扬中华优秀传统文化；青年频道《军情解码》“精兵劲旅”系列特别节目，展现部队新风貌；文艺频道《每日文娱播报》会前推出喜迎十九大优秀歌曲系列展播，会后推出《为人民抒怀——现实题材精品汇》系列、特别板块《人民的文艺》，集中向百姓推介现实题材精品力作；《我爱书画》栏目从 2017 年 10 月起连续推出《最美中国人》《为人民而画》系列节目，介绍反映家国情怀的经典美术作品。科教频道《第三调解室》制作播出十期“优秀人民调解员”短片，宣传我市调解工作；《警法目录》着力打造“走进警营”等精品板块；《法治进行时》推出《平安行》等版块和系列报道，《法治中国 60 分》推出《新航程法典》《百城百警百姓情》等专栏，《庭审纪实》推出《北京法官故事》系列节目，宣传全面依法治国方针，介绍全国司法工作者的先进事迹；科教频道《记忆》从 8 月起循环播出与市委组织部共同制作的《榜样·党员》专题，宣传优秀共产党员（共 8 期）；9 月中旬播出“老街坊”系列节目；10 月上旬播出“大运河文化”系列节目；生活频道《生活这一刻》用“主播单车看北京”“家门口的事放心上”“阿龙讲故事”三个新设板块喜迎十九大；10 月 21 日推出“走一线进社区，我眼中的十九大”系列报道，派记者走一线、访民情；纪实频道推出《影事——我们这五年》《中国文房四宝》《志说北京》等一系列宣传中华文化和北京发展成就的优秀纪录片。

创新宣传手段，用融媒体互动传播，用公益宣传片点燃和呼应人们喜迎十九大的热情

多屏互动拓展平台，融媒传播创新升级。依托“BTV 新闻”微信、微博、今日头条等平台配合播发十九大新闻动态，围绕党的十九大精神、北京代表团风采、北京重点工作成就、全球热议十九大等主题推送《北京市代表团继续讨论习近平同志报告时一致认为深刻把握新时代新使命新征程新理论》《首都各界干部群众学习十九大报告》《塞尔维亚主流媒体派出精兵强将报道大会》等相关文章、视频，网络点击量过百万。

多样化的公益广告和宣传片营造喜庆氛围。十九大期间，为营造喜庆氛围，总编室、广告部及卫视节目中心策划制作了“筑梦中国”系列公益广告、《砥砺奋进的五年》《我的新北京》《通州新家园》等多部公益广告和宣传片，在全台各频道密集播出，会议期间累计播出近 2000 次。北京卫视推出的系列宣传片《喜迎十九大，大美看北京》，沿着习近平总书记视察北京的足迹，围绕北京“一核一城三带两区”建设规划进行策划，用直升机、无人机航拍、延时摄影、一镜到底等极致镜头唯美呈现北京的城市风貌和人文气息。

北京电视台还在会议结束后持续发力，策划推出《新时代 新气象 新作为——践行十九大精神基层行》大型主题系列报道和解读十九大报告系列访谈节目《新时代大家谈》，策划推出公益宣传活动“这是我的中国梦”，展播《北京之夜》等系列宣传片，推动党的十九大精神家喻户晓、落地生根。

（北京电视台总编室 王哲 任为民）

“市民对话一把手”致力沟通塑造勇于担当的政府形象

2017年1月14日至20日北京市“两会”期间，由市政府办公厅主办，北京电视台、北京城市广播、北京时间、首都之窗、千龙网、北京发布联合制作的年度大型系列直播访谈特别节目“市民对话一把手·北京新表达”与广大市民见面。市发展改革委、市国土规划委、市环保局、市交通委、市水务局、市民政局、市卫计委等7家政府部门的“一把手”，走进BTV“两会”演播厅，通过视频、电波、网络、客户端等多种形式，与市民就大气污染治理、河湖水系建设、疏解与发展、缓解交通拥堵、养老体系建设、卫生体制改革、城市副中心规划建设等话题进行对话沟通。

节目积极与市民沟通对话，主动回应市民关切，有力地塑造了公开透明、直面问题、勇于担当的政府形象，播出后赢得了广泛好评。市人大常委会党组书记、市十四届人大五次会议主席团常务主席杜德印称赞“一把手节目”锻炼了领导干部与群众沟通对话的能力，用事实证明了只要与群众平等、客观、坦诚对话，党和政府的各项工作一定能得到广大人民群众的支持和理解。

市委书记、市长蔡奇在《市民对话一把手》的总结上批示：这个节目办得很好。今后要进一步加强与市民沟通互动，以争取社会对政府的理解和支持。

精心策划内容，注重市民关切。在“市民对话一把手·北京新表达”访谈节目策划阶段，BTV新闻节目中心与市政府办公厅一起联合各个委办局召开了4轮选题策划会，明确了“一把手”不回避难点问题，直面市民关切的节目理念。市发展改革委主任卢彦在节目中回应动批服装生意搬到沧州后变得冷清的提问；市环保局局长方力回答了政府花大力气治理空气但效果并不明显的提问；市交通委主任周正宇回应了三环路施划公交车道增加交通拥堵的提问。“一把手”们真诚的态度增进了市民对政府工作的理解和信任，也提高了节目的关注度。

持续创新突破，赢得各界好评。在“市民对话一把手·北京新表达”访谈节目中，新闻节目中心和制作部合作为“一把手”拍摄宣传片，在2016年的基础上进一步创新，特别策划了拍摄“一把手”走基层，服务一线的工作状态，通过朴实、平和的镜头语言，将各委办局一把手带到大众视野当中，用真情实感述说热点话题。两会期间，市委副秘书长、市委宣传部副部长严力强传达了市领导对“一把手”宣传片的评价，认为2017年的宣传片内容真实品质高，进一步提升了政府形象。

媒体高度关注，形成两会热点。“市民对话一把手·北京新表达”访谈节目，由于节目观点新、信息量大，中央媒体以及其他市属媒体给予了高度关注。中央电视台新闻频道《新闻直播间》《共同关注》等栏目多次在重要时段，以较大篇幅突出播发北京市交通委、市民政局、市卫计委三部门“一把手”回应市民关切的相关消息。人民网、新华网等中央及市属媒体发布有关一把手节目的报道1236条，微博、微信等自媒体推送消息1355条，市属网络媒体覆盖网民1835余万人次。

打造中央厨房概念，多屏联动传播。在此次“一把手”节目中，报道组通过总体设计来确定新闻内容，安排各家媒体根据各自优势，个性化制作传播内容，综合运用纸媒、电视、广播、网站、微博、微信、手机客户端等平台深入报道。北京电视台发挥了电视传播优势，拍摄制作了“一把手”形象宣传片，推出了系列大数据短片，并和千龙网一同拍摄制作了“民意直通车”视频短片，同时保障了广播、电视、网络全媒制作呈现。北京新媒体集团发挥了融合网络媒体的作用，汇集网民意见，实现网络全程互动直播。首都之窗、北京发布则集中时间、同步推出“市民对话一把手——请你来提问”话题评选的问卷调查和问题征集活动，收到各平台留言总数3万余条，留言点赞总量突破2000万。从预告到民意征集再到最后的节目呈现，“市民对话一把手·北京新表达”访谈节目在各平台相互推送，真正实现你中有我、我中有你的融合制作，形成了“矩阵式”传播格局。

（北京电视台）

主动作为　精心策划　抓取细节　及时生动

——习近平总书记在京考察工作配合报道

2017年2月23日、24日，中共中央总书记、国家主席、中央军委主席习近平到北京考察城市规划建设和北京冬奥会筹备工作。习近平总书记到北京考察工作，由中央电视台制作21分30秒的报道。作为当地媒体，北京电视台新闻中心在习近平考察北京工作结束后的第二天，也就是2月25日早晨《北京您早》，播出央视时长21分半的主新闻，以及回访亲历者的4条时长共12分钟的组合报道，并在25日《晚间新闻报道》中播出一条新闻特写《总书记的百姓情怀》，体现习近平总书记对北京发展的关心、对人民生活的关切，也反映出全市人民倍受鼓舞、无比振奋的昂扬状态，取得良好的传播效果。相同内容的采访报道，中央电视台《新闻联播》在2月26日播出。

一、时政报道 确保准确无误

习近平总书记到北京考察工作的新闻，2017年2月24日在中央电视台《新闻联播》播出，总时长21分30秒。按照惯例，25日18:30分首播的《北京新闻》才会重播这条消息。但此次，北京市委宣传部要求，在25日的《北京您早》中就播出该条新闻。因题材特别重大，经过反复核对、层层把关，审看无误后才最终提交。

二、提前筹划 悉心准备

此次习近平总书记在北京考察的地点分别为新机场保障房、新机场工地、五棵松、首体、通州行政副中心以及大运河森林公园。除地点外，考察行程的其他细节记者事先并不掌握，而且北京电视台也只有一名摄像记者可以进入现场拍摄资料。

面对这些困难，新闻中心积极想办法、创造条件。一方面，23 日一大早就分头派出四组记者先后联系相关部门，尽可能地提前掌握情况；另一方面，与在现场拍摄资料的摄像记者保持密切联系，尽可能早地了解考察现场的动态、细节。与此同时，记者们早早赶到考察地点周围，做好准备，等习总书记考察结束后，马上进行采访。

经过大家的努力，23 日上午，有关此次考察的细节逐渐丰满起来：当天下午，习近平总书记在京考察工作开始，大兴区委书记谈绪祥第一个向习总书记汇报安置房的情况；城建的项目经理第二个向习总书记介绍新机场的技术创新；24 日上午，五棵松现场将会有一群打冰球的孩子……这些信息让记者们做好报道的信心越来越足。

三、找细节挖故事 做有温度的报道

习近平总书记在京考察的地点有 6 处，为将报道做得充分、丰满，每一个地点报道组都安排一组记者提前去等候。习总书记一离开，记者马上进入现场，回访亲历者，重点是挖掘现场的故事与细节，讲出新闻背后的故事。

故事一：一厅还是两厅？

2 月 23 日晚上，在新机场安置房现场，大兴区委书记谈绪祥向记者回忆向习总书记汇报工作的情况。他向记者介绍说，当习总书记看到张贴在墙上的房屋户型图时，仔细询问房屋到底一厅还是两厅。因为图上的文字写的是两厅，但图上画的是一个大开间，谈绪祥解释说，一个是 9 平方米的餐厅，一个是 19 平方米的客厅，图上没标，中间可以打隔断，打上隔断就是两厅。

故事二：给担架电梯点赞

安置房居民楼里，安装两部电梯。谈绪祥介绍说，其中有一部是担架电梯，也就是担架可以进入，方便病人上下楼。习总书记专门查看这部电梯，对此十分赞赏。

故事三：农民工与总书记亲密接触

在新机场建设工地，习近平总书记走进工人中间，与一位来自河南的农民工聊起来，问他是哪里人，是否回家过年，父母好不好，让他工作中注意安全。事后记者采访到这位农民工，他说，他给家里人打电话，说与总书记拉家常，家里人都不信。他还说，总书记能来看我们在一线的农民工，特别温暖。

在副中心行政办公区建设工地，一位佩戴党徽的工人跟习总书记握两次手。他说，总书记看到自己佩戴的党徽，他跟总书记汇报说，自己在副中心的建设中就要亮明党员身份，总书记点头说好！

故事四：总书记与冰球小选手“撞肩”

五棵松运动中心，习近平总书记观看一场小学生冰球训练，活动结束时，他和中关村二小三年级的一位冰球小选手以“撞肩”的动作来互相致意。“撞肩”是冰球运动中一个常见的礼仪性动作。事后，记者采访到这位小选手，他说这一亲切的动作，让他感觉习爷爷对冰雪运动十分了解与热爱，同时他和同学们也受到莫大的鼓舞。

这些故事与细节，都是记者们在回访亲历者时，通过与当事人的深入交流得来的。

这一组回访新闻把央视新闻中没有展示出来的细节呈现于电视屏幕上，报道有温度、有感情，丰满生动，富有感染力。

此外，北京电视台新闻中心的记者还将所有回访者中，与习近平总书记有亲切互动的细节，集合起来，制作完成一条新闻特写——《总书记的百姓情怀》，在 25 日《晚间新闻报道》中播出。

四、领会精神 连夜奋战

为习近平总书记考察北京的新闻做配合报道，要求非常高，尤其在口径和尺度把握方面，既要在可以说、可以展示的范围内，又要有所不同，展现镜头背后的故事。

2月24日晚上，新闻中心所有参与报道的记者，集体收看《新闻联播》，领会精神。随后，记者们连夜写稿编辑，工作到凌晨四点才完成全部新闻的提交。

2月25日，新闻中心记者继续奋战，分别采访北京冬奥组委、北京市规划和国土资源管理委员会、北京城市副中心建设工地、北京市体育局，以及通州区、延庆区传达学习贯彻习近平总书记考察北京工作的重要讲话精神的一组报道，在26日《北京您早》中第一时间顺利播出。

（北京电视台新闻中心）

“市民对话一把手·砥砺奋进的北京”直播访谈架起政府与市民之间的沟通之桥

“市民对话一把手·砥砺奋进的北京”大型系列直播访谈特别节目2017年7月24—27日每天19:30至21:00在BTV350新闻演播室进行直播，在BTV新闻频道、北京城市广播、北京时间、首都之窗、千龙网等多媒体与首都市民见面。

北京市委副书记、代市长陈吉宁在市政府通过电视观看 “市民对话一把手·砥砺奋进的北京”大型系列直播访谈特别节目，并表示节目做得很好，提升政府的公信力，让政府更好地取得人民的认可。

节目紧扣习近平总书记两次视察北京时重要讲话精神和在中央政治局常委会会议审议北京城市总体规划时的重要讲话，结合市十二次党代会精神，邀请市发展改革委、市规划国土委和通州区政府、市科委、市环保局等十个单位的“一把手”在8期节目中就坚定不移疏解非首都功能、高水平规划建设城市副中心、全力抓好“三城一区”建设、清洁空气北京在行动等热点话题与广大市民沟通对话。4天360分钟的节目向广大市民详细介绍政府的重点工作，回应社会关注的热点问题。

一、市民与政府部门“一把手”直接对话，真情实感取得人民的广泛认可

“市民对话一把手·砥砺奋进的北京”大型系列直播访谈特别节目为实现政民对话的这个主题，设置包括前期征集问题、网络实时提问等多种对话方式，其中最特别的是将市民代表请到直播现场并坐上北京电视台主新闻《北京新闻》的主播台直接与“一把手”面对面交流。在提问中市民的问题针对性强、有力度，而“一把手”也是诚恳回答、不推诿，一来一回之间看似是种交锋，实际上彰显政民关系的良好互动。

“臭氧污染具有高危害，而且现阶段几乎无法治理”曾在网络上广泛传播，在7月25日的节目中，来自大兴区的观众现场提问北京市环保局局长，“北京除了PM2.5的污染，最近臭氧污染又有越来越厉害的趋势，蓝天时也有重污染，政府还有没有办法治理？”方力局长专门分析臭氧污染的成因，并表示请市民放心，现在治理PM2.5的措施对臭氧治理同样有效果，短短几句话就从污染生成原理到防治实际情况回应市民的关切。

二、场内场外互动积极，将对话带

到基层带到新闻现场

在“市民对话一把手·砥砺奋进的北京”大型系列直播访谈特别节目中，北京电视台派出8路记者结合8个主题奔赴相关新闻现场，直接将基层一线的情况和社区居民身边事儿传回直播现场，在节目中实现基层实时情况与“一把手”面对面，让“一把手”可以“现场”办公。

三、对话现场气氛活跃，有效拉近政民之间的距离

在“市民对话一把手·砥砺奋进的北京”大型系列直播访谈特别节目直播过程中，节目前期积极与各位“一把手”进行沟通，而道具的运用让看似沉闷的访谈节目灵动起来，让市民与政府部门“一把手”的对话更加生动，彼此之间的距离感明显拉近。

在7月26日的节目中，北京市商务委主任把近十种蔬菜和肉类带到直播现场，用自己的手机扫码追踪食品来源，用现身说法来解释食品安全追溯机制的重要性。

四、充分利用中央厨房概念，打造全媒体传播平台

“市民对话一把手·砥砺奋进的北京”大型系列直播访谈特别节目通过打造中央厨房概念，不仅在BTV新闻频道制作播出，还在北京城市广播、北京时间、千龙网、首都之窗等多个平台实现联动直播，并在各网络平台采用视频和图文点播、文字专题等多种形式传播。

（北京电视台新闻中心）

房山广电中心重大宣传活动报道经验

房山区广播电视中心创新思路，运用多媒体平台，宣传报道区里重大会议。

组建团队，加强领导。为保障大会报道顺畅、调度有序，广电中心每逢区里重大会议均成立领导小组，重新调配人力，组建报道团队，划分若干小组，如演播厅撰稿组、会场报道组、协调调度组等，每个小组指定专人负责，细化分工，确保责任落实到位。

根据会议主题，领导小组带领报道，团队制定详细的宣传报道方案，倒排工期，按照每个时间节点保质保量完成宣传报道任务。

媒体联动，形成立体宣传强大合力。广电中心整合媒体资源，将电视、广播、新媒体等进行全媒体深度融合，多平台无缝对接，线上线下互补配合，形成全媒体联动报道格局。在网站、微信公众号、手机客户端设置大会报道专题专栏，以生动图文、精简视频的形式对大会进行及时全面报道，保持传统媒体优势，突出新媒体灵活、迅速的传播特性和广泛的受众基础，使宣传报道更加深入人心。

区“两会”期间，房山电视台《房山新闻》于会前推出成就性报道《新时代·新气象·新作为》专栏，突出全区在推动经济发展、促进社会建设、强调生态引领、提高党的建设、探索乡村治理等方面取得的成绩，为会前营造良好的社会舆论氛围；会中，房山电视台搭建《房山新闻》+《特别报道》的播出模式，全方位、多角度、滚动式宣传报道区“两会”召开盛况。《房山新闻》紧跟大会议程，以消息、综合报道、新闻特写、现场报道等多种形式，全方位呈现大会盛况，共播出新闻22条，首播时长共122分钟；《特别报道》设置《两会看点回顾》《迈进新时代·两会看变化》《政协委员风采录》《新时代·新气象·新作为》《报告关键词》《大会发言精编》六大板块，突出重点，展示亮点，以新颖的编排、多样的视角、丰富的内容对“两会”进行全面深入报道。首播时长达263分钟。

房山人民广播电台打通《房山新闻》《FUNHILL时间》《生活广场》三档栏目，通过现场采录，对区“两会”进行全程、大篇幅生动报道，累计报道时长达135分钟。

新媒体平台发挥优势，与电视、广播融合互通，形成全媒体宣传格局，提升宣传影响力和传播力。房山广电传媒网设置“两会”专题专栏，包含电视新闻节目22条，特别报道5条；房山广电传媒微信公众号发布消息12条。多媒体融合，宣传报道呈全方位、立体化，产生规模化效应。

作为地方主流媒体，房山区广播电视中心注重遵守宣传规则。2017年中共北京市房山区委八届五次全体（扩大）会议时，《房山新闻》栏目突出时政新闻的权威性、严肃性，以消息形式播发全会开幕式、分组讨论、闭幕式等主要议程，全方位展示庄严肃穆的大会氛围，并对要参会代表进行现场采访，第一时间将全会主要内容和代表心声传递给广大观众。

重大会议，历年来都是“新闻富矿”。怎样挖掘大会现场的“真金白银”，怎样根据会上得到的信息，到会外去追踪挖掘好新闻，用更加丰富的方式制作出有特点、有温度的好新闻，是记者的看家本领之一。2017年报道房山区委八届五次全体（扩大）会议为例，中心以“大会现场实况＋演播厅解读＋短片阐释＋现场采访”的形式，对全会报告进行深入、全面解读，节目准确把握主题，将权威解读与阐释疑惑结合起来，将宣传区委政策与回应群众关切的问题结合起来，生动地将全会报告精神传递给全区广大基层群众，使得报道更加全面丰富，更接地气，更有温度。

（房山区广播电视中心）

整体转型　深度融合

昌平广电中心从“总结过去——砥砺奋进的五年”和“规划未来——开拓广电新篇章”两方面对中心工作进行回顾和规划。推进主流媒体改革及媒体融合。

一、总结过去——砥砺奋进的五年

过去的五年，是互联网迅速发展的五年，也是倒逼传统媒体转型，加快推进主流媒体深化改革和深度融合的五年。

作为区县级主流媒体的昌平区广播电视中心，深谙转型时机，面对挑战，迎头赶上。五年来，以全面深化改革为牵引，不断开拓创新，与时俱进的同时恪守基层广电媒体职能定位，立足本土特色。扎实推进媒体“全媒化、平台化、本土化”转型，积极试水区县级主流媒体转型升级，探索独具昌平特色的媒体改革之路。

一是聚焦全媒化宣传，保障中心更具效能。

全媒化突出宣传的立体、分众、差异。转型之初，昌平广电中心首先布局全媒化，本着“日常工作练本领，大项工作促提升”理念，开展全媒化实战演练。

一方面，整合资源，立体差异化传播。昌平广电中心整合拥有电视、广播、网站等传播渠道和平台终端，每月围绕全区重点工作进行宣传计划统筹，根据传播平台差异，对广播电视、新媒体、户外大屏等各平台的宣传侧重点进行明确，尔后各平台根据定位进行差异化策划创作，在图、文、视、听作品形式的基础上，初步形成“新媒体快、新闻资讯全、专题报道深”的梯次搭配。

另一方面，不断丰富传播形态和传播样式。在布局全媒化过程中，昌平广电中心不仅通过日常新闻模式报道重大事件，还更加注重对重大主题、重大事件的全媒化制播的多形态探索。五年来，昌平广电中心围绕区域重点工作，推出《家和万事兴 关爱促和谐》《农业嘉年华里的景观故事》《强党性 敢担当 出实效 撸起袖子加油干》《疏解功能促提升》《砥砺奋进的五年 贯彻落实市第十二次党代会精神 迎接党的十九大》等多组专题系列报道。2017 年农业嘉年华活动宣传过程中，昌平广电中心进行首次全媒体直播演练，加入互动环节，多屏联动成为现实，有效提升活动宣传的吸引力。

同时，发挥全媒体舆论引导效能。过去的五年，正是昌平转型发展的攻坚期和深水区，影响改革发展的各方面不稳定因素迅速积聚，面对严峻形势，昌平广播电视中心全媒化布局更加关注提升全媒体舆论引导能力。五年来，不断探索创新舆论引导方式，变“防”为“攻”，及时有效发声，增强把握舆论战场主动权的能力。2016 年 7 月 20 日的强降雨中，居庸关长城护城路段出现滑坡，一时间无论是关于居庸关山体滑坡的视频和照片被疯传。昌平电视台的新闻记者第一时间赶到事发地点进行采访，并积极利用全媒体传播迅速占领舆论引导主动权。当晚，居庸关山体滑坡没有造成人员伤亡和车辆被砸等现象，经过有关部门及时抢险并连夜抢修、京藏高速居庸关路段车辆通行正常的报道就在《昌平新闻》《北京新闻》中播出，昌平广播电视网、昌广传媒手机 APP 等及时进行更新，“北京昌平”微博也进行辟谣，网上的谣言随之终止，维护区域舆论安全。

二是瞄准平台化目标，媒体融合更具品质。

在布局全媒化的同时，昌平广电中心全面升级技术系统、强化安播管理，在技术升级和安全播出的双重保障下，打造区县级“中央厨房”，进一步推进媒体深度融合。

一方面，以全台网建设为突破口，推进技术系统全方位升级。从 2013 年开始，昌平广电中心着眼高清和新媒体融合综合应用，历时 4 年打造新型数字高清全台网系统，联通广播、电视、视听网站、手机移动端、户外大屏等多个传播渠道，并于 2016 年 10 月份投入运行，实现制播业务流程化、文件化、网络化以及制播技术的高清数字化。

另一方面，以质量管理体系为牵引，推进大安全播出管理。在技术系统升级的同时，昌平广电中心又充分借鉴 ISO9001 质量管理体系理论，打造先进的媒体管理体系，于 2014 年 9 月通过质量管理体系认证，并实时优化体系运行。

随后，推出区县级“中央厨房”，推动媒体深度融合。实现技术系统与管理体系的深度融合，初步完成全媒体宣传布局。2017 年 4 月，在媒体深度融合背景下，昌平广电中心又聚焦广播、电视、报纸、新媒体等全媒体大融合，启动全方位改革，在全国区县级媒体中推进“中央厨房”建设，探索基层媒体深度融合发展路径。在没有成功经验、成熟案例可以借鉴的情况下，通过深入走访学习调研，初步确定“昌平云”手机 APP 和“中央厨房”总编辑部的建设方案。其中“昌平云”手机 APP 有效聚合区域信息咨询、政务服务、民生服务三大功能，建成后将成为昌平区具有标志性的移动端综合服务平台。"中央厨房"总编辑部则被定位成集指挥、统筹、调度为一身的全媒体宣传协调平台，实现媒体资源的集约高效运用。这种平台化建设使得下一步媒体融合具备较强的系统性、扩展性和用户黏性，从根本上打通融合的关键节点。

三是精准本土化定位，文化品牌更具影响。

昌平广电中心，始终坚持改革不能忘本，改革关键是要服务本地民生，做大昌平影响的初衷。昌平广电中心立足本土文化，下力挖掘昌平的区域特色文化，生产出一系列有温度、有情感、接地气的精品节目。

一方面创造性建立乡镇记者站，延伸广电中心媒体触角。2013 年底到现在，昌平广电中心在条件成熟的镇街共设立天通苑记者站、回龙观记者站、北七家记者站等 6 个记者站，并专门设立宣传科负责统筹管理基层媒体宣传工作。将基层记者站建成广电中心的媒体触角，深入基层之中，实现记者和基层的无缝衔接。随着新闻线索的增加，2016 年，昌平广电中心在每周二、周五的《昌平新闻》中专门开辟《来自基层的报道》板块，及时反映基层动态，将社会民生新闻的占比由原先的 50% 多提升到近 80%。这样一来，百姓对节目关注度大大提升，经常接到热心观众的反馈意见，民生服务功能凸显。

另一方面，下力挖掘昌平区域特色文化，打造精品工程。昌平广电中心先后推出了《真情故事》《古今昌平》《视角》《法治纪事》《相约》《百姓话题》《时空关注》等 15 个优质广播电视栏目，内容涵盖了文化、历史、法制、社教、健康等各个方面，每年平均制作 1000 多期专题片，坚持每天播出近 1 个小时的本土特色节目，深受本地百姓喜爱。这些栏目、节目也屡获市级以上奖项，电视栏目《真情故事》连续三年获得北京广播影视优秀栏目奖，荣获 2012 年全国十佳栏目和"2011—2012""2012—2013"中国最具品牌价值电视栏目奖；专题片《阳春白雪的故事》获中国广播影视大奖电视专题节目奖、全国县级广播电视作品评析电视专题一等奖等。2011 年以来，中心共获得市级以上奖项 143 项。昌平广电中心本土化精品工程得到各方面的认可，节目影响力持续提升，为昌平发展汇聚和传播正能量。

另一方面，加大节目联办力度，推进节目内容向更加亲民、深度、专业的方向发展。2017 年年初，《真情故事》《法制昌平》《走进三农》等多个品牌栏目，先后与人大、卫计委、教委、妇联等多个部门建立联办关系，依靠联办单位，昌平广电中心掌握了更为丰富全面的线索和素材，半年来共创作出专题片 430 部。就今年和妇联联合推出的寻找昌平"最美家庭"活动来看，双方互相支持，线上线下同步展开，记者通过刻画一个个普通家庭故事，最终捕捉到了广大民众的共鸣点、传播点。

二、规划未来——开拓广电新篇章

昌平广电中心经过近五年的建设发展，全媒体平台已搭建成功，媒体深度融合步伐已迈出、本土化精品工程已出具特色。但是管理理念、制度机制、人才建设等方面依然存在短板。在市十二大"以拼搏为美，向行动致敬，拧紧干事创业的发条，扑下身子真抓实干，一张蓝图绘到底"的精神指引下，昌平广电中心"从来路看出路，向实践要经验"，将未来五年定为全面提升管理效益的加强年，破解平台技术壁垒实现宣传系统融合升级的突破年，全面实施媒体改革催生全媒体宣传战斗力的推进年。总的工作思路就是持续聚焦中心工作，坚持以舆论引导能力建设为牵引，以破解媒体融合发展难点为突破口，全方位推进媒体改革创新，不断推动人才、管理与新技术系统的深度融合，持续扩大“昌平广电”品牌影响力。当下关键抓好三个方面工作。

第一，坚持全程鼓劲、典型引领、立体覆盖学习宣传贯彻党的十九大和市十二次党代会精神。一是贯穿全程宣传鼓劲。围绕会前、会中、会后三个阶段，在昌平电视台、电台及网站开设《砥砺奋进的五年》等多个系列报道，从不同层面、不同角度呈现十八大以来昌平出现的新事物、新变化、新发展，以鼓舞人心、提振士气。二是挖掘典型引领发展。将充分运用昌平电视台《相约》《时空关注》《视角》等专题栏目抓好深度专题报道。重点是紧扣学习宣传贯彻十九大这一主线，结合市十二次党代会精神，深入挖掘宣扬典型人物、先进事迹，发挥示范带动作用。三是立体覆盖营造氛围。持续突出宣传全媒化特点，在抓好广播、电视、网站宣传的基础上，充分发挥好户外大屏和新媒体的覆盖优势，将学习贯彻大会精神引向深入。

第二，坚持全过程、全方位、全媒体发力，持续打造昌平文化名片。要充分调动电视台、广播电台、网站、手机 APP 和微信公众号等全媒体资源，全过程聚焦“昌平”工作。要强化节目策划，凸显地域特色，力争再生产出一大批有观点、有温度、有情怀的优质内容，全方位植入“昌平”基因。要紧贴现阶段受众需求，按照“平台精品化、服务个性化、内容特色化”的要求，全媒体放大“昌平”影响。

第三，坚持瞄准前沿、紧贴实际、破解难题，积极稳妥推进媒体改革。一方面要以“北京昌平”手机 APP 为先发，打通信息渠道壁垒，实现技术系统融合，合理调整布局媒体矩阵，推进全媒体走向融媒体；另一方面以“中央厨房”总编辑部为龙头，建好媒体宣传指挥部，再造“采编发”流程，抓住量才使用、定岗定位、统一身份等关键环节，依托质量体系认证打造适宜的媒体管理体系。

（昌平区广播电视中心）

密云电台节目创优创新

传统媒体在多元化的传播途径和新媒体等因素的冲击下，决定传播力和影响力的始终是节目内容的本质。广播要回归“日用品”和“耐用品”的功能，也就是做好陪伴服务，通过热度、深度、广度、温度打造广播的仪式感。

密云电台《音乐随身听》栏目在很多人看来，不过是一档主持人和听众聊聊天放放音乐的伴随性节目。其实不然，目前《音乐随身听》这档节目之所以能够成为密云人民广播电台的一档品牌栏目并且深受听众喜爱也是因为遵循“4 度”理念，即：热度、深度、广度、温度。每期节目都会提前搜寻时下最新鲜以及很有热度的话题作为本期节目的主题和听众一起探讨。同时，遇到特殊节日《音乐随身听》会制作特别节目邀请嘉宾与主持人一起探讨话题，这样既丰富节目内容又做到节目话题讨论的广度性。比如：2016 年为庆祝中国共产党建党 95 周年，密云人民广播电台《音乐随身听》特别推出《寻找红歌领唱人》《宜居密云红歌情》等一系列节目，每期节目中会邀请一位嘉宾作为红歌领唱人，为听众讲红歌背后的故事，带领听众一起回顾红歌的历史，掀起全民唱红歌的热情。节目播出后，社会反响很强烈，听众朋友们都纷纷表示在节目中既学到有关于红歌的知识又重温经典的红歌，听节目就是一种享受。

在此次宣介会上，与会者谈到最多的两个字就是融合。中央人民广播电台的主持人同时也是中国播音主持“金话筒奖”获得者《海阳现场秀》的主持人——海阳幽默风趣地介绍了他自己一路创办节目的过程。在品牌初创期，经过分析受众和精准对位，海阳将《海阳现场秀》的节目定位为喜剧脱口秀，做“开车路上的快乐陪驾”。到目前为止，这档节目圈粉无数，除了传统媒体的播出途径外，海阳开始尝试拓展多样化的节目产品，同时融合智能终端应用、视频化产品、第三方平台等新媒体产品。截至目前《海阳现场秀》拥有 100 万 + 的微博用户，50 万 + 的微信平台用户，10 万 + 的实名会员，1500+ 的今日头条号推送，10 万 + 的新媒体平台节目点播 ......

听到海阳老师的介绍，《音乐随身听》主持人分析这档节目的不足。《音乐随身听》拥有新浪微博、微信平台以及 QQ 群三种互动方式，很多听众朋友都在反映收听《音乐随身听》节目的方式单一，只有一种收听途径就是通过传统收音机收听，如果错过节目想听重播都无从下手。作为一家北京郊区台——密云人民广播电台，应尽快融合新媒体，推出手机台 APP，这也符合当下传统媒体融合新媒体的多元化发展趋势。会后在该节目主持人的推动下，密云电台立即启动此事，不久听众和观众就可以下载属于密云电台的 APP 客户终端来点播自己想看想听的节目。

在新媒体强势来袭的今天，广播与新媒体的融合既是大势所趋，更是一场置之死地而后生的突围实战，在确保节目内容本质优化的基础上，密云人民广播电台下定决心打造一个既有影响力也有号召力的频率。

（密云区广播电视中心 张博研）

交流合作

2017 年北京市广播影视对外交流合作情况

一、境外办展参展

4 月 23 日至 30 日，由我局副局长杨培丽任团长，由我局科技处副处长张春彦、北京市门头沟区广电中心主任宋奇、北京市怀柔区广电中心主任刘剑、北京电视台播出部副主任韩士聪组成的团组一行 5 人赴美国、古巴执行出访任务。23 日至 25 日，团组赴美国拉斯维加斯组织 9 家北京广播影视科技企业参加 2017 美国广播电视展（NAB），举办“中国北京广播影视科技新产品发布会”等系列活动。

6 月 3 日至 10 日，北京市新闻出版广电局赴英国、法国执行北京优秀影视剧海外展播季出访团组，在局党组正确领导下，在英、法接连发生恐袭的背景下，成功举办“北京优秀影视剧海外展播季 · 英国”（含爱丁堡、伦敦两站）、“北京优秀影视剧海外展播季 · 法国”三场活动，举办北京影视企业推介会三场，举办洽谈酒会三场，参加展播季企业 15 家，参与展播影视作品 22 部，活动规模超过 2015 年首届英国展播季，圆满出色地完成出访任务，取得丰硕成果。

6 月 7 日，孟加拉议会信息事物常务委员会成员沙姆 · 沙瓦 · 卡梅一行赴北京市石景山区广播电视中心参观访问。团组一行参观了石景山区广电中心高清演播室、播控机房等建设情况，并重点了解北京市企业生产的产品设备的使用情况。在“一带一路”国际合作全面展开的背景下，孟加拉国同中国北京企业在国家电视台建设项目上展开合作。沙姆 · 沙瓦 · 卡梅议员表示收获颇丰，访问将进一步推动中国企业设计施工的国家电视台项目顺利进行，期待与更多中国北京广播影视科技企业开展国际合作，为两国务实合作、推进“一带一路”建设注入强劲动力。北京市新闻出版广电局科技处、石景山区广播电视中心、石景山区外事办公室、中广电广播电影电视设计研究院、航天长征国际贸易有限公司等相关人员参加活动。

6 月，北京电视台动画节目中心顺利承办法国昂西国际动画电影节中国动画年“经典 · 京韵”主题活动，向国际动漫界展示北京形象和原创力量，与 70 多家海外动画公司达成近 300 集、3500 多分钟的动画意向合作。

7 月 3 日，北京电视台纪实频道在德国柏林的“感知中国”国家外宣活动期间，举办“北京之夜”主题活动。频道各档自制栏目的 51 部纪录片在柏林电视台及其他 4 家德国电视台进行展播。并与德国萨沃电视台签署战略合作框架协议，开展互利互惠的深入合作。

9 月 16 日，在北京市委副书记、代市长陈吉宁和塞尔维亚共和国贝尔格莱德市市长马利的见证下，胡东副局长与塞尔维亚电影中心主任波本 · 耶夫蒂齐签署《电影合作谅解备忘录》。备忘录的签署建立两国官方电影交流协调机制和紧密的合作关系，标志着北京市与塞尔维亚在电影领域展开务实合作与交流，有利于推动双方实质性电影合作项目落实，是北京市全面深化与塞尔维亚文化交流的重要举措，既体现双方加强文化等领域全面合作交流的共同愿望，也体现北京作为全国文化中心在推进“一带一路”建设、发展中塞全面战略伙伴关系、深化对外文化合作交流、扩大中国文化世界影响力的责任担当。对北京市对外深入开展电影务实合作，扩大北京电影业在境外的影响力，加快中国电影“走出去”步伐具有现实和深远意义。在《电影合作谅解备忘录》基础上，北京新闻出版广电局与塞尔维亚共和国文化和媒体部就相关内容的实施和具体合作交流事项进行深度洽谈，组织北京电影企业与塞尔维亚电影中心及电影界人士进行深入交流，达成共同鼓励支持双方电影企业和电影人合拍影片、互办电影展映、互相引进发行放映影片、互相参加对方国际电影节、互相交换影像资料和互相支持电影人才教育培训等方面的合作意向和实质性成果。北京市文化投资发展集团有限责任公司董事长周茂非、中国电影博物馆党委书记陈志强、塞尔维亚文化和媒体部国际合作与欧洲一体化部门高级顾问伊万娜·泽切维奇参加《电影合作谅解备忘录》的洽谈和签署。

9月17日，由胡东副局长领队的北京电影代表团，在贝尔格莱德与塞尔维亚文化和媒体部国际合作与欧盟一体化部门高级顾问伊万娜·泽切维奇举行会谈，双方围绕落实《电影合作谅解备忘录》务实开展电影合作交流进行磋商。中国电影博物馆馆长陈志强、北京市文化投资发展集团有限公司董事长周茂非等代表团成员参加会谈。经过双方磋商，达成以下共识。一是建立政府间常态化协调机制。由局电影管理处和塞尔维亚电影中心定期进行信息沟通，协调推进有关电影合作交流事项的落实。二是积极推荐影片合拍。在塞方初步构思的展现中塞友谊题材基础上，双方进一步研究探讨，共同成立创作团队深度创作，尽快完成拍摄。三是进一步推进互办电影展映。2017年在塞组织中国电影展映后，2018年在北京进行塞尔维亚电影展映。四是支持和鼓励双方电影人加强交往。双方互相协调电影机构和电影人参加对方的电影节，协调双方著名电影人进行互访交流，以电影为桥梁，增进两国文化交流和友好关系。9月17日，在塞尔维亚贝尔格莱德南斯拉夫电影资料馆举行了由中国驻塞尔维亚大使馆、中国电影家协会、北京新闻出版广电局、北京市人民对外友好协会、中国电影博物馆、北京市文化投资发展集团和南斯拉夫电影资料馆联合主办，塞尔维亚文化和媒体部赞助支持的“中国电影展映”活动启动仪式，正式拉开《中国电影国际巡展——中国电影走进塞尔维亚》活动的帷幕。“中国电影展映”活动是北京市政府在塞尔维亚举办的“北京日”活动之一。

9月18日，北京电影代表团与塞尔维亚30多位电影界代表座谈交流。代表团团长、北京市新闻出版广电局副局长胡东介绍北京市电影业情况，并就落实与塞尔维亚文化和媒体部及所属电影中心通过深入沟通洽谈签署的《电影合作备忘录》发表看法，表示将在《电影合作备忘录》框架内，积极与塞方进行电影领域广泛的实质性交流合作，共同推动双方电影业繁荣发展，以电影为“桥”增进两国文化交流和友好关系。中国电影博物馆党委书记、馆长陈志强，北京市文化投资发展集团公司董事周茂非分别与塞方代表就互办电影展映、互相交换电影资料、中塞合拍影片等方面的合作进行了交流探讨。塞尔维亚制片人、演员、导演 Dragan Bjelogrlic 主持座谈会。塞尔维亚文化和媒体部国际合作与欧洲一体化部门高级顾问 Ivanna Zechevich、工商会创意产业协会秘书 Mirko Prlja，电影中心主任 Boban Jevtic，南斯拉夫电影资料馆馆长 Hugules Slav Pantridge、电影发行人协会会长 RajkoPetrovi，电影导演协会会长 Srdan Golubovic，制作人 AnelkaVlaisavljevi，电影参展商协会会长 Zoran Cvetanovic，纪录片制作人协会 Jovana Nikolic，贝尔格莱德戏剧艺术学院 NevenaDakovi 以及电影创作、摄制、发行、评论、演员等40余名电影领域老中青代表参加了座谈交流。塞尔维亚编剧、导演、制作人 Miroslav Momcilovic、Strahinja Mladenovic、Goran Radovanovic 分别介绍描述中塞两国人民友好交往的《毫不费力学会中文》《一只松鼠》《奇迹的创造者》三部影片的构思情况。胡东同志率北京电影代表团拜会中国驻塞尔维亚大使馆文化参赞徐鸿。中国驻塞尔维亚大使李满长接见了代表团一行。胡东同志介绍了北京电影代表团访塞情况以及与塞尔维亚文化和媒体部所属电影中心签署《电影合作谅解备忘录》、与南斯拉夫电影资料馆签署《电影资料合作交流备忘录》、在“北京日”活动现场开展中国电影展览、举办《功夫瑜伽》等影片展映、与塞方电影届代表座谈交流达成的共识和成果。李满长大使和文化参赞徐鸿对北京市新闻出版广电局团组随陈吉宁代市长率北京市政府代表团访塞并举办贝尔格莱德“北京日”活动期间，与塞方进行电影交流合作并取得丰硕成果给予高度评价。认为北京市加强与塞尔维亚电影领域的合作，对加强两国文化交流，增进两国友好关系，扩大中国文化在中东欧及“一带一路”沿线国家的影响具有重要意义，体现首都在推动中国文化走向世界，加强与外国文化合作交流的责任担当和示范作用，此次访塞在电影领域达成的合作意向和取得的成果完全符合中塞文化交流的方向，也是两国文化交流的重点内容。表示将大力支持北京市与塞方开展电影领域的合作交流，积极协调推进双方达成的合作事项有效落实，并在今后与塞方电影领域的合作交流给予帮助和配合。

9月17日至9月24日，北京市新闻出版广电局副巡视员卞建国一行2人赴俄罗斯、匈牙利举办“北京优秀影视剧俄罗斯展播季”系列活动。“北京优秀影视剧俄罗斯展播季”由影视展映、电影文化讲座、中俄影视交流等三大主体活动组成。团组严格按照既定行程，在俄罗斯圣彼得堡、莫斯科，匈牙利布达佩斯先后进行7次公务活动。在圣彼得堡和莫斯科分别举办“北京优秀影视剧俄罗斯展播季”的启动仪式、电影文化讲座和展映活动；在圣彼得堡和布达佩斯进行两场会谈；参观莫斯科电影学院、格林伍德国际贸易中心和布达佩斯的影视制作基地。9月23日晚，团组一行离开布达佩斯，于北京时间9月24日下午3:00安全抵达北京，圆满完成出访任务。此次出访活动得到俄、匈两国合作机构和参与人士的热情欢迎和高度赞赏，央视网、北京晨报、北京青年报及俄罗斯、匈牙利当地媒体对活动进行了报道。

11月1日至8日，北京新闻出版广电局组织北京国际电影节、阿里巴巴影业（北京）有限公司、万达影视传媒有限公司、爱奇艺影业（北京）有限公司、国家大剧院、北京新影联影业有限责任公司、北京宇际星海广告有限公司、青年电影制片厂和优尼影视文化传媒（北京）有限公司，共9家北京影视传媒公司组成中国北京电影代表团，赴美国参展2017年美国电影市场。在美国洛杉矶、加拿大多伦多先后进行10余次公务活动。在洛杉矶，组织展商圆满完成参展及中美电影节影片评奖及展映任务。与美中影视产业博览会在美国电影市场“中国展厅”联合举行两场中国论坛和一场中国招待会，参加第十三届中美电影节开幕式暨“金天使奖”颁奖典礼。与美国电影市场主席、中美电影节主席、国外展商等进行10余次会谈。北京电影代表团展位共接待海内外展商总计500余人次，现场直接签约500余万元，达成50余个长期合作签约意向。北京电影代表团选送的7部影片参加中美电影节展映环节，每场平均观影200人次左右，上座率达70%以上。《三生三世十里桃花》《八月》达到满场。北京代表团选送的7部影片有6部入围评奖环节，《三生三世十里桃花》《八月》两部影片，双双获得中美电影节"金天使奖"。北京生产影片《战狼2》获得中美电影节最佳故事片奖。先后访问加拿大多伦多中华文化中心、加拿大多伦多国际电影节组委会、安大略省媒体发展公司下属的安大略省电影委员会，并进行3场会谈。出访活动得到美、加两国合作机构和参与人士的热情欢迎和高度赞赏，央视网、新华网、新浪网、凤凰网，及美、加当地多家媒体对活动进行报道。

11月11日，北京市新闻出版广电局副局长胡东同志陪同惠灵顿市市长贾斯汀·莱斯特率领的市政府代表团到北京电影学院考察交流。惠灵顿市政府代表团一行先后参观北京电影学院校史馆、摄影棚、动画学院，并与北京电影学院党委书记侯光明等校领导座谈交流，就与维多利亚大学在电影人才培养和电影技术研发和电影创作等方面进行探讨，并达成初步合作意向。胡东同志向惠灵顿市政府代表团介绍北京电影业情况，并表示将积极推动北京市与惠灵顿市在电影领域开展广泛的合作交流。惠灵顿市市长贾斯汀·莱斯特对北京电影业的发展给予高度评价，希望两市在电影领域开展实质性合作。

11月13日，北京市代市长陈吉宁会见惠灵顿市长贾斯汀·莱斯特率领的市政府代表团，北京市新闻出版广电局局长杨烁同志陪同参加会见活动。会谈结束后，在陈吉宁代市长和贾斯汀·莱斯特市长见证下，杨烁同志与惠灵顿地区经济发展局总经理大卫·琼斯签署《电影合作谅解备忘录》。《电影合作谅解备忘录》的签署是陈吉宁代市长与贾斯汀·莱斯特市长会谈达成的深化两市合作交流的共识和重要成果之一，是北京市全面深化与惠灵顿文化交流的重要举措。备忘录旨在为两市开展电影领域交流合作提供政策框架，建立电影交流合作官方协调机制，推动两市电影领域的实质性合作与交流。双方本着对等、互利原则，就共同支持推动双方电影企业和电影人合拍影片、互办电影展映、互相引进发行放映影片、互相参加对方国际电影节、互相交换影像资料和电影人才教育培训等方面达成谅解，有利于推动双方电影业优势互补、共同发展，势必在两地电影界产生积极反响。在此会见前，胡东同志陪同贾斯汀·莱斯特率领的惠灵顿市政府代表团先后到北京电影学院、中影股份有限责任公司考察交流，就加强电影人才教育培养、电影技术研发、电影创作等方面达成诸多共识和合作意向。两市在《电影合作谅解备忘录》框架下，还将就具体合作交流事项进行深度洽谈，积极组织双方电影企业、电影人加强互动交流，推动合作意向落地并取得实质性成果。

2017年北京电视台纪实频道继续与澳大利亚ABC电视台展开合作。7月和10月，纪实频道和澳大利亚ABC电视台以互换纪录片节目方式进行中澳纪录片展播，效果显著。

二、出访与接待来访

4月15日至22日，北京广播电视台派1人随北京市新闻出版广电局赴法国、匈牙利参加"戛纳电视节"。

5月3日至12日，北京广播电视台派1人赴以色列、土耳其、摩洛哥执行"一带一路"沿线国家新闻媒体交流合作任务。

5月3日至14日，北京广播电视台派所属新媒体（集团）有限公司2人随团赴以色列、土耳其、摩洛哥执行"一带一路"交流合作宣传报道任务。

6月13日至20日，北京广播电视台派1人随市新闻出版广电局赴法国参加昂西动画节，后赴西班牙进行交流访问。

7月2日至6日，北京广播电视台派1人随国务院新闻办公室团组赴俄罗斯参加第三届中俄媒体论坛等出访活动。

8月5日至12日，北京广播电视台派所属新媒体（集团）有限公司2人随市友协团组赴柬埔寨、泰国参加中国—东盟民间友好大会，执行“一带一路”宣传采访任务。

9月10日至17日，北京广播电视台派5人赴以色列、土耳其就“一带一路”“中以建交25周年”影视节目合作进行交流商洽。

10月3日至10日，北京广播电视台派所属新媒体（集团）有限公司1人随市外宣办团组赴加拿大执行采访报道加拿大“北京周”活动。

10月18日至25日，北京广播电视台派6人赴法国、德国参加戛纳电视节，与欧洲广播电视节目制作机构洽商合作。

11月13日至22日，北京广播电视台派1人赴瑞士、意大利、法国执行下一代端到端（OTT）和视频产品版权保护技术交流任务。

10月17日至24日，北京广播电视台派6人赴美国、加拿大执行节目模式原创能力机制平台建设和优秀节目海外推广任务。

三、交流合作

大陆行业内部交流合作。2017年，在国内交流合作平台建设上，北京市广播影视系统继续重点打造北京国际电影节、北京电视节目交易会、北京纪实影像周等品牌项目。

3月19日至3月22日，2017春季北京电视节目交易会举办。交易会继续秉承务实、高效的特色，进一步优化服务，繁荣精品创作，促进产业发展，不断加大原创剧本的引导力度，吸纳整合北京优质的文化资源，加快培育市场，加大文化成果转化力度，从平台建设、展会结构、活动内容、品牌效益、服务方式等全面提升质量效益。本届交易会于20日上午举办开幕仪式，并进行北京电视台2016电视剧京榜发布，主题论坛聚焦“确立工匠精神，讲好中国故事”，专项论坛探讨“碎片化媒体下的娱乐营销进化”，专项活动对话《越狱》导演，会上进行了三场新剧发布，二十场专项推介活动。此外，与会期间，国家广电局电视剧管理司召开全国各省电视台电视剧播出工作会议，北京影视著作权专家鉴定委员会于20日成立。交易会共吸引海内外电视节目制作机构及相关产业机构超440家2300余人，电视节目播出机构170家近500人，海外来宾22家31人参会洽谈合作。活动邀请来宾300人，各级领导、嘉宾、新闻记者和非注册参会专业人士约300人，参会人员超3500人。交易会参展节目再创新高，共推介电视节目900部，其中前期筹备剧目345部，13969集；开机拍摄及后期制作剧目97部，3740集；首轮发行剧目238部，9657集；二轮、多轮发行剧目153部，6432集；纪录片、电视栏目42部，11000集；动画片24部，1308集。随着网络文学与制作行业的深度融合，交易会上推介网络文学作品140部。

3月22日，沈阳市文化广播新闻出版局张宪宏副局长带队一行15人到北京市新闻出版广电局开展调研。局传媒处、宣管处、科技处、监测中心及北京广播电视台等就北京市在传媒机构管理、宣传管理、监听监看、安全播出以及电台、电视台运行管理等有关方面进行详细介绍并开展深入交流。杨培丽副局长陪同沈阳市市局一行前往海淀区新闻中心参观，海淀新闻中心主任助理卫东介绍海淀的特色业务以及规划发展的思路，并带领大家参观海淀新闻中心新闻编播设备使用及运行情况。

4月15日至23日，第七届北京国际电

影节在北京举办。“北京展映”在北京31家影院及高校，展映500余部、1000余场次优秀中外影片，观影人数达22万人次。来自全球50个国家和地区的3万余名中外展商和业界人士参加电影市场，注册展商257家，共有56个重点项目达成签约合作，总金额达到174.58亿元，同比增长6.9%。“天坛奖”国际评委会从15部入围影片中投票产生“天坛奖”10个奖项。格鲁吉亚影片《卢卡》获最佳影片、最佳女配角奖；格鲁吉亚、俄罗斯、西班牙及克罗地亚合拍影片《他人之屋》获最佳导演奖、最佳摄影奖；中国影片《不成问题的问题》获最佳男主角、最佳编剧奖；伊朗影片《姐姐》获最佳女主角奖；加拿大影片《约翰之子》获最佳男配角奖；法国影片《施毒天使》获最佳音乐奖；澳大利亚影片《奥托·布鲁姆的一生》获最佳视觉效果奖。

9月27日至29日，2017秋季北京电视节目交易会在北京会议中心顺利举办。交易会在国家新闻出版广电总局大力支持和北京市委宣传部直接领导下，坚持以习近平总书记系列重要讲话精神为指引，以推动文化产业供给侧改革为契机，以推进全国文化中心建设为目标，突出迎接党的十九大胜利召开主题，集中展示党的十八大以来北京电视剧发展成果，隆重表彰优秀电视剧制作机构，紧密结合北京三个文化带建设核心战略布局，着力凸显北京元素、京味文化剧目，作品发布精彩纷呈，意向交易额再创新高，取得满意效果。本届交易会共吸引海内外电视节目制作机构及相关产业机构480家近2700人、电视节目播出机构150余家500余人、海外来宾27家55人参会洽谈合作，与会嘉宾、新闻记者和非注册参会专业人士300余人，参会人员超3500人。交易会参展节目共推介电视节目超1100部，其中推介前期筹备剧目319部13581集，拍摄制作中剧目122部5307集，成片首轮发行剧目253部10336集，二轮多轮发行剧目175部6966集，网络剧96部2540集，电影、网络电影18部19集，纪录片、电视栏目45部11209集，动画片31部1835集，海外剧目18部344集，网络文学作品50部。交易会期间共举办2场主题展览，1场表彰活动、3场业务论坛、2场新剧发布、7场相关产业专项推介、6场网络文学作品推介、3场签约仪式等专业活动。交易会设置展商商务洽谈间，方便了买家和展商便捷交流、洽谈合作，商务间数量创历史新高。

11月24日至28日，2017北京纪实影像周举办。影像周牢固树立安全办活动思想，围绕“纪实+”专业理念，设置“纪实·盛典”“纪实·论坛”“纪实·交易”“纪实·影像”“纪实·乐活”“纪实·京味”六大活动板块，组织了开幕式及开幕影片首映、3场主题行业论坛、10余场纪实影像和设备展、1场签约发布活动、3场纪实网络直播，37部国内外优秀纪录片在8家院线、6家城市文化艺术空间及高校展映121场次，12家机构达成9个项目合作，签约额近9000万元。首届北京纪实影像周融思想性、艺术性、观赏性于一体，科学整合了首都纪录片重要资源、国内纪录片主要资源和国际纪录片主流资源，囊括专业论坛、展播展映、项目洽商、京味文化展示等多种形态，专业性强、业内参与广泛、社会反响积极，80余家纪录片机构近3000人参加主会场活动，逾百家新闻媒体参与活动报道。

与港澳及台湾的交流合作。5月26日北京电视台台长李春良与台湾旺旺中时媒体集团副总裁邱佳瑜等交流座谈。双方同意在品牌节目、纪录片项目及人员方面开展深入合作。自2014年12月，北京电视台与旺旺中时媒体集团签署《战略合作协议》至今，双方已陆续开展多项合作，并取得丰硕成果。

下一步，双方将充分利用各自优势条件，在政策允许的范围内，开展更广泛、深入的合作。

6 月 29 日至 7 月 8 日，北京广播电视台派所属北京时间新闻媒体有限公司 1 人随中国记协大陆媒体新闻文化专题访问团赴台湾、香港参加两岸媒体交流融合发展座谈，进行两岸文化，新闻交流。

统 计

2017 年广播电视播出机构及节目开办情况

项目	单位	数量
一、机构情况	—	—
市级广播电视台	座	1
区县广播电视台	座	10
区县广播电视站	座	4
乡镇广播电视站	座	37
企事业广播电视站	座	9
二、开办广播电视节目情况	—	—
公共广播节目	套	26
其中：市级	套	17
区县级	套	9
付费广播节目	套	2
公共电视节目	套	26
其中：市级	套	12
区县级	套	14
对外电视节目	套	1
付费电视频道	套	11

2017 年北京市广播电视播出情况

指标名称	单位	合 计	市级	区县
广播播出	—	—	—	—
公共广播节目	套	26	17	9
播出时间	小时	181162	132926	48236
播出自制节目时间	小时	114494	84500	29994
付费广播节目	套	2	2	—
播出时间	小时	17520	17520	—
电视播出	—	—	—	—
公共电视节目	套	26	12	14
播出时间	小时	131572	98372	33200
播出自制节目时间	小时	62549	41551	20998
电视剧播出数	部	407	365	42
	集	17603	13835	3768
付费电视节目	套	11	11	—

（续表）

指标名称	单位	合 计	市级	区县
播出时间	小时	96360	96360	—
对外电视节目	套	1	1	—
播出时间	小时	8760	8760	—

2017年广播电视节目制作情况

项 目	单位	广播节目	电视节目
制作广播电视节目时间	小时	178834	180498
新闻咨讯类	小时	13698	51022
专题服务类	小时	29058	53954
综艺类	小时	49015	13843
广播（电视）剧	小时	7521	14446
广告类	小时	13977	3603
其他类	小时	65565	43628
广播（电视）剧部数	部	3	75
广播（电视）剧集数	集	209	3210

注：此表的统计范围是指各类广播影视节目制作机构。

电视剧制作发行数含总局终审数。

2017年北京市广播电视播出传输情况

项目	单位	2017年
中短波转播发射台	座	1
	千瓦	160
调频转播发射台	座	17
	千瓦	52.4
电视转播发射台	座	15
	千瓦	88.3
广播综合人口覆盖率	%	100
电视综合人口覆盖率	%	100
有线广播电视传输干线网络总长	万公里	20.12
有线广播电视用户数	万户	586.83
高清交互数字电视用户	万户	500.66
付费数字电视用户数	万户	67.27
农村有线广播电视用户数	万户	87.66
农村有线广播电视入户率	%	85.12%

（续表）

项目	单位	2017年
总人口	万人	2172.9
农村总人口	万人	230.9
总户数	万户	538.17
农村总户数	万户	102.99

注：2017 年电视转播台比 2016 年增加 1 座 12 部 3.6 千瓦。

2017 年北京市广播影视创收总收入情况

项目	2017年	2016年	增减额	增速（%）	占总创收收入（%）
总计	1029.73	721.72	308.01	42.68%	100.00%
1.广告收入	383.99	254.93	129.07	50.63%	37.29%
其中：广播广告收入	11.26	8.29	2.97	35.83%	1.09%
电视广告收入	70.83	66.24	4.59	6.93%	6.88%
网络媒体广告收入	242.14	—	—	—	23.51%
其他广告收入	59.76	—	—	—	5.80%
2.广播电视节目销售收入	88.68	102.05	−13.37	−13.10%	8.61%
3.有线广播电视收视费	11.05	10.95	0.10	0.91%	1.07%
4.付费数字电视收入	1.85	2.50	−0.65	−26.00%	0.18%
5.三网融合业务收入	5.88	9.13	−3.25	−35.60%	0.57%
6.网络视听用户付费收入	107.06	0.00	107.06		10.40%
7.网络节目版权收入	8.09	0.00	8.09		0.79%
8.电影票房收入	33.95	30.28	3.67	12.12%	3.30%
9.其他创收收入	389.18	311.88	77.30	24.79%	37.79%

注：网络视听用户付费收入和网络节目版权收入是 2017 年新报表制度新加的收入指标。

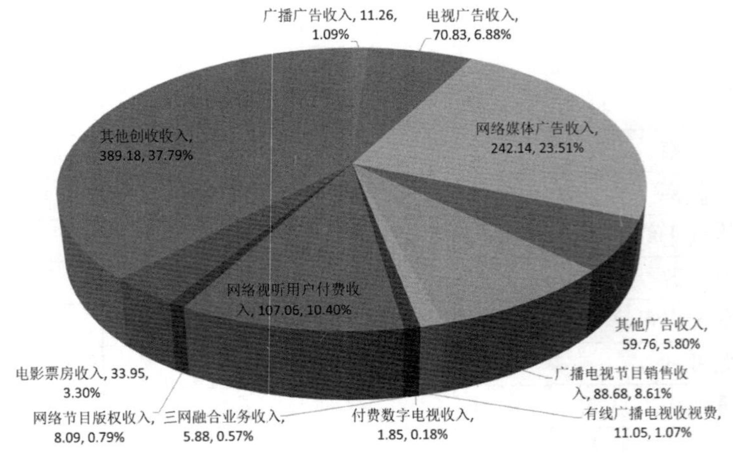

2017 年北京市广播影视创收收入构成图

2017 年与 2016 年电影基本情况对比

项目	计量单位	2017年	2016年	增（减）量（±）	增（减）比率（%）
电影院线数量	条	25	25	0	—
电影院数量	家	209	207	2	1.0%
银幕数	块	1420	1273	147	11.55%
其中：IMAX巨幕	块	17	14	3	21.43%
影院座位数	万个	20.4	18.58	1.82	9.8%
院线放映场次	万场	273.71	228.35	45.36	19.86%
院线票房收入	亿元	33.95	30.28	3.67	12.12%
院线观众人数	万人次	7636.31	6873.44	762.87	11.10%
公益电影放映场次	万场	17.14	17.28	−0.14	−0.81%
公益电影观影人次	万人次	731.71	794.37	−62.66	−7.89%
全年电影剧本（梗概）备案	部	1289	1483	−194	−13.08%
全年国产影片审查	部	350	315	35	11.11

注：2017 年新增电影院 26 家，注销 24 家。

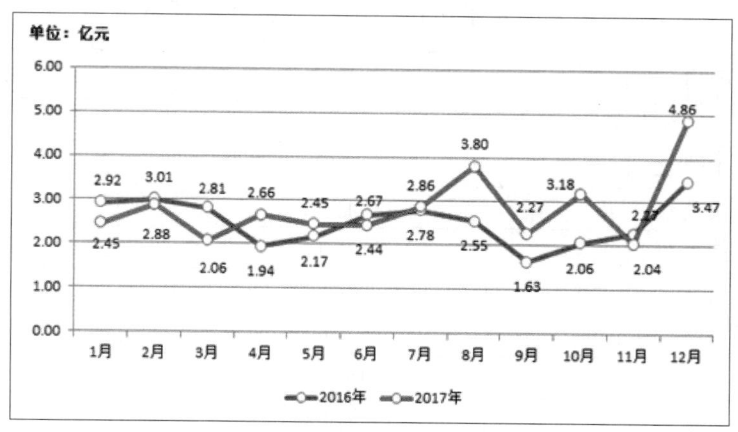

2017 年与 2016 年城市院线电影票房收入对比

2017 年北京市广播电视主要指标在全国的排位

项目	单位	全国总量	北京市	排位数	北京市所占比重（%）
资产总额	亿元	17437.24	3262.30	1	18.70%
广播电视创收收入	亿元	4841.76	995.78	1	20.57%
其中：广告收入	亿元	1651.24	383.99	1	23.25%
有线电视网络收入	亿元	834.43	27.92	9	3.35%

（续表）

<table>
<tr><th>项目</th><th>单位</th><th>全国总量</th><th>北京市</th><th>排位数</th><th>北京市所占比重（%）</th></tr>
<tr><td>节目销售收入</td><td>亿元</td><td>523.54</td><td>88.68</td><td>3</td><td>16.93%</td></tr>
<tr><td>新媒体业务收入</td><td>亿元</td><td>277.66</td><td>129.41</td><td>1</td><td>46.64%</td></tr>
<tr><td>电视购物频道收入</td><td>亿元</td><td>184.55</td><td>31.15</td><td>1</td><td>16.87%</td></tr>
<tr><td>有线电视用户数</td><td>万户</td><td>21445.63</td><td>586.83</td><td>17</td><td>2.73%</td></tr>
<tr><td>数字电视用户数</td><td>万户</td><td>19404.43</td><td>546.85</td><td>17</td><td>2.82%</td></tr>
<tr><td>付费数字电视用户</td><td>万户</td><td>7013.78</td><td>62.77</td><td>24</td><td>0.89%</td></tr>
<tr><td>制作广播节目时间</td><td>万小时</td><td>788.83</td><td>17.88</td><td>20</td><td>2.27%</td></tr>
<tr><td>制作电视节目时间</td><td>万小时</td><td>365.18</td><td>18.05</td><td>6</td><td>4.94%</td></tr>
<tr><td rowspan="2">制作电视剧</td><td>部</td><td>314</td><td>75</td><td rowspan="2">1</td><td>23.89%</td></tr>
<tr><td>集</td><td>13470</td><td>3210</td><td>23.83%</td></tr>
<tr><td rowspan="2">制作电视动画片</td><td>部</td><td>244</td><td>22</td><td rowspan="2">3</td><td>9.02%</td></tr>
<tr><td>万分钟</td><td>8.36</td><td>0.63</td><td>7.54%</td></tr>
<tr><td>从业人员</td><td>万人</td><td>97.69</td><td>8.29</td><td>1</td><td>8.49%</td></tr>
</table>

注：2017 年北京市节目销售收入全国排位第 3，新疆和浙江分别排位 1、2 名。

2017 年北京市广播电视节目交易情况

项目	单位	数量
全年广播电视节目销售收入	亿元	88.68
其中：电视剧销售收入	亿元	41.98
全年电视剧制作投资额	亿元	56.50
全年动画电视制作投资额	亿元	2.35
广播电视节目进口额	亿元	14.65
广播电视节目进口量	小时	13166
广播电视节目出口额	亿美元	2.29
广播电视节目出口量	小时	1527

索 引

INDEX

汉语拼音索引

A

B

C

D

F

G

H

J

K

L

M

N

P

Q

R

S

T

W

X

Y

Z

数字索引